U0736400

海纳百川　取则行远

中国海洋大学史

人物卷

主　编　陈　鷟

副主编　纪玉洪　金　松

中国海洋大学出版社

·青岛·

图书在版编目（CIP）数据

中国海洋大学史. 人物卷 / 陈鷟主编. —青岛：中国海洋
大学出版社，2024.8

ISBN 978-7-5670-3855-4

Ⅰ. ①中⋯　Ⅱ. ①陈⋯　Ⅲ. ①中国海洋大学—校史
Ⅳ. ①G649.285.23

中国国家版本馆CIP数据核字（2024）第097101号

ZHONGGUO HAIYANG DAXUE SHI　RENWU JUAN

中国海洋大学史　人物卷

出版发行	中国海洋大学出版社
社　　址	青岛市香港东路 23 号　　　　**邮政编码**　266071
网　　址	http://pub.ouc.edu.cn
出 版 人	刘文菁
责任编辑	邵成军　　　　　　　　　　　**电　　话**　0532-85902533
电子信箱	ouc-shaochengjun@qq.com
印　　制	青岛海蓝印刷有限责任公司
版　　次	2024年8月第1版
印　　次	2024年8月第1次印刷
成品尺寸	185 mm × 260 mm
印　　张	27.25
字　　数	497千
印　　数	1～2400
定　　价	168.00元
订购电话	0532-82032573（传真）

发现印装质量问题，请致电 0532-88786655，由印刷厂负责调换。

《中国海洋大学史》编委会

（2024年6月）

主　任　田　辉　张峻峰　于志刚

副主任　张　静　卢光志　魏世江　陈　鹭　蒋秋飚

委　员　（以姓氏笔画为序）

丁　林　于　利　于淑华　山广恕　王　昕　王　琪　王　震

王　毅　王卫栋　王元忠　王庆仁　王明泉　王剑敏　王哲强

王雪鹏　王滋然　文圣常　方奇志　史宏达　冉祥熙　包振民

冯士筰　冯瑞龙　权锡鉴　毕芳芳　刘　勇　刘　健　刘文菁

刘永平　刘召芳　刘贵聚　刘惠荣　闫　菊　许志昂　麦康森

李　岩　李　萍　李广雪　李华军　李建平　李春雷　李耀臻

李巍然　杨立敏　杨茂椿　杨桂朋　吴立新　吴成斌　吴强明

吴德星　邹积明　宋文红　宋志远　宋微波　张永胜　张全启

陈　戈　陈忠红　范其伟　林　洪　林旭升　罗　轶　金天宇

周珊珊　赵　昕　荆　莹　段善利　侯家龙　施正铿　秦启仁

秦尚海　顾郁翘　徐天真　徐家振　徐葆良　高　艳　高会旺

崔晓雁　董士军　董双林　董效臣　谢树森　褚东升　蔡勤禹

管长龙　管华诗　潘克厚　薛长湖　鞠红梅　魏　军

总　序

世纪海大　谋海济国

中国海洋大学是一所具有鲜明红色基因、优良革命传统、执着蓝色梦想的国家重点建设的综合性研究型大学，是国家"世界一流大学建设高校"（A类）。民国时期，学校筚路蓝缕，于艰难之中图存图兴；新中国成立后，学校坚持把党的全面领导作为根本保证，坚持把服务国家作为最高追求，坚持把改革创新作为强大动力，坚持把特色一流作为必由之路，奋力建设特色显著的世界一流大学，在科教兴国、海洋强国建设中勇立潮头、走在前列，引领推动着我国海洋高等教育创新发展，为国家海洋事业作出了应有的历史贡献，谱写了一曲不懈奋斗、向海图强的蓝色华章。

为了铭本记源，资政育人，让大家更好地了解中国海大，也让明天的中国海大人能够立足百年基业，持续树人立新、谋海济国，我们编修了这部校史。

一、坚持把党的全面领导作为根本保证

红色基因贯通了世纪海大。新中国成立后，坚持和加强党的全面领导，始终给学校以正确的方向和强大的精神与组织力量。

1. 红色基因与生俱来

从首届学生中走出的中华人民共和国元帅罗荣桓、革命英烈彭明晶（罗荣桓的入党介绍人）、中共第一本无线电通信密码编制者张沈川等中国共产党早期优秀分子，到1932年成立的山东省最早红色学生社团"海鸥剧社"，到1937年在此成立、由在校学生李欣任书记的中共青岛特别支部，到抗战期间由中共青岛特别支部改组成立、由学生陈振麓任书记的中共青岛市委，到解放战争时期爆发的师生反对美国士兵暴行和"六二"反

饥饿、反内战、反迫害运动。旧中国暗夜中，红色基因不断激发师生团结奋进，救亡图存，追寻光明。

2. 党的领导把握方向

新中国成立后，学校坚持党的领导，全面贯彻党的教育方针，把牢社会主义办学方向，坚持马克思主义指导地位，落实立德树人根本任务。靠党的领导强化制度建设，建立健全党委领导下的校长负责制、民主集中制等各项制度，确保党管办学方向、党管干部、党管人才，全面落实党的教育方针；靠党的领导擘画事业蓝图，坚持将党建与事业发展深度融合，凝聚师生智慧，始终把服务国家作为最高追求，做好战略规划；靠党的领导汇聚发展动能，坚持党的宗旨和群众路线，始终把广大师生作为坚强依靠，汇聚团结奋斗的强大合力，推进科学发展。

3. 党建领航争创一流

进入新时代，学校第十一次党代会深入贯彻落实习近平新时代中国特色社会主义思想，提出实施新时代党建领航工程、新时代奋进海大工程、新时代卓越海大工程、新时代创新海大工程、新时代幸福海大工程，着力发展提速、着力改革突破、着力建设攻坚、着力防范风险，全面开创特色显著的世界一流大学建设新局面，为以中国式现代化全面推进强国建设、民族复兴伟业作出新的历史贡献。

二、坚持把服务国家作为最高追求

坚持把服务国家作为最高追求，是世纪海大始终坚守的价值取向。

1. 救国之需，应时而生

1924年10月，私立青岛大学在今中国海洋大学鱼山校区创立，是国人在齐鲁大地上创立的第一所本科起点的现代高等学府。校纲办学宗旨对接《大学令》："教授高深学术，养成硕学宏材，应国家需要。"开办当年就开设了工科和商科，次年增设铁路管理科，学科设置和培养要求与当时经济社会发展需求高度契合。齐鲁大地、黄海之滨，一所大学以现代高等教育之光和革命星火点亮了神州一隅，与19世纪末20世纪初应教育救国之需而诞生的一批中国现代大学遥相辉映，联袂担当起教育救国的责任。

2. 兴国之需，与时偕行

新中国成立后，1951年学校与华东大学合并，定名为山东大学，实施"文史见长，加强理科，发展生物，开拓海洋"的办学方针，既保持了一定的综合实力，也孕育了鲜明的特色优势。以"中国克隆之父"童第周为代表的一大批理工科名家巨匠带动学校理科水平处于国内前列；1951年《文史哲》创刊，学校呈现人文兴盛之势。1952年全国高校进行院系调整，厦门大学海洋系理化组部分师生北迁青岛，与学校海洋物理研究所一起组建成立了海洋系；1953年9月，河北水产专科学校部分师生和仪器并入学校水产系，水产学科力量进一步增强，成为学校重点发展系科，为最终发展成为一所综合性海洋大学夯实了基础。

1958年秋，遵山东省委指令，山东大学大部迁至济南，时称山东大学（济南）。海洋系、水产系、地质系以及生物系的海洋生物专业、物理系和化学系的部分教研室及直属教研室部分人员留在青岛，时称山东大学（青岛）。1959年3月，经中共中央批准，以山东大学（青岛）为基础成立了山东海洋学院，中国第一所海洋高等学府由此诞生。

3. 强国之需，谋海济国

学校不断应国家经济社会发展，特别是海洋事业和高等教育发展之需，强化特色，加快发展，成为海洋强国建设的中流砥柱。学校师生作为主力参与新中国首次大规模海洋综合调查，制定我国海洋调查规范，摸清我国近海资源家底；赫崇本教授牵头联合海洋界同仁倡建国家海洋局，完善国家海洋治理体系；文圣常院士提出"普遍风浪谱"理论（文氏风浪谱），新型海浪计算方法被纳入我国《海港水文规范》，结束了我国建港规范长期依赖国外海浪谱的历史；管华诗院士及其团队研制上市我国第一个现代海洋药物藻酸双酯钠（PSS），获得了我国海洋和水产领域迄今为止唯一的国家技术发明一等奖，开辟了我国海洋药物研究新领域；海大人引领和推动了藻、虾、贝、鱼、海珍品海水养殖业的"五次浪潮"，为推进深远海立体养殖新领域、推动我国成为世界第一水产大国、推进国家海洋经济繁荣，作出了不可替代的贡献；自20世纪80年代初期中国极地科学考察起步开始，中国海大人作为主力积极参与，为我国成为南北极科考大国作出了积极贡献；进入新时代，学校先后提出"透明海洋""蓝色药库""蓝色粮仓"等重大科技计划，成为我国海洋领域重大科技项目的重要发起和承担单位，为我国挺进深蓝，引领国际海洋科技进步展开了新的时代画卷。

建校百年来，学校先后为国家培养了36万余栋梁之材。他们遍及神州，远及海外，成为各行各业特别是我国海洋、水产行业的骨干和中坚。其中16人成长为中国科学院或中国工程院院士、4人先后担任国家海洋局局长，我国海洋领域、水产领域1/3以上的博士从这里毕业。"神舟"飞天、"嫦娥"奔月、"蛟龙"探海、极地科考、巡洋护航、守礁成边、观风测云、海浪预报、架桥通隧、乡村振兴、探究"透明海洋"、建设"蓝色粮仓"……无不有中国海大人的身影。

三、坚持把改革创新作为强大动力

坚持把改革创新作为强大动力，是世纪海大不断前进的制胜法宝。

1. 不断推进立德树人

学校始终遵循党的教育方针，以培养德智体美劳全面发展、具有民族精神和社会责任感、具有国际视野和合作竞争意识、具有科学精神和人文素养、具有创新意识和实践能力的高素质创新型人才为目标，以造就国家海洋事业的领军人才和骨干力量为特殊使命，形成了"五育并举"的人才培养格局。德育方面，坚持以立德树人为根本，以社会主义核心价值观为指导，突出"海味"特色，充分发挥课堂主渠道、社会实践和校园文化等的综合育人功能，构建思政工作体系。长期坚持学生思政工作考核评估，实施"时代新人铸魂工程"和"海之子成长计划"，深化"三全育人"综合改革，培育学生对党忠实、为人诚实、学识扎实、干事踏实、作风朴实、进取求实的"六实"特质，教育引导学生厚植家国情怀、矢志谋海济国。智育方面，学校提出"通识为体，专业为用"的本科教育理念，建立"有限条件下的自主选课制"和"学业与毕业专业识别确认制"为核心的本科教育运行体系，帮助学生形成通专结合的知识构架和自我培养、自主学习的能力，促进学生适应经济社会的快速发展。学校实施以"3+1+1+4"本硕博贯通培养为核心的研究生教育综合改革，实现了博士生思政课实践教学的全覆盖，构建了以一级学科硕博贯通培养方案为统领、以高水平科学研究为支撑、以提升科研创新和实践创新能力为重点的研究生分类培养体系，打造以培养海洋特色拔尖创新人才为导向的人才培养的海大模式。体育、美育、劳育方面，学校均出台了专门的工作方案，着力提升学生的综合素质，赢得了学习在海大、创新在海大、成才在海大的美誉。

2. 不断完善治理体系

新中国成立初期，党的坚强领导和以华岗校长的政治大课为代表的马克思主义教育，较好地促进了红与专的统一，学校很快步入社会主义大学正轨。改革开放之后，学校以改革为动力，以发展为目的，以稳定为前提，很好地处理了三者之间的关系，确保学校行稳致远。世纪之交，学校坚持"重特色、求质量，先做强、再做大"的发展策略，稳慎扩展办学规模，率先举起高水平特色大学旗帜，较好地处理了内涵与外延的关系。学校始终重视教学，通过质量保障机制、职称评审制度、改革分配制度等多方面引导促进教学工作，积极推动科研与教学相结合，让科研最新成果进课堂，较好地处理了教学与科研的关系，促进了研究型大学的建设。在世纪之交中国高等教育大改革、大发展的背景下，学校科学研判国家经济社会发展战略需求和自身特点，提出并实施"强化发展特色、协调发展综合，以特色带动综合、以综合强化特色"的学科发展思路，科学处理了特色与综合的辩证关系。积极推进以《中国海洋大学章程》为代表的管理制度体系建设，探索以分配制度改革为核心的人事制度改革，探索适应时代要求的教育教学改革、破除"五唯"的教育评价改革、科研体制改革，探索大部制改革、校院两级管理体制改革，因地制宜地推进综合改革、优化多校区运行管理机制，不断完善中国特色的现代大学制度。

3. 不断弘扬崇尚学术

创校之始，《私立青岛大学暂行大纲》开宗明义，教授高深学术。此后，国立青岛大学筹委会确定学校的定位与目标时强调"大学是造成最高学术的机构"。1963年9月，山东海洋学院成立学术委员会并制定了工作条例。新世纪，学校明确提出了"崇尚学术，谋海济国"的价值追求，"治学严谨、执教严明、要求严格"的教风，"求是、求博、求精、求新"的学风。学校的"大先生"们以崇高的境界、丰厚的学识、执着的精神，引领着一代代海大人孜孜以求。弘扬崇尚学术的治学执教之道，成就严谨而又活泼的学术风气，日久而弥坚。

4. 不断拓展开放合作

学校始终与青岛市、山东省和国家海洋局系统密切合作。特别是世纪之交，学校积极推进办学体制改革，在全国高校中率先开启省部共建，开启教育部、山东省人民政府、国家海洋局和青岛市人民政府四家共建。新世纪，学校积极开展行业合作，牵头集成青岛海洋科教力量建设青岛海洋科学与技术试点国家实验室（现崂山实验室），推进学校与实验室融合发展。积极开展校地合作，与海南、云南、黑龙江、广西等省（自治区）和山东沿海各市签署合作协议，在海南三亚、广东深圳等地共建海洋研究院。积极开展校企合作，与华为、海尔、海信、山东港口集团、58同城等大型企业签署战略合作协议，开展深度科研和人才培养合作。实施国际化战略，发起成立国际涉海大学联盟、中国—挪威海洋大学联盟，开展中美、中澳、中英、中德、中法等务实合作，与来自50多个国家和地区的300余个合作伙伴共建全球海洋科教合作协同创新平台与网络，积极助力国家对外开放战略实施和"一带一路"及海洋命运共同体建设。

四、坚持把特色一流作为必由之路

坚持把特色一流作为必由之路，是世纪海大追求卓越的战略选择。

1. 建成综合性海洋学科体系

学校的海洋学科体系，以海洋为线索，贯通了理、工、农、医、文、经、管、法、历史、教育等学科，涵盖了物理海洋、海洋化学、海洋地质、海洋生物、水产、海洋食品、海洋医药、海洋工程、海洋技术、海洋环境、海洋管理、海洋法学、海洋经济、海洋文化等方面，对复合型海洋人才培养和大跨度重大海洋科研与社会服务，都能提供强力支撑。

2. 打造高水平人才队伍

学校目前有全职两院院士8人，国家杰青等国家级人才164人，泰山学者等省部级人才446人，学校"筑峰""繁荣""名师""英才"等高层次人才和优秀青年人才436人。正是这一大批涉海高层次人才的强力支撑，学校海洋、水产两个学科在国家历次学科评估中始终位列第一，迈进世界一流学科前列，若干研究方向处于世界领跑地位。

3. 建成高层次人才培养体系

学校以培养国家海洋事业的领军人才和骨干力量为特殊使命，建成了覆盖我国所有涉海本科专业、硕博士点和博士后流动站，发挥海洋科技优势，加强科教融汇、产教融合，系统性、整体性、协调性地建设有组织人才培养的海洋人才培养体系。有涉海本科专业24个，国家基础学科拔尖学生培养计划2.0基地2个，国家基础科学研究和教学人才培养基地2个，国家生命科学与技术人才培养基地1个，国家级人才培养模式创新试验区2个，国家级特色专业12个，国家级一流专业38个。制定了海洋科学类专业教学质量国家标准（2016）、海洋科学类专业实践教学标准（2017），成为50多所高校近百个海洋科学类专业办学的重要依据。

4. 建成一系列高水平科技平台和新型研发机构

学校建立起自近岸、近海至深远海的海洋调查船队平台。其中5000吨级"东方红3"是世界上同类科考船中最先进、科考功能最完备的静音科考船。构建了国际上规模最大的区域海洋观测系统——"南海−西太潜标观测网"、全球首个西北太平洋黑潮延伸体定点观测系统和马里亚纳海沟万米深渊综合观测阵列。建有青岛海洋生物医药研究院、三亚海洋研究院和深圳研究院等高水平新型研发机构。

5. 建成服务海洋强国建设的高端"蓝色智库"

学校充分发挥海洋综合学科优势，成立海洋发展研究院，中国海洋发展研究中心落户学校，积极服务海洋强国和"一带一路"建设，为我国制定海洋战略、立法、规划、标准及参与全球治理提供全方位智力支持。

2022年4月10日，习近平总书记在视察学校三亚海洋研究院时强调："建设海洋强国是实现中华民族伟大复兴的重大战略任务。"党的二十大报告强调要加快建设教育强国、科技强国、人才强国、文化强国和海洋强国。习近平总书记的重要讲话和党的二十大赋予海洋强国建设新的更高的历史地位，赋予科教事业新的更重的时代责任，赋予中国海大新的更大的光荣使命。站在历史新起点，面向百年新跨越，学校正面临着前所未有的发展期待、前所未有的发展机遇和前所未有的发展挑战。我们必须深入学习贯彻习近平新时代中国特色社会主义思想，勇担使命，踔厉奋发，以前所未有的责任担当精神、干事创业精神、改革创新精神、勇于斗争精神和自我革命精神，着力打造人才培养的海大模式、科学研究的海大学派、服务社会的海大经验、文化传承的海大精神、开放合作的海大格局，奋力谱写高质量发展新篇章，确保实现到2030年建成世界一流的综合性海洋大学、到本世纪中叶建成特色显著的世界一流大学的"两步走"战略，为强国建设和民族复兴伟业作出中国海大新的历史贡献。

世纪海大，谋海济国。

世纪海大，再创辉煌。

2024年6月

前　言

2024年10月，中国海洋大学将迎来百年华诞。

近百年来，中国海洋大学与中华民族兴衰相伴，与祖国命运休戚相关。民国时期，艰难图存，尽其在我；新中国成立后，图兴图强，谋海济国。其间，从海大园走出了众多各行各业的栋梁之材，特别是国家海洋事业的领军人才和骨干力量，奉献了一批一流的学术成果，建立起较为完备的治校理学制度体系，形成了独特的精神文化，在中华民族追求复兴、建设海洋强国的伟大征程上留下了深刻印迹，也为研究中国现代高等教育史提供了一个有着鲜明特征的典型案例。

为了总结学校百年办学经验，弘扬优良办学传统，鉴往知来，启迪后人，学校于2018年正式启动《中国海洋大学史》编撰工作。全书共六卷，本书为《人物卷》。

《人物卷》之人物，是受聘为学校各个历史时期的教职员工。遴选人物时，不同时期侧重点有所区别，私立青岛大学、国立青岛大学、国立山东大学时期，本着少而精的原则，主要遴选社会公认的大家、名家，以彰显学脉和实力。山东大学时期，重点遴选与后来学科发展关联度高的知名专家、学者。山东海洋学院时期，遴选思路有了变化，在学科建设、科学研究、服务社会和文化创新诸方面取得重要成果、作出显著贡献者，均被收录其中。这一时期入卷人物占比大、特色强，为本卷之主体。人物入卷范围是：已故的学校主要领导；已故的在校工作一年以上的知名专家、学者；长期在校工作的健在的学校主要领导和知名专家、学者，年龄须不低于80周岁。由是，最终确定入卷人物为87位。入卷人物排序以初次入校时间为依据，同期到校者，则视所在学院、学系和职务、职称、年龄等因素而定。

在入卷人物中，高恩洪、宋传典、杨振声、赵太侔、林济青先后长校，华岗、晁哲甫、成仿吾、曲相升、张国中、华山、文圣常、施正铿、冉祥熙、曾繁仁、管华诗在不同时期担任学校的党政主要领导。他们大都具有先进的办学理念，秉持或兴学强国或谋海济国的治校观、培养一流学生的育人观、赶超世界先进水平的发展观以及坚韧不拔、锲而不舍的奋斗观，恪尽职守，殚精竭虑，从不同方面为学校的建设与发展作出了历史性贡献。高恩洪有创校之功，宋传典有图存之绩，杨振声创设海边生物学，赵太侔创立水产学系，华岗主导成立海洋学系，成仿吾支持"建立一所面向海洋的大学"，曲相升为建造"东方红"船倾注大量心血，张国中为学校重归教育部直属奔波，华山狠抓教学质量，文圣常主持制定具有转型意义的新发展规划，施正铿力促海洋优势学科发展壮大，冉祥熙严抓教风、学风、校风建设，曾繁仁促进管理水平上新台阶，管华诗在国内率先举起建设高水平特色大学旗帜等等，都对学校的发展产生了重大而深远的影响。无论是顺境还是逆境，这些学校主要领导们总能"不坠青云之志"，在一个个历史的紧要关口，面对复杂的局面，善于登高望远，敢于直面挑战，勇于抢抓机遇，掌好舵，把好向，让学校这艘大船在辽阔的海洋上行稳致远。

在这些入卷人物中名士荟萃、人才济济，一大批名家、名师教于斯、成于斯。他们中既有闻一多、梁实秋、宋春舫、沈从文、舒舍予、冯沅君、陆侃如、高亨、萧涤非等文史大家，俾夜作昼，孜孜不倦，促进了学校人文学科的发展。更有大量科技领域的学界翘楚于不同时期在校任教，教书育人，潜心学术，取得深厚造诣，为兴校强校作出一系列开创性贡献。曾省执教国立青岛大学生物学系后，添设海洋学和藻学等课程，注重海产生物调查与研究，海洋取向鲜明，学校特色学科第一个源头由此形成；黄际遇竭力筹划，广招贤士，使国立青岛大学数学系从建系之初的"一人系"跻身国内师资力量较强的系，奠定学校数学学科之基础；汤腾汉奠定化学系之基，注重中药研究，倡设药化学科，并成立药厂服务国家；王淦昌注重训练学生从事实验物理学研究的本领，带领本系师生动手制作实验设备，建成近代物理学实验室。新中国成立后，赫崇本为我国海洋科学教育事业作出奠基性、开创性贡献，堪称中国海洋学界"一代宗师"；薛廷耀在国内最早开拓海洋微生物学研究；方宗熙在细胞遗传学、数量遗传学与遗传育种学方面的一系列重要发现，为我国海洋生物遗传学的建立和发展奠定基础并作出卓越贡献；文圣常提出普遍风浪谱理论，受到国内外重视，被誉为"文氏风浪谱"；王如才几十年深耕海水贝类养殖研究和教学，被誉为中国"养贝大王"；王克行数十年从事虾类生物学与养殖技术的研究与教学，被誉为中国"养虾大王"；冯士筰在风暴潮动力学研究中创建了超浅海风暴潮模式，并将风暴潮动力学和预报方法系统化，为我国风暴潮数值预报的发展作出突出贡献；管华诗首创我国现代海洋药物藻酸双酯钠（PSS）、构建世界上第一个海洋糖库、主持编著我国首部大型海洋药物典籍《中华海洋本草》，倡议并发起实施了中国"蓝色药库"开发计划……

这些人物具有心系国运、植根沃土的爱国情怀。无论是创校早期的20世纪二三十年代，还是抗日战争胜利前后的四十年代；无论是新中国成立后的五六十年代，还是十年动乱时期；无论是改革开放的八九十年代，还是迈入新世纪以后，他们都奉"国家兴亡，匹夫有责"为圭臬，怀抱强烈的救国、报国、兴国和强国之志，义无反顾地肩负起时代的责任，共同为国运昌盛汇聚起中国海大的力量，作出中国海大的贡献。

这些人物具有坚守节操、大爱天下的人格魅力。不论是民国时期还是新中国成立后，他们都以坚守职业操守为人生追求，不仅传道、授业、解惑，还崇尚学术，坚持真理，矢志不移，不辱大学教师之神圣使命。他们安贫乐道，淡泊名利，却播撒大爱于天地间，留下了一串串感天动地的中国海大故事。他们兢兢业业地上好每一节课，无怨无悔地耕耘于三尺讲台，共同奠定了中国海大的百年基业。

他们是中国海大百年发展史上众多师者的优秀代表。这些先贤前辈创造了无数的荣光，让中国海大成为一所有追求的大学、有灵魂的大学、有思想的大学。他们的学术、品格和精神汇聚成中国海大百年发展史上一笔弥足珍贵的财富。愿本书的出版，让这些财富得以传承、光大，成为助力中国海洋大学建设特色显著的世界一流大学的磅礴力量。

目　录 | CONTENTS

高恩洪

　　高恩洪（1875—1943），字定菴，又作定庵，男，山东蓬莱人，汉族。清末就读于上海电气测量学堂，后留学英国伦敦大学。回国后在电政、交通领域就职，1922年出任北京政府交通总长，一度兼任教育总长，1923年初卸职回到烟台参与修筑烟潍公路。1924年3月底出任胶澳商埠督办，5月29日发起筹办私立青岛大学，8月被推举为校长，11月因第二次直奉战争离开胶澳商埠。1925年出任吴佩孚十四省联军司令部交通处长，直奉战争后被免，从此退出政界，回烟台经营烟潍公路汽车公司，任总经理。1926年迁居上海，继续办理长途汽车公司。1943年病逝于北平。

　　1875年，高恩洪出生于山东省登州府蓬莱县（今山东省烟台市蓬莱区）上口高家村。

　　第二次鸦片战争后，因不平等条约的签订，黄渤海交汇处的天然良港烟台被辟为通商口岸。在西风裹袭下，这个上口高家村的少年未走传统耕读之路，而是进入烟台一家洋行当学徒。心思活跃的他，没几年就离开烟台洋行，进入上海电气测量学堂读书，并得到留学英国的机会。其间曾任清政府驻英使馆翻译。回国后，正值盛宣怀办理电政，高恩洪被派任一个县电报局长职，从此他的政治履历几乎没离开"交通"领域。他曾任西藏通商交涉事宜督办，参加1907年印藏边界谈判，后任东三省军政事宜督办、邮传部津浦铁路局办事员、交通部秘书等职。1912年中华民国建立后，先后任川汉铁路局秘书，汉口、川藏电报局局长，1915年任交通部上海电料管理局局长。在上海电料局长任上，高恩洪投靠山东蓬莱老乡——当时北方实力最大的军阀吴佩孚，1922年5月得吴佩孚力荐，进入北京政府内阁，出任交通总长（短期兼任过教育总长）。在直系曹锟和吴佩孚的斗争中，被以"舞弊卖国违法渎职"之名查办，回到烟台开办烟潍公路汽车公司。

　　1924年3月底，高恩洪出任胶澳商埠督办。青岛在被德日侵占的20多年中，虽逐渐发展为一个新兴港口和工商业城市，但民族文化和教育极不发达。1922年12月主权回归后，国内各界对青岛的教育事业极为关注，青岛地方士绅亦开始积极兴办教育。在国内教育界人士的呼吁和推动下，北京政府一时也有在青岛设立大学的动议，但因政局不稳定，军阀混战，国库竭蹶，地方政府又无力协调到合适的校舍，即使"青岛应设大学"已成为社会各界共识，这所大学也迟迟未能开办。

高恩洪上任胶澳商埠督办，使青岛成立一所大学具有了一个历史机遇。他到任不久，已为青岛设立大学奔波多时的青岛教育会会长孙广钦就联合多方人士向他提出创建大学的建议，并希望将德侵时期的俾斯麦兵营作为大学用址。高恩洪赞同孙广钦等人的建议，迅速召集青岛本地绅商商讨。1924年5月22日，数国驻青领事馆组织了一场宴会，来消弭督办高恩洪与青岛首富刘子山的不和。宴会上高恩洪发表演说，宣布要创办一所大学的决定，计划以私立青岛中学及职业学校为基础，创办一个有商业、机械、林业、路矿、航政以及文化等科的大学，希望刘子山能与胶澳商埠督办公署一起协办，教师则由胶澳商埠督办公署各机关及铁路局职员等充任。

按照"壬戌学制"中单科即可设大学的规定，高恩洪和青岛地方士绅计划的这所大学规模可谓宏大，并且与青岛城市发展紧密相关。由此也可见督办高恩洪和青岛地方士绅要办一所切实培养青岛所需人才的大学之热情。

1924年5月29日，高恩洪在督办行辕召开大学筹备会，出席者有邵筠农、宋传典、傅炳昭、张德纯、刘子山、王子雍、宋雨亭、丁耀西、孙炳炎、孙广钦等青岛商业、金融、铁路运输界风云人物11人，所有参会者均为发起人并为校董。大会公推邵筠农为临时董事长，孙广钦为筹备主任，邵筠农（兼）、孙炳炎为副主任。另推举青岛知名人士王西园、王荩卿等工商、银行、胶济铁路、行政机关的29人担任董事，聘请国内学界、政界、教育界名流梁启超、蔡元培、张伯苓、黄炎培、颜惠庆、顾维钧、罗文干等24人为名誉董事。这些名誉董事多是高恩洪的旧交。从这个名单也不难看出，高恩洪希望能借重这些名流给予这所大学更多的助力。

筹备大会除了讨论校长人选之外，在校址、系科设置、经费、生源和办学理念上基本达成一致。大学设工商农文四科，限于经费，先开工商二科。办学经费由募捐解决，除向中国校董劝捐外，还邀请各国驻青领事担任募集。筹备会上，高恩洪带头捐款1万元，刘子山捐款2万元，宋雨亭等均捐款。学校日常经费，则经吴佩孚、高恩洪出面协商，由胶澳商埠督办公署每月支款1万元、胶济铁路局每月拨款6000元、青岛士绅每月出资4000元，官私合作共同创办并维持学校。董事会成立后，即积极进行筹备工作，6月24日发布了招生公告。

1924年8月21日，董事会举行会议，公推高恩洪为校长。

　　高恩洪进过晚清新式学堂、曾留学英国，又置身晚清和民国政界官场多年，深谙中国社会的种种弊端：政治对教育的严重掣肘，使得有识之士教育救国、学术救国之壮志难酬。而其时政治秩序混乱，军阀当道，干预教育，大肆挤压挪用教育经费，以致教师索薪风潮时有发生。作为追求知识和学术的大学，如若独立于政治之外最为理想。当有条件、有能力亲自创办一所大学时，高恩洪毅然将大学定位"私立"。在筹备会上，他说，"凡一学校之成立，必有其特别的传统精神，然后前呼后应，一脉相承。教者、学者皆知目标所在，万矢一的，奋勉图功，对于校内乃有成绩可言，对于社会乃有信仰可立。欲专收此效果，非学校超立于政治之外不可。若归官立，则易一长官，即易一校长，而一般之教职员亦随同进退。无论问学者存五日京兆之念，不肯踏实去办，即使认真经营，精神手续自有许多不相衔接之处，节节断绠，曷能汲深？！故本校宜定为私立。上述之弊端可得避免，而精神贯彻，更不难成绩斐然。"校事独立于政治，经费独立于政府，大学将会有真正的"自由"，这是高恩洪对私立青岛大学的良好初衷和深切寄望。

　　虽然有美好的理想，但维护独立首应解决的经费问题进展并不顺利。主权回归后，青岛以及胶济铁路成为各路军阀、各个派系争抢的地盘，搜刮经费是他们的主要目的，使得青岛财政几近破产。高恩洪接任督办，面临的就是商埠收支相差甚巨的局面，刚到任即遇到需要筹款发放警饷问题，不得已之下只好以港政收入作为抵押向东莱银行借款。而他还担负着为吴佩孚筹款的重任，在商埠他既做建设，在许多领域也实行了竭泽而渔的政策，毁誉参半。

　　学校经费筹措艰难。寓居青岛的康有为便建议办一个古董展览会，出售康有为从各地搜集的古董字画，售款捐给学校，并发售入场券。高恩洪听从其建议，成立了一个私立青岛大学基金书画展览会筹备处，也将自己所收藏的书画出售。但展览会所得微薄。因筹款困难，将胶澳商埠视为军款库的吴佩孚甚至致函高恩洪，表示不赞成开办大学，而应先着手普及中小学教育。但高恩洪依旧坚持开办大学的决定。为能让学校按计划开学，他共捐1.7万元，刘子山捐2万元，在胶澳商埠督办公署和胶济铁路各处筹集数千元，集齐开办费。

　　高恩洪是山东人，对在家乡故土新立的这所大学，抱有恢复齐鲁文化荣光的期待。在1924年6月学校向中国教育改进社第三届年会所赠的纪念册里，高恩洪在序中就讲到齐鲁大地古来哲人辈出学风广被，到清季堂邑武训以乞丐兴学耀炳史乘。他呼吁家乡有识之士能像武训那样，来支持这所黄海之滨的高等学府，为国家培养人才。他认为当今世界的竞争主要依赖学术，倡办私立青岛大学，正是为国家养成干济长材。此序之后又被放在当年10月刊印的《私立青岛大学概况》中，作为高恩洪署名的《弁言》。

　　1924年10月，私立青岛大学刚开学不久即颁布了《私立青岛大学暂行大纲》，规定学校以"教授高深学术，养成硕学宏材，应国家需要"为宗旨。这是民国初年颁布的《大学令》及1924年初颁布的《国立大学校条例》中所规定的大学、国立大学办学宗旨。显然高恩洪是认同学术研究、培养人才、服务国家这个大学职能定位的。虽然《大学令》和《国立大学校条例》中的"大学"，主要指担负弘扬民族文化重任的国立大学，同时期不少国立和私立大学另拟有办学宗旨，直接借用法令中的大学宗旨，足见高恩洪所办虽为私立大学，实际上心中看齐的是国立大学。虽然在任仅两个月，但高恩洪希望青岛有一个"独立的大学"的设想和擘画，值得后世尊重。

　　在1924年9月20日开学仪式上，高恩洪在演讲中告诫学生"既入本校则与校运之荣枯、校誉之隆替有密切之关系，重大之责任"，希望学生对新文化新学说弃其糟粕，取其精华，要淳朴、自治、自律、博爱、互动，重秩序、守信义、耐劳苦、尊师长，"一切当以实事求是、日新又新为前提，一洗各地不良之陋习，蔚成本校特有良好之校风，为全国青年之模范，为将来国家有用之长才"。

　　历史地看，高恩洪为大学周旋到兵营为校址并将之拨为"永久校址"最值得称颂。俾斯麦兵营占地开阔，新哥特式风格建筑有十余栋。青岛主权回归后，多所机关欲占用，而想在青岛办学的人都认为这是个最佳校址。但即使是直系曹锟的亲信山东省长兼胶澳商埠督办熊炳琦也无法争取到兵营办大学，其他人更是"望营兴叹"。

　　高恩洪素来做事雷厉风行。他鉴于青岛财政不足又要承担庞大军费的实际情况，刚上任不久就以"青岛风平浪静，不宜驻兵，以节靡费"为由，请撤胶防驻军，得到山东督理郑士琦的批准，下令迁出驻军。一时空下来的房舍，被各机关看好，欲占据、借用，其中，刚归顺军阀吴佩孚的渤海舰队最为觊觎，欲作为海军司令部驻地。对此，高恩洪颇感难应付，便请吴佩孚出面协调。吴佩孚本也是秀才出身，懂得教育是立国之本，遂决定该兵营不再驻军，专作办大学之用。

　　又本着先到为主的策略，筹备委员会甫一成立，高恩洪便让人在兵营门口先挂上"私立青岛大学"的牌子，还立刻派人赶修校舍，添置器材。筹备速度很快，几天时间，就粗具规模。1924年9月15日，胶澳商埠督办公署正式将俾斯麦兵营拨给私立青岛大学作永久校址。

　　高恩洪对私立青大的支持是多方面的。董事会请示将学校之南的齐河路改名为"定安路"（取高恩洪字的谐音，今中国海洋大学鱼山校区桃海路），学校之西登州路南段改名为"大学路"，东之庆平路命名为"青中路"（今青岛市市南区红岛路）；将学校南面的无名山丘命名为"定安山"（今中国海洋大学鱼山校区八关山）。胶澳商埠督办公署得函即批复并饬工程事务所改换路牌。

辟兵营为大学，既是出于高恩洪的桑梓之情，也是出于一个开眼看过世界的读书人的胆识，更来自高屋建瓴的视野。作为胶澳商埠督办，需要统筹各界各派，在实力和财力上得到支持，但高恩洪还是毅然将各方都觊觎的兵营批给大学，还强调以"大学永久校址"，让这片打着屈辱印记的土地，从此镌刻上中国文化的烙印，让年轻的学子在这里学习知识研究学术，谱写中国走上富强文明之路的新历史。这个校园在之后的岁月里，虽然不断有军队借用、占用校舍，却始终未曾动摇一所大学矗立在这里的根基。由此一项，足见高恩洪期待以大学为途径建设国家的强烈愿望，也足以令世人深怀敬佩之情。

私立青岛大学是国人在山东创办的第一所以本科为起点的现代意义上的大学。在青岛这片土地上，中国的大学开始承担弘扬光大民族文化的责任，其意义是历史性、开创性的。这所大学，开设学科以青岛城市发展所需为重点，在五年办学历史中，克服校舍不断被占用、经费严重不足的困难，努力维持弦歌不辍。它为五年后一所国立大学设在青岛奠定了基石性条件，从而为今天的青岛成为现代文化名城、海洋科教名城奠定文化和人才基础。

1924年11月，吴佩孚在第二次直奉战争中败北。11月7日，高恩洪亦被捕，从此结束了他在青岛的使命，也结束了他作为私立青岛大学第一任校长的使命。但高恩洪与私立青岛大学的关系并不会因为他的离开而画上休止符，他为这所大学的擘画，只有放在这所大学发展的轨迹上看，才能显示出越发厚重的历史意义。

1925年11月，高恩洪出任吴佩孚组建的十四省联军司令部交通处长，第二次直奉战争后被免，从此退出政界。后来回烟台经营烟潍公路汽车公司。1926年迁居上海，兴办沪闵南长途汽车公司。晚年定居北平。

1943年，高恩洪因病在北平去世，终年68岁。

（撰稿人　王淑芳）

参考文献：

[1]《青岛大学及青岛中学校纪念册》，私立青岛大学、私立青岛中学校，1924年版。

[2]《私立青岛大学概况》，私立青岛大学，1924年版。

[3]《胶澳公报》，胶澳商埠督办公署秘书处编纂股发行，第一百六十四期。

[4]《胶澳商埠档案史料选编（五）》，青岛市档案馆编，青岛出版社，2018年版。

宋传典

宋传典（1875—1930），原名宋华忠，字徽五，男，山东益都人，汉族，民族企业家。1887年就读于青州广德书院，1898年毕业后留校任西学教员，又兼课于海岱书院。1905年任县立高等小学堂校长兼青州府官立中学堂英文教习及益都县教育会会长。后任青州守善中学董事长、济南私立齐鲁大学董事等。1923年任山东省议会议长，倡办私立青岛大学，并于1924年至1929年兼任私立青岛大学校长。译有《动物学详考》《化学详要》等。

1875年，宋传典出生于山东省青州府益都县（今山东省青州市）城西龙山峪宋王庄的一个贫寒农民家庭。

1887年，英国基督教浸礼会传教士库寿宁（Samuel Couling, 1859—1922）在青州创办广德书院、培真书院，传布西方文化，吸引中国人入教。家境贫寒的宋传典为人忠厚、聪明伶俐、应答机敏、干活勤快，被招募至教堂做看门人，并受洗成为一名基督徒。库寿宁取"传播耶稣经典"之意，将他"华忠"之名改为"传典"，并资助他就读于广德书院。

在校期间，宋传典学习了英文、算术、物理、化学、地理、生物等课程。1898年毕业后，留校任教，主讲英文与化学。1902年，海岱书院创办，宋传典受聘兼任英文和算术教师。1905年，清政府废科举兴新学，益都县政府在东关创办县立高等小学堂，延聘宋传典为该校校长，同期创办的青州府官立中学堂也邀请他做西学教员。未几，他又当选为益都县教育会会长一职。

从教期间，他还完成英国人魏而斯所著《动物学详考》一书的翻译工作。该书中文版由库寿宁校订，于1907年在上海美华书馆出版，是国内较早的动物学教科书之一。他翻译的《化学详要》一书，为益都各校争相使用，一时洛阳纸贵。

正当宋传典在益都教育界崭露头角之时，又一个人生转机展现在他面前，使他从教育界转入商界。库寿宁在益都办学，常受经费不足之困扰，于是与妻子开始经营花边生意，所获利润用来补贴教会学校的办学费用。其间，宋传典作为教会成员和库寿宁的弟子，也或多或少地参与了花边经营的部分业务。1908年，库寿宁携家眷迁往上海，临行前将青州的花边企业全部托付给宋传典。

宋传典接手后，投入资金将产业规模扩大，在位于青州南北大街的浸礼会院内借了数间房屋，创建德昌花边庄（英文名称Sung Chuan Tien Co., 即宋传典公司），独立经营，直接与英国商人交易。他还把花边生产放到广大农村，传授技艺、发放原料并进行销售，盈利很大。随着花边生产不断扩大，销路从英国、意大利逐步扩大到整个西欧和南美地区。

第一次世界大战爆发后，发网在欧洲备受妇女欢迎，宋传典就改营发网。他成立德昌花边社，在山东各地建立分支机构，组织广大农村妇女从事花边、发网生产；同时增设德昌缫丝厂、德昌肥皂公司、德昌地毯厂、德昌火柴厂、德茂棉花栈等，多种经营。后又把德昌花边社改组为德昌洋行，专做进出口生意，同时在济南、青岛、潍县、烟台、天津、上海等地设立分行或分号。至1920年，企业的资本总额达100多万元，宋传典成为山东为数不多的富贾之一。在成为山东工商界知名人物后，宋传典又重返教育界，先后担任过青州守善中学董事长和私立齐鲁大学董事，同时开始涉足政界，先后当选为益都县议员和山东省议员。1923年初，在山东省第三届议长选举中，宋传典当选为议长。

在各界呼吁青岛设立大学时，宋传典也成为其中一位重要的倡设人。在私立青大召开筹备会时，他专程从济南赶来参会，并成为学校董事之一。第二次直奉战争爆发后，校长高恩洪于1924年11月被逼去职，学校无人负责，在校董会主持下，宋传典于同年11月21日被公推为校长。

宋传典接任校长，私立青大正处于艰难局面。学校经费原来全靠胶澳商埠督办公署拨款、胶济铁路协款和士绅捐赠，高恩洪一倒，经费无着，原本在学校兼任教师的青岛各机关人员大部分离校，学生也走了很多。因宋传典有在济南的生意和省议长的职位牵绊，不能常常到校，就聘请在青岛邮局任职、毕业于美国理海大学矿科的林济青任校务主任，襄助处理事务。

1925年春，宋传典主持编写《私立青岛大学一览》，汇编了学校的各种规章制度，内有很多学校校舍、校貌图片。在弁言里，他表示秉承前任校长的办学方针："兹值本校刊布临时简章，爰述校之成立经过及将来趋向，弁其端，倘荷高明，辱赐教正，校之幸国之光也。"

对学科设置，宋传典有过较为深入思考："所设学科，务期有以造真材供世用。寰瀛交通，商战日烈，经济灭国，怵目寒心，国际贸易，需材孔急。青岛为吾国北部第一良港，中外商人，麕集蚁附，足资观摩也，故设商科。物质文明，孟晋不已，伟大工程，方兴未艾，道路之修治，桥梁之架设，河流之濬疏，舍宇之营造，规划方案，实施工作，须具有匠心，养成专家，自属要务。青岛市场，为德人开辟，因阻面势，钩心斗角，宏伟精丽，有东方柏林之称，足资楷式也，故设土木工程科。……再进一步，当更为农科之筹设，若夫探讨玄理保障人权之文科法科等，姑从阙如。"

可以说，这些学科设置计划是紧紧围绕青岛社会的发展之需。只是计划增设的土木工程学科、铁路管理学科、采矿工程学科、机械学科、电机学科，由于经费拮据，除了铁路管理学科在1925年实现招生外，其他科并未招生。

高恩洪离开后，因青岛政局不稳、经济也受到严重影响，胶澳商埠新任督办将学校经费减去九成，即使微薄如此也常常拖欠不拨，学校几近"山穷水尽、势陷停顿"。宋传典多次向胶澳商埠局发函，申请经费、补助费的划拨，函商被军队占据的校舍归还问题。

宋传典用自己的身份和人脉，在1924年底为学校争取到山东省公署的经费支持，每月补贴1000元。1926年时，再向省公署请款，又从教育预备项下每月拨2000元补助学校。这些补助使一度以借债告贷维持的学校局面得以稍缓。

1928年春，国民革命军进抵山东。张宗昌率部撤出济南，宋传典也离校避难上海。山东省主席陈调元以"附逆"罪名下令通缉宋传典，并查封其全部财产。宋传典离校后，私立青岛大学由校董会勉强维持。1929年1月，依旧是校长身份的宋传典，向胶澳局总办写信，希望在省税项下每月600元的临时补助变为经常费，另每月再增加1000元经常费。不过新增部分没有实现。1929年4月，南京国民政府接管青岛，设立青岛特别市，归属国民政府行政院直辖。从5月开始，青岛特别市停拨私立青岛大学的补助费，学校经费来源完全断绝。6月，私立青岛大学并入国立青岛大学，本科学生大部转入其他高校，预科学生则转入山东省内高中就读。

1930年1月，国民政府撤销对宋传典的通缉令，他得知消息后却突发疾病去世，终年55岁。

（撰稿人 杨洪勋）

参考文献：

[1]《近代鲁商名人传》，庄维民编著，齐鲁书社，2016年版。

林济青

林济青（1890—1960），又名林则衣，男，山东莱阳人，汉族，采矿工程专家。1911年获北京汇文大学学士学位，1917年获美国理海大学矿科硕士学位，回国后任山东公立矿业专门学校教务长兼主任教授。1924年11月起，任私立青岛大学校务主任，1925年夏兼教务主任。1930年后任私立齐鲁大学文学院院长、理学院院长、代理校长，山东省政府委员等职。1936年7月至1938年6月，任国立山东大学代理校长。1938年10月起，任西康金矿局局长，国民政府资源委员会汞业管理处处长、西南汞矿局局长等职。

1890年，林济青出生于山东省登州府莱阳县小姚格庄村（今山东省莱阳市谭格庄镇小姚格庄村），家中排行第二，随母姓。外祖父林青山早年在登州文会馆（私立齐鲁大学前身）服务，成为登州教堂首任长老，后带领全家定居济南。林济青岳父是教育家、山东省参议会参议长，"革命老人""泰山青松"范明枢先生。兄长衣振青曾留学美国耶鲁大学和普林斯顿大学，回国后任私立齐鲁大学神学院教授、校董事会董事、校务委员会主席。

林济青16岁时毕业于潍县（今山东省潍坊市）广文学堂（私立齐鲁大学文理学院前身），考入北京汇文大学（后与通州华北协和大学、北京华北女子协和大学合并成立私立燕京大学），并于1911年毕业获学士学位。后赴陕西高等学堂任英文教习，在辛亥革命中因功被委以陕西外交司长之职。

1913年7月，林济青与张奚若等四人由陕西赴美留学。他在理海大学（Lehigh University）矿科学习，四年后获该校矿科硕士学位，回国后受聘为山东公立矿业专门学校教务长兼主任教授。1922年8月，他以鲁案督办公署实业处技术员之身份出任鲁案中日联合委员会矿山分委员会中国委员。同年，以无线电信主任职参与北京政府接管青岛电信各局。

私立青岛大学首任校长高恩洪去职后不久，1924年11月下旬，学校董事会公议山东省议长宋传典为校长。林济青接受宋传典邀请担任私立青岛大学校务主任，半年后兼教务主任。

由于宋传典主要精力放在家族企业经营上，经常不在校，校务主任林济青很大程度上代行了校长职权。私立青岛大学在办学经费严重不足的情况下能够得到维持与发展，与林济青的尽职尽责有相当关系。1925年8月，青岛盐务稽核支所所长李植藩（后任私立齐鲁大学代理校长）在写给胶澳商埠局审计股周淼的信中，对林济青的勤勉尽职赞赏有加："青岛大学自开办以来，迄今已阅数载，教务长林济青君学识优长，教授有方，故学生英文国文等科成绩斐然。"无独有偶，同年11月19日的《申报》发表一则报道："青岛大学自毕部驻兵后，学生已多数离校，该主任林济青竭力筹划，暂腾出宿舍十数间作教室，定十九日上课。"报道寥寥数语，林济青在学校内外交困情势下苦苦支撑、负重前行之情形却跃然纸上。

1929年6月，私立青岛大学并入国立青岛大学。同年7月中旬在济南举行的国立青岛大学筹备委员会第三次会议上，林济青被拟定为国立青岛大学事务主任，然而他并未就职。1930年春，国立青大正式成立之前，他出任私立齐鲁大学文理分设之后的文学院和理学院两个学院院长之职，并于1932年至1934年出任该校代理校长。

1935年1月19日，林济青被任命为山东省政府委员，直至1938年9月30日去职。他还兼任中国工程师学会济南分会会长和山东省营金矿管理委员会副委员长等职。

1936年夏，赵太侔辞去国立山东大学校长一职。7月9日，国民政府教育部任命林济青为代理校长。7月16日到职视事后，他出席了同月20日至22日在学校召开的中华图书馆协会第三次年会和中国博物馆协会第一次年会，并在大会上致辞。这次大会规模盛大，大家云集，叶恭绰、李石曾、朱光潜、王献唐等诸多中外名流到场。

同年9月21日是星期一，也是学校1936年度第一学期的第一个总理纪念周。这一天，全校师生照例在学校大礼堂集会。林济青在会上第一次向全校师生发表演讲："本校历史虽仅六年，但经前此杨赵两校长与历年同人的努力，和诸同学的爱护，设备和课程总算有相当的成绩；可是前路方修，仍应加意扩展，以达到更完善的地步，这种责任是要大家共同担负的。……本人此次受命教育部与各关系方面的敦促，前来主持校政，处处当以发展学校为前提，愿与大家和衷共济，步伐齐一，向前迈进，以造成教育史上光荣的一页。"他在演讲中没有埋没杨、赵两位前任的功绩，而是较为谨慎地使用了"加意扩展""步伐齐一"等措辞，意在形成一个责任共担的校局。

到任后，针对赵太侔离任前后国立山东大学名师星散的现实，林济青沿用了杨振声、赵太侔两位前任延聘名师的做法，从各地延揽教授、讲师，并增聘副教授席，新聘施畸、栾调甫、黄孝纾、郝昺衡、台静农、凌达扬、潘祖武、吴敬寰、刘遵宪、汤独新、王志超等文理工科人才30多人，以充实师资队伍。他重视青年教师的扶持和培养，并为他们创造提升学术素养和水平的机会。例如，他支持本校数学系讲师宋鸿哲利用休假时间前往慕尼黑大学进修。1936年11月上旬，在德国研学的宋鸿哲致信林济青："鸿哲此次得以休假出国藉机深造，实先生成全之功感戴实深。……所拟专习近世代数一科闻以München大学为最相宜。在柏林少停即赴München研究……"然而，此时学校教学科研工作虽然照常进行，但已出现由盛而衰的迹象。

在学科建设上，林济青亦重视海边生物学等学科发展。1936年11月1日，国立山东大学生物学系海产生物研究室成立，学校在办学经费严重不足的情况下仍每年拨付2000元作为日常经费。研究室研究人员由本校生物学系教师充任，不另请人，主要开展了五方面工作：中国海产动物的分类分布形态及生态、青岛浮游生物分布生态及分类、海产动物实验胚胎研究、海产动物生理问题研究和中国马尾藻研究等。该研究室既注重胶州湾、渤海湾与山东半岛海产生物研究，又关注中国海域生物形态考察，尤其重视海洋动物胚胎和藻类经济价值的研究。后据1937年3月的统计，海产生物研究室成立半年内共撰写研究论文20余篇，这个数量"查国内外著名大学生物系研究室每年所发表论文，多者亦不过如是"，显示出学校当时在海洋生物研究领域的实力。1936年12月25日，中国动物学会召集太平洋科学协会海洋学组中国分会、国立中央研究院、国立北平研究院、山东省政府、国立山东大学、中国植物学会、胶济路局、青岛市政府、青岛观象台等关系机关在青岛观象台召开代表会议，讨论青岛海滨生物研究所组织方法等事宜，林济青与沈鸿烈、朱家骅、李书华、秉志等15人当选为常选董事。此外，他还于1936年向国民政府教育部部长王世杰当面汇报关于在工学院机械学系中添设电机组事宜，"当蒙赞同"；翌年2月，教育部正式批准设置电机组。

化学馆的建设和落成应是林济青长校近两年里最值得称道的功绩之一。化学馆是为了解决生物、物理、化学三系教学研究用房紧张，于1936年11月由学校建筑委员会商定，1937年2月收到建筑执照并当月动工、同年7月落成并交付使用的。化学馆建筑面积约2400平方米，地上两层附带地下室，主要用于化学教学和实验。同一时期，他还积极筹建应用化学研究所等，致力培养化学专业高级专门人才。

他注重参与全国性学术年会和创办学校学术期刊。在1936年和1937年两年时间里，学校先后承办中华图书馆协会第三次年会和中国博物馆协会第一次年会、中国生理学会第九届年会、中国化学会第五届年会等，提升了影响力。1937年7月，《山大工程（创刊号）》出版，林济青撰写发刊词："……兹刊之发行，事固平凡，其义则深且巨也，为是更缀数语以相勉之，曰：学以祛愚　术以厚生　学术曰合　现代惟工　业无苟得　持久在忠　而今而后　幸其永恒。"1936年至1937年，学校出版的学术刊物还有《山大丛刊》《化学月刊》《山大生物学会年刊》等。

与两位前任一样，林济青同样注重加强学校的制度建设。长校期间，他通过召开校务会议，颁布施行了《学期考试规则》《学生生活指导委员会章程》《校外人员实验章程》《国立山东大学学则（修正案）》《文理学院学则》《工学院学则（修正案）》《教务处规程》《秘书处规程》《国立山东大学办公总则》等规章。

有文献称林济青"官气十足，政客军阀作风严重"，实则他内心深处亦涌动着深沉浓厚的爱国情怀。1937年5月27日，国立暨南大学学生、中华民族解放先锋队成员符克（海南文昌人，1938年在延安加入中国共产党，后遭国民党顽固派杀害）一行来青岛进行社会考察，林济青会见符克并应邀题写"发扬国光"。及至后来工作和生活在条件环境极为艰苦的西康省，仍念念不忘爱国情。他1939年在《康导月刊》第一卷第十、十一期合刊上发表题为《坚定抗战必胜的信念》一文，呼吁民众"要有抗战必胜的信念，并且要认清必胜的客观事实……努力渡过目下的难关，去迎候自己独立光荣的时代来临"。

1937年6月20日，学校举行第四届毕业典礼。林济青在典礼上告诫全体毕业生："国家培养我们不是为自己，乃是为国家民族，尽忠效力，……国家民族发达，是国家民族的光荣也是我们个人的成功。盼望诸位兢兢业业负着责任，努力前进，以达到成功的地步。"本届毕业试验委员会照例由校内教授及校外专家学者组成，委员长则由林济青担任。著名学者、国立北京大学教授胡适受聘本届毕业试验委员后因不能履约，乃于5月14日致函林济青："近奉华函，藉悉六月九日至十二日为贵校举行毕业考试之期。适本应遵命赴青，充任考试委员，乃以至时敝校尚未停课，实难前往。即祈贵校改聘他人，以免贻误为祷，方命之愆，尚希谅恕。"

卢沟桥事变后，全民族抗战爆发。随着战事吃紧，10月16日，教育部要求学校务必立即将设备迁往西安，转运车辆应就近解决。翌日，学校遵照指示，分别联系津浦铁路济南站、陇海铁路徐州站，请求拨给车辆。无奈形势骤变，学校不得不在10月下旬停课，原拟迁往陕西的计划也随之搁浅。11月7日，林济青呈报教育部部长王世杰，学校"已借妥安徽大学一部房舍作为临时校址。现图书、仪器等已分别由青济陕各地起运前往"，请求准予学校迁往安徽并希得到安徽省政府的协助。11月上旬开始，师生分批离开青岛，临行前发表《国立山东大学迁皖留别各界启事》与《林济青启事》。

遵照国民政府教育部《国难时期各项支出紧缩办法》，学校紧缩开支并定于12月5日在安徽安庆正式开学，翌日复课。12月11日，林济青请示教育部："本校教授等因时局关系，建议即迁宜昌，抑常德或邵阳"，之后得到即刻迁往四川万县的批示。翌年2月13日，学校报告教育部："已在万县城北石家庄觅妥校址，筹备就绪，定于本月十四日复课。"随后得到回复意见："拟暂存。俟行政院院务会议通过本部所提令该校暂停办案后，再行令知。"2月14日，林济青在万县主持复课。这是学校内迁途中第二次也是最后一次复课。

1938年2月23日，教育部根据国民政府行政院2月18日训令，下令将国立山东大学"暂行停办"，同时附发《山东大学结束办法》，要求同年3月15日前结束，经费领至当日。2月23日当天，林济青给教育部部长陈立夫（1938年1月上任）发电文说："本校西迁万县，校址择定城北专（钻）洞子石家庄，地隔市区，颇为清静，周围旷阔，尚堪发展，经于二月十四日复课，即将注册选课事宜，办理就绪，并已正式上班。"2月24日，教育部派秘书黄龙先前往学校在万县的临时校址办理接收事宜，同时发布学校暂行停办办法。6月，教育部下令免除林济青国立山东大学代理校长职务。国立山东大学是战时唯一遭停办的国立大学。

学校内迁过程员生星散、财产损失成为遭停办的重要原因。史料记载，1937年内迁之前，学校有在册教职员129名，在校生517人、旁听生10余人；1938年2月中旬到达万县时，教职员锐减至19人，学生百余人（后陆续汇集至300余人）。截至1938年底，学校财产损失计法币361万余元。造成这种局面，与学校管理层，尤其是代理校长林济青面临迁校时犹疑不定、贻误时机，准备不足、用人失当，与师生缺乏互信、沟通不畅等不无关系。但是，国民政府在抗日正面战场接连失利，学校受到中央与地方（主要是山东省政府）博弈的牵掣，教育部主官统揽全局能力不足和应对军事政治斗争经验缺乏等因素，也是不能忽视的。学校的这次内迁，"彰显了中国教育者刚毅坚卓的精神品质，摧毁了日本帝国主义毁灭中国教育的图谋，使中华民族的传统文化不致因日军入侵而中辍"。

1938年10月，国民政府资源委员会与西康省政府合组西康金矿局，林济青任局长，负责康定雅拉沟等处的采金事宜。1940年6月25日，范明枢致函林济青，内文曰："济青贤倩如面：……知你尚能用其所学，服务于川边矿藏最富的地方，欣慰何如？"

1941年5月，林济青任国民政府资源委员会汞业管理处处长。翌年在《西康经济季刊（创刊号）》发表《西康金矿局所属矿区概况》一文，分序言、砂金区域、山金区域、结论四部分，对西康省的矿产分布、含量和开采等作了专业论述和总结。1946年，任国民政府资源委员会西南汞矿局局长。

20世纪40年代后期开始居于北平。1956年10月6日，新华社一则题为《北京市有二千九百多知识分子报名参加工作》的报道记录了林济青在北京的片段："……六十六岁的林济青因为眼睛不好从1951年起不能工作，他在应聘书中写道：看到祖国建设事业突飞猛进，常因自己不能工作内疚很深。他希望能在视力许可条件下，为祖国贡献出力量。"

1960年，林济青因病在北京去世，终年70岁。

（撰稿人　金松）

参考文献：

［1］《申报》，申报馆，第18939期。

［2］《山大工程（创刊号）》，国立山东大学山大工程出版委员会编印，1937年第一期。

［3］《山东大学学报（哲学社会科学版）》，《山东大学学报（哲学社会科学版）》编辑部，2021年第4期。

［4］《青岛教育史：1891—1949》，翟广顺著，中国海洋大学出版社，2019年版。

［5］《康导月刊》，康导月刊社，1939年第一卷第十期、第十一期合刊。

［6］《泰山青松范明枢》，中共泰安市委党史征集研究办公室、泰安市政协文史资料委员会编，黄河出版社，1996年版。

杨振声

杨振声（1890—1956），字金甫，亦作今甫，男，山东蓬莱人，汉族，九三学社社员，教育家、作家。1915年考入国立北京大学文科国学门，1919年考取山东省官费留学美国，1920年初入哥伦比亚大学研究院攻读心理学，后入哈佛大学研究院研习教育心理学。1924年秋回国后历任国立武昌大学、国立中山大学、国立北京大学教授，私立燕京大学兼任教授。1928年任国立清华大学教务长、文学院院长兼中文系主任。1930年4月至1932年9月，任国立青岛大学校长。抗日战争期间任国立西南联合大学教授兼秘书主任，后兼任国立西南联合大学叙永分校主任。新中国成立后，任北京大学教授兼北京市文联创作部部长。1953年调任东北人民大学中文系教授兼中国文学史教研室主任。他从五四新文化运动时与同学创办主张文学革命的刊物《新潮》开始登上新文学舞台，长篇小说《玉君》为代表作，从1919年到1949年的30年里，都在倡导与创作新文学并实践新文学教育。

1890年11月24日，杨振声出生于山东省登州府蓬莱县水城村（今山东省烟台市蓬莱区蓬莱阁街道水城社区）。幼读私塾，后考入登州官立中学堂（即后来的山东省立第八中学）。

1915年，杨振声考入国立北京大学文科国学门。读二年级时，蔡元培先生执掌北大，进行大刀阔斧的改革，确立大学是研究高深学问机关的理念，以"思想自由，兼容并包"的治校方针，聘请具有新思想的文科教师，推行教授治校，改革校政，使得北大成为新文化运动的中心。老北大的面貌焕然一新，也使杨振声得到了人生大放异彩的舞台。1918年11月，杨振声与同学创办新潮社，1919年1月创办新文学阵地《新潮》杂志，他开始陆续发表描写人间疾苦的白话文小说，从而成为重要的新文学作家。在五四运动中，杨振声是学生领袖，参加了示威活动，并与警察交涉要求归还被扣留的进步宣传品。1919年秋，他考取山东省官费赴美留学，1920年初进入哥伦比亚大学攻读心理学，1923年又进入哈佛大学研习教育心理学。在留学期间，继续进行白话小说的写作。1924年底回国后，创作长篇小说《玉君》，是被现代评论派杂志《闲话》列为"中国最有价值十一种小说"之一的长篇小说代表。

虽留学时学习心理学和教育心理学，但杨振声并未在这个方向继续学术研究，而是转入新文学教育。从1925年开始，他先后在国立武昌大学中文系、燕京大学中文系、国立中山大学英文系讲授现代中国文学、当代戏剧、英国文学史大纲、近代英国小说、莎士比亚剧、名著选读、修辞学与作文、近代文学之比较研究等文学课程。1928年夏，受国立清华大学新任校长罗家伦之邀担任教务长，半年即辞去，转而担任中文系主任。他提出中文系的目标是要创造新文学，对清华中文系进行创造性改革，并将写作列入主要课程。从此，推动新文学进大学课堂成为他毕生的追求。

北大派和山东籍的双重身份，使得杨振声成为国立山东大学筹备委员，后来又成为改立的国立青岛大学筹备委员。1930年4月28日，杨振声被国民政府任命为国立青岛大学校长。6月23日，他从天津乘"长平丸"轮船抵达青岛，开始执掌一所全新的国立大学。

杨振声深受蔡元培先生学术救国、教育救国思想的影响，亲历五四运动的洗礼，又留学美国，对中国大学的意义理解深刻。在1930年9月20日国立青岛大学开学典礼上讲话时，他就强调大学的责任是创造新知，增加人类的智识，大学要服务社会，提高社会生产力，要培养有智识有生产能力的人才。对于国立青大的发展，杨振声提出要利用青岛地理和文化环境开设有特色的学科，才能在众多大学中有比较优势。如可利用最近山东考古发现的便利，设考古学系；可利用近临东海、海边生物种类丰富之便，设立海边生物学，气象学、天文学、海洋学亦可渐次设置；还可利用青岛是避暑胜地的便利，开暑期演讲班，集全国著名学者于一地，一方面可使学生接近全国的学者，一方面大学之间可互相讨论、交换智识。对于大学服务社会的责任，杨振声强调学校的农工两院应着重发展生产力，要注重地方实际需要，设立研究室，研究改良方法。他期待国立青大不但要承担起恢复过去山东在中国历史上的文化地位之重任，还要不断光大发扬之。在国立青大，杨振声的办学和治校活动基本围绕大学的学术责任、服务社会、培养人才这三个中心内容开展。

大学之大在于优秀教师的汇聚。杨振声深知文理是基础，对教师的选聘极注重真才实学，宁缺毋滥。学校计划开设历史学系，但因物色不到理想的教师，遂不开办。

杨振声主张"创造新文学"，使得国立青岛大学在文学院教师的聘请上呈现出不同于当时大学大多注重国学的特色：他从上海请来留学美国学习艺术、以现代格律诗闻名、彼时正努力转向国学研究的新诗诗人闻一多，留学美国学习西方文学的文艺评论新锐梁实秋，并聘闻一多任文学院院长兼中文系主任，梁实秋任外文系主任；中文系的年轻教师如方令孺、沈从文、陈梦家皆是新月派作家，外文系的赵少侯、费鉴照等教师多有翻译、创作和评论作品。在课程上也注重安排写作课的讲授，学生中创作风气浓厚，有的学生后来成为著名作家，如臧克家，不少也以文而名，如王林。杨振声"创造新文学"的引导，不仅在国立青大形成一个新文学风气，且对青岛城市文学的产生和发展有着深刻的影响。

在"学术救国"的信念下，杨振声聘请先后留日留美学习数学的国内著名数学教育家黄际遇担任理学院院长兼数学系主任，请来德国柏林大学化学博士、印尼爪哇化学所所长汤腾汉担任化学系主任，法国里昂大学生物学博士曾省担任生物学系教授，毕业于英国曼彻斯特大学机械学系的蒋德寿担任物理学系主任，毕业于美国哥伦比亚大学、斯坦福大学的教育学博士黄敬思担任教育学院院长兼教育行政学系主任，毕业于美国斯坦福大学的教育学硕士、哲学博士谭书麟担任教育学系主任。除黄际遇先生年龄稍长外，其余皆为年轻学者，他们都富有新思想和创造精神，并具有强烈的教育情怀，在杨振声重视学术和基础设备建设的环境下从事研究，在教学上热情认真，各自在研究上后来也成为领域大家。

一所大学，除了要有好的教师指导学生的研究和学习，还要有图书馆和实验室等供给学生学习和研究的便利。杨振声提倡学生要成为"不在图书馆，就在科学馆，不在科学馆，就在体育场，四年下来是体育好学问好的青年"。他将图书设备建筑工作比喻为盖房子打基础，地基打得好，础石放得牢，将来广厦百间高楼千栋，才能盖得起，负得住；基础不立，将来一切计划皆为沙上阁楼。国立青大没有开办费，经常费基本由山东省政府承担，杨振声就撙节开支勤俭办学，用节省下来的费用补充图书设备和建筑费，逐年添加。他把图书馆建设看作"基础的基础"，又极度重视实验室建设，认为"近代科学不由实验入手，犹如农夫不操耒耜而云耕耘，木匠不亲绳墨而云能量，同是一样的荒唐"。他本着"经常费多省一文，即设备上能增加一点，也便是学校的基础上多放一块基石""一文便有它百年的价值、文化的贡献。行政上多花一文，这一文便是虚耗，在基础上多花一文，这一文便是建设"的理念，经常听取各系教师建议，采购大量的图书和仪器，建设运动场和科学馆，为物理、化学、生物学系学生特辟实验室。如今中国海洋大学鱼山校区的运动场、科学馆依旧承续着育人功能，散发着不息的历史文化魅力。

对于学校学科应该如何发展，杨振声提出应结合青岛地方特点来进行规划。他认为一所大学要"能有所树立于学术界"。如何树立？就是要有自己的特点，杨振声提出国立青大要想在众多国立大学中后来居上，应利用地理环境的特色办海洋学科。"文理科普通各系为各大学所同设者，必求其充实精警外，更应注意于其它大学所未设立之学系，而青大因环境上之方便，对于此种学系特具有发展之希望与能力。"除了在1930年开学典礼上提出要结合山东、青岛地理文化之便设立考古学系、海边生物学、气象学、天文学、海洋学科外，在1931年春学校的总理纪念周上作报告时，杨振声再次强调了发展海边生物学、海洋学、气象学和考古学是学校未来发展的优势。"理学院中如海洋学、气象学，亦皆为其它大学所未办，考虑到地理上或参考上便利，皆可渐次创立，此理学院自求树立之道也。"杨振声还将创设海边生物学之计划向中华文化教育基金董事会请求津贴，并设海边生物学讲座和研究专家各一人。

针对当时私立厦门大学开设有海边生物学的情况，杨振声比较了青岛与厦门两地特点，认为青岛比厦门有地理上的优势，"厦门海边生物种类虽繁盛，然因天气过热，去厦门研究者多苦之，又易发生疟疾。青岛附近海边生物之种类，繁盛不亚于厦门，而天气凉热适中，研究上独较厦门为便。若能利用此便，创设海边生物学，不但中国研究海边生物者，皆须于此求之，即外国学者，欲知中国海边生物学之情形，亦须于青大求之。如此则青大将为海边生物学研究之中心"。生物学系曾省教授到校后，开始着手滨海生物的采集和研究，并成立生物学会，经常举行学术演讲，学校亦给予两万元教学和科研经费支持。到国立山大时，生物学系师资队伍进一步壮大，开出的课程已涉及鱼类学、海洋学，建设有鱼类学研究室、海藻研究室、海洋生物实验室以及温室、鱼类饲养室、标本陈列室，学术研究也多与海洋水产紧密相关，生物学系逐渐确立了自己的学科地位和海洋生物学特色。杨振声"树立特色"的学科发展理念，为学校成为全国涉海学科门类齐全的著名海洋科教机构、青岛成为闻名全国的海洋科教城奠定历史性基础。

杨振声长校，秉持从严治校的思想。要严格治校，必须有严格的纪律，健全各种规章制度，使一切工作都有章可循，他认为"一个机关必须纪律化。一切规程使其简而易守，然后大家循序而善行之，则学校事务，化复杂为简单，治纷乱以条理"，"一切要纳诸轨物"，师生才能专心于学术和学习，这样才能建设成一个庄严的最高学府。国立青大在短时间内就制定了组织规程、学则、学校各项章程和办事细则、各委员会规程，以及学生管理的各项制度。杨振声在全校大会上强调，制度一旦确立就要严格执行，不得通融，一切校政必须按章办事，不能任便，各项课程及学习组织，不能凌乱，且校长是第一个带头执行制度的人。他坚信严格的管理才能蕴育良好的校风，培养高质量的人才。

而在严格制度管理的同时，杨振声又重视民主办学教授治校。他认为管理学校专靠校长一人很危险，即使经验多些见解透些，经验也有时而穷，见解也有时而偏，所以要有一个集思广益的组织，权在校长之上，种种规程才能比较完善。国立青大将校务会议作为学校最高立法和权力机构，成员有校长、教务长、秘书长和各院长、系主任及教授代表，学校各项制度和事项皆由校务会议决议，并设立各种委员会。在保障制度治校的同时，兼顾了教授治校的原则。校务会议履行了作为学校最高决策和立法机构的权力，在学校经历危机、校长缺席时，依旧保持了行政管理的有效运转、教学秩序的正常运行。

在学生管理上，杨振声也秉持严格管理思想。他认为大学是教员研究学问、学生养成学业所在，是必须要有贡献于社会、增加社会幸福的学术机关。辗转过几所大学任教的杨振声，对许多大学学生管理上存在的问题有深刻认识和思考。他说"浪漫的大学，课程安排没有标准与次第，对学生管理松散无度"，"今天高兴就上，不高兴就算了。甚至于一个学生在某校挂名而到另一个学校上课，或者一个机关做事"，这样的学校学生毕业后学无专长，习惯又浪漫懒惰，没有可以在近代社会生存的能力，"建设国家的责任如何放到这样的人肩背上？""这样办学的人是在误人子弟，毁国家命脉"。他希望自己执掌的大学，"课程要有次第的组织，不能凌乱；学则要严格的执行，不得通融；学校一些行政皆严守规程，不能任便。学校的整个计划，也按着实际需要与经济情形依次的向前发展，学生的生活也可以渐渐养成有纪律有规则，诚朴而坚实的向人生前途走去。久之全校的风气也因有纪律而整齐严肃，巍然是个庄严学府"。

国立青岛大学对学生学业管理要求极为严格，并且贯穿在入学考试、平时学业管理、毕业程序等所有培养过程中。如日常管理，教授上课堂堂都要点名，不仅教师点名，教务人员也常常到教室里抽点。每学期考试都在大礼堂"大会考"，程序也复杂严格，学生为了能毕业，"差不多谁也是给书本子作奴隶，和分数去拼命"。九一八事变后，学生组成请愿团赴南京请愿，要求蒋介石政府出兵抗日，正义之举堪当褒扬。学生返校后又掀起反对学分制风潮，并攻讦师长，加之校方不善经权，处置失当，导致学校被"整理"。结果是学校易名，校长辞职，师资流失，近三分之一学生失去学籍。

1932年9月初，杨振声的辞呈得到国民政府教育部的批准，他离开青岛回到北平，以另一种方式进行着"教育"事业——接受主编教育部中小学国文教科书的任务。为获得切近的教育经验，他亲自担任北平一所小学的校长；同时，重新回到新文学领域，主持、创办、推动出版文学刊物，在与沈从文合编《大公报·文艺副刊》时，提携了不少新文学作家，也为"京派"文学的形成提供了平台。

　　1935年，杨振声担任国民政府教育部督学，1937年担任国立长沙临时大学筹建委员兼秘书主任，1938年出任国立西南联合大学教授兼秘书主任，后任西南联大叙永分校主任，重新回归大学。在国立西南联大时，他在中文系开设写作课，聘请作家到校担任教师，再一次将新文学作为课程推上大学讲坛。同时，在大后方创办文学杂志，参与各种讨论，为新文学的发展持续地鼓与呼，披荆斩棘开辟道路。1944年应邀去美国讲学，抗日战争胜利后回国，参与国立北京大学复校工作，并任该校中文系教授。1952年在高校院系调整中，到东北人民大学（后更名为吉林大学）中文系担任教授兼中国文学史教研室主任。

　　1956年3月7日，杨振声因病在北京去世，终年66岁。

　　杨振声最后一篇公开发表的文章是1954年发表于《人民日报》的《回忆五四》。这位五四新文化运动时期登上人生精彩舞台的文学家，怀着赤忱的爱国热情，一生都在追寻一条革新的道路，五四精神伴随了他一生，可谓五四赤子。

（撰稿人　王淑芳）

参考文献：

［1］《清华周刊》，国立清华大学周刊社，1928年第三十卷第四期。

［2］《文学杂志》，商务印书馆，1948年第三卷第五期。

赵太侔

赵太侔（1889—1968），原名赵海秋，又名赵畸，字太侔，以字行，男，山东益都人，汉族，民革党员，戏剧家、教育家。1917年毕业于国立北京大学英语系，1919年入美国哥伦比亚大学攻读西洋文学与戏剧，1925年回国任国立北京艺术专门学校教授兼戏剧系主任。1929年创办山东省立实验剧院。1930年至1932年任国立青岛大学教授兼教务长，1932年至1936年任国立山东大学校长。后任国立北平艺术专科学校校长，国民政府教育部社会教育司戏剧组主任、教科用书编纂委员会委员兼剧本整理组主任，国立编译馆编纂，教育部高教司司长、参事等职。1946年至1949年复任国立山东大学校长。新中国成立后，先后任山东大学、山东海洋学院教授。曾任民革中央委员、青岛市委副主任委员，山东省政协常委等职。

1889年11月2日，赵太侔出生于山东省青州府益都县（今山东省青州市）东关一个农民家庭。少时就读于青州府公立中学堂、烟台实益学馆、山东陆军小学堂。他在读中学时就参加了同盟会，是山东同盟会老会员之一。辛亥革命爆发后，赵太侔参加青州、济南独立起义，是山东辛亥革命的先驱。1912年2月至12月，在烟台山东军政府任军务科科员。翌年1月，加入中国国民党并任国民党青州区党部干事。

1914年8月，赵太侔考入国立北京大学，并于1917年7月毕业。其间，他与同学袁振英发起成立无政府主义社团——实社，出版不定期刊物《实社自由录》，宣传无政府主义。后来他在美国纽约编辑出版《劳动潮》，继续宣传无政府主义，是中国早期无政府主义代表人物之一。

1919年8月至1925年5月，赵太侔在美国哥伦比亚大学研究院学习，攻读西洋文学与戏剧。其间，与余上沅、闻一多等人演出英文话剧《杨贵妃》，与梁实秋、顾一樵等人排演英文话剧《琵琶记》，担任两剧的舞美设计，带来当时最先进的舞美灯光效果。受此启发，赵太侔与余上沅、闻一多等人在美国发起国剧运动并付诸实践，是国剧运动的中坚力量。

1925年8月至1926年7月，赵太侔担任国立北京艺术专门学校教授，创办戏剧系并兼任系主任。该校戏剧系是中国第一个国立的戏剧教育机构，戏剧教育由此进入国家高等教育。这一时期，赵太侔在北京《晨报·剧刊》发表《国剧》《布景》《光影》等文章，阐释自己关于国剧的理念、探讨舞美艺术；发起成立中国戏剧社，参与制定《中国戏剧社组织大纲》，扩大国剧运动的阵容。1929年8月，他又在泰安民众剧社的基础上，于济南创建山东省立实验剧院并任院长。山东省立实验剧院是中国第一个官办省级戏剧教育机构，为国家培养一大批文艺精英，济南由此成为继北平、上海之后的第三个戏剧中心。赵太侔是中国现代戏剧院校的创始人之一。

1930年9月，国立青岛大学成立。赵太侔是杨振声校长首批聘任的10名教授之一，为文学院开设文学选读等课程。1930年12月，赵太侔任国立青岛大学教务长，还兼任学校审查委员会委员、图书委员会委员、训育委员会委员和聘任委员会委员及建筑委员会主席等职，是国立青岛大学的主要领导成员。他协助杨振声校长建章立制，构建了学校较为完备的办学体制。

1932年9月，国立青岛大学更名为国立山东大学，赵太侔任校长。从1932年9月至1936年6月，赵太侔主政国立山东大学，他采取"兼容并包，民主办学"的方针，重视专家治校，广聘专家学者来校任教，使得学校形成阵容整齐、水平较高的师资队伍；注重学科建设，扩大院系规模，形成了文理、工、农三院八系的办学格局，其办学特色受到当时国民政府教育部和老教育家蔡元培的赞誉；加强基础设施建设，建造科学馆、工学馆、体育馆、水力试验室等；严格教学管理，实行严格的"学分淘汰制"和毕业甄别制度，由此形成了浓郁的学习风气；鼓励科学研究，在海洋生物等领域取得重要学术成果。这是校史上所称第一个兴盛时期的主要内涵。

1936年6月至1938年3月，赵太侔任国立北平艺术专科学校校长。其间，他对艺术教育进行大胆探索与改革。他聘请名师，加强师资队伍建设，完善规章制度，恢复原北京美术学校的开学日期作为创办纪念日；探索艺术教育的规律，明确艺术教育的学制和人才培养目标。

从1939年1月至1942年6月，赵太侔先后任国民政府教育部社会教育司戏剧组主任、教育部教科用书编纂委员会委员兼剧本整理组主任、国立编译馆编纂，从事戏剧剧本整理、编纂工作。

1946年春，因抗战而暂行停办的国立山东大学在青岛复校，赵太侔再任校长，肩负起重建国立山大的艰巨责任。复校之初，百废待兴，赵太侔主抓延聘师资、收复校舍、设置院系和筹划招生等工作。经过半年筹备，各项工作基本就绪后，国立山东大学于同年9月开始招生，10月25日举行开学典礼。

在赵太侔努力下，学校院系设置从全民族抗战爆发前的三院八系扩展到五院十四系，学科规模得以壮大。完善的学科结构和强大的师资力量，为学校在20世纪50年代形成历史上的第二个兴盛期，奠定了学科和人才基础。

一所大学与所在的城市有着密切关系。赵太侔在两次任国立山东大学校长期间，立足于大学要为地方服务这一办学理念，并付诸实践，大力发展海洋、水产学科。20世纪30年代，赵太侔在第一次任国立山东大学校长期间，根据青岛滨海的特点，大力发展海边生物学，并有筹建海洋研究所的想法。他聘任童第周、林绍文、张玺、曾呈奎等知名生物学者来校任教，在生物学系形成较为强大的师资阵容；成立或参与成立学校海滨生物研究所、青岛海产生物研究所、青岛海滨生物研究所等海洋生物研究机构，大力倡导科学研究；与青岛观象台合作，在物理学系创立天文气象学组，使学校成为当时国内开设气象学科的四所大学之一，我国的海洋气象学科由此发端。

复校后，赵太侔在学科设置方面不仅重视其完整性，而且根据青岛滨海的特点，提出发展海洋、水产学科的思想，为地方服务。为此，他创办了中国第一个本科起点的水产学系、中国高校第一个水产研究所，为山东海洋学院创建奠定了人才与学科基础。

在任国立山东大学校长期间，赵太侔利用自己的地位和影响，对爱国进步师生进行保护。1934年8月，国立山大地下党支部书记、中共青岛市委委员俞启威（黄敬）因参加革命活动，被青岛反动当局逮捕，押解济南。赵太侔闻讯后立即到济，力请国民党山东省党部主任委员李文斋、山东省教育厅厅长何思源出面保释，并亲领俞启威返回青岛。1946年10月，国民政府教育部给赵太侔密电，指令其查明中文系教师徐中玉的共产党嫌疑，他立即将密电内容告知徐中玉，使其免遭迫害。1947年6月、1948年8月，国立山大先后爆发"反饥饿、反内战、反迫害"的学生运动和反对"特种刑事法庭"斗争，均遭到反动当局镇压。赵太侔积极营救被捕的进步学生。他指示学校训导处起草要求营救学生的文稿，并亲自修改；后又主持召开校务会议，决定对被关押的学生不作旷课论，一律保留他们的学籍。在赵太侔及社会各界的呼吁下，青岛当局不得不释放被捕学生。

1949年春，山东除青岛外已全部解放。迫于形势，驻青国民政府行政院善后救济总署、农林部渔业善后物资管理处青岛分处等机构奉命调回上海。在水产学系任教的王以康等人也随所在机构南撤，因此出现了水产学系师资匮乏，二、三年级的专业课无人讲授的局面。赵太侔为水产学系学生的前途着想，为了不中断学子们的学业，更不愿让他殚精竭虑建立起的水产学系毁于一旦，决定援例去外地借读。他先后与国立台湾大学、国立厦门大学和国立复旦大学联系，最终国立复旦大学生物学系同意借读。3月18日，赵太侔主持临时校务会议研究，基本上同意水产学系系务会议通过的借读方案，并要求立即着手借读的各项准备工作。4月1日，在代理系主任沈汉祥的带领下，水产学系教职员数人，二、三年级学生61人乘船自青岛启程赴上海。4月18日，水产学系借读生正式在国立复旦大学注册上课。上海解放前后，借读学生陆续返回学校。

进入4月份，青岛的形势更加严峻。为了防止青岛反动当局对学校进行破坏，赵太侔集中全校的人力、物力，于5月9日成立国立山东大学应变委员会并自任主席，同时成立武装纠察队，日夜巡逻，进行护校。为了学校的安全与前途，赵太侔亲自去青岛警备司令部交涉，要求其不得到学校抓人。5月，人民解放军解放青岛的步伐日益临近。赵太侔接到国民政府教育部密电，令其随驻青海军南下广州，驻青的国民党要人一再让他做好撤退的准备。赵太侔决心与国立山东大学共进退，躲进不对外开放的学校附属医院第四病房，和学校师生一起迎接青岛解放。

1949年6月2日，青岛解放，青岛军管会文教部接管国立山东大学。赵太侔返校后，在校长室会见市军管会文教部部长王哲，双方就如何接收学校进行协商。赵太侔将文教部交代需要办理的事宜，传达到各单位，最后由校长室汇齐各单位所造表册呈交军管会文教部，同王哲办理了学校的交接事宜。

在历史性的关键时刻，赵太侔深明大义，以一位爱国知识分子的正义良知和与国立山东大学十几年的血脉情缘，为维护学校完整、保护学校财产站好青岛解放前的最后一班岗，把一个完整的大学交到新生的人民政权手中。

新中国成立后，赵太侔任山东大学教授，为学生开设戏剧选读、高级戏剧选读和小说选读等课程。他备课认真，得到学校领导和师生一致好评。学校党委给他的评价是：教学很负责。从1959年3月至1968年4月，赵太侔任山东海洋学院直属教研室外语教研组教授，在为学生开设英语课程的同时，自觉担负起提高青年教师英语水平的任务。其间，兼任山东大学科学研究委员会委员和山东海洋学院第三、四届院务委员会委员。

赵太侔于1954年加入中国国民党革命委员会（简称"民革"）。1955年1月，政协山东省第一届委员会成立，赵太侔是省政协特别邀请的17位知名人士之一，并当选为委员；1956年2月，当选为民革中央第三届团结委员会委员；1959年5月，当选为政协山东省第二届委员会委员；1962年8月，当选为民革青岛市第三届委员会副主任委员；1963年12月，当选为政协山东省第三届委员会常务委员。赵太侔作为省政协常委和民革的重要成员，针对社会热点问题和工作中需要改进的地方，精心准备提案，在政协和民革会议上积极建言献策，自觉履行自己的职责。

在学术上，他对汉字有深入研究，撰有文章《汉字新法打字机拟议》《关于汉字简化问题》。他想通过汉字研究，破解蕴藏其中的中国传统文化奥妙。赵太侔的研究受到高等教育部、中国文字改革委员会、中央工商行政管理局等部门的重视，批语有“目标扼要，值得鼓励”“认识正确，应予协助”等。赵太侔对草书有深入系统的研究。他依据《新华字典》中的六七千个通用字，探索草书的形成规律，归纳总结出206个草体字的基本形体，即草书符号。有学者认为：赵太侔是继于右任之后的又一位草书符号研究大家，他所归纳出的206个“基本形体”，可以说穷尽切分草书符号之先河。1959年9月，山东海洋学院开展群众性科研运动，由于赵太侔表现突出，得到学校党委的肯定，并作为典型写进了1960年4月的《一年来的统战工作总结》：“民革成员赵太侔老教授，在群众搞科研运动的推动影响下，还设计了一部汉字排字机，其他工作中，也大大发挥了主动性，还经常参加群众排练文娱节目的活动。”1963年，赵太侔将自己研制的中文打字机设计方案交给学校科研处，希望能让学校金工厂的工程师帮助制作。由于设计新颖，制作困难，无果。非常可惜的是，在“文化大革命”中，这份文稿丢失，未竟其志。

在“文化大革命”运动中，赵太侔遭到迫害，于1968年4月25日在青岛辞世，终年79岁。粉碎“四人帮”后，1979年10月，有关部门为赵太侔平反昭雪，恢复名誉。1980年5月22日，山东海洋学院为赵太侔举行追悼会，在悼词中赞扬他人品道德，肯定他劬劳业绩，对他的一生给予公正的评价。

赵太侔毕生致力于教育事业，对中国的戏剧教育、山东省的高等教育和青岛市的历史文化繁荣均有建树，功绩卓著，载入史册。为纪念赵太侔对中国文化之贡献，弘扬他奉献教育的精神，传承学校的优良传统，2015年1月，他的雕像在中国海洋大学鱼山校区竖立，以致缅怀。

（撰稿人 杨洪勋）

参考文献：

[1]《才华内蕴赵太侔》，杨洪勋著，中国海洋大学出版社，2020年版。

杜光埙

杜光埙（1901—1975），字毅伯，男，山东东昌府人，汉族，政治学家。1920年，国立北京大学预科毕业后入法科。1921年留学美国，初入芝加哥大学，嗣转入哥伦比亚大学公法学系，先获荣誉学士学位，后获哥伦比亚大学公法学硕士学位。1928年8月，任国立山东大学筹备委员会委员；翌年6月，任国立青岛大学筹备委员会委员。1930年9月至1936年夏，任国立青岛大学、国立山东大学中国文学系教授、总务长、教务长等。曾在国立中山大学、国立西北大学、台湾东吴大学等任教。曾任国民政府教育部专门委员兼高等教育司第一科科长、制宪国民大会代表、监察院监察委员等，美国加州大学、华盛顿大学、辛辛那提大学客座教授等。

1901年9月27日，杜光埙出生于山东省东昌府老韩庄（今山东省聊城市东昌府区于集镇韩庄）一个书香之家。父亲杜履平系晚清廪生，科举废除后，经山东省选派与丁惟汾、王朝俊等留学日本，回国后创办东昌府中学及东昌府师范，后擢任山东省视学，曾任山东益都、河北河间、浙江云和等县县长。杜光埙幼承家教，随父任所，在山东省立济南模范小学、山东省立第六中学完成小学和中学学业，禀赋颖异，每次考试名列前茅。

1920年国立北京大学预科毕业后，杜光埙考取山东省官费留学，因直皖战争后省库空虚，未能成行，于是继续就读于国立北京大学法科，1921年始得赴美。初入芝加哥大学习政治学，后转哥伦比亚大学公法学系，两校成绩均列甲等，获授哥伦比亚大学"荣誉学士"，为我国留美学生获此殊荣之第一人。1926年获哥伦比亚大学公法学硕士。1927年因曾获授"荣誉学士"，被推为哥伦比亚大学中国学生会会长和全美中国学生会评议会主席，同年夏博士初试及格，因国立中山大学校长戴季陶函约回国任教，加上顾颉刚、傅斯年等人敦促，遂放弃攻读博士学位，同年回国。又因1927年12月中旬爆发广州起义，任教国立中山大学一事遂搁浅。之后参加北伐，其间奉山东省政府之令主持教育人员训练班。

1928年春，北伐军进抵山东境内，盘踞山东的奉系军阀张宗昌闻风溃退，原设在省城济南的省立山东大学随之停办。山东省教育厅厅长何思源报请南京国民政府教育部批准，在省立山东大学基础上，在济南筹建国立山东大学，并组成国立山东大学筹备委员会，杜光埙与何思源、魏宗晋、陈雪南、赵太侔、王近信、彭百川、杨亮功、杨振声、傅斯年、孙学悟等11人被聘为委员，着手筹备工作。同年8月7日，国立山东大学筹备委员会在泰山红门宫召开第一次会议，杜光埙与何思源、魏宗晋、赵太侔、王近信、彭百川、杨亮功等7人出席，会上讨论通过了筹备委员会组织条例，研究了学校的院系设置、扩建校舍、充实图书仪器设备、经费来源以及原有学生的转学休学等问题。

1929年6月4日，国民政府行政院第二十六次会议讨论通过筹建国立青岛大学议案，决定在青岛筹建国立青岛大学，并将国立山东大学名称改为国立青岛大学。国立山东大学筹备委员会随即改为国立青岛大学筹备委员会，杜光埙和何思源、王近信、赵太侔、彭百川、傅斯年、杨振声、袁家普、蔡元培等9人受聘为筹备委员会委员，何思源为主任。7月8日，国立青岛大学筹备委员会在青岛汇泉大饭店召开第二次会议。这是该筹委会最重要的一次会议，除杜光埙等9名委员全部出席外，教育部部长蒋梦麟还从南京专程来青参加。这次会议听取了何思源关于接收旧省立山东大学和私立青岛大学经过、前国立山东大学筹备委员会工作情况的报告，讨论了院系设置、各院地址、扩充校舍、学校经费、原有两校学生的处理、开学日期等问题，公推何思源、傅斯年、杨振声、赵太侔、王近信为筹委会常务委员，决定学校设于青岛，并分设工厂、农事试验场于济南。10月，国立青岛大学筹备委员会推举杜光埙为驻青代表，监理修缮青岛校舍、购置仪器图书等事宜，并组织筹设文理两科补习班，招收合乎投考大学一年级资格的学生，分别补习国文、外文及数理等主要科目。

1930年9月，国立青岛大学成立后，杜光埙受聘任中国文学系教授，讲授社会科学，并与国民党青岛市党部执委李郁廷、青岛铁路中学校长宋还吾担任学校训育委员会委员。12月，校务会议决定委托他和张道藩、赵太侔起草校务会议规则。同月，张道藩辞任他就，赵太侔接任教务长，杜光埙出任总务长。

1932年9月2日，国民政府行政院会议议决，将国立青岛大学更名为国立山东大学，并准杨振声校长辞职，任命赵太侔为国立山东大学校长。10月，杜光埙受聘任教务长，"凡创立制度、遴选教授、釐订课程、督导学生，无不谨严将事"。

即便是日常工作，事无巨细，杜光埙都谨慎处理，且事必躬亲。比如，为保证大小考试公平，无舞弊行为发生，学校制定的考试制度特别严格。无论是临时试验、学期试验还是毕业试验,都是在学校大礼堂集中举行,而且考生前后左右不会有同班同学。入场时,大礼堂入口有专人负责检查。从考试第一天一直到考完,每一场考试杜光埙都不会缺席。每堂考试,他都会坐在考场讲台上,居高临下,监视全场。考生的座位都有编号,哪个有作弊嫌疑,他会先叫出座号予以警告;如果哪个考生真的作弊被他看到,他就在身后的黑板上写出这个人的座号、所考科目,然后通知任课教师,成绩记为零分,所以考生很少有敢考试舞弊的。对此,黄际遇在1933年7月8日的《万年山中日记》中写道:"本星期每日辰刻即入场监考,考规极严,不少假借,绝类当年小试,忆并时大学无如此严格者。此教务长杜毅伯之力也,……"作为教务长,杜光埙工作的尽职尽责,由此可见一斑。除此之外,每周的周会也大多是他做主持人,除请人演讲外,都是由他作报告或训勉,敦品励学,使学生人人振奋。

讲课之外,杜光埙重点教给学生治学方法,读书、写作的要点等,如怎样制作和利用分类卡片;怎样利用编号摘要的字条,夹在读过的书里;怎样利用分类笔记簿,凡是同类资料,不必抄写原文,仅记出见某书某页第几行至某页第几行,用时一检即得。1931年秋入读国立青岛大学中国文学系的弓英德回忆:"当我读大一的时候,毅伯老师教我们的三民主义,不但讲授认真,再加上他对政治、经济、法律等,都具有精深的研究基础,所以除对三民主义加以阐释外,使我们对于政经方面的知识,获益良多。并且训练养成我们的听写能力,他很少在黑板上写笔记,凡是补充教材,以及他个人的见解,都是由他读,由我们听写,然后他再抽查,改正错误、遗漏。这对学生来说,实在是一个很好的训练。"

杜光埙对学生在学业上循循善诱、严格要求,对学生的就业和职业发展也是关爱有加。1935年毕业典礼前夕,弓英德和同学舒连景因为面临"毕业即失业"的窘况而情绪低落,弓英德甚至没参加毕业典礼。杜光埙得知事情原委后将二人邀至家中拿出来两份聘书,一份是省立济南中学给舒连景的聘书,一份是省立聊城师范学校给弓英德的聘书。弓英德后来回忆,杜光埙当时严厉地对他说:"人生的旅途长得很呢,毕业是在学业上告一段落,在事业上刚刚开头,不要因为一时的顺逆,影响自己的意志,有理想,要设法去实现;有困难,要设法去克服。千万不能有消沉、颓丧!……你们两个的聘书,已经寄来多时了,怕影响你们的毕业考试,所以没早通知你们。没想到你反而因此闹情绪,以后要坚强起来,不要怕困难,不要怕挫折。"这件事让弓英德终生难忘,40年教书生活即由此开端。

任教国立青大和国立山大时期,杜光埙的学术研究并未因教学和行政事务缠身而停滞,这期间他在学术期刊发表研究文章30余篇,其中关于一般政治及国际关系的论文,都由平津一带的《独立评论》《国闻周报》，京沪一带的《时事月报》《东方杂志》《外交评论》发表；关于宪政制度一类的论文，则全由《国立武汉大学社会科学季刊》刊载。他写的《请看欧洲独裁政治的结果》一文，于1935年4月14日在《独立评论》第一四六号发表，成为当时关于民主与独裁的论争中打击独裁论、支持民主论的重量之作，得到胡适的推崇。胡适在该刊《编辑后记》中写道："国立山东大学政治学教授杜光埙先生寄了一篇长文来，叙述欧洲独裁政治的结果。我们本来说过希望民治与独裁的讨论暂时作结束了。杜先生的文章虽然颇有赞助民主主张的嫌疑，但因为他叙说的是历史事实，所以我们破例刊登了这篇文章。"此外，他还在校内刊物发表研究文章。例如，他1931年10月20日在《国立青岛大学周刊·反日特刊》第一期头版发表《日本出兵满洲后的国际形势》，1935年在《励学》第四期发表《非战公约缔结之经过》等。

1935年初，生物学系主任刘咸辞职离校后，杜光埙一度代理系主任，直到同年6月林绍文到校履职。是年3月，学校成立职业指导委员会，他以教务长职兼任主任委员。在同月18日举行的总理纪念周上，他作职业指导委员会工作报告，并希望学生毕业后立志做事业，不是立志做大官，打破我国几千年"学优而仕"的做官观念，利用个人学力能力发展社会事业；就业不要只注意都市而忽略边远地方，因为边远地方更有发展余地。

1936年夏，杜光埙因病辞职离校。

1937年，杜光埙受聘为国民政府教育部专门委员兼高等教育司第一科科长，负责策划整顿充实全国各大学教育事宜。全民族抗日战争爆发后，国民政府教育部组织成立战区中小学教师服务团（共十团），他任第五服务团负责人，兼任国立湖北中学校务委员会主任，从事战时教育工作。1940年11月起，应国立西北大学代理校长陈石珍之邀，历任该校总务长、训导长、教务长、文学院院长等职。1942年12月，任国民政府监察院监察委员。翌年1月，辞去国立西北大学教职，赴重庆就任。抗日战争胜利后，出席制宪国民大会。1948年，当选为总统府立法院立法委员。

1949年赴台后，任立法机构"外交委员会召集委员"，初兼台湾东吴大学法学院政治学系主任，继兼台湾政治大学"外交"研究所主任。在台期间，当选为中国政治学会、中国国际法学会、国际政治学会会长，讲授各国政府、各国外交政策、国际政治等课程，著有《现代宪法问题》《法国第四共和之政府与政党》《民主国家的政党》《民主国家的宪法问题》《现代国际关系与国际组织》《近代国家之对外关系》《两次大战期间宪政制度》《论政治与外交》等。杜光埙曾任美国加州及华盛顿大学客座教授，1968年春又受聘为美国辛辛那提大学客座教授，并获授该校名誉法学博士学位。1970年12月，被海牙常设国际公断法院聘为公断员。

1975年6月20日，杜光埙病逝于台湾，终年74岁。

（撰稿人　金松）

参考文献：

［1］《山东大学校史资料　第四期》，山东大学校史编写组编，1982年版。

［2］《悠悠岁月桃李情》，山东省政协文史资料委员会编，中国文史出版社，1991年版。

［3］《中国国民党百年人物全书（上册）》，刘国铭主编，团结出版社，2005年版。

［4］《近代教育先进传略初集》，周邦道著，中国文化大学出版部，1981年版。

宋春舫

宋春舫（1892—1938），男，浙江吴兴人，出生于上海，汉族，中国现代剧作家、戏剧理论家、翻译家和藏书家，中国海洋科学先驱者之一。1912年留学瑞士日内瓦大学获硕士学位，回国后在私立圣约翰大学、国立北京大学、国立清华大学任教任职。1928年任青岛观象台海洋科科长。1929年11月至1931年1月，受聘任国立青岛大学图书馆主任。1931年9月，受聘任国立青岛大学兼任教授。曾任青岛观象台研究员、图书馆主任、代理台长等。著有《宋春舫论剧》一至三集，剧本《一幅喜神》《五里雾中》《原来是梦》，游记《蒙德卡罗》，译剧《青春不再》等。

1892年7月9日，宋春舫出生于上海一个富庶之家，祖籍浙江吴兴（今浙江省湖州市吴兴区）。父亲宋季生年幼时随父母自吴兴躲战乱到上海，遂定居于斯。

宋春舫13岁时参加晚清最后一次科试考取秀才。清末废除科举制度后，他进入上海一所美国人开办的教会学校，开始接受欧美科学文化教育。1910年进入上海私立圣约翰大学，未及毕业即于1912年春赴瑞士留学，入日内瓦大学攻读政治经济学，获硕士学位后，游历法、德、意、美等国，专修政治和法律。留学期间，他通晓法、英、德、意、西班牙、拉丁等多种语言。1914年访问巴黎歌剧院图书馆时，流连忘返，阅读书籍达三个月之久。

1916年初夏回国后，宋春舫应邀在国立北京大学开设欧洲戏剧课程，这是西洋戏剧作为一门学科正式进入中国高等学校讲坛的开始。就在1918年6月胡适主编的《新青年》第四卷第六号推出"易卜生号"不久，宋春舫即在同年10月出版的《新青年》第五卷第四号发表《近世名戏百种目》一文，姓名首次出现在五四新文化运动的标志性刊物上。

第一次世界大战结束后，1919年1月，宋春舫作为中国政府代表团秘书随团出席巴黎和会。回国后，他将考察心得撰成多篇论文，全面系统地介绍战时战后欧美剧坛出现的各现代派戏剧思潮及其剧作。同年，他翻译德国剧作家海尔曼·苏特曼（H.

Sudermann）的独幕剧《推霞》和法国剧作家尤金·白里欧（E. Brieux）的《梅毒》，分别刊于《新潮》和《新中国》杂志，成为我国译介欧美剧作的先驱者之一。几年时间，他相继发表戏剧理论文章20多篇，剧本10余部，择其精要结成《宋春舫论剧》第一集。由于宋春舫在中外戏剧研究上的显著成就，英国小说家、剧作家毛姆（W. S. Maugham）在1919年至1920年游历远东到达中国时，特意在北京会晤宋春舫，探讨中西戏剧之异同。这位被誉为"最会讲故事的作家"在游历中国4个月后写成的游记《在中国的屏风上》里，专门写了《一个戏剧工作者》一章，生动记述了他与宋春舫这场有趣的谈话。

1920年，宋春舫应在摩纳哥海洋博物馆任副馆长的同学之邀前往参观，由此开始对海洋科学产生浓厚兴趣。

1924年，宋春舫任上海私立东吴大学法国文学教授，仍兼任清华学校和国立北京大学教授。同年，因骑马不慎失足伤及左肺，伤后身体极度虚弱。翌年辞去北京和上海所有教职，来青岛疗养，由此开始旅居青岛的生活。他养病之余念念不忘戏剧，身体稍见康复便于1926年赴上海创办以"研究戏剧艺术建设新中国国剧"为宗旨的中国戏剧社，成员中有杨振声、闻一多、赵太侔、梁实秋、洪深等。

1928年9月8日，宋春舫在上海《时事新报》发表题为《海洋学与未来之中国海洋研究所》的文章，在中国科学界产生重大影响，引起青岛市政当局注意，为日后青岛水族馆、海滨生物研究所的筹建作了舆论准备。同年11月15日，青岛观象台海洋科成立，他被委任为首任科长。任职期间，他从国外采购海洋仪器和参考书籍，开展青岛港潮汐观测和预报业务。他还借用舰船每月测量胶州湾水温变化，采集水样、海底沉积物和海洋生物标本，分析海水盐度、密度及海底沉积物，并编辑出版中国第一本海洋科学期刊《海洋半年刊》。

1929年10月，国立青岛大学筹备委员会开始在青岛办公，因为筹办图书馆事关急要，乃于11月聘任宋春舫为图书馆主任，专司其事。受聘后，宋春舫对学校建设事宜格外留意，当发现青岛市公安局保安队觊觎学校校舍后，立即致函蔡元培，详述他的担心。同年11月30日，蔡元培致函青岛特别市市长马福祥："青岛大学，筹备伊始，由杜君光埙主其事。日内修葺校舍，汲汲进行，以期早日授课。惟校舍原为德、日兵营，外间不无觊觎。现有一部分房屋，为公安局保安队所借用，尚未迁让；近闻吴立凡司令军队，业已离青，深恐他项接防军队，见青大校舍宽广，发生借驻情事，影响校务，至为重大。欣值台莅履新，百端具举，关于教育，尤乐提倡。……甚望鼎力维护，曲为防范；倘有军队借驻校舍，务请格外关垂，设法消阻。……专此奉托，不胜偻偻。"同日，蔡元培复函宋春舫，对他的军队可能借驻校舍的担忧"甚佩先见",同时说,"接读手书,知担任青大图书馆事,至为欣慰"。

11月21日,宋春舫就职视事。他到职后,筹备旬余,图书馆即见起色。国立青岛大学图书馆成立之初,馆藏来源于私立青岛大学和省立山东大学两所停办大学的图书馆藏书28箱,数量很少,而且多数是旧课本,已不适用。他开始大量搜集国内外新旧图书并积极组织采购。宋春舫在任期间,国立青岛大学图书馆除书库、阅览室之外,另有善本书室,专藏珍贵书籍。他不仅注重丰富馆藏,而且形成戏剧类图书馆藏丰富的特色,使得图书馆略具雏形,为以后发展奠定良好基础。宋春舫还非常重视和加强图书馆制度建设。在他主导下,仅1930年一年,国立青岛大学图书馆就制定了一系列规章制度:2月17日草订《国立青岛大学图书馆暂行组织条例》,3月13日公布《暂行图书贷出规则》,3月25日公布《阅报室规则》,10月1日制定《校外人借书暂行规则》,10月14日公布《借阅指定参考书规则》,11月10日规定《未经编目图书借阅办法》,等等。这些规章制度的制定实施,为图书馆正常运转和支持学校教学科研起到了重要的保障作用。

1930年2月,宋春舫任青岛观象台观象图书馆主任,下有管理员二人,分掌图书收发、登记、编目等事宜。8月,在青岛举行的中国科学社第十五次年会上,他与蔡元培、杨杏佛、李石曾、蒋丙然等联名发起在青岛筹建中国海洋研究所的倡议。会上,胡若愚、蒋丙然、宋春舫被推举为筹备委员会常务委员,并决议先行筹建青岛水族馆,作为中国海洋研究所的研究、实验、办公场所,同时兼做宣传海洋知识的基地。经商定,确定莱阳路海滨公园(今鲁迅公园)内为青岛水族馆馆址,采用中国城垣式古典建筑,由宋春舫负责。

1931年1月,宋春舫辞去国立青岛大学图书馆主任职。9月,受聘为国立青岛大学文学院兼任教授,讲授欧美戏剧及戏剧理论。至少到是年冬,有关出版物上依然有宋春舫负责国立青岛大学图书馆的记录,如同年11月出版的《中华图书馆协会会报》第六卷第四期刊登的《青岛大学图书馆概况》说:"国立青岛大学图书馆在青岛大学路,现任责任为宋春舫先生,皮高品君副之。馆员凡十二人,藏有中文书三万册,西文书八千册。每年购书经费平均二万元,行政经费一万一千二百元云。"

同年,他"斥金四千,始建褐木庐于青岛之滨",在福山支路购下一楼开办"褐木庐"戏剧专业图书馆,将20余年苦心蒐集的西洋戏剧书刊均"聚书其中"。"褐木庐"是宋春舫心仪的三位外国戏剧家名字的缩写:Cormora。Cor即高乃依(Cormeille),Mo即莫里哀(Moliere),Ra即拉辛(Racime)。洪深、孙大雨、丁燮林、章铁民、张友松等都是"褐木庐"的读者。梁实秋在《书房》一文中对"褐木庐"赞赏有加:

　　"我看见过的考究书房当推宋春舫先生的褐木庐为第一，在青岛的一个小小的山头上。……我记得藏书是以法文戏剧为主。所有的书都是精装，不全是buckram（硬胶粗布），有些是真的小牛皮装订（half calf, oozecalf, etc），烫金的字在书脊上排着队闪闪发亮。也许这已经超过了书房的标准，微近于藏书楼的性质，因为他还有一册精印的书目，普通的读书人谁也不会把他书房里的图书编目。"

　　1932年初，宋春舫著的独幕趣剧《一幅喜神》由青岛天主堂印书局印刷、上海新月书店发行代售。5月，青岛水族馆落成开幕。水族馆建成后，他又积极筹划海洋研究所，深得蔡元培赞许。到1937年夏，青岛海滨生物研究所土建工程基本完工，他的设想部分地得到实现。不久，因为全民族抗日战争爆发，研究所筹备工作陷于停顿。

　　1935年夏，宋春舫在病中整理《宋春舫论剧二集》，于翌年3月由上海生活书店出版，该书属于"文学社丛书"之一种，丛书还包括白薇《悲剧生涯》，茅盾《作家论》《泡沫》和胡风《文艺笔谈》等。二集脱稿后，他最终写成宋春舫论剧第三集《凯撒大帝登台》。三集论剧于1937年4月由商务印书馆出版。他将第三集命名为《凯撒大帝登台》，名字取自论剧集里的首篇文章。

　　1936年7月，中华图书馆协会第三次年会在国立山东大学举行，全国各地代表190多人与会，其中青岛市代表6人，"褐木庐"图书馆是参会的唯一私人图书馆。

　　1938年8月5日，宋春舫病逝于上海，终年46岁。

（撰稿人　金松）

参考文献：

［1］《蔡元培年谱长编（第3卷）》，高平叔撰著，人民教育出版社，1999年版。

［2］《青岛大学师范学院学报》，《青岛大学师范学院学报》编辑部，2012年第29卷第3期。

［3］《国立山东大学图书馆概况》，国立山东大学图书馆，1936年7月。

［4］《青岛文史资料（第12辑　第2版）》，青岛市政协文史资料委员会编，青岛出版社，2004年版。

黄际遇

黄际遇（1885—1945），字任初，号畸盦，男，广东澄海人，汉族，数学家、教育家，清末格致科举人。1922年获美国芝加哥大学科学硕士学位。1930年5月至1936年2月，任国立青岛大学、国立山东大学教授兼数学系主任、理学院院长、文理学院院长等职。后赴国立中山大学任教。曾在直隶高等工艺学堂、国立武昌高等师范学校、国立武昌师范大学、河南省立中州大学、国立开封中山大学等任教。曾任河南省立中山大学校长、河南省教育厅厅长等职。

1885年6月25日，黄际遇出生于广东省潮州府澄海县（今广东省汕头市澄海区）澄城镇城北村一个知识分子家庭。父黄韫石，"诸生例贡，以廉干参与县政者数十年"。兄黄际昌，廪生，早卒。他少从家学，未冠已学完四书五经，记忆力尤过人，有"神童"之誉。

1898年，黄际遇考试粤东，"科试一等，入秀才，补增生"，深受广东学政张百熙器重，并赠以《后汉书》。这部书成为黄际遇日后研习中国古典的范本，直至晚年著文他仍喜用《后汉书》的文藻和典故。随后，入汕头同文书院，旋又转往厦门东亚同文学堂习日语。

1903年7月，黄际遇由广东官派游学日本。1906年从宏文学校普通科毕业，于4月入东京高等师范学校（今日本东京大学）数理科，师从数学家林鹤一博士专攻数学。1910年5月东京高等师范学校毕业，获理学学士学位。回国后受聘直隶高等工艺学堂（今河北工业大学）任教授。同年进京殿试，学部请旨授予格致科举人出身。1911年应廷试，考取二等，授七品京官，分部补用。

1915年应聘至国立武昌高等师范学校（后更名为国立武昌师范大学，今武汉大学），任数理部主任，兼授数学、物理等课程，后升任教务长，一度代理校长职。其间，发起成立国立武昌高师数理研究会，成为辛亥革命后高等学校以学生为主体成立最早的数理学术团体。1919年春，写成《武昌高等师范学校数理部进行实况及成绩说明书》，这是他早期数学教育的总结和教学成果的展示，初步奠定他的数学教育思想。

1920年12月，他受北京政府教育部委派赴欧美考察教育，入读美国芝加哥大学。1922年获科学硕士学位，同年10月回国后任国立武昌师范大学数学系主任。1924年9月，应河南省立中州大学（后与河南公立法政专门学校、河南公立农业专门学校等合并成立国立开封中山大学，今河南大学）校长张鸿烈之邀到校主持数理学系，后兼校务主任。1926年8月辞去省立中州大学教职，受聘至国立中山大学。1928年应冯玉祥之邀，再度任国立开封中山大学校务主任、数学系教授。翌年5月任校长，不久兼河南省教育厅厅长职。

1930年5月，黄际遇受聘任国立青岛大学教授、理学院院长兼数学系主任。他来青任教并未携眷，在学校第八校舍（今中国海洋大学鱼山校区"一多楼"）与闻一多毗邻而居。梁实秋、闻一多经常到黄际遇处喝茶聊天，黄则用"大红袍""水仙"招待。梁实秋后来撰文回忆他与黄际遇在国立青岛大学的初次见面：

"民国十九年夏，国立青岛大学正式成立，行开学礼的那一天，我和杨金甫、闻一多等走过操场步向礼堂的时候，一位先生笑容可掬的迎面而来，年约五十来岁，紫檀脸，膀大腰圆，穿的是布长衫，黑皂鞋，风神潇散。经金甫介绍，他就是我们的理学院数学系主任黄际遇先生。……他说的是一口广州官话，而调门很高。他性格爽朗，而且诙谐，所以很快的就和大家熟识起来了。初见面，他给我的印象很深，尤其是他的布长衫有一特色，左胸前缝有细长细长的口袋，内插一根钢笔一根铅笔。据他说，取其方便。"

国立青岛大学数学系建系伊始，教师只有黄际遇一名教授，仅能开出微积分、代数解析、立体解析几何、数学演习4门课程。他包揽了全系的全部数学课程。

系里教师亟缺，黄际遇多方延聘师资。1932年，他积极争取门生、时在德国哥廷根大学攻读博士学位的曾炯学成后到校任教。曾炯因学业尚未完成，便推荐获得博士学位已经回国的留德学友李达。1934年8月，李达辞去国立清华大学教授一职来到国立山东大学，这是学校数学系成立第五个年头才迎来的第二位教授。李达到校后，黄际遇力荐其任数学系主任。1935年8月，陈传璋刚获得法国理学博士学位，就被黄际遇聘请到系任教授。同月李蕃也来系任讲师。至此，国立山东大学数学系已有3名教授、3名讲师、1名助教，能开出50门课程，其中必修课15门、分组必修课22门、选修课13门。

黄际遇担任的课程主要有变数函数论、近世代数学、积分方程式等。他平素对学生要求甚严，告诫学生须打倒"随便主义"，服从团体生活和学校纪律。授课之外，时常召学生来寓所问话，分享治学经验，注重培养学生的研究能力。1934年考入国立山东大学数学系的王济城回忆："黄教授学识渊博，治学严谨。他经常身穿长袍，长袍上方加制一个口袋为他放笔用的。他给我们上课时谈笑风生，但对学生要求甚严。他在数学迎新会上勉励我们，做学问要脚踏实地，不畏艰苦，锲而不舍，绝不可半途而废。"除讲授数学课程外，他还兼授中国文学系课程。

黄际遇长系时的数学系一贯坚持"宁缺毋滥"的原则，严格执行升留级制度：对学生学年不及格课程，选修课程不给学分，必修课不及格，一门令其重修，两门留级，三门退学。关于考试，数学系还特别规定，本系学生在第四学年下学期，须受口试，微积分、复元函数论、高等代数学、近世代数学、解析几何、微分等6门课及格后方可毕业。

1932年5月29日，黄际遇代表学校主持章太炎来学校的演讲活动。臧克家回忆："章太炎身体瘦小，精神硬朗，他的话我们听不懂，理学院院长黄际遇先生给他作的翻译。……文学院之外，我也忘不了具有学者风度的理学院院长黄际遇先生。"

是年夏，杨振声校长因学校经费和学潮问题一度离校，校务会议决定由黄际遇为临时主席，处理一切校务。他在1932年6月11日的《万年山中日记》中写道："金甫于五月初八日辞职，教务长赵太侔掌代拆代行之务，五月初七日复。忽于初八日以失踪闻。余乃不得不主席校务会议以维持校务。"9月，国立青岛大学更名为国立山东大学，文学院和理学院合并为文理学院，黄际遇任院长，仍兼数学系主任，后负责审定学校出版的《国立山东大学文史丛刊》和《国立山东大学科学丛刊》。

1933年1月，黄际遇赴北平数学会作题为《怎样研究数学》的报告，报告经记录整理后发表在国立北平师范大学编辑出版的《师大月刊》同年第三期。3月9日，接国民政府教育部邀请出席全国天文、数学、物理讨论会的聘函。他根据讨论议题拟出两个提案：一是汇集每年各大学数学毕业论文或报告，由教育部审定刊行案；另一是各大学合作翻译、编纂高等数学丛书案。提案引起与会者共鸣和响应，在4月1日至6日的讨论会上，他与20多位数学教育家"共同研讨了大、中、小学数学教育的指导方针、课程设置、数学名词的统一、数学丛书的编印乃至教师待遇等问题"。会后又群策群力，编著翻译并由商务印书馆出版中国第一套大学数学丛书，有20余种之多。这对大学数学教育的发展起到了积极推动作用。11月，他发起国立山东大学纪念徐光启逝世300周年学术报告会，并让新入职的数学系讲师杨善基讲"几何学的分类"。对于这种启用新人的特别讲演，黄际遇总是向讲演人提出具体要求给予细致指导。后来，杨善基历任国立厦门大学、国立西南联合大学教授，成为中国数学教育领军人物之一。

1935年7月，黄际遇赴上海参加中国数学会成立的第一次会议，当选为中国数学会董事会九名董事之一。

1936年2月13日，辞去教职的黄际遇离开青岛返回广州。他在当天的日记中如是记道：

"晨起清行囊，分广州者六件，归汕者二十余件，老鼠搬疆更相关也。晤智斋，即来宏成发补日记。……智斋来共饮几爵，亦索一轴以爪印之迹。晓舫玉君夫妇来（各资馈行粮）。啸咸来以胡念修纂文叙录汇编一小册为订交之券。宏成发馈花生食油菜韭各若干。它友均未及知予行，刘康甫赶上，一剧诸友言欢拳拳，日加申旁人催行，乃接浙而行，同车至海嵎，少顷鸣钲解缆矣。送行者自崖而返。"

回广州后，黄际遇再度受聘为国立中山大学数学教授，同时还为文学院高年级学生讲授历代骈文课，直至意外身故。他曾说："数学系主任可以不当，骈文不可以不教。"

黄际遇是我国数学界最早的留学生之一，在日本时已翻译《几何学》一书，以后又译有《续初等代数学》《高等微积分》《群底下之微分方程式》及《近世代数》等。任教国立武昌高等师范学校时曾主编《数理杂志》，发表论文多篇，如《定积分一定理》《吴德孟函数之研究》等。另有《群论》《数论》《论一》等著述行世，又编辑过《中国中等学校数学教科书》及《物理教科书》等，译作及著述颇丰。他1926年出版的《论一》打开了中国数学科学"向纵深发展的门径"，他的《GUDERMANN函数之研究》是一部具有创见性的论著，前半部分是他1926年冬在河南省立中州大学数理学会上的讲演，后半部分则是他1932年4月在青岛任教时的讲稿。他的《定积分一定理及一种不定积分之研究》与《GUDERMANN函数之研究》两篇论文分别发表在1933年1月和7月出版的《国立山东大学科学丛刊》第一卷第一期和第二期，后者于1934年1月再度发表于《科学》第十八卷第一期。陈省身认为，《定积分一定理及一种不定积分之研究》是"继牛顿、布莱尼茨发明的导数、积分的概念和运算法则之后的又一大发明"。

除攻习数学之外，黄际遇在文学经史方面造诣颇深。他曾圈点《十三经》《昭明文选》及《资治通鉴》等书，并着力于音韵、文字、训诂、方言之研究。所作《五十五书字说》及《潮州八声误读表说》诸文，即为研究文字学、方言学等之心得结晶。

黄际遇有写日记之习惯。他在青执教期间写有24册《万年山中日记》和3册《不其山馆日记》，不仅记录了大学里的科研、教学活动，也为20世纪30年代青岛的文化学术活动留下翔实记录。同校任教的梁实秋对黄际遇的日记印象深刻："他的日记摊在桌上，不避人窥视，我偶然亦曾披览一二页，深佩其细腻而有恒。他喜治小学，对于字的形体构造特别留意，故书写之间常用古体。"《万年山中日记》主要用中文，也偶尔夹有英、日、德文;文有散有骈,此外还有对联、书信、棋谱和大段的高等数学方程算式。蔡元培说:"任初教授日记,如付梨枣,须请多种专门者为之校对。"

抗日战争胜利后,国立中山大学师生陆续返回广州,黄际遇也从粤北的北江乘船返校。1945年10月21日上午,船行至白庙,将抵清远城时,他失足坠于江中,不幸遇难,终年60岁。

1947年2月8日,国民政府特发布一则褒扬令,全文如下:

"国立中山大学教授黄际遇,志行高洁,学术渊深。生平从事教育,垂四十年,启迪有方,士林共仰。国难期间,随校播迁,辛苦备尝,讲诵不辍。胜利后,归舟返粤,不幸没水横震。良深轸惜,应予明令褒扬,以彰耆宿。此令。"

据文献记载,这是民国成立以来由中央政府发布命令褒扬的第二位数学家,另一位是1927年故去的胡明复。

（撰稿人　金松）

参考文献:

[1]《黄际遇先生纪念文集》,陈景熙、林伦伦编著,汕头大学出版社,2008年版。

[2]《山东高等教育》,山东高等教育编辑部,2015年第2期。

[3]《黄际遇日记类编·师友乡谊录》,黄际遇著,黄小安、何荫坤编注,中山大学出版社,2020年版。

梁实秋

梁实秋（1903—1987），原名梁治华，字实秋，号均默，男，北京人，原籍浙江省杭县，汉族，著名散文家、学者、文学批评家、翻译家。1923年清华学校毕业赴美留学，1926年获得哈佛大学文学硕士学位后回国。1930年7月至1931年9月，任国立青岛大学外国文学系教授兼主任，1931年9月又兼任图书馆馆长。1932年9月至1934年8月，任国立山东大学教授兼外国文学系主任。在国立青岛大学任教时开始翻译《莎士比亚全集》，后持续近40载，到1968年全部译完出版，成为一生最辉煌的文学成就。代表作有《英国文学史》、散文集《雅舍小品》《槐园梦忆》等。

1903年1月6日，梁实秋生于北京，父亲梁咸熙乃浙江知名学者，在京为官。1915年，考入清华学校留美预备部，与余上沅、洪深结为好友，一同开展戏剧活动。1920年9月，在《清华周刊》发表第一篇翻译小说《药商的妻》。1921年5月，在《晨报》发表第一首散文诗《荷水池畔》。

1923年8月，与余上沅、许地山、谢婉莹、熊佛西等一同登上赴美留学的轮船。在哈佛大学学习期间，师从白璧德，受其新人文主义思想影响颇深。留美期间，他还与张九禹、赵太侔、余上沅、闻一多、熊佛西等戏剧爱好者交游密切。1925年，他把《琵琶记》译成英文，并与余上沅、赵太侔、谢婉莹等合作编成戏剧进行演出。

1926年夏，取得哈佛大学文学硕士学位后回国，他先后任教于国立东南大学、国立暨南大学。1927年春，与胡适、徐志摩、闻一多等人在上海创办新月书店，翌年又创办《新月》月刊，开始活跃于中国文坛。

1930年，国立青岛大学筹备成立之时，杨振声以超凡的理念和眼界，力邀一大批著名专家学者来校任教，这其中包括闻一多、黄敬思、黄际遇、汤腾汉等，梁实秋也在受邀之列。对于受邀之事，梁实秋有专门记载：

"由于杨金甫的邀请，我到青岛教书。这是一九三〇年夏天的事。我们乘船直赴青岛，先去参观环境，闻一多偕行。我们下榻于中国旅行社，雇了两辆马车环游市内一周，对于青岛的印象非常良好，季淑尤其爱这地方的清洁与气候的适宜，与上海相比不啻霄壤。"

显然，青岛的宜居打动了梁实秋。而在访问杨振声之后，便一言而决。"一席饮宴之后，我们接受了（国立）青岛大学的聘书。今甫待人接物的风度有令人不可抵抗的力量"，表明杨振声在这件事上起到关键作用。

1930年7月，他来到青岛，受聘为国立青岛大学外国文学系教授兼主任，翌年9月兼任图书馆馆长。1932年9月，国立青岛大学更名为国立山东大学。杨振声、闻一多都离开了青岛，梁实秋则继续在此执教至1934年。

他举止温文，才华超群，讲课紧凑而从容，语言精确、形象。1935年毕业于国立山东大学外国文学系的王昭建，曾任山东文史馆研究员，他在追思梁实秋的文章中写道："他上课，永远是铃声未息已走进教室，坐下就讲，不说一句没用的话。下课铃声方振，恰好讲到一个段落，铃声未毕，已步出课堂。他的理论是：上课时，一分钟也不能浪费；课间是学生休息和活动时间，一分钟也不容侵占。他讲课紧凑而从容，质高而量足。有组织有层次，语言精确、形象，给人以深刻的印象。他讲一堂课你如果记录下来，都是一篇组织严密、内容充实的论文，课后重温它，确又够你思索两三个小时的。"

在这里，他为外国文学系学生开设了莎士比亚课，是最早把莎士比亚研究引入我国大学课堂的学者之一。他开设的欧洲文学批评、英国文学史两门课，内容很多，课时太少，是不容易教的，而他却能讲得十分深透。讲课中他对难懂的词语，都能巧夺天工般译解得恰到好处，非英文造诣高、中文根基深者，是万难做到的。他还讲授戏剧入门一课，从亚里士多德讲到现代，特别注意讲授批评史中各时期之变化与其思潮的起伏。

国立青岛大学非常重视外语教学，在一年级就设立了国文英文奖学金。梁实秋就给其他系的学生上过公共英文课。授课之余，梁实秋还多次在总理纪念周上演讲。

1934年外国文学系学生宋默庵、柳乃瑞、李世昌等人创办了纯文艺性质的《刁斗》文艺季刊。梁实秋身为系主任十分爱护学生办的刊物，他曾亲自审阅、修改稿件，作具体指导，帮助同学提高刊物质量，并在《刁斗》第一卷第二期发表论文《阿迪生论幽默》。在这里，他还翻译了《织工马南传》等作品。

作为图书馆馆长，他专门到上海购买书籍，丰富馆藏，其中莎士比亚著作版本号称全国图书馆之冠。1931年5月4日，《国立青岛大学周刊》创刊时，有四个版为《图书馆增刊》，刊登新书目录、借书制度、图书评介和图书馆学等内容，梁实秋为增刊撰写发刊词。

翻译莎士比亚全集,是梁实秋文学实践中最壮丽辉煌的诗篇,而这项工作是从他在国立青岛大学任教时开始的。1930年底,中华教育文化基金会翻译委员会主任胡适,雄心勃勃地制订了一个翻译莎士比亚全集的计划,物色闻一多、徐志摩、陈西滢、叶公超和梁实秋五人担任翻译,计划五至十年完成。对这样一个庞大计划,梁实秋从一开始态度就十分积极,特别是其他四人因各种原因相继退出,梁实秋便一个人把全部任务承担起来,以令人难以置信的毅力年复一年地工作着。

"青岛四年之中我们的家庭是很快乐的。我的莎士比亚翻译在这时候开始,若不是季淑的决断与支持,我是不敢轻易接受这一份工作的。……季淑主持家务,辛苦而愉快,从来没有过一句怨言。"后来,他在《槐园梦忆》中回忆道。

梁实秋在青岛时,繁忙的教学、研究、翻译工作之余,还时常与好友相聚。他在文章中写道:"……我们的家座上客常满,常来的客如傅肖鸿、赵少侯、唐郁南都常在我们家便饭,学生们常来的有丁金相、张淑齐、蔡文显、韩朋等等。"为了招待朋友,梁实秋特意从北平订制了一个烤肉的铁炙子。此物"在青岛恐怕是独一的设备,在山坡上拾捡松枝松塔,冬日烤肉待客皆大欢喜"。

在《谈闻一多》一文中,他还饶有风趣地回忆了当时在青岛饮酒的趣事。梁实秋与杨振声、闻一多、赵太侔、陈季超、刘康甫、邓仲存、方令孺,被戏称为"酒中八仙",有时"三十斤一坛的花雕搬到席前,罄之而后已"。

正因在青岛拥有安定惬意的生活,他频频邀请亲人来青团聚。据《梁实秋自传》载,先是其父亲来青住了12天,尽尝青岛的海鲜、牛排与生啤酒;接着梁实秋又接岳母来住,其乐融融,十分安心;其母亲与四弟也来过一次,其四弟还在青岛治好疾病后才离开。

1934年,国立北京大学文学院院长胡适邀梁实秋去主持外文系。国立山东大学师生极力挽留,但胡适多次催促,最后发电报:"恳请暂时借用两年。"好友的盛情实在难却,加上在北平的父亲年事已高,迫切期望他回去。1934年8月,他离开青岛,去国立北京大学执教。梁实秋在青岛执教四年中,外国文学系共招生207人:1930级44人、1931级53人、1932级32人、1933级43人、1934级35人,其中毕业学生一届,计11人。培养了蔡文显、臧克家、王昭建、王林、郭根、丁金相等一批硕彦。

梁实秋一家来青后先居鱼山路4号。第二年迁鱼山路7号,那栋楼有地下室,院子也很宽敞,房东是本地人,"具有山东人特有的忠厚朴实的性格"。应梁实秋夫妇的要求,房东特意栽种了六棵樱花树、两棵苹果树和四棵西府海棠树。每到春夏,院子里花红叶茂，令人赏心悦目。等梁实秋一家欲离开青岛时，他们租住的房屋还有三个月的时间才到期，他夫人认为应该如约照付这三个月的租金，房东却坚决不肯收，两人争执甚久。这令站在旁边的梁实秋呵呵大笑："此君子国也！"最后房东争执不过，勉强收下后买了一份重礼到车站送行。

全民族抗日战争爆发前，梁实秋完成了八部莎士比亚剧作的翻译工作：四部悲剧，四部喜剧。1936年，商务印书馆开始出版梁实秋翻译的莎士比亚戏剧，到1939年相继出版《哈姆雷特》《麦克白》《李尔王》《奥赛罗》《威尼斯商人》《如愿》《暴风雨》《第十二夜》等八部戏剧。

1938年，梁实秋在重庆主持《中央日报·平明副刊》，任国民政府教育部小学教科书组主任、国立编译馆翻译委员会主任委员等职务。抗日战争胜利后，回到北平，进入国立北平师范大学任教。

1948年冬，他辗转到达香港，翌年6月到台湾，先后任台湾省立师范大学、台湾师范大学、台湾大学教授和台湾编译馆馆长。

1967年，他独立翻译的莎士比亚37种剧本全部出齐，此后，又用一年时间译完莎士比亚的三部诗集，成为中国独自翻译《莎士比亚全集》第一人。

到台湾后，他再也未有机会重回青岛。其晚年所写的怀念故人、思恋故土的散文，如《谈闻一多》《忆杨今甫》《忆青岛》等，都与青岛的这段生活有关，写得深沉浓郁，感人至深。尤其是《忆青岛》一文，通篇都是对青岛美好生活的留恋，写得极为动情，文末这样写道："我在青岛居住四年，往事如烟。如今隔了半个世纪，人事全非，山川有异。悬想可以久居之地，乃成为缥缈之乡！噫！"

晚年，他还让生活在大陆的女儿梁文茜从青岛第一海水浴场装了一小瓶沙子辗转送到台湾，并视之为珍品，置于书案，以寄托浓浓的思念之情。

1987年11月3日，梁实秋病逝于台北，终年84岁。

（撰稿人　纪玉洪）

参考文献：

［1］《走近海大园·大师足迹篇》，魏世江主编，中国海洋大学出版社，2007年版。

［2］《梁实秋自传》，梁实秋，江苏文艺出版社，1996年版。

［3］《齐鲁晚报》，《齐鲁晚报》编辑部，第11754期。

汤腾汉

汤腾汉（1900—1988），男，福建龙溪人，生于印度尼西亚爪哇，汉族，中共党员，药物化学家，中国军用毒剂化学检验研究的先驱者，中国早期对中药进行生药研究、化学研究及药理研究的学者之一。1918年考入江苏公立南京工业专门学校机械学系，1920年考入国立北洋大学冶金学系，1922年赴德国柏林大学留学，1926年毕业获德国国家授予特许优等药化学师证书，1929年获理学博士学位。1930年8月至1938年3月，任国立青岛大学、国立山东大学教授兼化学系主任，文理学院院长等。曾任教于国立北洋工学院、私立华西协和大学、国立同济大学等。新中国成立后，任全国政协第一、二、三届委员和第五届特邀委员，解放军军事医学科学院副院长，中国药学会副理事长，中国科学院化学专门委员会委员，卫生部卫生教材编审委员会特约编审，《中华人民共和国药典》通讯编委、主任编委，《药学学报》主编等。

1900年5月2日，汤腾汉出生于印度尼西亚爪哇省阿拉汗一个富裕家庭，祖籍福建龙溪。父兄从事烟叶加工行业，其生活和求学费用皆由兄长供给。

汤腾汉8岁进入印尼当地学校读书，4年后转入当地中华学校就读，1915年毕业。1917年2月，回国进入上海南洋公学，8月转读日本东亚高等预备学校。1918年，回国考入江苏公立南京工业专门学校（后并入国立东南大学）机械学系。在南京参加少年中国学会，先后在学会刊物《少年世界（上海1920）》发表《"五四运动"以来南洋的华侨》和《中国人的南洋》等文章。1920年考入国立北洋大学（今天津大学）冶金学系。1922年赴德国柏林大学留学，起初在化工系，后转入药学院，1926年毕业并获德国国家授予特许优等药化学师证书。1929年底，获柏林大学理学博士学位。攻读博士期间主课是专门植物学，辅课有通用植物学、化学和哲学，博士论文题为《麻黄素类药物的生药研究》。

1930年8月，汤腾汉受聘任国立青岛大学理学院化学系教授兼主任。化学系成立伊始，只有他和王钊助教。后陆续有傅鹰、胡金钢、陈之霖、邵德辉、刘遵宪、王祖荫、王文中和德籍学者石坦因等加入。

化学系最初的设备，是省立山东大学和私立青岛大学遗留下的，十分简陋欠缺，只有两个实验室和天平室、硫化氢室，原有蒸馏器每日仅能出10余升蒸馏水，满足不了实验室的需要，勉强能作定性分析、定量分析和吹管分析。1933年1月出版的《国立山东大学科学丛刊》第一卷第一期所刊汤腾汉的《化学系实验室报告：导言》（该文撰于1931年8月）这样写道："历史未足一年之化学试验室，各种设备之简陋欠缺不待言，遑论成绩？然吾人不能非绫罗绸缎不衣，非山珍海味不食，非洋房高楼不住，是以不能因设备不完善而不工作，以尽个人本职及引导学生于自动研究之路。"为节约经费，汤腾汉带领师生克服困难，用学校原有茶炉逃出的水蒸气，加装蛇形管及冷却槽等，以代蒸馏器，每日能出百余升蒸馏水，而质地与用蒸馏器制出之水相同。他向学校建议增置仪器设备和实验分析用的药品试剂，得到支持，逐年都有最新设备和化学纯试剂从国外购入。到1934年，化学系已建起普通化学、普通定性分析化学、定性分析化学、定量分析化学、有机化学、物理化学、药物化学等7个实验室，另有天平、燃烧、药品、标本、配药、细菌培养、暗室等各室，设备条件已大大改观。化学系迁入科学馆三楼后，还设有图书室、阅览室等。为方便师生查阅，图书馆内有关化学专业用书和杂志都集中在化学系内。

科研方面，汤腾汉重视培养学生的学术研究兴趣和独立研究能力，特别注重培养学生联系实际解决问题的能力，想方设法为师生创造良好的化学实验场所和环境。化学系实验室工作时间为上午8时到下午6时（星期日及例假除外），学生除规定的实验时间外，可随时到实验室工作。因此，利用实验室进行学习研究，已成为多数学生的习惯，甚至在假期中，也有不少学生到实验室工作。系里每位教授均配有一个研究室，会同其指导的学生做研究课题。化学系规定，四年级学生须依个人志趣做实验室研究工作，由教师指导，结果作为毕业论文付印公布，否则不能毕业；三年级学生必须做课外较简易的实验室研究工作，由教师指导，结果亦发表于本系实验室报告，否则不能作毕业论文的研究；二年级学生成绩优良者，作初步的课外研究，结果亦发表于本系实验室报告。基于此，各位导师也经常在业余时间到实验室作指导。为了部分学生和教师研究山东黏土的综合利用，系里专门在校内修建一所陶瓷工厂，从淄博博山聘请一位技师带领学生实际操作试制耐火制品和陶瓷。

教学授课方面，汤腾汉重视学生的基础课学习，亲自讲授一、二年级基础课程。他还开设无机化学讨论和有机化学讨论课程，采用课堂讨论的形式授课。1933年入学的汪志馨回忆："汤教授主持设置的课程计划，综合了教育发达国家的课程，既有本科的课程，也有某些相当于硕士、博士研究生的课程,教育立足点较高,目标是向世界先进大学看齐。"同年入学,后转入国立清华大学的何炳棣回忆:"当时汤腾汉的定性分析实验课,从工序到难度都超过清华。"

汤腾汉每年亲自到各地为学生联系安排实习场所。他认为,通过实地调查选定毕业论文,又能结合学生的兴趣爱好,使学生毕业后都能具有相应的专长。学生毕业时,他还请有关专家教授对学生进行毕业口试和论文答辩。口试内容包括四年所学课程,要求颇为深入广泛,口试不及格不能毕业。在他倡议下,1933年10月起,《国立山东大学周刊》开辟《化学系增刊》,除刊登学术演讲外,还发表该系学生调查、实习报告,每年汇编成册出版《国立山东大学化学系试验室报告》。

汤腾汉发起组织的国立山大化学社,对外开展有关化学、药物学技术咨询,接受委托化验和研究工作。1933年11月18日,他在青岛青年会讲演,作题为《洗冤录上之化学问题》的报告,其中提到山东"戒烟丸"问题:"现在山东省内卖戒烟丸甚多,本校曾请求山东省政府令各县公安局将各县所有之戒烟丸寄来以供研究,但结果只接到济南公安局三种戒烟丸,后又买得七种,共十种,化验结果,其中有八种含有鸦片,这样以毒代毒危害尤大。……我十二分诚恳地希望青岛地方关于检验事项,在自己尚无设施及人才之现在,能利用国立山东大学为义务化验顾问,那末青岛不论在那一方面不难为全国之模范市。"该演讲经整理后发表在《国风(南京)》1933年第三卷第十二期。他还组织出版《科学的青岛》《科学的山东》两书,为研究山东、青岛的状况提供了科学的依据。

汤腾汉特别注意发掘利用本地资源,开展有实用价值的科研工作。经他指导,毕业于本校化学系并留系任助教的郭质良、勾福长均取得佳绩:郭质良的《山东酒曲之研究(三)》获中华文化教育基金董事会特种科学奖金500元,勾福长的《制造牛骨胶之研究》论文荣获严持约纪念奖金征文第一名,奖金200元。他还关心贫困学生并热心资助,罗瑞麟、徐植琬和勾福长等因家境发生变故导致学业难以为继,他便解囊相助至毕业为止,还资助学生赵幼祥的女儿上了大学。

在柏林大学,汤腾汉的研究领域属中药的生药学研究。回国后,他的研究领域主要是中药的化学研究,即对中药的成分进行化学分析,并作药理阐明。1933年,在他努力下,经国民政府教育部批准,国立山东大学化学系附设药化学科。20世纪30年代,他个人或经他指导发表的科研论文达30余篇,研究的中药包括麻黄、益母草、当归、半夏、蛇床、威灵仙、酸枣仁、熊掌、活肾草、麝香草等。他指导学生撰写的《紫花益母草成分之研究》《威灵仙之研究》《酸枣仁之化学研究》《斑蝥之分析》等论文,均发表在校内外学术刊物上。他长系期间，中药研究成为国立山东大学化学系的特色。

20世纪30年代的中国，化学制药和化学试剂的生产几近空白，即使普通的药品和化学分析试剂制品都要依赖国外进口。若干年后，汤腾汉在《我和工商业的关系》手稿中写道："我们在青岛山东大学教书的时候，教授们多感到我们做试验用的化学药品数量很大，都是外国货，再经各方面调查，每年全国进口数量是惊人的。大家认为培养人才愈多，推销外国货数量也愈大，并且有许多药品不是自己不能制造，这是我们学化学的人的耻辱。"

基于此，汤腾汉会同本校同事胡铁生、王文中和毕业学生赵幼祥、赵元祥、陈富春等，于1935年10月在天津成立永生化学制药公司（位于意租界十五号路七号）。他出资2000元担任董事长，胡铁生任经理负责具体生产经营。德国E. Merck厂曾要求利用永生化学制药厂商标在中国推销其产品，被以汤腾汉为首的股东会断然拒绝。这个制药公司在卢沟桥事变后，把仪器设备运至成都并重建了永生制药厂，1940年投产正式经营，除了在天津永生制药厂生产的产品外，又增加了葡萄糖酸钙、麻醉用乙醚、注射用葡萄糖、肝精片等产品，以及化学药品和试剂数百种，供医疗、教学和工厂急需。国民政府卫生署看到西南各省医疗和化学药品奇缺，就由其出资合营，将永生制药厂扩大生产，令永生制药厂在重庆建立中央制药厂，由汤腾汉任总经理兼总工程师。这时蓉、渝两厂的技术骨干全是国立山东大学的校友。抗日战争胜利后，中央制药厂迁至上海。新中国成立后，中央制药厂、平津永生制药厂全部交给国家。

1935年夏，适值汤腾汉在国立山东大学任教五年后休假一年之际，国立北洋工学院聘他回母校讲学，任化学教授兼工科研究所研究员。翌年假期结束，他应赵太侔校长邀请返校出任文理学院院长。

全民族抗日战争爆发后，国立山东大学奉命内迁之际，汤腾汉携眷回印度尼西亚探亲。1939年9月抵达成都，任私立华西协和大学制药学系教授、主任，兼任国立四川大学应用化学研究处名誉导师。

抗日战争胜利后，汤腾汉为主组织校友组成"国立山东大学校友会复校促进委员会"，请社会名流联名致电国民政府，要求恢复国立山东大学建制。

1946年9月，汤腾汉受聘任国立同济大学化学系教授，兼任上海科发药厂总工程师，代厂长职。1951年后，历任解放军军事医学科学院研究员、药物学系主任、药理毒理研究所所长、副院长等。1956年，加入中国共产党。1957年底，评阅新中国第一部全国统编药学教材《药物化学》，并承担1964年修订版评阅工作。1958年，创办并主编《药学文摘》，撰写出版《化学试剂及其标准》，为发展我国化学试剂生产和标准化作出贡献。

1969年，汤腾汉离休。"文化大革命"中他受到冲击，被下放到武汉。1979年2月，彻底平反，恢复名誉。

1988年6月23日，汤腾汉在北京病逝，终年88岁。

（撰稿人 金松）

参考文献：

［1］《山东大学百年史》，《山东大学百年史》编委会编，山东大学出版社，2001年版。

［2］《中国药学杂志》，中国药学杂志编辑部，1981年第9期。

［3］《悠悠岁月桃李情》，山东省政协文史资料委员会编，中国文史出版社，1991年版。

闻一多

闻一多（1899—1946），男，湖北浠水人，汉族，民盟盟员、民盟早期领导人，诗人、学者、民主战士。1912年3月考入清华学校。1922年7月赴美留学，先后就读于芝加哥美术学院和科罗拉多大学，学习美术和西方文学。1925年5月回国，先后任教于国立北京艺术专门学校、国立第四中山大学、国立武汉大学等。1930年8月起，受聘任国立青岛大学教授、文学院院长兼中国文学系主任等职。后任教于国立清华大学和国立西南联合大学，其间加入中国民主同盟，任民盟中央执委。著有诗集《红烛》《死水》，学术著作有《神话与诗》《唐诗杂论》《古典新义》《楚辞校补》等。其主要作品收录在湖北人民出版社《闻一多全集》（1993年）中，共12册。

1899年11月24日，闻一多出生于湖广行省汉黄德道黄州府浠水县（今湖北省浠水县）的一个书香门第。他5岁入私塾学习，11岁到武昌入两湖师范学堂附属高等小学读书。早年启蒙教育，为他以后发展打下良好基础。

1912年3月至1922年8月，闻一多就读于清华学校，广泛涉猎戏剧、美术、诗歌等文艺形式，开始了新诗创作和评论。其间，他担任《清华周刊》编辑，参与发起成立清华文学社、美术社，参与编剧《革命党人》，表现出多方面的文艺才华和组织才能。

1922年3月，闻一多完成论文《律诗底研究》，开始系统地研究新诗格律化理论。同年8月至1925年5月，先后就读于美国芝加哥美术学院和科罗拉多大学，学习美术和西方文学，同时没有放弃中国古典文学的研读。1923年9月，出版第一部诗集《红烛》。

闻一多1925年5月回国。同年9月至1926年4月，任国立北京艺术专门学校教授、教务长，这是他高校教书生涯之始。其间，与余上沅、赵太侔开展"国剧运动"；和徐志摩等人促成以《晨报·诗镌》为阵地，开展新格律诗运动，发表堪称格律诗理论纲领的《诗的格律》，提出"三美说"，成为新月派早期代表人物之一。

　　1926年秋至1927年秋，闻一多辗转于上海、湖北之间，任上海吴淞国立政治大学训导长，在武汉参加北伐军政治部的工作；参与筹办后新月派的重要刊物《新月》。1927年秋至1928年9月，任国立第四中山大学（后名国立中央大学）外文系主任，讲授英美诗、戏剧、散文等课程，开始系统讲授文学。1928年1月，第二部诗集《死水》出版。9月，回到武汉，参与国立武汉大学的筹建，任文学院院长兼中文系主任，讲授西洋美术史和英美现代诗两门课。其间涉足古典文学研究，写下《少陵先生年谱会笺》和《庄子》等学术文章。

　　1930年4月，闻一多辞去教职赴上海。同年8月，受聘任国立青岛大学教授、文学院院长兼中国文学系主任，讲授唐诗、名著选读和英诗入门等课程。他结合教学全面展开唐诗研究，同时开始《诗经》和《楚辞》的研究。

　　青岛是闻一多人生的重要驿站，是他人生轨迹的一个缩影。作为诗人，闻一多在此创作了诗歌《奇迹》《凭借》和充满诗情画意的散文《青岛》。他继续关注诗坛，发表诗评文章《论〈悔与回〉》《论商籁体》《现代英国诗人·序》等。作为学者，闻一多教学与科研并重，以《唐诗》为主，旁涉《诗经》与《楚辞》，构成他古典文学研究的基本格局，由此奠定了他学术生涯的基础。作为战士的闻一多，在九一八事变以后，民族危亡之际，大声呐喊，显示出了战士的拳拳报国之心。

　　在青岛，闻一多创造了很多"第一"与"唯一"：创作诗歌压卷之作《奇迹》，为他的诗人生涯画上了一个圆满的句号；写下一生中唯一的写景抒情散文《青岛》；第一次为学生开出中国古典文学课程——唐诗；结合唐诗教学，第一次制订详尽的研究计划。可以说，他以后在唐诗研究上所取得的成就，基本上是按照这个计划来进行的。

　　在1932年6月的反对修改《学则》风潮中，闻一多坚持校规的权威性，支持校长杨振声，与校务会议同进退，因此受到学生的攻讦。学潮后，闻一多于同年8月离校，赴北平任国立清华大学中国文学系教授。他潜心中国古典文学研究，研究范围从唐诗拓展到《楚辞》、神话、乐府以及文学史等领域，尤致力于《诗经》《楚辞》研究，发表《岑嘉州系年考证》《全唐诗校勘记》《匡斋尺牍》《天问·释天》《诗经通义》《高唐神女传说之分析》《高唐神女传说之分析补记》《离骚解诂》《诗经新义》等论文，以及神话研究、甲骨文研究、金文研究和许多考释方面的文章。其中，《天问·释天》《离骚解诂》是这一时期很有学术价值的研究成果，学界公认闻一多是《诗经》《楚辞》的研究权威。

　　全民族抗战爆发后，国立清华大学、国立北京大学与私立南开大学组建成国立西南联合大学。闻一多随校南迁至昆明，任国立西南联大教授。西南联大时期，他的学术成果表现在《尚书补释》《周易闲诂》《庄子章句》《楚辞校补》《离骚叙论》《天问疏证》以及《释朱》《释桑》《释余》等多篇文字考证的论文中。

作为诗人的闻一多，出版了《红烛》《死水》两部诗集，开一代诗风。其诗歌以大胆新奇的艺术手法，将诗人内在的情感和精巧的构思融为一体，风格沉郁凝重，语言绚丽工整，对仗严谨，对新格律诗进行了有益探索。闻一多的诗歌和关于新诗理论的论述，奠定了他在中国文学史特别是中国新诗史上的不朽地位，成为五四以来中国诗坛三大流派之一的格律诗派的主要代表。

作为学者的闻一多，于楚辞、唐诗、乐府、古代神话、古文字等诸多领域，都有开拓性、突破性的建树，其学术研究范围涵盖了从先秦到唐诗的多个学科领域，在神话研究、诗经研究、楚辞研究、庄子研究、周易研究、乐府诗研究、唐诗研究、文学史研究、管子和语言文字研究等10个方面，取得了卓越的成就，成为一代通才。

作为战士的闻一多，积极投身反抗国民党黑暗统治的民主运动，加入中国民主同盟；参加国立西南联大主办的各种集会，如时事座谈会、文艺座谈会、诗歌朗诵会、五四纪念会以及各种营火会等，以笔为武器，写下了很多针砭时弊的杂文。1946年7月15日，闻一多出席李公朴的追悼会，面对国民党反动派的残暴，拍案而起，慷慨激昂地作《最后的演讲》，在回家的路上被国民党特务暗杀，年仅47岁。毛泽东主席在《别了，司徒雷登》一文中指出："我们中国人是有骨气的。——闻一多拍案而起，横眉冷对国民党的手枪，宁可倒下去，不愿屈服。——我们应当写闻一多颂。"

闻一多是诗人、学者，后又成为民主战士。诗人的激情与学者的睿智铸就了他的人格之本。三种角色在不同的时期，或隐或现。"闻一多先生学者的时期最长，斗士的时期最短，然而他始终不失为一个诗人；而在诗人和学者时期，他始终不失为一个斗士"，闻一多的挚友、著名美学家朱自清高度评价了他的一生，也揭示出三者之间的关系。

历代海大人没有忘记闻一多。1950年，学校将闻一多曾经居住的国立青岛大学时期的第八校舍命名为"一多楼"，以为永久纪念。1984年3月31日，学校在"一多楼"前竖立闻一多雕像。闻一多先生的学生、著名诗人臧克家撰写碑文。同年，青岛市人民政府将"一多楼"定为市级重点文物保护单位。"一多楼"和闻一多雕像已成为青岛市著名人文景观，是青少年学生爱国主义教育的重要基地之一。

1995年，青岛市人民政府在百花苑为20名已故青岛籍或客居青岛成就卓著的文化名人竖立雕像，其中就有闻一多。

（撰稿人　杨洪勋）

参考文献：

[1]《闻一多：从诗人到学者》，杨洪勋著，中国海洋大学出版社，2006年版。

沈从文

沈从文（1902—1988），原名沈岳焕，男，湖南凤凰人，苗族，无党派人士，著名作家、中国古代服饰研究专家。1931年至1933年在国立青岛大学、国立山东大学任教，主讲小说史和散文写作，并进行文学创作，其代表作《边城》酝酿于青岛。共出版小说、传记、散文、文学评论、文化史、文物考古等方面的著作70余种、500万字。代表作还有小说《八骏图》《长河》《月下小景》等，散文《从文自传》《湘行散记》《湘西》等。他所独辟的"湘西世界"，是20世纪中国文学的永恒意象之一。

1902年12月28日，沈从文出生于湖南省凤凰厅（今湖南省凤凰县），祖母为苗族，母亲为土家族。1915年，由私塾进入凤凰县立第二初级小学读书，半年后转入文昌阁小学。1917年参加湘西靖国联军，驻防辰州。1918年随当地土著部队流徙于湘、川、黔边境与沅水流域一带，后正式参军。

1922年，受五四新思潮影响，脱下军装，负笈北京，进入国立北京大学旁听，学习国文和文学创作。1924年，开始在北京的《晨报》《语丝》《现代评论》上发表作品，受到徐志摩等新月派作家的欣赏。1928年到了上海，与胡也频、丁玲筹办《红黑》杂志和出版社，并继续进行文学创作。1929年，在徐志摩的推荐下，到胡适任校长的私立中国公学教国文课。对此，梁实秋在《忆沈从文》一文中写道："由于徐志摩的吹嘘，胡适之先生请他到中国公学教国文，这是一件极不寻常的事，因为一个没有正常的适当学历的青年而能被人赏识于牝牡骊黄之外，是很不容易的。"在那里，沈从文对女学生张兆和一见钟情。

1930年4月，杨振声被任命为国立青岛大学校长。他效法蔡元培"兼容并包、学术自由"的办学方针，打破门户之见，延揽国内名家来校执教。1931年8月，应杨振声校长的聘请，沈从文来到国立青岛大学，任文学院讲师。

在国立青岛大学文学院，他主讲小说史和散文写作两门课程。据当时听过他小说史课程的学生臧克家回忆："沈从文先生，教我们小说史，他住在学校通往公园的林园右边的小楼的'窄而霉斋'里，写作很勤，经常出入图书馆，查教学材料。他上课，声语低，说的快，似略有怯意……对爱好文艺的同学诚心提携。"臧克家的第一本诗集《烙印》出版时，就得到过沈从文的资助。或许是"有怯意"，加上口音重，听他课的学生越来越少，从起始25个左右学生，到一年后常去听课的只剩下5个了，其中还有两个是旁听生。但沈从文毕竟已是成名作家，剖析作品时，常把学生带入作品描述的境界，然后谈出精辟之见，加上"对爱好文艺的同学诚心提携"，喜爱他的学生又多了起来，一些学生课后还常去他家里请教讨论问题。

1932年9月，国立青岛大学更名为国立山东大学，杨振声辞去校长职务。闻一多、方令孺、陈梦家等相继离开，沈从文选择留下来。

沈从文来青岛后，住在福山路3号的小楼上。这是国立青岛大学教职员宿舍楼，坐落于八关山东麓，拾步可到学校；距青岛第一公园（今中山公园）、汇泉海水浴场，也是近在咫尺。他在《我的写作与水的关系》中写道："我的住处已由干燥的北京移到一个明朗华丽的海边。海既那么宽泛，无涯无际，我对人生远景凝眸的机会便较多了些。海边既那么寂寞，它培养了我的孤独心情，海放大了我的感情和希望，且放大了我的人格。"沈从文原以写作、编杂志为主，一直无固定收入，生活常陷入窘迫。受聘国立青岛大学后，得到比较优厚的待遇，过上了安静、愉快的生活。条件好了，珍视友情的他，还邀请巴金、卞之琳两位好友和曾经帮助他的长沙印刷厂工人赵圭舞来青岛住过。巴金在《怀念从文》一文中有过如下的回忆："在青岛，他把他那间房子让给我，我可以安静地写文章、写信，也可以毫无拘束地在樱花林中散步。他有空就来找我，我们有话就交谈，无话便沉默。他告诉我他第一次在大学讲课，红着脸，一句话也讲不出来，只好在黑板上写了'请等五分钟'5个字。"赵圭舞先生应邀来青住过半月，临走时沈从文为他买上返程车票，并送上车。

沈从文教课以外，继续进行文学创作。"当时年龄刚过三十，学习情绪格外旺盛。加之海边气候对我又特别相宜；每天都有机会到附近山上或距离不及一里的大海边去，看看远近云影天光的变化，接受一种对我生命具有重要启发性的教育。因此工作效率之高，也为一生所仅有。"他在《从文自传》中如此写道。或许源于此，此时的他构思成文之快，令人叹服，有时数日之内，便有新作问世。到国立青岛大学后的第二个月，即1931年9月，他便创作了小说《黑夜》。

在青岛的两年多时间里，沈从文共写了20多篇中短篇小说和一些散文，不仅创作了

《月下小景》《八骏图》《黔小景》《厨子》《凤子》《静》《都市一妇人》《三三》《泥涂》《三个女性》《若墨医生》等小说，也写出了《从文自传》《记丁玲》《记胡也频》等纪实散文、《黄昏》等新诗和《论徐志摩的诗》等文艺评论。

"在青岛两年中，正是我一生中精力最旺盛，文字也比较成熟的时期。在青岛，海边、山上，我经常多处走走，早晚均留下极好印象，大约因为先天性供血不良，一到海滨就觉得身心舒适，每天只睡三小时，精神特别旺健。解放后到其他城市度夏，总觉得不如青岛。"1981年沈从文在写给鲁海先生的信中（后来，鲁海截取了其中回忆青岛的部分，取名《小忆青岛》公开刊出）如此写道。在青岛期间，他还常去爬崂山。"我曾先后六次上过崂山，有一回且和杨金甫校长及闻一多、梁实秋、赵太侔诸先生去崂山住了六天，以棋盘石、白云洞两地留下印象特别深刻，两次上白云洞，都是由海边从山口小路一直爬上，这两次在'三步紧'，临海峭壁上看海，见海鸟飞翔的景象，至今记忆犹新；从松树丛中翻过崖石的情景，如在眼前。"（沈从文《小忆青岛》）

1933年寒假期间，张兆和随沈从文来到青岛，进入学校图书馆工作。这段岁月里，张兆和以自己的聪颖贤惠照料着他。而沈从文自此迈向文学创作的巅峰。

沈从文曾明确表示，《边城》酝酿于青岛。原来，沈从文和张兆和来青岛后的第二天，就约上好友一起去崂山游玩。在北九水，他们遇见一位年轻的白衣女子，正在为逝去的亲人举丧，触动了他的写作灵感。1948年沈从文在《新题记》中对此写道："民二十二至青岛崂山北九水路上，见村中有死者家人报庙行列，一小女孩奉灵幡引路。因与兆和约，将写一故事引入所见。"这个女子就是《边城》女主人公翠翠的生活原型之一。"九月至平结婚，即在达子营住处小院中，用小方桌在树荫下写第一章。"

后来沈从文回忆道："边城故事中的人物，一面从一年前在崂山北九水旁见到一个乡村女子取得生活的必然，一面就是身边的新妇作范本取得性格上的朴素式样……，这一切其所以能转移到纸上，倒可以说完全是两年来海上阳光得来的能力，这一来，我过去痛苦的挣扎、受压抑无可安排的乡下人对于爱情的憧憬，在这个不幸的故事身上，才得到排泄与弥补。"

《边城》成书于沈从文爱情事业双丰收的季节，寄托了作家美与爱的美学理想，是一部具有古典意蕴的田园牧歌式的"写意小说"，开创了中国乡土文学的新境界，奠定了他在文学史上的地位。《边城》问世以来受到人们的广泛垂爱，历久不衰。1999年6月，《亚洲周刊》推出了"20世纪中文小说一百强排行榜"，《边城》名列第二。《边城》被译成日本、美国、英国、前苏联等四十多个国家的文字出版。2020年4月，被列入《教育部基础教育课程教材发展中心中小学生阅读指导目录》。

　　1933年，在北平主持中小学教材和基本读物编写工作的杨振声，来信邀沈从文参加中小学教材的编选工作。因此，上半年学期结束后，沈从文打点行装，与张兆和、九妹沈岳萌一起离开青岛，去了北平。同年9月与杨振声合编《大公报·文艺副刊》。1938年春，到达昆明继续与杨振声编选中小学国文教科书。11月，到国立西南联合大学任教。

　　新中国成立后，沈从文在中国历史博物馆和中国社会科学院历史研究所工作，主要从事中国古代服饰的研究。1981年出版了历时15年完成的《中国古代服饰研究》专著，填补了我国这一研究领域的空白。

　　晚年时的沈从文对青岛仍念念不忘，他在《小忆青岛》一文中写道："建国后，我曾三次到过青岛。……我也到过大连度假，住处条件极好，但总觉得不如青岛。如有机会一定会重来看看。"

　　1988年5月10日下午，因心脏病复发，沈从文病逝于北京，终年86岁。

　　张兆和的姐姐张充和，接到沈从文去世的电话后，当夜用毛笔写下一副挽联寄往北京，挽联曰："不折不从，星斗其文；亦慈亦让，赤子其人。"短短十六字，却是微言大义，成为沈从文一生的传神写照。1995年，青岛市人民政府在百花苑为20名已故青岛籍或客居青岛成就卓著的文化名人竖立雕像，其中就有沈从文。

（撰稿人　纪玉洪）

参考文献：

［1］《走近海大园·大师足迹篇》，魏世江主编，中国海洋大学出版社，2007年版。

［2］《从文自传》，沈从文著，人民文学出版社，1981年版。

［3］《作家与青岛》，鲁海著，青岛出版社，2016年版。

［4］《边城》，沈从文著，武汉出版社，2013年版。

［5］《新文学史料》，人民文学出版社，1980年第3期。

吴伯箫

吴伯箫（1906—1982），原名熙成，字伯箫，笔名山屋、山荪等，男，山东莱芜人，汉族，中共党员，散文家、教育家。1931年，国立北平师范大学英语系毕业。1931年至1935年，任国立青岛大学、国立山东大学职员。1938年赴延安，任陕甘宁边区文化协会秘书长、陕甘宁边区政府教育厅中等教育科科长、延安大学教员等职。新中国成立后，长期担任人民教育出版社副社长兼副总编辑。毕生倾注于文学创作和教育事业，创作作品200多篇，主要收录在《羽书》《北极星》《烟尘集》《出发集》《往年》等文集中。

　　1906年3月13日，吴伯箫出生于山东省泰安州莱芜县（今山东省济南市莱芜区）吴花园村一半耕半读的富裕家庭。7岁从父读书。

　　1919年考入位于曲阜的山东省立第二师范学校，任学生会干事。五四运动期间，参加罢课、查日货、宣传民主与科学等活动。1924年夏，师范毕业后，经人介绍，到孔府家馆任第七十七代衍圣公孔德成英文教师。

　　1925年夏，考入国立北京师范大学校。其间，参加群新学会，秘密阅读《共产主义ABC》《夜未央》等书刊，在《京报》《晨报》发表《白天与黑夜》《塾中杂记》等文，与曹未风、成启宇合办《烟囱》杂志，共出版10期。

　　1931年夏，国立北平师范大学英语系毕业后，吴伯箫来到青岛，先在青岛市立中学谋到一份教职，当年又进入国立青岛大学做了一名职员。1932年9月国立青岛大学更名为国立山东大学，他继续在此工作，直到1935年才离开。在此期间，先后担任校办和教务处秘书一职。

　　他租住的房子位于校园外的栖霞路、福山路交界处，"屋是挂在山坡上的，门窗开处便是山"，在简陋的"山屋"里，他用笔诉说着对生活的热爱，"傍山人家，是颇有情趣的"，"恍恍惚惚的，屋前屋后有一片啾唧唧唧的闹声，像是姑娘们吵嘴，又像一群活泼泼的孩子在嘈杂乱唱；兀的不知怎么一来，那里'支幽'一响，你就醒了。立刻你听到了满山满谷的鸟叫。缥缥缈缈的那里的钟声，也嗡嗡地传了过来。你睁开了眼，窗帘后一缕明亮，给了你一个透底的清醒"。

初到青岛，常常"一宵异乡梦，乱纷纷直到黎明；晨起寂寞与离愁，正自搅得心酸、无意绪，忽然与窗启处展开了一眼望不断的水光接天，胸际顿觉豁然了"，吴伯箫第一次看见了海，也爱上了海。

大海成了他爱这个城市的出发点。时常去海边看日出；有时跑到远离市镇的海滩，躺在沙滩上晒太阳、听海啸；或者去到郊外，感受渔村的淳朴，写下《海》《向海洋》《海上鸥》《岛上的季节》《阴岛的渔盐》等脍炙人口的散文。

有一次，吴伯箫在汇泉湾畔一渔民朋友家中看到院子里不仅晒着渔网，而且还有一架纺车，一下子勾起了他对童年的记忆。在家乡时，他特别爱用纺车纺线，纺车是他自幼喜欢的劳动工具，来到青岛后，再也没摸过纺车。临别时他对那位渔民朋友说："我住的'山屋'，可以天天听到鸟鸣，鸟声虽美，但我觉得不如纺车声美。"没料想到，第二天傍晚，那位渔民朋友竟然用地排车拉着纺车送到了"山屋"。他喜出望外，一夜未眠，纺了一夜线。过了一把瘾后，他把这个养家糊口的劳动工具送还给朋友。

秘书工作的薪金比较低，吴伯箫在青岛的生活是拮据的，不得不托朋友帮忙，谋得一份在《青岛民报》副刊兼职的工作，联系了一些崭露头角的诗人、作家，如李广田、臧克家、李辉英，经常诗书往来。《青岛民报》不断揭露日本侵略罪行，1932年1月12日，遭日方捣毁。那段时间，吴伯箫写下许多充满激愤的文字，如《马》《灯笼》，抒发了对"醉里挑灯看剑，梦回吹角连营"豪迈之情的向往。他还就东北抗日联军事迹写了《黑将军挥泪退克山》一文发表在《青岛民报》上。

在青岛工作期间，吴伯箫结识了杨振声、闻一多、洪深、舒舍予、王统照、孟超等文坛名家，相交甚厚。

他与臧克家更是一见如故，结下终身友谊。吴伯箫写作极为认真，字句推敲很严。臧克家视新诗如命。他们二人"互相传阅作品，评其得失，见到对方的佳作，喜欢如同己出，相互激励，乐在其中"。八关山上简陋的"山屋"里常常有"两三知心朋友，开一壶白干，买一听香烟，冬天时围一盆炭火，作彻夜的长谈。除了谈论文学，他们也忧患时事"。

因臧克家的关系，吴伯箫也成了王统照家的常客。在观海二路的书斋里，同王统照不知"一起送走了多少度无限好的夕阳，迎接过多少回山上、山下万家的灯火"，在"那软沙的海滨；那黑石重叠的山谷；那大公园的海棠径上；那个小小的庭园中饮'苦露'（酒名）、斟清茗；或当风雪冬宵烧饼铺外的匆匆招呼；在炫彩的碧波上隔日相遇；在老舍的二簧腔调的猛喊之下，彼此纵笑"。他们常在一家叫茂荣丰的小酒馆聚饮，花钱不多，意在聊文学话友情。

在青岛，吴伯箫遇到了一个非常优秀的文人社交圈子，这个圈子对一个写作者迅速成长的影响是重要的。在《无花果》一文中吴伯箫写道："从这时起，梦想以写作为业，挤进他们的行列。……坐办公室的空隙里跟着他们写点短文。有半年时间，曾有三五熟人定期聚会，各带小说、诗或散文，大家传着品评议论。……这就自然形成了鞭策与鼓舞，各自拼命下功夫，互争下一次聚会时的一点进步。"

1933年，王统照完成长篇小说《山雨》，吴伯箫第一个作评价："我把《山雨》跟《子夜》并论，一写中国农村的破产，一写城市民族资产阶级的败落。我称1933年为'子夜山雨季'。"而这一评价，已成为有关《山雨》最具概括力的评价，至今仍被视为不刊之论。

1935年，吴伯箫离开国立山东大学，到济南乡村师范学校任教务处主任兼国文教员。

放暑假后，他迫不及待地回到青岛，见到一群好友，异常兴奋。他们决定在《青岛民报》上开辟一个文艺副刊《避暑录话》，参与者有洪深、王统照、舒舍予、赵少侯、臧克家、吴伯箫、孟超、王余杞、王亚平、李同愈、刘西蒙、杜宇等12位作家。《避暑录话》从1935年7月1日创刊，至1935年9月15日停刊，共出10期，好评如潮，销量也不断增加。吴伯箫作为发起人之一，在《避暑录话》发表《边庄》《秋夜》《萤》等文章。

1936年，任莱阳山东省立第二乡村师范学校校长。1938年，吴伯箫去了向往已久的延安，先在中国人民抗日军事政治大学学习，后任八路军总政治部抗战文艺工作组第三组组长、陕甘宁边区文化协会秘书长、陕甘宁边区政府教育厅中等教育科科长、延安大学教员等职务。1942年5月，参加延安文艺座谈会。

1942年夏天，在杨家岭，吴伯箫偶然见到自己的散文集《羽书》，书的序文署名"韦佩"。"韦佩"是谁呢？他认真读起序文，看到"伯箫此集存在我的乱纸堆里已两年半了……"，就心中一动。往下看，里边有几个朋友在青岛观海路谈心、在茂荣丰小酌的记叙，再看到"无论如何，我们该还有更明朗，更欣慰，更可以把杯痛饮、从容写文的'未来'在"的句子时，他坚定地说：哦，这是剑三！原来奔赴延安前，他将自己可能会毁于战火的手稿托付给好友王统照。1941年，王统照为书稿写了序，送到上海文化生活出版社。巴金将其收入"文学丛刊"第七辑，予以出版。

《羽书》是吴伯箫第一个正式出版的作品集，收录了他在国立青岛大学、国立山东大学工作时的主要作品，其中就包括抒情散文《山屋》《海》《青岛的四季》《羽书》《海上鸥》等。《羽书》文风清丽典雅，叙述沉着铺排，用词生动传神，代表了他早期散文写作的基本特征，是研究吴伯箫散文作品的重要出发点，也是他在青岛写作生涯的一个总结。

抗日战争胜利后，吴伯箫在华北联合大学、东北大学、长春东山大学、东北师范大学等多所高校担任系、学院的领导职务。

1951年，他任东北教育学院副院长。1954年春，调任人民教育出版社副社长兼副总编辑，参加编辑《文学》课本，并负责《文艺学习》《语文学习》诸刊物编辑出版工作。

吴伯箫是我国深具影响的散文家，他的散文不论是怀念延安生活，还是倾述对社会主义的热爱，都宣扬了继承革命传统、促人积极向上的主题。如《记一辆纺车》中，从"农村用的手摇纺车"引申出"与困难斗争，其乐无穷"的延安精神。

新中国成立后，他的散文《南泥湾》《一坛血》《记一辆纺车》《菜园小记》《我没见过长城》等，作为范文收入中学语文教材，《早》被编入小学语文课本，其数量之多，在同代作家中首屈一指。这些作品以其真挚深厚的情感、朴实动人的描绘、严谨缜密的结构、清新洗练的语言，赢得广大师生喜爱。

吴伯箫一直把青岛看作第二故乡，他的爱人郭静君当年就毕业于青岛女中。1981年8月，见到青岛的友人时，他饱含深情地问："山东海洋学院内胜利楼前还有樱花吗？"

1982年8月10日，吴伯箫因病在北京去世，终年76岁。

吴伯箫逝世后，人民文学出版社出版《吴伯箫散文选》，人民教育出版社出版了两卷本《吴伯箫文集》。1995年，青岛市人民政府在百花苑为20名已故青岛籍或客居青岛成就卓著的文化名人竖立雕像，其中就有吴伯箫。

（撰稿人　纪玉洪）

参考文献：

[1]《走近海大园·大师足迹篇》，魏世江主编，中国海洋大学出版社，2007年版。

[2]《吴伯箫散文选》，吴伯箫著，人民文学出版社，1983年版。

[3]《羽书》，吴伯箫著，花城出版社，1982年版。

游国恩

游国恩（1899—1978），字泽承，男，江西临川人，汉族，九三学社社员，中国文学史研究专家、楚辞研究专家。1926年，从国立北京大学中国文学系毕业后，在江西省立第一中学、国立武汉大学等担任教职。1931年至1936年，在国立青岛大学、国立山东大学执教，其间讲授中国文学史、楚辞概论、唐宋以降文、中国文艺故事等课程，编写《中国文学史纲要》卷三、卷四，编撰《楚辞注疏长编》之《离骚》《天问》各一卷。领衔主编的《中国文学史》是20世纪高校设立中国文学史课程以来发行最多、影响最大的一部教材。

1899年4月17日，游国恩出生于江西省抚州府临川县（今江西省抚州市临川区）湖南乡洪塘游家村。这里是我国著名的"才子之乡"，北宋大文学家王安石、明朝大戏曲家汤显祖等均为临川人，昌盛的文风连绵不绝。

其祖父是一位秀才，对古文研究颇深，为他的启蒙老师，在游国恩6岁时就教他读四书五经和其他诗文。祖父总是对他严加督责，即使在传统佳节也要令其完成日课。虽然祖父硬灌古文的旧式教育有时令人感到枯燥而又痛苦，但游国恩自小就能达到祖父的要求，村里前辈有一种流传下来的说法："游国恩只有六七岁的时候，跟祖父去参加白喜事，看到一些写得精彩的对联，回到家以后就能一字不漏地背给祖父听，可谓过目不忘，在乡间颇有名气。"幼年苦读，厚植根基，让他终身大受裨益。

其父亲从商为业，但收入平平，仅能维持普通家庭的生活水平。游国恩先后在瑶湖小学、临川中学上学，1919年毕业于临川中学。1920年考入国立北京大学中文系预科，后升入本科，因为费用问题一度面临辍学的困难。其母亲当机立断采取了"邀会"的办法（即求助亲朋好友，每人平摊一部分学费，第二年就要多还一些，越往后还的就越多，这是当时乡下在没办法情况下的救急方法）助其完成学业。

入读国立北京大学后，游国恩开始中国古典文学的研究，而对楚辞的研究尤为用功，大学毕业时其成名作《楚辞概论》就得以出版。1928年该书被商务印书馆收入《万有文库》，使之有了更广泛的流传。其在楚辞研究方面的学术造诣，得到鲁迅、郭沫若、闻一多、陆侃如等学界名家的高度赞誉。陆侃如在《楚辞概论》序言中称："这书最大的特点是把《楚辞》当作一个有机体，不但研究他本身，还研究他的来源和去路，这种历史的眼光，是前人所没有的。"

尤其值得一提的是，同样出生于1899年的游国恩与闻一多，因为楚辞成为挚友，两位学者都成为楚辞研究的大家。而闻一多是在游国恩的启发下进行楚辞研究的，闻一多曾在其《楚辞校补》一书的"引言"中郑重地说："泽承最先启发我读《楚辞》。"1929年，在国立武汉大学文学院院长闻一多的举荐下，游国恩从江西省立第一中学来到了这所名校担任讲师。

国立青岛大学教授兼中国文学系主任闻一多十分重视师资队伍建设，方令孺、游国恩、丁山、姜叔明、张煦等一批年富力强的学者，均是在他的邀请下加盟该系的。

1931年9月，游国恩由国立武汉大学文学院来到国立青岛大学任讲师，月薪300元。大略同时来的还有赵少侯、杨筠如及对《韩非子》有深入研究的梁启超的胞弟梁启勋，还有沈从文等。

来校后，游国恩与闻一多比邻而居，同住学校的第八校舍（今中国海洋大学鱼山校区一多楼），闻一多住楼上（月租70元），游国恩住楼下（月租60元）。从此，两人得以"早晚谈论《楚辞》《诗经》"，有了更多把酒论文的机会，结下深厚情谊。

1932年9月，国立青岛大学更名为国立山东大学，杨振声辞掉校长一职。闻一多、方令孺、陈梦家等相继离开，游国恩留任教授。闻一多到国立清华大学任教后，与仍在校任教的游国恩书信不断，其中多为探讨《楚辞》相关问题。

1933年暑假，游国恩想利用假期到北平看望闻一多，闻一多接信后欢欣鼓舞，于7月2日回信说："弟下年讲授《楚辞》，故近来颇致力于此书。间有弋获，而疑难处尤多，……今得悉大驾即将北来，曷胜欣忭！唯盼将大著中有关《楚辞》之手稿尽量携带，藉便拜诵。"但因京汉铁路中断，游国恩无法成功到达，故返回青岛。并不知情的闻一多等了20多天，仍不见游国恩到来，于同月26日再次致信游国恩："久候不来，亦无消息，望眼欲穿矣"，"比来日读骚经数行，咀嚼揣摩，务使字字得解而后止，忽有所悟，自意发千古以来未发之覆。恨不得行家如吾兄者，相与拍案叫绝也。"表达出了盼望与之共同切磋楚辞研究的急切心情。8月21日，知情后的闻一多再致游国恩信称："病中再读大著，渊博精审，突过前人，是诚不愧为后来居上矣。"言词间饱含着对游国恩楚辞研究成就的无限欣羡之情。

在青岛执教五年期间，游国恩讲授的课程有中国文学史、楚辞概论、唐宋以降文、中国文艺故事等。1935年9月《国立山东大学周刊》刊登的各系开设课程与考试科目的影印件中，游国恩在当年同时讲授三门课程：文（一）、经学史和中国文艺故事。

据臧克家回忆：20世纪30年代初，我是国立青岛大学中文系的学生，游先生教我们楚辞。他是著名的楚辞专家，毫无教授架子，对学生非常和善。他教课非常认真，谆谆善诱。我的毕业论文《井田考》就是在游先生指导下完成的。

"水之积也不厚，则其负大舟也无力"是游国恩常常用来教育学生的话。他认为，做学问必须打好基础，首先要博，也就是博闻多识，知识要渊博扎实。他提出，要搞寿世之作，不要写酬世之文。其弟子吴小如教授对游先生治学的方法和途径深有体会："首先是述而不作，其次以述为作，最后水到渠成，创为新解；而这些新解是在祖述前人的深厚基础上开花结果的。因此，本固根深，枝荣叶茂，既不会风一吹就倒，更不是昙花一现，昨是今非。"

授课之余，游国恩坚持撰写教材和专著。早在国立武汉大学时期就编写了《中国文学史纲要》卷一、卷二（先秦至两汉，铅印本），在国立青岛大学执教时期又续编了卷三、卷四（三国文学、两晋文学、宋文学，前二者为油印本，后者为手写稿）。

这本《中国文学史纲要》在中国文学史研究中占有极其重要的地位。文学史作为一门独立的学科是随着科举废除、西学东渐而逐步建立起来的。游国恩早期的文学史稿既显示出开拓性和个性化的特点，也反映出其受五四新学术思想和治学方法的影响。

除编写教材外，游国恩在青岛的学术研究成果也颇丰，继续潜心研究楚辞，开始编撰《楚辞注疏长编》，并已编就《离骚》《天问》各一卷，共30余万言。后来他将自己楚辞研究的成果汇为《读骚论微初集》，内有专论9篇，其中8篇为在青岛时所作。除此之外，他还撰写了第一部文学史的著作《先秦文学》，该书于1933年在青岛写成，同年由商务印书馆出版，收入《万有文库》中。

1936年，游国恩离开青岛南下，就任私立华中大学中文系教授。临别时同学们送他一个刻有"教导有方"四字的银盾，并集体到火车站送行。

全民族抗日战争爆发后，闻一多到昆明的国立西南联大任教。1942年，游国恩也到国立西南联大任教。游国恩与闻一多在短短十多年间，竟在国立武汉大学、国立青岛大学、国立西南联大三度共事。在这段以楚辞研究为桥梁的学术佳话中，不仅表现出闻一多虚怀若谷的胸怀和"从诗人到学者"的历程，也折射出游国恩在楚辞研究上的极高造诣与优秀的人格魅力。也正因如此，游国恩才不愧现代楚辞学研究集大成者的赞誉。

1946年后，游国恩一直在国立北京大学任教，1955年被评为一级教授。历任全国政协第三、四、五届委员，九三学社中央委员，中国科学院文学研究所学术委员会委员等。

20世纪60年代初，受中央宣传部和教育部委托，他领衔主编高等学校文科教材《中国文学史大纲》和《中国文学史》。后者自1963年由人民文学出版社以四卷本出版后，40年来累计发行200万部以上，是20世纪高等院校设立中国文学史课程以来发行最多、影响最大的一部教材。

1978年，已是重病缠身的他还是放不下手头的工作，主持修订《中国文学史》，并对《离骚》正文作校勘工作，直至逝世前一天。

1978年6月23日，游国恩因病在北京去世，终年79岁。

20世纪80年代，他去世8年后，在他的学生共同协助下，几乎倾注了他毕生心血的《楚辞注疏长编》由中华书局出版，终于与广大读者见面。

回顾起来，这部学术著作是20世纪30年代，游国恩还在青岛执教时开始编撰的，一直到1956年完成《楚辞注疏长编》的修订工作，凝聚了他大量的心血，其广搜博采的知识量、探幽发微的透辟见解、扎实的文献功夫自是毋庸赘言。当时出版社争着想出这部学术价值极高的书稿，以嘉惠学林。但他就是不肯轻易示人，而是怀着战战兢兢的心情，不断补充、完善。

到了20世纪60年代，出版界主动登门索稿，提议先将原来的稿子付印，等补充完了再出新版。他仍坚决不同意，将这种别人求之不得的好事拒之于门外。他说："一部书要编得毫无欠缺，当然不可能，但总要尽了最大努力之后才能让它出版。这才对得起读者。"直到1977年，年事已高、体弱多病的他还在整理修订《楚辞注疏长编》。

（撰稿人　纪玉洪）

参考文献：

［1］《走近海大园·大师足迹篇》，魏世江主编，中国海洋大学出版社，2007年版。

［2］《读骚论微初集》，游国恩著，商务印书馆，1967年版。

傅　鹰

傅鹰（1902—1979），字肖鸿，男，福建闽侯人，生于北京，汉族，无党派人士，北京大学一级教授，中国科学院学部委员（院士），物理化学家、化学教育家，中国胶体与界面化学主要奠基人。1919年入读私立燕京大学化学系，1922年赴美国密执安大学留学，1928年获科学博士学位。1929年回国后，先后在私立北平协和医学院、省立东北大学等任教。1931年9月至1934年11月，任国立青岛大学、国立山东大学化学系教授。后赴重庆大学、国立厦门大学任教。1944年底再度赴美任密执安大学化学系研究员。1950年10月回国后，任北京大学、清华大学、北京石油学院教授。曾任全国政协常委、委员，北京大学副校长等。

1902年1月19日，傅鹰出生于北京，祖籍福建闽侯。父亲傅仰贤长期在北京政府外交部工作，曾任中国驻苏俄列宁格勒总领事和驻伯力总领事，虽是旧官吏，但有强烈爱国思想，亦比较开明。傅鹰从小就受到良好家庭教育，对其后来的成长产生重要影响。

傅鹰14岁时进入北京汇文大学校（今北京汇文中学）读书，三年后考入私立燕京大学化学系。1922年，他远赴美国密执安大学（University of Michigan，今译密歇根大学）化学系留学深造。在美国著名胶体化学家巴特尔（F. E. Bartell）教授的指导下，于1928年获科学博士学位。在该校，傅鹰与清末两广总督张鸣岐之女张锦相识相爱，后结为伉俪。博士毕业后留校从事科学研究。1929年，他发表博士论文，对著名的"特劳贝（Traube）规则"进行修改补充。特劳贝认为，吸附量随溶质（同系物）的碳链增加而增加。而傅鹰却用硅胶从溶液中的吸附实验证明，在一定的条件下，吸附量随溶质的碳链增加而减少。他在同年发表的研究论文中指出：润湿热是总表面能变化而不是自由表面能变化的量度，度量自由表面能变化的应是黏附张力。他以充分的实验数据断定，不能完全依靠润湿热的大小作为判断固体对液体吸附程度的指标，并于1929年首创利用润湿热测定固体粉末比表面的热化学方法。在当时这是一项首创性的研究成果，比著名的

BET气体吸附法要早8年。

1929年夏，应私立北平协和医学院之聘，傅鹰离开美国回到国内，翌年夏转赴省立东北大学任教。

1931年9月，傅鹰受聘任国立青岛大学理学院化学系教授。其时，国立青岛大学刚成立一年，化学系研究设备仪器匮乏，校方深恐其不肯屈就。但傅鹰毫不介意，欣然来校，到校后教一年级无机化学、定性分析化学等课程，后教授三年级物理化学等课程。

与傅鹰同期入校的化学系学生赵元祥回忆："傅鹰先生虽然出身名门，却毫无纨绔习性，平易近人，风度潇洒，学识渊博，教学深入浅出，初学之易懂易会，复学之回味无穷。他治学严谨，让学生敬畏不已。班上同学不敢稍有怠惰，都刻苦学习，学识日精。每次考试，凡是傅鹰所授课程，不少人都是良好或者优秀。"1933年秋入读国立山东大学化学系的汪志鑫也回忆："教我大一化学的是傅鹰教授。他对学生要求很严，他的见解非常广泛、深远，一直在引导学生用自己的想法来解化学各方面的基本原理。他的思考题多半是启发性的，单靠背书不能找出答案。这方面对我有很大影响。"

傅鹰重视培养学生独立思考、研究创新的能力，鼓励学生努力打好基础，认真阅读中外文献，勤于探索，多做实验。国立山东大学化学系助教勾福长在本校化学系就读时期曾师从傅鹰。1933年下半年开始，傅鹰指导他从事题为《活性炭的吸着作用》的科学研究，其目的有两个：一是脱色用，二是做防毒面具用。这一研究课题成为勾福长1935年大学毕业的论文，后来发表在《中国化学会会志》季刊上。1936年秋，国民政府兵工署召开防毒专题会议，勾福长等在会上宣读了这篇论文，得到研究防毒面具专家的赞许和兵工署的好评。

国立青岛大学和国立山东大学时期的理工科学生崇尚科学，刻苦钻研蔚然成风。化学系学生在课余饭后常常主动进入实验室做课题实验，傅鹰等教师常常到实验室指导学生。实验室既为科学攻关之阵地，也是师生情感交融之场所，其学术气氛之浓烈，情感交流之融洽，常令人废寝忘食，乐而忘返。赵元祥回忆："一个冬日傍晚，风舞雪飞、寒气袭人，傅鹰教授来到实验室，看到学生还在忙碌做实验，就提议大家暂时放下手里的实验，他请大家共进涮羊肉夜餐。学生们听了不禁欢呼雀跃，欣然从命，班里唯一的女生徐植琬也冒雪同往，一路上师生相携，欢歌笑语，友爱热情之高顿使大风雪黯然失色，求知之劳累疲惫亦烟消云散。"

他在学业上对学生严格要求，在生活上对学生也是关爱备至，尤以对家境贫寒学生慷慨资助为乐。九一八事变后，勾福长家乡被日本侵略军占领，在校求学经济来源断绝，一度想辍学谋生。傅鹰知悉后与化学系主任汤腾汉商量，二人决定每月各助大洋10元以解勾福长之困，直至傅鹰1934年离校。勾福长也没有辜负两位师长期望，终以最高分数的优秀成绩获国民政府教育部奖学金240元，毕业之后留校任化学系助教。此事为勾福长所铭记，更为众人交口称赞，一时传为佳话。

1934年11月，傅鹰辞去国立山东大学教职，转至重庆大学（该校分别于1935年和1942年更名为省立重庆大学和国立重庆大学）任工学院化工系教授兼主任。1939年起，他应国立厦门大学之邀，赴福建长汀担任该校教务长和理学院院长；后于1944年返回重庆，任国立重庆大学教授和重庆动力油脂厂实验室主任。1944年底，他偕夫人张锦再度赴美，在密执安大学研究院以热力学为工具，继续开展吸附作用研究。他发现溶液中多分子层吸附现象，将著名的BET多层吸附公式，由气相中的吸附合理地推广应用于溶液中的吸附，并提出计算活度系数的方法。其研究成果仍居于当时国际同类研究的前列，被写入多国胶体和表面化学专著中。

1950年10月，傅鹰夫妇辗转回到新中国。傅鹰先后在北京大学、清华大学、北京石油学院任教，1954年起再度回到北京大学化学系工作，主持建立我国第一个胶体化学教研室，并任教研室主任。1955年当选为中国科学院学部委员（院士），同年9月，他在《化学通报》发表在学术界引起强烈反响与共鸣的《高等学校的化学研究——一个三部曲》。1957年，他坦率地对党在知识分子和科学教育工作中某些"左"的政策，对一些基层党组织和个别党员的错误做法提出尖锐、中肯的批评，得到毛泽东主席充分肯定。1959年、1964年和1978年，他分别当选为全国政协第三、四届委员和第五届常务委员会委员。

20世纪60年代初，傅鹰参与由周恩来总理亲自主持的我国1963—1972年科技发展十年规划的制订工作。1962年，他任北京大学副校长。同年3月应邀参加中央在广州召开的全国科学工作者代表会议，又对反右扩大化、"大跃进"中的错误和知识分子政策中的偏差等陈述肺腑之言，得到周总理肯定和关切。因为磊落耿介，他曾被毛泽东主席"钦点"过两次。

傅鹰把"帮助祖国发展工业和科学作为严肃的首要任务"，是最早主张把高等学校办成教学和科研两个中心的学者之一。他始终以发展的思想治学，不断追踪科学发展的步伐，以先进、新颖的理论和科学事例来充实教学内容。20世纪50年代，他讲授普通化学时，就为学生介绍晶体对称性、化学热力学原理、物质波动性、催化理论、势能曲线和共振论等内容，这在当时国内外都是罕见的。

傅鹰在胶体和表面化学研究上有很深造诣，是我国胶体科学的主要奠基人。他在国内许多方面的研究都取得了成果。例如，他和私立北平协和医学院的吴宪合作，研究了鸡蛋清蛋白溶液的表面化学性质，在1930年他们共同发表的论文中指出：等电点时表面张力最低。这在国际上是蛋白质界面化学方面最早的论文之一。1957年，为了探索化学在生命科学中的作用，他和植物学家汤佩松先生合作，开展了生命起源课题的研究，用火花放电法首次由简单的无机物H_2S合成了含硫氨基酸，证实了他们提出的"在地球原始状态下的还原气体中，作为蛋白质和酶或辅酶中一个重要成分的含硫氨基酸，可以不借助任何生物的参与，由火花放电的辐射能直接产生"的看法。这是从化学角度研究生命起源的先驱工作之一。

"文化大革命"中，傅鹰对林彪、"四人帮"的倒行逆施不断进行抵制和批判，也因此受到打击迫害。

1979年9月7日，傅鹰病逝于北京，终年77岁。

2002年10月16日，著名化学家、教育家傅鹰先生诞辰100周年纪念大会在北京举行。中共中央政治局常委、国务院副总理李岚清致函：

"傅鹰先生是一位忠诚的爱国者。他在科学研究上勇于攀登、开拓创新；教学上锐意改革，坚持诲人不倦地为学生上课。他拥护党的领导，以主人翁的态度向党进言献策，是党的真挚诤友。他刚正不阿，在逆境中仍坚持真理，与恶势力进行斗争。傅鹰先生的事迹感人至深，是我国爱国知识分子的榜样。"

（撰稿人　金松）

参考文献：

［1］《悠悠岁月桃李情》，山东省政协文史资料委员会编，中国文史出版社，1991年版。

［2］《物理化学学报》，北京大学化学学院物理化学学报编辑部，1986年第12卷第4期、2002年第18卷第11期。

［3］《化学通报》，科学出版社，1979年第6期。

［4］《中国科学技术专家传略·理学编·化学卷1》，中国科学技术协会编，中国科学技术出版社，1993年版。

曾　省

曾省（1899—1968），又名曾省之，字巍夫，男，浙江瑞安人，汉族，民盟盟员，农业昆虫学家、生物防治学家。1917年毕业于国立南京高等师范学校农业专修科后留校任教，1924年获国立东南大学理学学士学位。1928年赴法国里昂大学留学并于1930年获理学博士学位。1931年9月至1935年8月，历任国立青岛大学、国立山东大学生物学系教授兼主任，国立山东大学海滨生物研究所主任、农学院院长等职。后在国立四川大学、湖北省立农学院、私立华中大学、中南农业科学研究所、中国农业科学院等任教任职。曾任民盟湖北省委委员、武汉市政协委员、湖北省科协副主席以及《昆虫学报》编委等。

1899年9月26日，曾省出生于浙江省温州府瑞安县申明里（今浙江省瑞安市玉海街道申明亭巷），祖、父两辈均系晚清生员。他在家中排行第二，兄曾约师从陶行知先生，为当地教坛翘楚，弟曾勉为我国著名园艺学家。

曾省3岁时父亲因病去世，家境中衰，不得不随母迁到外祖父家，靠其周济生活。他15岁时从瑞安县立中学毕业后，投考国立南京高等师范学校农业专修科，1917年夏毕业后留校任助教。1923年国立南京高等师范学校并入国立东南大学后，他转入该校生物学系任教，同时补习必修课程，完成本科规定学分，于1924年获该校理学学士学位。此间，受秉志教授指导，对动物组织切片技术颇有研究，并开设组织切片方法课程。1927年初离开国立东南大学到南京市郊农民协会任干事，从事农民福利工作。后来到国立中央大学生物学系任教，不久晋升为讲师。

1928年10月，经秉志等推荐，曾省得到中华文化基金资助，前往法国里昂大学理学院攻读昆虫学、寄生虫学和真菌学博士学位。1930年获理学博士学位后，曾省赴瑞士暖狭登大学寄生生物研究院做访问学者。

1931年5月，曾省在瑞士复电国立青岛大学，同意应聘为生物学系教授。《国立青岛大学周刊》以《曾省先生复电应聘为生物学系教授》为题记道："本校前拟聘请现在瑞士之生物学专家，曾省先生，为生物学系教授，接洽已略有成议。旋以中华文化教育基金董事会尚欲补助曾君继续研究，因之曾君回国之意未定。现接基金会总干事任鸿隽先生来函，赞成曾君回国研究，本校当即去电，再申前议，已得曾君复电应聘矣。"同年9月，曾省到校，后于1932年8月起兼任生物学系主任一职。

生物学系建系初期，仅有1名专任讲师，招收新生6人，购置书籍仪器设备2000余元。曾省到系后，重视基本建设，添置图书仪器设备等达万余元，系里学生亦增至14人，内部逐渐充实。他与本系师生一道聚焦海滨生物研究，采取系列举措来强化和发展海边生物学，为学校教育教学、学术研究和学科发展植入海洋基因，是海洋科学学科奠基人之一。

引进包括知名海洋学者在内的师资。生物学系"以海滨生物为研究中心"的发展规划确定以后，师资就是决定因素。继张玺（海洋软体动物和原索动物研究学者）受聘为生物学系兼任教授后，曾省会同学校陆续延聘刘咸（人类学学者）、喻兆琦（我国第一位从事虾类分类研究的学者）、段续川（植物学学者）、左景烈（植物学学者）等知名学者，以专任或兼任方式执教生物学系，有力推动了教学质量和学术研究水平的提高。

主持制定生物学系学程纲要，添设涉海课程。《国立青岛大学一览（民国二十年度）》所载"生物学系学程纲要"中添设了"藻学"和"海洋学"：藻学课程专论海水、淡水各种藻类植物之形态、生活史及分类，注重青岛附近各地藻类的采集、保存及研究；海洋学课程则讲授海洋的成分、分布，海洋的物理与化学性，特别注重海洋与动植物的关系。其中，海洋学课程的参考书目有：James Johnstone所著 *A Study of the Oceans*，Daniel所著 *Animal Life in the Sea*。1933年上半年的生物学系学程中，除继续设置藻学和海洋学两门涉海课程外，又添设鱼学课程，该课程专讲山东半岛所产海水淡水鱼之分类，且涉及渔法和养殖法。

重视生物标本尤其是海洋生物标本采集和调查研究。曾省认为标本除了用于科研，还可以做科普展览之用。他应聘到校当月的中旬，就带领本系师生赴青岛湛山海滨开展第一次海洋生物采集调查，采得海葵、海藻等若干，并于当日下午返校后将标本整理完毕。他鼓励学生利用周末与假期随本系教师一同去海滨采集动植物标本，平时每两周前往胶州湾内外采集一次；春假暑假则分组出发，往北到龙口、烟台、威海等处，往南至台州、厦门、海南岛等一带采集，获得丰富的标本，"为各校所未有"。1932年夏，他亲自率学生前往山东半岛北部各海口采集，历时两个月采集了大量海洋生物标本。他还与彼时正在法国的同门喻兆琦先生联系，将法国巴黎博物馆研究并且已经定名的产于山东半岛的20余种蟹类标本,寄赠国立青岛大学生物学系保存,作研究和教学之用。1933年春,国立山东大学在崂山沙子口设立海滨生物研究所,由生物学系派员常驻,主要在夏季(尤其是暑假期间)以全系之力从事海滨生物研究。1933年5月25日,曾省与张玺以及学校师生共9人赴青岛水灵山岛与竹岔岛一带调查渔业情况,为改进渔业作准备,并采集标本和渔具,归来写成《水灵山岛与竹岔岛之渔业概况》一文,发表在《青岛工商季刊》1933年第一卷第一期。

注重学生学术兴趣和学术能力的养成,师生涉海研究收获颇丰。曾省倡导本系学生从一年级起,就各授以题目,在教师指导下从事研究。他要求每名大一学生就个人所好选择一项科研题目,跟随一位教师开展一些初步的科学研究,借以养成学术兴趣,培养科研能力。1931年10月2日,他在系内主导设立学术组织——生物学会,定期举办学术交流、学术演讲活动。同年10月18日,曾省在生物学会第一次学术讨论会上作题为《青岛之渔业》的报告,在翌年2月29日举行的第六次学术讨论会上又作题为《海洋原生动物》的演讲;本系学生张奎斗、肖庆恒等先后在学术讨论会上作《青岛之鲨鱼》《青岛之软体动物》《八带鱼之调查》等海洋生物研究方面的学术报告。1932年,生物学系师生在青岛海滨发现两种新海洋生物:一种是蟹,被命名为"杨振声氏蟹",此蟹原种记发表在北平静生生物调查所沈嘉瑞先生所著的《中国蟹志》上;另外一种是鱼,被命名为"曾省氏鱼",其原种记发表在南京中国科学社生物研究所所刊上。1933年1月,《国立山东大学科学丛刊》第一卷第一期出版,所刊数学、物理、化学和生物四系师生的17篇学术文章中,生物学系学生写的就有4篇,其中3篇是关于海洋生物研究的。

凡此种种,彰显了曾省执教和长系期间生物学系教学和研究的海洋取向。《国立青岛大学周刊》1932年秋所刊《生物学系最近工作》一文写道:"本校生物学系去岁工作,几全注意于海产之动植物……"国立山东大学复校后,在追溯全民族抗战爆发前生物学系的八年(1930—1937)办学概况时如是记述:前四年为"生物学系之建设时期","教员方面,除教课为其应负之责任外,大部精力,均集中于学术之研究,工作可分二部,一为海洋生物,一为昆虫生物与寄生虫,前者当生物学系创办之初,即注意采集,良以材料之搜集,为研究之初步工作也。……至寄生虫之研究,则多属食用海水鱼之寄生虫"。

1933年3月,科学馆落成,生物学系迁入二楼,教学和研究空间得以拓展和改善。在学校庆祝科学馆落成期间,曾省作题为《生物学与人生》的学术演讲,该文发表于同年6月15日出版的《国风》第二卷第十二期。

曾省在学术上主攻昆虫学和寄生虫学,但他执教国立青岛大学后却"由陆入海",将研究兴趣和视角向海洋拓展。他1933年发表在《科学》第十七卷第十二期一篇题为《胶州湾之海产生物》的学术文章的结论部分，或可作为他"入海"的一个最恰切的注脚：

"研究海洋生物，不仅对于科学有所贡献，且能开发富源，供给人民生活上必需之物，方今举国竞言科学救国，于此一端，宜有提倡发展之计划……山东大学生物学系自成立以来，对于此项工作，努力进行，不遗余力……近复组织海滨生物研究所，希与国内各大学及研究机关通力合作，藉收众擎易举之效，从此发展迅速，蔚然大观，美国之胡斯浩（Woods Hole）意大利之纳布尔（Naple）将不得专美于前也。……研究海洋生物，不仅为生物学家应尽之责，乃谋水产事业发展者所当提倡之事也。"

曾省任教生物学系期间，还非常注重农林昆虫和寄生物研究。1932年八九月间，青岛李村一带梨树暴发赤星病（俗名羊毛疔），加上虫害泛滥，造成果实严重减产，仅为丰年产量十分之一，由此造成90万元左右的损失。曾省对此非常重视，除每个星期日亲自到该地搜集病理标本作研究材料外，还着手拟定梨树赤星病调查大纲分发各乡村小学就地调查，并编制了《梨树赤星病防治浅说》。生物学系还特地在学校花园空地上制作10多个饲虫箱，用于观察记录农业害虫的生活习性和特点，研究驱除和防治虫害的方法。他的寄生物研究也斩获不俗，在《国立山东大学科学丛刊》第一卷第一期发表《寄生鹰肠内之绦虫》，在1933年7月出版的该刊第一卷第二期发表《寄生鱼体之绦虫》。

1933年秋，曾省辞去生物学系主任一职，受聘任学校海滨生物研究所主任。

1934年夏，国立山东大学农学院正式成立，曾省受聘任院长，后兼任全国经济委员会棉业统制委员会山东省棉虫研究所主任。7月1日，青岛海产生物研究所成立，所址设在国立山东大学生物学系，在青岛水族馆分设研究室。该研究所由国立山东大学生物学系首先发起，联合国立北京大学、国立清华大学、中华海产生物学会、青岛观象台、国立北平研究院等国内知名高校和科研机构，共同筹措研究经费。由于曾省已转任农学院院长，便只担任研究所委员会常务委员一职，研究所主任则由生物学系主任刘咸兼任。是年暑期，国内许多专家学者来青岛参加研究交流，一时盛况空前。张玺的《胶州湾内动物分布之观察》，以及曾呈奎关于藻类的诸多论著等，就是其研究成果的一部分。7月7日，曾省正式在设于济南的农学院办公。农学院设研究、推广两部并附设农业传习所。因经费短缺，农学院始终未能招生，直到同年12月才录取15名学员，举办一期冬季农业训练班。1934年11月，曾省所撰《鲁省烟业概况》一文发表在《大公报（天津）》上。同年所撰《乡村教育与农学院》一文发表在《农业周报》1934年第三卷第四十九期上。

1935年4月10日，太平洋科学协会海洋学组中国分会在南京召开成立大会，曾省以会员身份参会并提交"请教育部通令各大学生物学系每年暑假派学生考察海产生物"的提案，获大会决议通过，并移交中国动物学会办理。成立大会经讨论择定在青岛、定海、烟台、厦门四地各设一处海洋学研究场，其中，确定青岛海滨生物研究场（后定名为青岛海滨生物研究所）由青岛观象台和国立山东大学等单位合作办理。由于彼时生物学系主任刘咸已辞职离校，系主任暂由教务长杜光埙代理，校方遂决定由曾省和青岛观象台台长蒋丙然具体负责筹划事宜。

同年6月，因经费短缺和校舍等问题，农学院被迫停办。8月，曾省辞职。执掌国立山东大学农学院期间，他的科研兴趣和对象主要集中在山东地区棉花等农作物的虫害方面。他提倡办学要教育、科研、生产结合，培养全面人才；主张农学院招收研究生和举办冬期农民训练班等，组织教师下乡调查农业生产情况，普及农业新知识，传授农业新技术，搜集研究材料和制作实物标本，工作较有成绩。

1935年9月，应国立四川大学校长任鸿隽之邀出任该校农学院教授兼院长。同年，所撰《农民教育实施的初步》一文发表在《山东民众教育月刊》1935年第六卷第一期上。1946年，曾省离川东下入鄂，先在汉口商品检验局任技正，兼湖北省立农学院教授和植物病虫害学系主任。后转入私立华中大学生物学系任教授。

1951年，曾省参与筹建中南农业科学研究所，任副所长兼植物保护系主任、研究员。后奉调进京任中国农业科学院植物保护研究所研究员，负责昆虫标本室工作，并主持《中国农作物病虫图谱》（1—2集）编审工作。他早年在果树、粮食害虫天敌的研究上做了不少工作。1952年他利用天敌防治虫害原理，通过研究和实践建立异地引入的大红瓢虫自然种群，基本控制湖北宜都等地的柑橘吹绵蚧为害，为我国国内天敌异地引种开创成功典范。1962年，他在辽宁凤城从柞蚕筛腹寄蝇蛹体上分离到一种虫生真菌，经鉴定定名为赤色穗状菌，对柞蚕筛腹寄蝇和家蝇的蛹都有寄生和杀死作用。他提出用"灭蚕蝇"喷洒过的柞树叶喂养柞蚕，杀死蚕体内的寄蝇蛆，使受害柞蚕能正常生长发育和吐丝结茧，经过试验效果十分理想。该成果于1981年荣获国家发明奖二等奖。1964年，中国农业科学院植物保护研究所正式设立由他主持的生物防治研究课题，开展赤眼蜂繁殖和应用研究，对苏云金杆菌防治菜青虫以及京郊主要农作物害虫天敌种类调查取得良好成果。1965年，他采集到三化螟幼虫尸体，从中分离出一种芽孢杆菌，定名为杀螟杆菌，并通过深层发酵工艺，进行批量生产，对稻苞虫、水稻三化螟、茶毛虫、菜青虫等均有良好防治效果。这是我国首次采集分离并进行工厂化生产和大面积应用的细菌杀虫剂。他在小麦吸浆虫防治研究上有较深造诣，出版专著《小麦吸浆虫》《小麦吸浆虫及其预测预报》等，撰写《小麦吸浆虫的生态地理、特性及其根治途径的讨论》等数篇论文，在学术界有一定影响。

　　"文化大革命"中，曾省被打成"资产阶级反动学术权威"遭到批判和迫害。1968年6月10日，曾省在北京含冤去世，终年69岁。1978年得到平反。

（撰稿人　金松）

参考文献：

［1］《中国现代农学家传（第2卷）》，金善宝主编，湖南科学技术出版社，1989年版。

［2］《今日科苑》，今日科苑杂志社，2005年第8期。

［3］《科学》，中国科学社，1933年第十七卷第十二期。

［4］《青岛工商季刊》，青岛工商学会，1933年第一卷第一期。

［5］《寰球中国学生会周刊》，寰球中国学生会出版部，1928年第三二九期。

［6］《农业周报》，农业周报社，1935年第四卷第一期。

［7］《瑞安历史人物传略》，余振棠主编，浙江古籍出版社，2006年版。

张　玺

张玺（1897—1967），字尔玉，男，直隶平乡人，汉族，九三学社社员，动物学家、海洋湖沼学家，中国海洋动物学奠基人之一、贝类学的开创者。1927年获法国里昂大学理学院硕士学位，1931年获法国国家理学博士学位。回国后任国立北平研究院动物学研究所研究员。1932年4月起，任国立青岛大学、国立山东大学生物学系兼任讲师、兼任教授。1940年起，任国立北平研究院动物学研究所所长。新中国成立后，任中国科学院海洋研究所研究员、副所长兼中国科学院南海海洋研究所所长，中国科学院动物研究所研究员，中国海洋湖沼学会理事长，中国动物学会常务理事，国家科委海洋组成员、水产组成员兼珍珠贝研究组组长等。曾任全国人大代表，山东省政协副主席，九三学社中央委员、青岛市委主任委员等。

1897年2月11日，张玺出生于直隶省顺德府平乡县（今河北省平乡县）一个农耕之家。他7岁起在家乡私塾读书，14岁入平乡县立高等小学学习，18岁开始在保定甲种农业学校学习。

1919年至1920年，张玺进入保定育德勤工俭学留法班，后转入直隶公立农专农艺留法班学习。1921年7月，他因在留法班名列五甲得以获津贴生待遇，被保送赴法国里昂大学留学。同年8月13日，张玺由上海登上法国邮船，经过一个多月的海上颠簸于9月下旬抵达法国马赛，后转赴里昂。1927年10月获里昂大学理学院硕士学位后，他专攻软体动物后鳃类研究。1931年，他以题为《普娄旺萨沿岸软体动物后鳃类的研究》的论文通过答辩，获法国国家理学博士学位。

1931年底，张玺回到国内。翌年1月受聘任国立北平研究院动物学研究所研究员，从事海洋学与动物学研究，同时在北平私立中法大学生物学系任教。

国立青岛大学自成立起就非常重视海滨生物研究，一直筹划添设海洋学课程。1932年4月，张玺自北平来青岛研究海产动物，下榻在学校招待所。学校借机聘其为生物学系兼任讲师，讲授海洋学课程。同月16日，他与同事张仙舟应邀参加生物学会第八次学术讨论会，生物学系教授曾省和学生代表、生物学会委员长谢冶英致欢迎词。在校期间，张玺每周二、四、六早晨七时至八时为学生讲授海洋学，每周日带领学生外出采集海洋生物标本。他讲授的海洋学课程第一部分结束后，"同学对此课程，咸感满意"。5月14日，他应邀参加生物学会第十次学术讨论会，并作题为《法国教育制度》之演讲，勉励在场学生勤奋学习，努力研究。翌日，张玺一行离开青岛前往烟台继续做研究。翌年5月，受青岛工商学会之托，他与学校生物学系主任曾省以及学校师生共9人，赴水灵山岛与竹岔岛一带调查渔业情况，为改进渔业作准备，并采集标本和渔具。

1935年至1936年，国立北平研究院与青岛市政府联合组成胶州湾海产动物采集团，张玺任团长。他率队对胶州湾及其附近海洋环境及各类动物进行了艰苦调查，取得大量资料，发表第一至四期的采集报告及各类动物的研究论文。调查中，他还发现了当时国内动物学家极为重视的原索动物——柱头虫，这是介于无脊椎动物与脊椎动物之间的一类动物，对研究动物演化有很重要的作用，他的这些研究成果为今天研究胶州湾动物的资源变动和环境污染提供了极为宝贵的最早的本底资料。同时他还在胶州湾发现了文昌鱼，在与厦门文昌鱼作详细比较后定为厦门文昌鱼的一个新变种。关于这方面的研究，他一直持续到20世纪60年代。

全民族抗日战争爆发后，张玺随国立北平研究院迁往云南昆明。1940年4月，他继任国立北平研究院动物学研究所所长并兼任云南省建设厅水产研究所所长，对陆地、淡水动物进行研究，对滇池、洱海的渔业进行调查，同时对杨宗海青鱼人工孵化作了研究，对昆明附近的爬行类，滇池的枝角类、桡脚类、海绵和软体动物作了研究。他通过多年的调查、测量和研究，撰写并发表《昆明湖的形质及其动物研究》一文，为动物学及湖沼学提供了重要的科学研究参考资料。

1946年9月，国立北平研究院动物学研究所复员，仍在北平西郊动物园建置。张玺的海洋动物研究遂又继续。他两次派研究人员到青岛和烟台采集各类海产动物标本，同时发表了数篇研究在云南采集的动物的论文。他在做研究工作的同时，还在北平、云南和山东等地的高校任教，先后讲过海洋学、海洋生物学、动物学、组织学、胚胎学、比较解剖学和贝类学等课程，编写过大量讲义和实验材料。

1950年，中国海洋湖沼学会在北京召开第一届全国会员代表大会，选举孙云铸为理事兼理事长，张春霖、沈嘉瑞、张玺、伍献文、朱树屏、唐世凤等为理事。中国海洋湖沼学会1953年6月由北京迁至青岛，张玺被选为理事长；1963年他再次被推选为理事长。1950

年8月1日，他与童第周、曾呈奎等共同筹建的中国科学院水生生物研究所青岛海洋生物研究室（今中国科学院海洋研究所）成立，任研究员、副主任。他积极响应号召，率领原国立北平研究院动物学研究所主要人员，携带图书、标本、仪器由北京迁至青岛。1952年5月，他加入九三学社，后担任九三学社青岛分社第一届和第二届委员会副主任委员，第三届和第四届委员会主任委员。

20世纪50年代，张玺在山东大学水产学系和生物学系开设一门新课程——贝类学。他不在青岛时，由助手齐钟彦代为授课。正是这次持续一年的讲课结出了硕果。1961年9月，他和齐钟彦合著的《贝类学纲要》在科学出版社出版。全书50多万字，500多幅插图，是我国第一本系统论述贝类动物学的专著。

张玺授课深受学生好评。原青岛海洋大学海洋生命学院院长李永祺教授1953年9月考入山东大学生物学系。他回忆，由于历史上的渊源，山东大学生物学系与中国科学院海洋研究所关系一直很密切。当时有一条不成文的约定，海洋研究所从事海洋生物研究的中高级职称研究人员大多到山东大学生物学系兼课，如动物学专业无脊椎动物学专门化开设高级无脊椎动物学课程，张玺讲授绪论，齐钟彦讲授软体动物，刘瑞玉讲授甲壳动物，张凤瀛和吴宝铃讲授棘皮动物等。李永祺读大三时，曾听过张玺讲课，"讲授很生动，待人很平和，深受大家敬爱"。

1958年，张玺和邱秉经一起筹建中国科学院海洋研究所南海海洋研究所并兼任所长，提出南海的生物工作应以珊瑚和珍珠贝的研究为重点，同时实施污损生物及其他生物的研究战略。该所后来发展成为独立的综合性海洋研究机构。他还兼任中国科学院动物研究所研究员。

20世纪50年代，张玺领导了中国海洋无脊椎动物的分类、区系、形态和生物学的研究，对我国北自鸭绿江口南至西沙群岛的漫长海岸进行多次调查。1957年至1960年他任中方团长领导了中苏海洋生物考察团，亲自到海南岛采集标本，获得大量标本资料，进一步发展了我国的潮间带生态研究。他和同事们一起发表了《中国北部沿海经济软体动物》《中国经济动物志——海产软体动物》《南海的双壳类软体动物》和《中国经济动物志——原索动物》等诸多软体动物及原索动物论文和专著。他非常重视理论联系实际，对我国沿海危害极为严重的船蛆和海笋的研究就是证明。由于他亲自在青岛乃至全国各地特别是海南岛搜集资料和向渔民调查，对船蛆的种类和主要种类的繁殖季节，以及我国渔民对其的防治方法进行了深入细致的研究，为防除船蛆提供了重要依据。当塘沽防波堤发现有海笋为害时，他即亲赴现场，对海笋的种类、繁殖季节、生活习性以及危害程度进行调查研究，发表论文提出这种动物只穿凿石灰石而不穿凿花岗岩，因而筑港时不能用石灰石的建议。此外他对食用海洋生物种类十分重视。早在1936年即发表我国《胶州湾及其附近海产食用软体动物的研究》，对我国各种食用海产动物种类的名称、形态、生活习性、捕捞或养殖，以及利用等作详尽叙述。新中国成立后，他又通过调查发布了我国的牡蛎13种，并派人到深圳总结牡蛎养殖经验，写成《牡蛎》及《近江牡蛎的养殖》两书。20世纪50年代中期，他对我国北方制造干贝的唯一种类——栉孔扇贝当时逐年减产问题作了为期3年的调查研究，对它的繁殖与生长规律进行了细致分析，基本搞清了栉孔扇贝的繁育周期和幼体发育过程，并提出保护措施。

张玺在组织开展软体动物分类区系和资源开发保护研究的同时，也开展了贝类繁殖生物学和人工育苗、养殖研究。经济贝类中，紫贻贝和皱纹盘鲍都是北温带种，在我国北方沿海虽属常见，但自然资源有限，必须在充分掌握其繁殖习性和环境条件特点的基础上才能成功地进行育苗和养殖生产。他安排最得力的学生，于50年代后期开始贝类繁殖生物学和人工育苗实验，又建立了贝类养殖组。由于他积极倡导、认真领导和精心组织，贝类养殖组取得我国首次皱纹盘鲍、杂色鲍、紫贻贝和扇贝人工育苗及养殖成功，开发了适宜我国特点的育苗养殖技术，使贻贝和扇贝养殖发展成为北方沿海重要产业，并使我国养殖产量居世界首位。

张玺曾担任第二、三届全国人大代表，山东省政协副主席，九三学社中央委员、青岛市委主任委员，中国动物学会常务理事，国家科委海洋组成员、水产组成员兼珍珠贝研究组组长等。

"文化大革命"中受到迫害。1967年7月10日，张玺因病在青岛去世，终年70岁。

1995年，青岛市人民政府在百花苑为20名已故青岛籍或客居青岛成就卓著的文化名人竖立雕像，其中就有张玺。

（撰稿人 金松）

参考文献：

[1]《中国动物学会、中国海洋湖沼学会贝类学分会第八次学术讨论会暨张玺教授诞辰100周年纪念会论文集》，中国贝类学会编，学苑出版社，1999年版。

[2]《海洋湖沼学报》，中国海洋湖沼学会编辑、中国科学院印行，1951年第一卷第一期。

[3]《海洋先驱——唐世凤》，刘宜庆著，中国海洋大学出版社，2022年版。

刘　咸

刘咸（1901—1987），字重熙，又作仲熙，男，江西都昌人，汉族，九三学社社员，生物学家、人类学家，中国人类学研究开拓者之一，在灵长类动物研究方面有突出成就。1925年毕业于国立东南大学生物学系获理学学士学位。1928年赴英国牛津大学留学，获民族学和人类学硕士学位，并先后被选为英国皇家人类学学会会员、巴黎国际人类学学院院士。1932年8月至1935年1月，受聘任国立青岛大学、国立山东大学生物学系教授，其间任系主任。后任中国科学社《科学》杂志编辑部长，国立复旦大学教授等职。曾在国立东南大学、国立清华大学、国立暨南大学等任教。新中国成立后，任中国人类学学会主席团成员、上海人类学学会理事长、中国民族学会顾问、上海自然博物馆顾问、武汉市社联顾问等。

1901年11月8日，刘咸出生于江西省广饶九南兵备道南康府都昌县（今江西省都昌县）排门村一个书香门第。少时家境殷实，有理学世家之称。其父为清末秀才，曾设蒙馆授徒。刘咸少小即渴望能入大学读书，15岁时考入江西省立豫章中学。

1921年秋，刘咸考入国立东南大学生物学系，成为该系第一届学生。在读期间，师从秉志、胡先骕、陈桢、陈焕镛诸教授。1925年夏大学毕业，获理学学士学位。毕业后留校任生物学系助教。这一时期，他加入中国科学社，并成为该社生物研究所一员，通过撰写文章、编著科学书籍等途径，积极宣传科学知识与科学原理，为科学普及作出贡献。1927年，经陈桢先生介绍，刘咸受聘任国立清华大学生物学系讲师。

1928年夏，刘咸考取江西公费留学，赴英国牛津大学攻读人类学。留学期间，由于在人类起源学上的研究成果突出，先后被选为英国皇家人类学学会会员、巴黎国际人类学学院院士。1930年，第十四次国际人类学及先史考古学会议在葡萄牙首都里斯本举行，他受中国科学社委派参会并发表英文演说，介绍中国在人类学、考古学等方面所取得的成绩和未来发展前景。翌年9月又代表中国科学社参加在法国巴黎召开的第十五次国际人类学及先史考古学会议、巴黎国际人类学学院第五次大会,提交《猡猡经典文字之研究》《苗族芦笙之研究》两篇论文,引起重视。

1932年夏,刘咸获英国牛津大学民族学和人类学硕士学位。回国后经胡先骕推荐,同年8月受聘任国立青岛大学生物学系教授,讲授比较解剖学、洪荒学和人种学等课程。曲漱蕙1932年秋入读国立山东大学生物学系,曾师从刘咸,他在一篇回忆文章中写道:"听说他是英国皇家学会的会员,是中国人在英国生物学界留学的第一个获得这样的荣誉称号的人。因此,崇仰的心理油然而生,认为像他那样为祖国争光的学者,才是自己学习的榜样,也暗下决心尽量地学好生物学课程。"

1933年4月,刘咸在学校科学馆落成开幕庆祝活动中,作题为《科学与修养》的报告,认为文理应当交融,人文学者应该对各种科学知识有所涉猎,科学家对各种文哲名著也应涉猎。该文同年发表在《国风》第二卷第十一期。7月,他在《国立山东大学科学丛刊》第一卷第二期发表《苗图考略》一文,认为《苗图》一书既有艺术价值又有科学价值,从人类学角度看,是我国民俗学上唯一有价值的著作。

1933年秋,在曾省教授辞去生物学系主任、改任学校海滨生物研究所主任后,刘咸继任生物学系主任。上任不久,他便带领学校部分师生参加了山东滕县(今山东省滕州市)安上遗址和曹王墓的考古发掘,这是学校历史上师生第一次田野考古实习,也是近代高等教育中考古学专门教育的重要事件。

1933年10月,山东古迹研究会决定对滕县安上遗址和曹王墓进行发掘。按照该会成立之初与国立青岛大学签订的《国立中央研究院、山东省政府合组山东古迹研究会与国立青岛大学合作办法》,学校提出由中国文学系三年级学生参加发掘实习的要求。后经山东省立图书馆馆长王献唐先生积极斡旋,得以成行。到达滕县安上村后,师生被分为两组,分别参加安上遗址和曹王墓的发掘。第一组为刘咸、廖雪琴、许星园、马维新、刘位均,一行5人与国立中央研究院董作宾、王湘、祁延霈和临时书记李芳兰,共同发掘安上遗址,同年11月30日工地结束;第二组是魏景泰、耿锡典、薛传泗、刘裕坤,一行4人与国立中央研究院潘悫、临时人员刘雪蓬和山东省立图书馆牟祥农,共同发掘位于赵庄的曹王墓,同年12月2日工地结束。此次滕县安上村和曹王墓考古发掘的主要收获,报道最详细的存世文献,当属参加考古发掘实习的中国文学系学生许星园、马维新撰写的《滕县安上遗址发掘纪要》一文。该文近1.5万字,图文并茂,详述了安上遗址的发掘经过、遗址年代、主要遗迹和遗物。文章后来发表在国立山东大学《励学》1933年第一期。

1934年1月,所著《动物学小史》一书由商务印书馆出版。该书多取材于《罗西生物学及其名家》（*Locy Biology and Its Makers*），其中关于我国动物学各门发展情况，则是以国内各研究机构及高校研究进展及成果的相关报告为依据。

同年春，刘咸参加中国科学社生物研究所、北平静生生物调查所、国立中央研究院自然历史博物馆（1934年7月改称国立中央研究院动植物研究所，1944年5月又分建成动物研究所和植物研究所）、国立山东大学生物学系、两广地质调查所等机构合组的海南生物科学采集团。该团分动物学、植物学、人种学、地质学四组，他参加人种学组，深入黎峒作田野调查，历时两月有余，除量得300余名黎族群众体型外，其他如民情风俗、生活习惯、精神文化、物质文明等项，均有若干观察与调查，其中尤其关注文身习俗。此行采集到海南岛黎族标本资料200余件，经协商全归刘咸研究使用。从黎区返校后，他对田野调查获得的资料和标本加以整理和分析研究，写成国内该领域第一篇有学术意义的论文《海南黎人文身之研究》，发表在1936年5月出版的《民族学研究集刊》第一期（中山文化教育馆编辑、商务印书馆印行）。该文直至今天仍被研究海南黎族的学者奉为圭臬。

同年7月，任青岛海产生物研究所委员会常务委员兼主任。该研究所由国立山东大学首先发起，与国立北京大学、国立清华大学、中华海产生物学会和青岛观象台以及国立北平研究院等联合成立，所址设在国立山东大学生物学系，在青岛水族馆分设研究室。同年秋，受聘任国民政府教育部比较解剖学术语名词审查委员，全国共有17名生物学专家任此职。11月，经秉志、胡先骕力荐，受聘为中国科学社《科学》杂志编辑部长；在学校总理纪念周上作题为《牛津大学之学校生活》的报告。

1935年1月，刘咸辞去生物学系主任一职，赴上海专任《科学》杂志编辑部长。对于离职原因，刘咸晚年在一篇题为《我前后的几任〈科学〉主编》的文章中提及：

"《科学》的第一任主编是杨铨（杏佛）先生，当时叫编辑部长。……在杨杏佛之后还先后有任鸿隽、王琎接任过《科学》主编。王琎（季梁）先生时任东南大学教授、中央研究院化学研究所所长，《科学》主编仅是兼职，由于他工作很忙，无暇顾及，因此《科学》多有脱期。其间王先生曾请路敏行（季讷）先生作常任编辑，以代行其主编职务。路先生虽作了很多努力，但终因亦是兼职，且以前欠缺太多，所以这一阶段《科学》仍时有脱期。鉴于此情况，中国科学社理事会决定设专职《科学》主编。经先师秉志先生推荐，由任鸿隽社长任命，我便……来沪接任《科学》主编。"

任教青岛期间，刘咸的主要研究兴趣集中在人类学方面，还在生物学系建立了民物标本室。国立山东大学抗战胜利后复校，在回溯生物学系发展历程时，曾作如此评述："……人类学之研究，亦曾作相当之努力，如猡猡之社会组织，海南岛苗民之生活情形等，均曾作详细之调查与分析。"

刘咸专任《科学》杂志编辑部长后，做的第一件事便是补完以前所缺的各卷期，并尽力使以后各期按时出版，从而彻底解决了杂志脱期问题，恢复了《科学》的信誉。20世纪30年代的中国，民族危机日益加深，"科学救国"思想日渐高涨。为了满足国人对科学知识的迫切需求，他和中国科学社其他社员将《科学》杂志已发表的文章分门别类予以编印，名为《科学文库》。这一时期，他还主编《大公报》科学周刊、《申报》科学副刊等。全民族抗日战争爆发后，刘咸滞留上海坚持办《科学》。上海沦陷后，《科学》被迫停刊。不久，《科学》在重庆复刊，主编由此易人。

抗日战争胜利后，李寿雍奉命到上海办临时大学，聘刘咸任该校教授兼教务长。1946年秋，国立暨南大学在沪复校，刘咸受聘任理学院院长、教授。同时，他在理学院创办人类学系，兼任系主任。在国立暨南大学任教同时应国立复旦大学之聘，任生物学系教授。

新中国成立后，除在高校任教外，刘咸历任上海人类学学会理事长、中国民族学会顾问和上海自然博物馆顾问等。1950年秋起，专任复旦大学社会学系教授、系主任，直至1952年全国高校院系调整复旦大学社会学系撤销。后改任复旦大学生物学系人类学教研室教授，1978年任教研组主任。1956年，与秉志、朱洗等创办《动物学》杂志。1957年，由于反右派斗争被严重地扩大化，刘咸被错划为右派分子，"文化大革命"中受到迫害，后来得到平反。1981年5月，中国人类学学会在厦门成立，他当选为学会理事会主席团成员。

1983年，刘咸退休。从教以来，刘咸在生物人类学和文化人类学方面发表论文100余篇，编著有《从猿到人发展史》《猴与猿》《印度科学》及《猕猴世家》等，讲授过普通生物学、普通植物学、植物分类学、比较解剖学、人类学等10多门课程。

1987年9月23日，刘咸因病在上海去世，终年86岁。

（撰稿人　金松）

参考文献：

[1]《励学》，国立山东大学励学社编印，1933年第一期。

[2]《文化遗产研究集刊（第5集）》，复旦大学文物与博物馆学系、复旦大学文化遗产研究中心编，复旦大学出版社，2012年版。

[3]《山东大学学报（哲学社会科学版）》，《山东大学学报（哲学社会科学版）》编辑部，2014年第5期。

[4]《科学》，《科学》杂志编辑部，1985年第37卷第1期。

宋君复

宋君复（1897—1977），男，浙江绍兴人，汉族，民进会员，体育教育家。1916年就读于美国可培大学获理学学士学位，后进入美国麻省春田学院专攻体育。1926年起，历任上海私立沪江大学体育主任、省立东北大学体育专修科教授、国立北平师范大学体育学系讲师。1932年9月起，任国立山东大学体育教授，后兼任体育部主任等。1938年起任国立四川大学体育学系教授兼主任。1946年国立山东大学复校后，复任体育教授兼训导处体育卫生组主任，后任训导长。新中国成立后，历任北京师范大学体育学系教授，中央体育学院教授、教务处主任、副院长等。曾任全国政协委员，中华全国体育总会委员，中国篮球协会委员、第一届和第二届裁判委员会主任，是新中国第一批国家级篮球裁判员。他曾作为中国体育代表团成员参加第十、十一、十四届世运会。著有《体育原理》《女子篮球训练法》等。

1897年3月9日，宋君复出生于浙江省宁绍台道绍兴府城区小坊口（今浙江省绍兴市越城区新建路与断河头交接处）一个制鞋小手工业者家庭。父早逝，靠母亲和兄长抚养成人。他8岁进私塾读书，两年后转入浸礼会小学读书。小学毕业后考入杭州蕙兰中学。

宋君复19岁时中学毕业，考取公费留学美国，先在可培大学（又译柯培大学，Colby College）物理学专业学习，获理学学士学位，后进入美国麻省春田学院（Springfield College）专攻体育。1922年回国后任杭州蕙兰中学体育主任。1926年起，历任私立沪江大学体育主任、省立东北大学体育专修科教授、国立北平师范大学体育学系讲师等。

1932年7月30日至8月14日，第十届世界运动会（即奥林匹克运动会，下同）在美国洛杉矶举行，中国体育代表团首次参加。代表团正式成员仅有3人，分别是总代表兼领队沈嗣良、教练兼翻译宋君复和运动员刘长春。世运会闭幕后，8月20日，由美国学生发起、数百名各国青年参加的世界青年辩论大会在洛杉矶举行。辩论主题是日本侵略中国的九一八事变。沈嗣良和中国驻洛杉矶的一位黄姓领事拒不出席，宋君复和刘长春决定参加，一起拟定发言提纲，由宋君复执笔写成发言稿并在大会上用流利的英语和大量事实揭露日本军国主义侵略中国的惨无人道行为，引起与会各国青年的愤慨，让国际社会更多了解了日本侵略中国的罪行和劣迹。

1932年9月，宋君复受聘任国立山东大学体育教授，并于翌年11月接替郝更生教授任学校体育部主任。

1933年的第十七届华北运动会决定在青岛举行。为此，青岛市市长沈鸿烈于1932年秋冬时节召集教育、工务部门及体育专家商议筹建青岛市立体育场。适值兼任青岛市体育协进会负责人之一的宋君复参加美国洛杉矶世运会归来，并带回洛杉矶体育场的图样、资料和照片。会议研究决定采用洛杉矶体育场的图样，规模比其缩小一些。青岛市立体育场于1933年3月正式动工修建，6月底建成，为当时国内第一流的体育场。7月，第十七届华北运动会在此举行。新中国成立后，第一届全国少年运动会和第一届全国中学生运动会均在这里举行。1933年12月，宋君复依托青岛市体育协进会创办《体育周刊》，以"传达体育消息、宣传体育功能"为宗旨，至1937年6月停刊，共发行92期。他在该刊发表的文章和体育研究成果有《体育与培养运动员之特性》《球队训练之生理学及心理学》《欧洲体育考察报告（德国、丹麦、匈牙利）》等，特别是《第十届世运会各国著名田径选手电影姿势图》从第57期《体育周刊》开始刊登，连载17期。1934年10月，受青岛市教育局委托，宋君复以总领队身份率队赴天津参加第十八届华北运动会。

在国立山东大学，针对民国时期体教分离的倾向，宋君复认为，体育的本质是教育，体育是教育的重要组成部分。他从教育的本源出发，提出"体育是教育里的一部分，譬如教育是个大圈子，体育是这个大圈子里边的一个小圈子，不是在圈子外边的"。他采用系统的教学环节，践行先进的体育理念，把开展体育运动的目的、意义概括为"一防止、两增进"："体育乃是依据天然的方法，直接以发育我们的身心，间接增进我们的知识的一种科学。所以体育的意义是防止人类体格和本能的退化，是增进人类的健康和幸福，是增加人类生活的能力和知识道德。"他提出，学校的体育教学"必须合乎教育原则，必须努力使其合乎教育哲学及教育心理学，……无论为娱乐，为比赛，为健康，为锻炼的，应当包括在今日体育的里面，因为在运动场上能使我们学习在书本上所学不到的东西"。

宋君复力促学生体育道德的养成，认为"育体"和"育德"是体育育人价值的一体两面，其中育德更是体育发挥育人价值的灵魂所系。他将道德培养视为人才培育的核心目标，并提出"运动场即道德的训练场"。他力倡学生在体育学科中养成诚实守规则、不惧艰难努力迈进、合作、自信、自制、公正等六种态度，以塑造完整的人格。对于学生在各类体育竞赛中获胜，宋君复认为体育道德尤为重要："夺得锦标固然是可喜的，但是最可贵的是本校运动员对于体育道德的认识，他们每次比赛后胜而不骄，败而不馁，从来没有同裁判员有不服从的态度或同对方队员有不欢而散的举动"，"体育比赛并不是专以夺锦标为目的，是提倡体育兴趣增进友谊，观摩技术及人格训练的试验场"。在他倡导下，国立山东大学在竞技体育和群众体育方面，均开展得有声有色，在地区举行的足球、篮球、排球等比赛中，锦标大都为国立山大所得，几乎全部学生参加了体育活动，且风尚良好。

体育是国立山东大学学生的必修科，每周2小时，此外还有晨操和课外活动，这使每个学生都有运动的机会。宋君复将学校田径运动会作为检验体育普及的有效途径。1935年4月7日举行的学校第四届春季运动会格外令人瞩目，此次运动会有8个田径项目打破本校纪录，男子三级跳远打破青岛市纪录。赵太侔校长出席闭幕式并在致辞中语重心长地教导学生一定要坚持体育锻炼，并阐述健全的体格对于学业及意志的重要性。教职员群体也是宋君复推行体育普及的对象，校长、教授亦概莫能外。赵太侔校长除担任学校春季运动会会长、总裁判等职务外，甚至还与教职员一起参加具体比赛项目。校刊生动记述了学校第四届春季运动会"校长教授等作一周赛跑"的场景：

"洪浅哉、李仲珩、王淦昌、汤腾汉、王贯三、童第周、张怡荪、赵少侯、李茂祥诸先生及赵校长等十人，均各抖擞精神，整装待发，极引观众注目。鸣枪后，开始比赛，乐声掌声同时并起，西装便服虽各不同，但各争先着，互不相让，一时至为热烈。王淦昌先生首达终点，计成绩一分九秒，李仲珩先生继之，……惟赵校长因中途失跌，故到达最后。是项表演，……实开本校历年之新纪录，为大会生色不少。"

萧涤非先生晚年也忆及被宋君复鼓动踢足球的情景："我是27岁来到国立山东大学的，因为在足球场上有点小名气，当时体育教师宋君复同志就不放过我了，他说我们已经赢得了一个银杯了，这个银杯得连胜三年才能永久保持……你来了正好。所以我第二年就和同学踢了一年球，第三年到了，这是最后一年，无法推辞，因此我又踢了一年。青岛的足球场上还有我的汗水。我不但教书，还当了个义务的足球'教练员'。"

宋君复认为"普及全校体育，须有良好之设备"。在大力改进和提高体育教学的同时，他大抓体育设施建设，一批体育场馆在校内陆续建成。他1932年秋刚到国立山东大学执教时，学校只有2个篮球场、1个排球场和1个小型运动场，学生的运动风气比较沉闷。他主持学校体育工作后，陆续增加了3个篮球场、2个网球场和1个排球场，1934年又扩大了田径运动场，铺设了一条360米长的跑道，场内形成一个正式的足球场。晨操及课外活动都风风火火地开展起来。1935年3月，学校开始在校内建设青岛市唯一的设备完备的体育馆，同年6月落成。这大大提高了师生参加体育活动的兴趣，青岛市的社会团体以及其他学校的学生也利用晚间到馆内活动，体育馆自早至晚川流不息，盛极一时。特别是1935年7月中旬至8月下旬，中华全国体育协进会借青岛气候适宜、学校体育场馆设备齐全的优越条件，把这里作为中国参加第十一届世运会运动员的夏令训练营（宋君复任全国暑期运动训练会执委兼教练主任）。如今，在中国海洋大学鱼山校区大学路操场入口处，矗立着一块崂山石，上刻"一九三六年第十一届奥运会中国体育代表团运动员训练场地旧址"，就是对那段历史的铭记。

1936年8月，宋君复以田径队领队、女子游泳队指导员等身份成为中国体育代表团一员，随团参加在德国柏林举行的第十一届世运会。同年10月，从柏林返校不久，宋君复应林济青校长之邀，在学校总理纪念周上作世运主题的讲演，介绍了世运会的肇始、第十一届世运会中国体育代表团的组成和比赛情况，以及赛后考察丹麦、捷克等国的情况。他最后对青年学生提出殷殷期望："同学诸君毕业后，非服务教育，即经营工程，皆处于领导人之地位，甚盼不忘提倡体育，并继续作有益身体之运动。……望诸位努力，使下次世运场中，我国的国旗飘扬。"同年，他被批准为国际篮球裁判。

全民族抗日战争爆发后，国立山东大学一路内迁至四川万县。1938年春，学校奉国民政府教育部令暂行停办。同年，宋君复受聘至国立四川大学任体育学系教授兼主任。

1946年，国立山东大学在青岛复校。同年11月，宋君复返校复任体育教授兼训导处体育卫生组主任，兼任青岛市体育协进会主任、青岛市立体育场管理委员会主任，这些社会兼职成为宋君复组织和参与各种体育赛事的助推器。国立山东大学的体育赛事主要是每年一度的春季田径运动会和校内外各种球类比赛。他强调，体育赛事旨在"培养学生运动兴趣及鼓励学生竞技精神"，使学生"养成运动之习惯，及公正、服从、合作之德性"。1947年5月3日，学校举办复校后第一次田径运动会，为国立青岛/山东大学校史上的第七届。青岛报界纷纷刊发消息，称国立山大"体育成绩向不后人""山大战前历在本市运动会牛耳"，战后"男女运动健将准备大显身手"。5月17日出版的第十九、二十合期校刊，用5个版面刊载了此次运动会的组织机构、运动程序、竞赛成绩，以及奖品赞助者的名录。1948年4月16日至17日，学校举办第八届春季运动会，按照赵太侔校长"此次运动大会，主要目的在使每位同学均能参加项目"之要求，总干事兼副总裁判宋君复等专门制发章程，规定除因身体残疾或因病经医生证明者外，"凡本校之男女正式学生皆为本届大会之运动员，每一运动员必须参加一项，但最多以四项为限"。同年7月29日至8月14日，第十四届世运会在英国伦敦举行，宋君复被中华全国体育协进会聘为中国体育代表团篮球指导，率队第二次参加世运会的篮球比赛。这是他第三次出现在世运会赛场。

作为民国初年留学美国的体育人才，加之三次出征世运会的特殊经历，在国立山东大学任教期间，宋君复将西方体育从理念到主义、从规则到标准的完整体系迁移过来并运用到教学中，贯彻的是以攀登运动技术高峰和创造优异运动成绩为主要目的的竞技性体育方针，体育知识、技术与技能的传授旨在最大限度地发挥和提高个人、集体的体格、体能、心理及运动能力。

1949年5月，宋君复接替刘次萧任国立山东大学训导长。

新中国成立后，应徐英超邀请，宋君复调至北京师范大学体育学系任教授。1950年8月，世界学生第二届代表大会体育比赛在捷克斯洛伐克首都布拉格举行，新中国第一次派出"国字号"的中国大学生男子篮球队参赛，宋君复担任教练员。中国队在6支球队中获得第4名。1953年，宋君复调至中央体育学院（今北京体育大学），先后担任教务处主任、副院长。1956年，他当选为中国篮球协会委员，并担任第一届和第二届裁判委员会主任。在任期间，我国建立起比较完整的裁判等级制度和管理办法。1957年1月，他成为新中国第一批国家级篮球裁判员。1959年，他担任新中国第一届全运会篮球比赛裁判长，并在赛事期间举办的全国篮球裁判员学习班上主讲篮球规则。1964年当选为中华全国体育总会第四届委员会委员，同年12月当选为第四届全国政协委员。

1977年1月11日，宋君复因病在北京去世，终年80岁。

宋君复一生治学严谨，精心钻研业务，在运动训练和竞赛裁判等方面有较深的造诣，并长期致力于篮球的理论研究和教学工作，著有《体育原理》《女子篮球训练法》《刘长春训练成功之经过》《女子垒球训练法》《第十届世运会各国著名田径选手电影姿势图》等，为国家培养大批教育、体育人才。

2022年12月，宋君复与张伯苓、舒鸿、董守义等15人入选2022年中国篮球名人堂（特别致敬人物）。

（撰稿人　金松）

参考文献：

［1］《山东（青岛）大学史：1929—1958》，翟广顺著，中国海洋大学出版社，2021年版。

［2］《绍兴文史资料（第4辑）》，政协浙江省绍兴市委员会文史资料委员会编，浙江人民出版社，1988年版。

［3］《山东大学建校五十五周年特刊（1926—1981）》，山东大学校刊编辑室，1981年版。

萧涤非

萧涤非（1907—1991），原名忠临，男，江西临川人，汉族，民盟盟员，中国文学史研究专家、杜甫研究专家。1933年毕业于国立清华大学。1933年至1936年，在国立山东大学任教；1947年重回青岛任国立山东大学教授，直至1958年山大大部迁济南才离青。第二次在青岛执教期间，完成专著《杜甫研究》。另主编《杜甫全集校注》，出版论著《汉魏六朝乐府文学史》《杜甫诗选注》《乐府诗词论薮》等，与游国恩等主编四卷本《中国文学史》，成为"一代学术泰斗"。

1907年1月11日，萧涤非出生于江西省抚州府临川县（今江西省抚州市临川区）茶溪村，家境贫寒，未满周岁就失去母亲，10岁时又失去父亲，成为一名孤儿，童年时就品尝到生活的艰辛，目睹了底层农民的疾苦。但他聪慧好学，儿时就能读《唐诗三百首》，对杜甫的长诗《兵车行》背得尤熟，杜诗中反映的民间疾苦给他留下很深的印象。

他先在村上三益小学读书，后随哥哥辗转于外地，先后在开封留美预备学校、南昌心远中学、江苏省立一中读书。他十分聪明，又勤奋好学，在伯父和叔父的帮助下完成学业。1926年，他以优异成绩同时考取清华学校和国立东南大学。因慕梁启超之名，遂入清华学校国文系。因为喜爱，大学期间通读了《杜甫全集》。1930年，做的大学毕业论文的主题是关于"历代风诗"的，他把从《诗经》以降直到清末黄遵宪所有反映社会现实和民生疾苦的诗，作了一番检查，得出结论："杜（甫）不仅作品多，而且感情最真挚，思想最深刻。"尽管这时在感情上萧涤非和杜甫还没有发生共鸣，但对他以后研究杜甫打下了知识储备的基础。

1930年毕业时，适逢国立清华大学研究院成立，萧涤非因大学四年总成绩平均在80分以上，又免试进入国立清华大学研究院深造三年，其导师黄节教授既学术渊博又颇有学人风骨。他的毕业论文就是后来出版的名著《汉魏六朝乐府文学史》，黄节先生给予自己爱徒的论文不吝溢美之词："切实""确当""皆特见也""宜置超等"。清华同学还半开玩笑地送他一个刻有"状元"二字的铜墨盒。研究院毕业后，在黄节先生力荐下，他来到国立山东大学中国文学系做了专任讲师。

1933年9月，萧涤非开始了在国立山东大学的任教生涯，那时他同时讲授三门中国文学系的课程：乐府诗研究、新文学和曹植诗。其中，前两门课为二、四年级选修课，后一门课为四年级选修课；翌年9月，又为中国文学系学生讲授国文B、词、词史等三门课程。

入职时的萧涤非还是个初出茅庐的27岁小伙子，而其授课班上的学生有的年龄比他还大，如当时已崭露头角的诗人臧克家（是年28岁）便是其中之一。他当时以为"自己又没有什么名气，生怕同学瞧不起，压不住台，摔了饭碗"，于是便将自己发表的第一篇论文《读词星语》油印给学生作为参考资料，表明"自己对于'词'一道也并非全然无知"（《乐府诗词论数·前言》）。由此可以看出，萧涤非对这份来之不易的工作是非常珍视的，所以他在国立山东大学的讲课是十分卖力的。

值得一提的是，自1933年相识、相交、相知，萧涤非与臧克家两人之间的这段亦师亦友的关系，一直维持了下来，且历久弥笃，成为学界脍炙人口的佳话。1956年夏天，臧克家与张天翼、艾芜、李季同赴青岛，与山东大学学生在中山公园小聚。萧涤非代表学校致欢迎辞，臧克家则代表作家们致答谢辞，师生共聚一堂，谈笑风生，十分欢欣。两人直到晚年还保持着函件往还，足见情之深厚。

萧涤非讲课受恩师黄节先生的影响很大。黄先生在教学上极为认真，即使是给两个人上选修课，在讲台上依然声如洪钟，以至隔壁教室都能听见。而且，黄先生对讲了多遍的课，每次课前也总要认真备课。这种一丝不苟的精神，深刻地影响了萧涤非。

"如果一堂课教失败了，我会吃不下饭，睡不好觉。""如果在课堂上发现有同学打瞌睡，我会感到内疚，因为自己讲得不好嘛。"这都是萧涤非说过的话，因而他对自己要求非常严格，总是认认真真备好每一节课，认认真真上好每一节课。他古典文学功底深厚，知识渊博，讲课内容丰富，常常引经据典，又能联系实际，巧妙自然，受到学生喜爱。其学生这样评价他的讲课："讲起课来，一字一句，不紧不慢，铿锵有力，充满感情。"

1936年夏，国立山东大学更换校长，萧涤非离职。他先后受聘于国立四川大学、国立西南联合大学，这期间他娶妻生子，生活一直极为艰难。让他特别伤心的是那段丧子之痛，当时他已有两个男孩，爱人又怀了孕，因为经济困窘，爱人劳累过度而早产，婴儿三日便夭折。他在回忆时，仍然痛心不已，为此写了一首诗《早断》，诗作发表后被评为写得"沉痛真挚，读之泪下"。这为他研究杜甫加了厚重感。

抗日战争胜利后，国立山东大学在青岛复校，赵太侔被任命为校长。他到任后，首先抓了系科设置和延聘师资等工作。1946年，萧涤非受聘重新回到国立山东大学，担任中文系教授。1950年1月，学校将中文系与历史学系合并成立文史系，由杨向奎、萧涤非分别担任正、副系主任。

因为有了多年的研究和积累，他重回国立山大的第二年便在中文系开设杜诗课。他讲杜诗时，每每讲到动情处会热泪滚滚，不能自已。山东师范大学教授吕家乡是萧涤非的学生，他曾在《齐鲁晚报》发表纪念文章《怀念萧涤非先生》，文中写道：

"二年级下学期（1951年），萧先生教我们《杜甫研究》。他把概述和具体作品赏析结合起来，很受欢迎。我现在还清晰地记得，他讲解《又呈吴郎》时，眼泪汪汪地阐发着诗人杜甫对偷打枣子的贫妇的心情是何等体贴入微；他讲解'今夜鄜州月，闺中只独看'时，以沉入回忆的神情，细致描绘诗人杜甫在妻离子散的战乱中如何把自己对妻儿的思念转化为设想妻儿对自己的思念……当时就体会到萧先生不仅有学问，而且是以自己的经历和体验进入杜诗境界的。他对杜诗用字的分析对我们的写作很有启发。例如，讲到'暮投石壕村'中'投'字的意味，他让我们试着换成别的字——如果换成'到''奔''宿'等等，在情味、音韵上的确都不如'投'字。这样既活跃了课堂气氛，又加深了同学们的领会。"

他曾自问："我为什么特爱少陵诗呢？"自答曰："这和我的身世有关。"此言不虚，这其中童年的苦楚经历给他种下了一颗偏爱杜诗的种子，更主要的是抗战时期饱受的颠沛流离、生活困顿之苦，而且，"当时不仅生活上异常艰苦，政治上也备受压抑"。他曾亲眼看见许多惨无人道的事情。如1945年12月1日，国民党特务竟然在光天化日之下毒打和残杀爱国师生，其中有他的学生潘琰烈士，她因为救护受伤同学被手榴弹炸伤，倒地后，胸部又被国民党特务猛戳三刀，惨遭杀害。萧涤非怒不可遏，写了《哭潘琰君》诗二首，开头两句是"堂堂黉宇变屠宫，血染青天白日红"。

"我真正爱上杜诗，并从感情上发生共鸣，是从抗战前后开始的。当时的国家形势和个人经历，与杜甫在安史之乱前后的情形有点相似，'战伐乾坤破'，'天地日流血'，我亲身尝到了国破家亡的痛苦。"所以，是生活，是家事、国事、天下事，使萧涤非真正读懂了杜甫。

他苦心孤诣于学术研究，即使是在生活最为艰苦时，他也坚持白天授课，夜晚著述。《杜甫研究》是萧涤非的代表作，是他第二次在青岛任教期间完成的，1955年由山东人民出版社出版，书共分六章：杜甫的时代、杜甫的生活、杜甫的思想、杜甫的作品、杜诗的体裁、杜甫的影响。

　　1956年7月7日，校刊《新山大》上刊登萧涤非撰写的一篇文章《关于〈杜甫研究〉的说明》，概述《杜甫研究》一书的指导思想、内容体例和写作目的。文末这样写道："我的愿望，就是把杜甫和他的诗向广大的劳动人民介绍，让广大的劳动人民也都懂得他和他的诗。"20世纪80年代，他曾回顾了自己治学尤其是治杜的经历和体会，他深情地说："我觉得对于治杜诗的人来说，是无所谓甘苦的，都是甘，不以为苦。研究杜甫是一种乐趣。尽管工作很艰苦，但苦中有乐，苦尽甘来，苦也就是甘了。研究杜诗就是要有一股寝食俱废的傻劲。"可见他研究杜甫用力之勤、用情之深了，这是一般人研究学问很难达到的一种境界，被学界称为"20世纪的杜甫"。

　　1958年随着山东大学大部西迁，他也到了济南。曾任山东大学副教务长、中国文学系主任、古典文学教研室主任、古籍所副所长、《文史哲》编委会副主任委员、校学术委员会及学位委员会副主任等，当选为第三届全国人大代表，第五、六届全国政协委员，国务院学位委员会第一届学科评议组成员，中国唐代文学学会第一任会长，山东省人大代表，第四届山东省文联副主席等。

　　1991年4月15日，萧涤非因病在济南去世，终年84岁。

　　萧涤非治学与为人的高度一致性，在熟人圈中是人所共知的。费振刚先生在纪念萧涤非先生百年诞辰时曾专门撰文《哲人日已远 典型在夙昔——为纪念萧涤非先生百年诞辰作》，文中称赞："萧涤非先生为一代学术泰斗。"

（撰稿人 纪玉洪）

参考文献：

［1］《走近海大园·大师足迹篇》，魏世江主编，中国海洋大学出版社，2007年版。

［2］《齐鲁晚报》，《齐鲁晚报》编辑部，第9417期。

［3］《人民诗人杜甫》，萧涤非著，萧光乾、萧海川编，北京出版集团文津出版社，2020年版。

［4］《二十世纪的杜甫——萧涤非先生诞辰百年纪念文集》，萧光乾、萧海川编，华艺出版社，2006年版。

王淦昌

王淦昌（1907—1998），男，江苏常熟人，汉族，九三学社社员、中共党员，中国科学院学部委员（院士），核物理学家，"两弹一星"功勋科学家，中国核武器研制的主要科学技术领导人之一、核武器研究实验工作的开拓者。1925年考入清华学校物理学系。1930年留学德国柏林大学，1933年获哲学博士学位。1934年3月至1936年8月，受聘任国立山东大学物理学系教授。后任国立浙江大学物理学系教授兼主任。新中国成立后任中国科学院近代物理研究所副所长，苏联杜布纳联合核子研究所副所长，第二机械工业部副部长兼原子能研究所所长，核工业部科技委副主任，中国科协副主席，中国物理学会副理事长，中国核学会理事长等。著有《关于在有奇异粒子参加时强相互作用中宇称不守恒的问题》《准分子KrF和XeF强激光》等，辑有《王淦昌论文选集》《王淦昌全集》等。

1907年5月28日，王淦昌出生于江苏省苏州府常熟县支塘乡枫塘湾村（今江苏省常熟市支塘镇枫塘村）。父亲王以仁（号似山）是当地很有名气的中医，经常来往于各个村子为村民治病。

王淦昌4岁时父亲病逝，6岁始入私塾读书，8岁入读太仓县沙溪镇小学。1920年春母亲病逝，由大哥王舜昌和外祖母抚养。同年秋，入读上海私立浦东中学。1924年秋入海澜英文专修学校学习英语。翌年春进入上海汽车学校学习汽车驾驶和维修技术。

1925年秋考入清华学校，是该校设立大学部后的首届本科生。翌年秋升入二年级，分到物理学系，得到叶企孙教授赏识。1928年秋上四年级时，由刚从美国留学回来的吴有训教授讲授一门新的课程——近代物理学。吴有训讲课条理性强，内容很新颖，绝大部分是近代的重要物理实验和结果以及这些结果的意义，这让王淦昌印象深刻。毕业前最后一学期，他在吴有训教授指导下独立完成一项实验工作，以实验报告作为毕业论文，实验报告的题目是《测量清华园周围氡气的强度及每天的变化》。后来这篇实验报告以

《大气放射性和北平的天气》为题于1930年发表在国立清华大学*Science Report*, *Series A*, 1931—1932, 1。1929年6月毕业后因成绩优异留校任吴有训教授的助教。

1930年夏，考取江苏省官费留学研究生，同年秋至德国柏林大学，跟随导师迈特纳（Elise Meitner）教授在该校威廉皇帝化学研究所放射物理研究室做研究生。研究生时期的王淦昌已经具备非凡的科学见解和宽阔的实验思路。就读期间他两次向迈特纳教授建议，用云室重复博特（Walther Bothe）用α粒子轰击铍核产生强贯穿辐射的实验，以弄清这种贯穿辐射的性质，均被拒绝。不久查德威克（James Chadwick）用云室重复博特的实验发现了中子，并于1935年因发现中子获诺贝尔物理学奖。1933年，王淦昌完成博士论文《关于ThB+C+C″的β谱》，同年12月通过答辩，获得柏林大学哲学博士学位。翌年初，离开德国赴英、法、意、荷等国的几个实验室参观。在卡文迪许实验室，他见到卢瑟福、查德威克、埃利斯等物理学家。

1934年3月，经叶企孙教授推荐，回国不久的王淦昌受聘任国立山东大学物理学系教授，讲授近代物理学选读和近代物理学实验等课程。当时在物理学系任教授的还有王恒守、李珩、何增禄、蒋丙然（兼任教授）等人，王恒守兼任系主任。教授中王淦昌最年轻，年仅27岁，加上长着一张娃娃脸，被师生们称为"娃娃教授"。

基于办学经费较少，国立山东大学一直精打细算，采取撙节开支、勤俭办学的原则。这样一来，物理学系的教师们除了承担教学工作外，还要自力更生，动手制造必要的实验仪器和设备。王淦昌负责近代物理学教学，近代物理学的实验设备除一部分向德国订购外，许多简单的部件，他就带领学生和技工们自己制作。师生同心，其利断金。物理学系在师生共同努力下，实验设备和硬件建设方面也有了较大发展，到1934年底已经建成普通物理学实验室、物性实验室、电学实验室、无线电实验室、光学实验室和近代物理学实验室等6个实验室。其中，王淦昌负责建设的近代物理学实验室有高度真空抽气机、水银蒸气抽气机和象限电流计，以及其他各种阴极线实验、放射体实验等设备。1935年系里还建设了一所工厂，专供修理及自制实验仪器设备之用。

王淦昌教学上注重训练学生实验物理研究的本领，教学生们掌握实验的技巧，教导他们要把对物理理论的理解，建立在实验事实的基础上。他讲课或者回答学生提问，讲求启发引导，循循善诱，"都尽量启发他们自己寻找答案"。他晚年忆及国立山东大学执教经历时，曾提到这样一件事情：

一堂实验课上，有学生提出一个光学现象"布湿了为什么颜色会变深"，请我解释。我没有直接回答，而是弯腰用手提起蓝布长衫下面的襟角往上面泼了点水，然后把两个襟角提得高高的,对着窗外的亮光,让这位同学站在后面,透过布往外看,我对他说:"明白了吗?为什么湿布的蓝色变深了?回去想想再来讨论。"过了几天,这位同学高兴地说:"谢谢王先生的提醒,我明白其中的道理了。"我也很高兴,就对同学们说,遇到问题应该开动脑筋,自己找答案。

这件事在金有巽的回忆文章《在山东大学时的王淦昌先生》里也有记述,他当时是"旁观者"。金有巽入读国立山东大学物理学系后受业于王淦昌,1935年毕业后留校任物理学系助教。从教若干年后,他逐渐明白教书不只是传授知识,更要启发思维,增强学生的分析能力,讲课只靠黑板和嘴巴一味灌输,不是一个好教师。"我从王老师那里,除学到了近代物理知识外,还学会了教学艺术,学会了巧妙地解答学生的疑问。运用多年以后,我进一步认识到,这不仅是教学艺术,而且是符合教学原理和教学法原则的。……我在抗战期间和解放初期担负普通物理实验室的建设任务,也学习王老师当年的方法,采用自制自配的办法来克服经费困难。王老师在建设山东大学物理系中给我们树立了自力更生的榜样。"金有巽在文章中写道。

20世纪30年代中前期的国立山东大学,师严生勤,教学相长,学术氛围浓厚,学术思想活跃。各系教师经常会在学校每周一上午举行的总理纪念周集会上,或者各系晚间举办的学术讨论会、公开学术讲演上作学术报告,介绍学术前沿或分享研究心得。在国立山东大学两年多时间里,王淦昌多次作学术讲演。据《国立山东大学周刊》记载:他在1934年10月29日的总理纪念周上作题为《最少量物体之测验》的讲演,10月30日的物理学系学术讨论会上作题为《高电压之新发展》的讲演;在1935年1月8日的物理学系学术讨论会上作题为《重氢与重水》的讲演,5月21日的物理学系学术讨论会上作题为《感应放射》的讲演;在1936年5月18日的总理纪念周上作题为《防空杂谈》的讲演,在6月6日的化学社公开学术讲演上作题为《分子构造之理论及试验》的讲演。1935年9月,物理学系筹办中国物理学会第四届年会,本系教师向大会提交5篇论文,其中王淦昌提交两篇:《劳山泉水所含射气量之考察》和《数种中国油漆介质常数之测定》。

王淦昌在国立山大执教时期的物理学系,教师互相尊重关系融洽,学生尊师重道勤勉好学,实验室硬件设施日臻完善。他的教学水平和学术素养受到学校认可和学生好评,"在山东大学有了一个好的开头",可谓前景可待,未来可期。但是,1936年8月,王淦昌辞去国立山东大学教职,受聘任国立浙江大学物理学系教授。对离校原因,他在晚年回忆文章中有所提及:

1935年12月中旬,国立山大爱国学生成立抗日救国会,走上街头游行示威,开展爱国宣传活动，声援北平一二·九运动。迫于国民党青岛当局压力，1936年春，学校两度召开校务会议，分两次开除19名爱国学生（第一次6名，第二次13名）。"我非常气愤：爱国有什么罪？抗日有什么罪？这些学生将来都是建设国家的人才，他们当中有许多人品学兼优，很有发展前途。我们教师坚决反对校方的做法，师生团结一致，与他们进行斗争，迫使校方不得不收回第二次开除13名学生的决定"。由于不满学校开除爱国学生和反动当局镇压爱国运动，加上国立浙江大学新任校长竺可桢正四处招贤纳士、延揽人才，王淦昌最终离开国立山东大学。

尽管在国立山东大学执教只有两年半时间，但王淦昌与这所学校和学生结下了深厚的情谊。离开学校52年后，1988年12月，年逾八旬的王淦昌在北京饱含深情地写下回忆青岛执教经历的文字，篇首写道："岁月不居，半个世纪已经过去，沧海桑田，社会主义新中国也屹立在世界东方，而我对山东大学两年多执教生活，却记忆犹新，回顾往事，历历在目。"

在国立山东大学，他曾授业杨有桦、汪志馨和金有巽等。其中，杨有桦国立山大毕业后留校任助教，1936年亦随王淦昌赴国立浙江大学任教，1947年王淦昌出国访学后他回到母校国立山大任教，翌年被聘为副教授。山东海洋学院成立后，杨有桦任海洋物理学系首任主任，"文化大革命"后晋升为教授，为该系的成立和发展付出巨大精力，作出较大贡献。李欣（1936年9月入读国立山东大学，翌年任中共青岛特别支部书记）尊王淦昌为"敬爱的十位师友"之一，20世纪90年代曾撰文回忆：

"王淦昌教授在我上山大时已离去，没赶上听他的课。50年代初我在驻德使馆任参赞时接待过这位老师。前几年北京成立校友会，他应邀出席并发表了一篇很好的讲话，阐述教育在四化中的作用。前年他的入室弟子汪志馨自美来京，校友们聚会相迎，王老提前到会，恭候他这位弟子。席间王老还向我询问吴缉的情况，可见王老师生情谊之笃。"

从1943年开始，王淦昌接替何增禄教授任国立浙江大学物理学系主任。1947年9月，他赴美国加州大学伯克利分校访学，并于1949年1月回国。在国立浙江大学，他与束星北先生相识相知，成为终生至交。1995年，束星北先生遗作《狭义相对论》在青岛出版，他亲自为该书作序。

1950年4月，王淦昌由浙江大学奉调到中国科学院近代物理研究所任研究员，后任副所长。1955年被选聘为中国科学院学部委员（院士），此后担任苏联杜布纳联合核子研究所副所长、第二机械工业部第九研究院副院长、第二机械工业部副部长兼原子能研究所所长、核工业部科技委副主任、中国科协第二届副主席、中国物理学会副理事长、中国核学会第一届理事长、第三至六届全国人大常委会委员、九三学社中央名誉主席等职务。

王淦昌是中国核武器研制的主要科学技术领导人之一，核武器研究实验工作的开拓者。他早期提出了通过轻原子核俘获K壳层电子释放中微子时产生的反冲中微子的创造性实验方法，领导了首次发现反西格马负超子工作。在从事核武器研制期间，指导并参加了中国原子弹、氢弹研制工作，指导了中国第一次地下核试验，领导并具体组织中国第二、三次地下核试验，主持或指导爆轰物理试验、炸药工艺、近区核爆炸探测、抗电磁干扰、抗核加固技术和激光模拟核爆炸试验等方面工作并取得重要成果。1964年与国外同时独立提出激光惯性约束核聚变的设想并用实验予以证明。1982年获国家自然科学奖一等奖，1985年获两项国家科技进步奖特等奖。1986年3月3日，与王大珩、杨嘉墀、陈芳允联名上书中共中央，提出《关于跟踪研究外国战略性高技术发展的建议》。中共中央、国务院于11月18日批准了《高技术研究发展计划纲要》，制订国家高技术研究发展计划，又称为"863计划"。

1998年12月10日，王淦昌因病在北京去世，终年91岁。

为彰显王淦昌在核物理、宇宙线、粒子物理以及在核武器方面作出的杰出贡献，1999年4月，中国物理学会设立"王淦昌物理奖"；9月，他被国家追授"两弹一星功勋奖章"。2003年9月，国家天文台将1997年发现的小行星（国际永久编号为14588）正式命名为"王淦昌星"。

（撰稿人　金松）

参考文献：

［1］《山东大学百年史》，《山东大学百年史》编委会编，山东大学出版社，2001年版。

［2］《悠悠岁月桃李情》，山东省政协文史资料委员会编，中国文史出版社，1991年版。

［3］《峥嵘岁月》，张乐岭、高忠汉、陈崇斌主编，山东大学出版社，1991年版。

［4］《山东省科学技术志》，山东省科学技术委员会编，山东大学出版社，1990年版。

［5］《"两弹一星"元勋传（上）》，宋健主编，清华大学出版社，2001年版。

［6］《纪念核物理学家王淦昌文集》，杜祥琬主编，中国科学技术出版社，2010年版。

［7］《追求卓越：王淦昌年表》，吴水清主编，经济科学出版社，1999年版。

［8］《王淦昌全集 2 学术论文（一）》，王淦昌著，河北教育出版社，2004年版。

洪　深

洪深（1894—1955），字潜斋，又称浅哉，号伯骏，男，江苏武进人，祖籍安徽歙县，汉族，无党派人士，剧作家，中国话剧和电影的开拓者和奠基人之一。1912年考入清华学校，1916年赴美先后于俄亥俄州立大学、哈佛大学求学。1934年9月至1936年3月，受聘任国立山东大学外国文学系教授，一度代理系主任。后任教于国立中山大学、国立复旦大学和国立厦门大学。新中国成立后，任文化部对外文化联络事务局副局长、国务院对外文化联络局局长、中国人民对外文化协会副会长、中国戏剧家协会副主席等。曾当选为第一届全国人大代表，全国政协第一、二届委员。代表作有话剧《五奎桥》《香稻米》《青龙潭》，电影《歌女红牡丹》《劫后桃花》等。

1894年12月31日，洪深出生于江苏省常州府武进县（今江苏省常州市武进区）一官宦人家，是清代文人洪亮吉六世孙，清末民初政治人物洪述祖之子。

1911年9月，洪深随父亲移居天津。洪述祖因涉宋教仁案，避难青岛，在崂山南九水建有别墅，名为"观川台"。洪深曾去过几次，因而与青岛结缘。1912年秋，他考入清华学校（今清华大学），在校期间理工科成绩优秀，积极参与校内演剧活动。他以崂山的生活经历为题材创作了自己的首部剧作《卖梨人》，也是我国第一部有对白的独幕话剧。1916年9月，清华学校毕业后赴美留学，在俄亥俄州立大学读烧瓷工程专业。

1919年4月，父亲洪述祖去世，他深感世态炎凉，在朋友的建议下决心研究戏剧，遂转入哈佛大学戏剧系，成为该校戏剧专业的第一位中国留学生。多年后他撰文坦陈了自己从事戏剧研究的心路历程：

"我的那次家庭变故，给我的打击实在太大了，从那个时候起，我就决定，第一，我这一辈子决不做官；第二，我决不跟那些上层社会的人去打交道。我要暴露他们，鞭挞他们，这样我就只有学戏剧一条路，这条路我在国内学校读书的时候就有了基础的。"

1922年春，洪深回国后任私立复旦大学和国立暨南大学教授。1923年7月，他加入戏剧协社，倡导男女合演，首开话剧新风。1924年5月，洪深编剧的四幕话剧《少奶奶的扇子》在上海引起轰动，为话剧舞台艺术建立了正规的导演和排演制度，同年加入明星电影公司。1928年4月，他与田汉、欧阳予倩等人聚餐时提议以"话剧"命名当前的戏剧艺术。中国话剧从此定名。

　　1930年是洪深人生中的关键一年。年初春节时，他在自家门前贴了一副对联："跨过十字路口，投身生活激流"。2月，上海上映辱华电影，洪深上台怒斥，引起社会各界广泛关注和声援，徐悲鸿写信慰问，赞其"尚勇知耻，壮士之行"。3月，中国左翼作家联盟成立，他经介绍加入。同年，国民党反动派白色恐怖愈演愈烈，洪深被捕后获保释放。1930年至1934年是洪深艺术创作的巅峰时期，他把目光投向劳苦农民和民族危机，创作出"农村三部曲"《五奎桥》《香稻米》和《青龙潭》，以及批判帝国主义的艺术代表作《劫后桃花》。1931年3月，洪深编剧的有声电影《歌女红牡丹》上映，为中国有声电影事业开辟了道路。

　　1934年，国民党反动当局对上海左翼文艺的围剿愈加严厉，作为左联成员的洪深处境艰难，同时受胃病困扰，身体健康每况愈下，于是他决定离开上海。后经梁实秋大力推荐，赵太侔校长及夫人俞珊盛情邀请，洪深辞去私立复旦大学和国立暨南大学的教职，赴国立山东大学任外国文学系教授。临别时，朋友们为洪深饯行，田汉赋诗《一九三四年九七纪念日送洪深先生赴青岛》。

　　同年9月，洪深携家人来到青岛，本拟任国立山东大学外国文学系教授，但是开学后因为原系主任梁实秋应胡适邀请去了国立北京大学，校方于是决定聘请他代理系主任。没了国民党特务的监视和诸多杂务缠身，他在青岛的生活远比在上海时过得舒心，身体健康也逐渐恢复。他先是住在黄岛路新11号，后搬至福山路1号，每天照例6点起床，7至8点写作，9点去上课，午饭后散步读报，下午5点至6点，继续写点东西。

　　自1934年至1936年任教国立山东大学一年多的时间里，洪深开设英国文学史等多门课程，指导外文系四年级韩明等7人的毕业论文，还担任过国立山东大学职业指导委员会委员等职。授课之余，他还作了诸多讲演，如1934年10月，他在学校的总理纪念周上作题为《怎样做一个有用的人》的讲演，谈及中外形势、国内现状，感叹农村困苦，勉励同学勤奋学习，以备报国。1935年4月，学校举办春季运动会，洪深担任径赛裁判员，还在开幕式上致辞，勉励同学们发扬运动精神。他还发展了校内外的演剧活动。同年春夏，他支持本校学生创办了"山大剧社"并加以指导；5月，由他导演的三幕喜剧《寄生草》（改译自H. H. Davis, *The Mollusc*）在校内外公演，受到各界广泛好评。此外，他还对进步的海鸥剧社予以指导，帮助学校中共地下党支部通过剧社做了大量宣传工作。

任教国立山大一年多的时间里，教学之余，洪深笔耕不倦，创作《我的"失地"》等多篇散文，出版《电影戏剧表演术》《电影术语词典》等多种著作，编写《基本汉字》以及民俗研究《山东五更调》，创作话剧《汉宫秋》《门以内》《多年的媳妇》等。

1935年暑期，洪深和王余杞、王统照、王亚平、舒舍予、杜宇、李同愈、吴伯箫、孟超、赵少侯、臧克家、刘西蒙共12人共同编辑《避暑录话》周刊，附《青岛民报》刊发，自7月14日起至9月15日（当年中秋节），发行10期，因暑期结束停刊。他在《发刊词》中写道，他们这12个人，没有一个是特地来"避暑"的，"然而他们都对人说：'在避暑胜地青岛，我们必须避暑！避暑！避暑！'否则他们有沸腾着的血，焦煎着的心，说出的'话'，必然太热……而不可以'录'了"。洪深为刊名解题："避暑者，避国民党老爷之炎威也。"实际上，这12人中一半是左翼作家，迫于国民党反动派白色恐怖暂避青岛，他们本就带着一身"冷气"而来。暑期结束后，《避暑录话》停刊，虽名"避暑"，却为当时人称"荒岛"的青岛文坛吹来了一股文艺热风，成就了青岛文学史上的一道风景。是年，华北形势越发危急，洪深得悉日寇勾结军阀韩复榘逮捕左翼人士，就安排妻女乘船至上海，后寄居苏州妹妹家，他则留在学校，准备随时出走。

1936年春，国立山东大学地下党组织发动了一场声势浩大的抗日救亡学生运动，受运动影响，洪深登报发表启事，同情学生运动，并向学校递交辞呈，3月离青返沪，后赴广州任国立中山大学教授。

卢沟桥事变当月，洪深参与联合导演了三幕剧《保卫卢沟桥》，轰动上海；8月赴南京导演了话剧《卢沟桥》，公演时国民党特务阻挠演出，洪深跳上台慷慨演说，观众演员群情激愤，特务最终被轰出剧场。为抗日救国，他辞去大学教授职位，留下遗书，组建13个救亡演剧队，辗转徐州、洛阳、郑州、武汉等地，一路演剧宣传抗战，鼓舞民众。到达武汉后，他拜访了周恩来和董必武，后又深入湖北广大农村进行抗日宣传。

1938年3月，受邀任国民政府军事委员会政治部第三厅科长，同年参加国民党文艺界座谈会时当面驳斥汪精卫悲观亡国论。1939年春，撤至重庆。1941年2月，因时势艰难生活困顿，留下遗书："一切都无办法，政治、事业、家庭、经济，如此艰难，不如且归去"，全家服毒自杀，所幸女儿洪钤发现及时，抢救后脱离危险。

1945年抗日战争胜利后，洪深受到国民党三青团学生冲击，身体健康受到极大影响。1946年7月，他随国立复旦大学师生返沪。解放战争时期，他与进步人士一起，坚持反内战、争民主的立场，支持学生们"反饥饿、反内战、反迫害"的民主要求，后遭校方解聘。

1948年3月，离沪赴厦门任国立厦门大学教授，12月在中共地下党的安排下借道香港前往东北解放区。1949年1月，与李济深等民主人士联名发表《我们对时局的意见》。2月至北平。5月赴苏联参加第一届世界和平代表大会。9月参加全国政协第一届全体会议。

新中国成立后，洪深历任文化部对外文化联络局副局长和国务院对外文化联络局局长，在周恩来总理领导下，为新中国对外文化交流事业尽心竭力。1954年12月，任中国文化代表团团长，率队访问民主德国、匈牙利和波兰。1955年1月，在率团访问波兰途中查出肺癌晚期，周恩来总理召他回国，但他坚持完成工作后才回国。4月，与梅兰芳和周信芳同台演出《审头刺汤》，以此作为告别舞台的表演。8月病重，住进北京苏联红十字医院。

1955年8月29日，洪深因病在北京去世，终年61岁。

1995年，青岛市人民政府在百花苑为20名已故青岛籍或客居青岛成就卓著的文化名人竖立雕像，其中就有洪深。

（撰稿人　詹浩宇　徐德荣）

参考文献：

［1］《洪深传》，陈美英、宋宝珍著，文化艺术出版社，1996年版。

［2］《洪深年谱长编》，古今、杨春忠编著，中国戏剧出版社，2008年版。

［3］《中国话剧运动五十年史料集（第一辑）》，田汉等主编，中国戏剧出版社，1958年版。

［4］《新文学史料》，人民文学出版社，2005年第3期、2020年第1期。

童第周

童第周（1902—1979），字蔚孙，男，浙江鄞县人，汉族，民盟盟员、中共党员，中国科学院学部委员（院士），胚胎学和发育生物学家，中国实验胚胎学研究创始人之一。1927年毕业于私立复旦大学。1934年获比京大学哲学博士学位，同年8月至1938年3月任国立山东大学生物学系教授，后任国立中央大学、国立同济大学、私立复旦大学教授。1946年起，任国立山东大学教授兼动物学系主任、校务委员等。1951年起，任山东大学副校长。1956年调至中国科学院，先后任生物学地学部副主任、生物学部主任。1978年任中国科学院副院长。曾任第一、二届全国人大代表，第三、四、五届全国人大常委会委员，第五届全国政协副主席，民盟第二届中央委员会委员、第三届中央委员会常委，民盟青岛市第一、二届委员会主任委员，中国科学院海洋研究所所长等职。

1902年5月28日，童第周出生于浙江省宁波府鄞县东乡童家岙（今浙江省宁波市鄞州区塘溪镇童村）一个耕读之家，他在家中排行第七，属"第"字辈。父亲童兆甲曾入县学学习，乡亲称其为童秀才。

童第周6岁随父入读村里私塾，14岁前后父亲离世。1918年9月考入浙江省立第四师范学校预科班学习，1920年9月退学考入宁波私立效实中学做三年级插班生，1922年7月毕业。翌年投考国立北京大学和国立东南大学，未中。1923年9月到私立复旦大学哲学系做特别旁听生，翌年7月正式考试入学。1927年5月私立复旦大学心理学专业毕业，同年7月至年底，先赴南京国民革命军总司令部政治部宣传处任职，后至浙江省桐庐县政府任建设科长。1928年1月，经国立第四中山大学（后改称国立中央大学）生物学系主任蔡堡推荐，至该系任助教。

1930年8月，童第周自费赴比京大学（即布鲁塞尔大学）留学。1934年，他以论文《棕蛙卵赤道面决定之研究》通过答辩获哲学博士学位，同年8月经蔡堡推荐受聘任国立山东大学生物学系教授。1935年夏，生物学系主任林绍文到任后，童第周与其配合默契，相得益彰，积极推动系里教学科研发展。

在国立山东大学，童第周致力于学术研究。1935至1936学年，完成"On the Time of Determination of the Dorso-ventral Axis of the Pronephros in Discoglossus"和"On the Cause of Twinning and Abnormal Development in Frogs"两项科学研究，并着手"Experiments on the Development of the Mesonephrus of Rananegromaculata"等4项课题研究。1936年11月，生物学系海产生物研究室成立，学校每年拨给日常经费仅2000元。为节省经费和人手，他和系里教师一道兼任研究人员，并承担海产动物实验胚胎的研究工作。至1937年3月，海产生物研究室成立近5个月时，他与夫人叶毓芬合作完成的《双头青蛙之研究》发表于《中国实验生物学杂志》第一卷第二号。该研究进一步证明了卢克斯及布拉舍氏理论的谬误，因为青蛙的两头取决于卵子本身，非决定于受精时精虫的穿入。他和叶毓芬还合作完成"青蛙肾脏之移植"的研究。

全民族抗日战争爆发后，学校奉命内迁，于1938年春辗转至四川万县。3月，童第周因学校奉令暂行停办而离校，直到1946年一直居于四川，最初在重庆国立编译馆任翻译，继而在国立中央大学、国立同济大学、私立复旦大学等任教。这一时期，他被迫放弃对海洋动物的研究，代之以各地都可以得到的青蛙、蟾蜍等两栖类和金鱼做材料，主要完成两方面研究工作，一是无尾两栖类青蛙、蟾蜍胚胎的纤毛运动和极性的形成，二是金鱼卵子器官形成物质的定位。

1946年，国立山东大学在青岛复校。8月，童第周应邀回校任动物学系教授兼主任，后任学校教授会（后改称教员会）主席。1947年2月，国民政府教育部正式批准国立山东大学规划设置海洋学系并附设海洋研究所，4月24日童第周受聘兼任海洋研究所所长。同年夏，青岛爆发"反饥饿、反内战、反迫害"运动。6月2日，学校进步学生组织游行抗议。他旗帜鲜明地支持学生，与学校进步师生一起冒着危险拍摄了反动军警殴打迫害学生的照片，送到青岛《民言报》发表，并购买100份报纸连夜装进信封，分寄到全国多所大学，揭露青岛反动当局的罪行。1948年2月，他由学校推荐、美国洛克菲勒基金会支持，赴耶鲁大学等讲学研究，为期一年；3月当选为国立中央研究院首届院士。1949年3月回国，10月26日他与曾呈奎联名致信中国科学院筹建人员陶孟和、竺可桢，建议成立综合性海洋科研机构，获得批准。

1950年5月19日，学校校务委员会常委会研究中国科学院办公厅商调童第周、曾呈奎两教授到中国科学院工作事宜，决定童第周留国立山东大学，兼顾中国科学院；曾呈奎去中国科学院，兼顾国立山东大学。8月1日，他与曾呈奎、张玺等共同筹建的中国科学院水生生物研究所青岛海洋生物研究室（今中国科学院海洋研究所）成立，任主任。针对新中国成立初期海洋学科薄弱的现状，他和青岛海洋生物研究室几位领导一起研究，决定积极争取回国的专家到研究室工作。其中，有从英国回来的张孝威，有从美国回来的毛汉礼，有从菲律宾回来的郑执中。这些专家建立、发展起鱼类生态学、资源生物学和繁殖生物学研究，物理海洋学研究和浮游动物学、沉积生物学研究。

1951年3月，国立山东大学与华东大学合并，定名为山东大学。华岗任校长兼党委书记，他与陆侃如任副校长。

在山东大学，华岗注重理论联系实际，主张科学研究应服务社会。这种办学思想唤起了童第周积极参加社会主义建设的热情，逐渐改变了他过去只注重科学实验与基础理论研究、强调学术地位而与社会工农业生产脱节的观念。1951年，他在校刊《新山大》发表《适应国家需要，开展学术研究》一文，提出"学校的研究工作应尽量与生产部门联系，替他们解决各种具体问题"。1952年在《经过三反运动队的教育，检讨我的思想与工作》一文中批评了自己学术至上的思想；在《积极学习苏联先进科学技术，迎接1953年》一文中写道："在苏联研究科学的方向是为人民谋福利，它的基本任务是在增加生产，减轻人民的劳动……因此科学的利用与发展都达到了惊人的成绩。"他以身作则，不断调整自己的研究方向，注重理论与实践的结合，为社会和生产服务。20世纪五六十年代，他主持的许多课题，如对虾、海带、紫菜、贻贝、扇贝的人工养殖，船蛆、藤壶等船舶害虫的防治，都与社会生产密切结合，并为国家创造了巨大的经济价值。

在学科建设方面，由于童第周的胚胎学研究国内领先，而且学校较早创建了海洋研究所，在50年代全国高等院校院系大调整中，他与华岗校长和其他学校领导提出"扬长避短、突出特色"的办学方针，利用近海优势，确定海洋生物学、物理海洋学和动物胚胎学等为重点发展学科，使学校的学科优势和办学特色日益凸显，逐渐形成"文史见长，加强理科，发展生物，开拓海洋"的办学思路。

作为副校长，童第周分管科研工作。1951年5月，在学校创办《文史哲》时，他向华岗校长提出创办覆盖自然科学和其他社会科学内容的学报的建议，得到支持。他被任命为学报编辑委员会主任委员，主持创办了《山东大学学报（季刊）》，同年8月学报第一期出版。《山东大学学报》是新中国成立后创办最早的高校学报，后来成为全国性综合刊物。

在童第周大力倡导下，自1952年起，学校建立每年校庆要举行学术报告会的制度，掀起科学研究的高潮。1952年学术报告会收到62篇论文，1953年有94篇，1954年有120余篇，1955年则有150多篇。1953年全国综合大学会议后，山大的校领导们认真贯彻落实会议精神，围绕"培养科学研究工作和教学的专门人才"的任务和目标，把科学研究列为学校工作重点，并于同年12月25日成立山东大学科学研究委员会，童第周任主任委员。在1954年的校庆日学术报告会上，他作了题为《关于胚胎学发展学说的探讨》的报告。

在华岗动员下，经吴富恒等介绍，1952年8月30日，童第周加入中国民主同盟。1955年6月，当选为新中国第一批中国科学院学部委员（院士），兼任生物学地学部副主任。1956年2月，与华罗庚、胡愈之、费孝通等受到毛泽东、刘少奇、周恩来等党和国家领导人亲切接见。他先后参与《1956—1967年科学技术发展远景规划》《1963—1972年科学技术发展规划》的制订，并参与领导有关生物学规划的编制工作。

1956年8月，童第周奉调到中国科学院工作。翌年5月，生物学地学部分为生物学部和地学部后，他任生物学部主任。他的学生、原山东海洋学院海洋生物学系主任李嘉泳教授，在纪念童第周诞辰100周年而作的《童第周教授教育工作的功绩》一文中写道：

"童师虽然后来离开了学校，但在离校后的长时期内仍十分关心学校教育工作。童师一向对海洋学院怀有深厚感情。他每逢春夏间由京回青总是乐于答应要求，为海洋生物系胚胎专业学生开出讲座课。如逢机会他还向院领导提出些有关办学特色和学院发展方向等的建议。"

童第周的文昌鱼研究始于任教国立山东大学时期。1935年，童第周在青岛海滨寻找、研究海鞘过程中意外发现文昌鱼，成为继私立厦门大学美籍教授赖特（S. F. Light）1923年在厦门发现文昌鱼之后第二个在中国沿海发现文昌鱼的学者。1946年再度回国立山大任教后，他继续文昌鱼研究。文昌鱼在生物进化中占有重要地位，它是脊椎动物的祖先，在世界上分布很少。由于文昌鱼在分类上的地位，其胚胎发育一向受到重视。过去曾认为其发育属于嵌合型，如缺损其一部分，不能通过调整作用补充完善。他用分离、置换分裂球等方法，证明了文昌鱼早期胚胎分裂球的发育命运是有一定的可塑性的，而且分属于3个胚层的分裂球，在实验条件下可通过细胞间的相互作用，有不同程度的相互转化。此外，他还发现文昌鱼在胚胎发育中，具有与脊椎动物相似的诱导作用。他领导的研究组首先解决了文昌鱼的饲养、产卵和人工授精等必要的技术，为系统研究文昌鱼的胚胎发育奠定了基础。他对文昌鱼卵的发育能力提出很重要的修正意见，受到国际上的重视。这些研究揭示了文昌鱼与脊椎动物在发育机制上的一致性，从而证明文昌鱼在从无脊椎动物进化为脊椎动物过程中的重要地位，使中国的文昌鱼研究独树一帜，居世界领先地位。

他为鱼类的胚胎发育能力和细胞遗传的研究作出了贡献。他在20世纪40年代开始的实验结果中就证明了在金鱼的卵子中，赤道线以下植物性半球的一边，卵子含有一种有关个体形成的物质，它在发育的早期由植物极性逐步流向动物极性，是形成完整胚胎不可缺少的物质基础。他在这方面的论文是鱼类实验胚胎学方面的重要历史文献。他关于海鞘的研究，主要是在20世纪50年代前期进行的。他的研究证明了其胚胎发育中有些组织器官是有可塑性的，纠正了过去一些学者认为其发育属于严格镶嵌型的见解。

50至60年代，他进行细胞核和细胞质在发育中关系的研究，在用细胞核移植的方法培育鱼类新品种方面有了重大突破，研究成果达到国际领先水平。70年代，他与美籍华人科学家牛满江教授合作进行关于核酸对鱼类发育和性状影响的研究，利用鲫鱼的遗传基因，成功克隆出单尾金鱼，被科学界称之为"童鱼"，他也被誉为中国"克隆之父"。

1978年2月，童第周当选为政协第五届全国委员会副主席。3月，任中国科学院副院长；在全国科学大会上被授予全国科学技术先进工作者称号。12月，加入中国共产党。同年，童第周提出有必要建立一个发育生物学方面的研究所。1980年3月，中国科学院发育生物学研究所在北京正式成立。这为后来我国迅速发展的转基因动物和克隆动物的研究奠定了坚实基础。

70年代中后期，在水产学系归建山东海洋学院和山东海洋学院领导体制由国家海洋局改为归属教育部这两件事关学校前途和命运的大事上，童第周给予积极支持。1971年2月，根据《山东省高等学校布局和专业调整方案》，水产学系并入烟台水产学校。"文化大革命"结束后，校内外许多学者多次向有关部门、领导申诉理由，请求恢复山东海洋学院水产学系建制。其中，尹左芬副教授等多次登门拜访童第周。童第周应请求亲自给教育部及有关主管单位写信，从学术角度肯定水产学系在学界的地位，阐述水产学系回归山东海洋学院的重要性和必要性。1977年11月10日，山东省革委会下发《关于将原并入烟台水产学校的山东海洋学院水产系归建的通知》。同年12月，童第周致信尹左芬对水产学系回归表示祝贺：

"祝贺你们水产系复校了，你们多年来的辛苦斗争总算达到了目的，同事们一定很高兴，现在的问题是要埋头苦干了，教育和科研必须双方并进，革命加拼命的精神要比原分校前加倍才好，必须把十年来的损失迅速夺回来，并多快好省地来实现科学现代化……"

1978年2月17日，国务院转发教育部《关于恢复和办好全国重点高等学校的报告》，其中提到山东海洋学院等高校归属问题："这些问题……不宜仓促处理。目前以维持现状暂不调整为好。"这让学校主要领导心急如焚。5月5日，张国中院长致信童第周，详细说明山东海洋学院归属问题的来龙去脉和划归教育部领导的必要性，希望得到他的"指教和帮助"。不久，张国中又赴京拜会童第周。李庆臻（时任山东大学党办主任，后任济南大学校长）后来在《我和张国中书记》一文中记述了这件事情：

"那一年，国中书记正在北京，与有关方面联系，想把山东海洋学院的管理权由海洋局转向教育部。我去看他，他谈及此事……觉得可以考虑找童第周院长帮忙。于是我便陪国中书记去找童老。……童老建议，先发动海洋学院的老教授方宗熙、赫崇本，联名上书中央领导，谈明情况，说明理由。然后，他再拿着联名书信去找副总理。由其决定，可能更好。国中书记立即给海洋学院打电话，让海洋学院知名教授联名上书。"

7月22日，张国中、高云昌、赫崇本、方宗熙、薛廷耀、文圣常等62名干部和教师联名上书国务院副总理王震、方毅。这封信受到王震、方毅的重视，学校重归教育部直属。李嘉泳在《童第周教授教育工作的功绩》一文中对此也有记述："70年代学院在建制归属上发生了问题，童师非常关心此事并积极协助解决，终于使学院得到新的发展机遇。从客观上讲，此举也为学院日后扩建为海洋大学理顺了道路。"

1979年3月30日，童第周因病在北京去世，终年77岁。童第周一生几乎没有离开过教育科研岗位，先后在多所大学任教，教过普通动物学、细胞学、比较解剖学、遗传学、胚胎学和实验胚胎学等不同的生物学科课程，还专门为学校胚胎组教师和高年级学生开过无脊椎动物胚胎学课程。他在几十年的教育工作中培养出庄孝僡、张致一、李嘉泳、吴尚勤、严绍颐、史瀛仙、陆德裕等一大批生物科学工作者。

1995年，青岛市人民政府在百花苑为20名已故青岛籍或客居青岛成就卓著的文化名人竖立雕像，其中就有童第周。

（撰稿人　金松）

参考文献：

[1]《民盟历史文献　童第周》，俞为洁著，群言出版社，2014年版。

[2]《统一战线人物志（第2卷）》，本书编写组编著，华文出版社，2007年版。

[3]《童第周：追求生命真相》，童第周著，解放军出版社，2002年版。

[4]《李庆臻文集》，李庆臻著，山东大学出版社，2015年版。

[5]《中国历史大辞典·历史地理卷》，《中国历史大辞典·历史地理卷》编纂委员会编，上海辞书出版社，1996年版。

舒舍予

舒舍予（1899—1966），原名舒庆春，笔名老舍，男，北京人，满族，无党派人士，著名小说家、剧作家。1918年毕业于北京师范学校。1934年9月至1936年7月，在国立山东大学文学院任教，讲授小说作法、高级作文等课程，并担任《山大年刊》顾问。在青岛期间出版《樱海集》和《蛤藻集》，创作长篇小说《骆驼祥子》，还写了《青岛与山大》《五月的青岛》等大量散文。1951年，被授予"人民艺术家"的称号。

1899年2月3日，舒舍予出生于北京一户满族正红旗人家。他的父亲是一名满族护军，1900年阵亡在八国联军攻打北京城的炮火中。八国联军攻入北京后，舒舍予的家曾遭意大利军人劫掠，当时才一岁半的他因为一个倒扣在身上的箱子而幸免于难。

父亲阵亡后，他与母亲相依为命，过着清贫的生活。直到9岁时，由满族贵族刘寿绵资助才得以入私塾读书。1913年，考入京师第三中学（今北京三中），数月后因经济困难退学。同年考取公费的北京师范学校，于1918年毕业。1918年至1924年间，先后任京师公立第十七高等小学校兼国民学校（今方家胡同小学）校长、北京市北郊劝学员、天津南开中学教员、北京一中教员。

1924年秋，舒舍予赴英国，在伦敦大学东方学院华语学系任华语讲师，并开始文学创作。1926年，在《小说月报》发表第一部长篇小说《老张的哲学》。1929年夏离英，途经新加坡并滞留半年，在华侨中学任教，创作以新加坡为背景的小说《小坡的生日》。1930年春，返回北平。秋，到私立齐鲁大学任教。1934年7月，辞去私立齐鲁大学教职；8月，一个人去了上海，因当时环境所迫，没敢冒险去做一个"职业写家"，旋即返回济南。

1934年9月，国立山东大学校长赵太侔聘请舒舍予来校任中国文学系教职。在国立山东大学任职两年，他的职称聘任经历了两个阶段：第一学年被聘为讲师，第二学年被聘为教授。

当时他已是知名作家，来校之前发表了《老张的哲学》《赵子曰》等小说，自然受到师生热烈欢迎。1934年10月9日晚7时，在中文系举行的迎新会上，他不仅受到特殊介绍，还应邀致训词。校刊所载《中文系同学举行迎新会》一文有这样的记载："宣布开会后，由严曙明主席致欢迎词，略谓：本系本学年，在师长方面新聘有现代文坛知名的舒舍予先生，将来定能予本系同学很多的指导与教诲。……继由校长、张主任、姜淑明、游泽丞、舒舍予诸先生相继致训词，语多亹勉，殊为恳切。"

来校任教后，他每年均开设四门课程，其中一门必修课、三门选修课。两个学年开设的必修课均为文艺批评，而选修课则有所不同，第一学年为小说作法、高级作文、欧洲文学概论，第二学年则为小说作法、文艺思潮、欧洲通史。他所讲授的各门课程，都很受学生欢迎。他对考试要求是很严格的，选他课的学生考试时，成绩能获得80分以上者寥寥无几，"可是选他的功课者，却依然是挤满教室。有几门课，上课时，你若去时较迟，尤其是女生，就会面红耳赤，找不到座位"。

这一方面是因为他备课非常认真，讲课时一口地道的北京话，十分动听。另一方面，讲授像小说作法、高级作文这类课，对于有着丰富写作经验的作家来说，可谓驾轻就熟，可以将自己的创作体会融入其中，效果岂能不好？因此，不仅本系学生喜欢听他的课，连外系的学生也向学校要求旁听他的课程。为了满足学生的愿望，学校除开设每周3课时的选修课程社会科学（欧洲通史）外，还先后三次专门安排他进行全校性讲课。

他批改学生作业总是一丝不苟，作文中如有句子结构、段落层次不妥帖的地方，都加以眉批，甚至不放过一个用错的标点符号。他教导学生"写文章得向你的读者负责"。当时国立山东大学学生创办《励学》《刁斗》《山大年刊》等几种刊物，他担任《山大年刊（民国廿五年）》的顾问，经常为这些刊物写稿并亲自帮助审修文章。散文《青岛与山大》就是1936年原刊于《山大年刊》的。

舒舍予非常爱护学生，在学生中间从不以名作家自居，总是谦逊和蔼，深受学生喜爱。学生们毕业时，都愿意请他题词留念，对所题内容他都斟酌再三，用工整的字体写下语重心长的话语。他曾在一个毕业生的纪念册上写道："对事须卖十分力气，对人不用半点心机。"

教书之余，舒舍予进行着文学创作。他刚到青岛时，住在莱芜一路，即今登州路10号。1935年春，迁到金口二路2号，即今金口三路2号乙。这里离国立山大很近，距他的夫人胡絜青教书的青岛女中也不远。他的第二部短篇小说集《樱海集》，是在这所房子里编定的。他在序中写道："开开屋门，正看到邻家院里的一树樱花。再一探头，由两所房子中间的隙空看见一小块儿绿海。这是五月的青岛，红樱绿海都在新从南方来的小风里。"

1935年7月，一群好友来青岛消夏聚在了一起。他便提议办一个短期刊物，得到大家的响应。于是决定在《青岛民报》上开辟一个文艺副刊《避暑录话》。《避暑录话》这一名字是由洪深建议的。舒舍予对刊名的解释是："宋朝，有个刘梦得，博古通今，藏书三万余卷，论著很多，颇见根底，这个《避暑录话》，也是他的著述，凡二卷，记了一些有考证价值的事。我们取这个刊名。要利用暑假，写些短小的诗文。"刊物约请12位作家担任撰稿人，他们分别是：王统照、王余杞、王亚平、舒舍予、杜宇、李同愈、吴伯箫、孟超、洪深、赵少侯、臧克家、刘西蒙。《避暑录话》从1935年7月14日创刊，至1935年9月15日停刊，每周1期，共出了10期。第一期刊出后好评如潮，销量也不断增加。起初作为周刊随《青岛民报》刊出，后来供不应求，于是增印折叠成8页的小刊物。

舒舍予在《避暑录话》上发表过9篇文章，包括散文《西红柿》《再谈西红柿》《暑避》《檀香扇》《立秋后》《等暑》《"完了"》等7篇，小说《丁》1篇，以及旧体诗《诗三律》等。在这些诗文中，舒舍予以他幽默讽刺的笔调，轻松诙谐地谈论身边琐事，抒发爱国主义的情感。

1935年，他还创作了中篇小说《月牙儿》、短篇小说《断魂枪》等。年末，他搬到黄县路6号（今黄县路12号）。在这里他编定第三部短篇小说集《蛤藻集》，他在序言中说："收入此集的六个短篇和一个中篇，都是在青岛写成的，取名'蛤藻'无非见景生情……。"

1936年上半年，国立山东大学发生大规模的学生运动，校长赵太侔离职，舒舍予也"便随着许多位同事辞了职"。

他"辞职后，一直住在青岛，压根儿就没动窝"，在家中安静地写作，"这回，我既不想到上海去看看风向，也没同任何人商议，便决定在青岛住下去，专凭写作的收入过日子"。

居住在黄县路6号的舒舍予，创作了中国现代文学史上的长篇杰作《骆驼祥子》以及小说《文博士》《我这一辈子》等。说起《骆驼祥子》的创作缘起，舒舍予在自传里这样说：

"记得是在1936年春天吧，山大的一位朋友跟我闲谈，随便的谈到他在北平时曾用过一个车夫。这个车夫自己买了车，又卖掉，如此三起三落，到末了还是受穷。听了这几句简单的叙述，我当时就说，'这颇可以写一篇小说'。紧跟着，朋友又说：有一个车夫被军队抓了去，哪知道，转祸为福，他乘着军队移动之际，偷偷的牵回三匹骆驼回来。"

两个车夫的不同命运，激起了舒舍予极大的创作欲望，以至于从春天到夏天，心里老在盘算、构思，如何将这一素材写成小说。辞职后，他便开始把骆驼祥子的故事写在纸上。1936年9月，《骆驼祥子》在《宇宙风》第二十五期开始连载，至1937年9月第四十八期续完，轰动了文坛。

1937年8月，应私立齐鲁大学文学院之邀，舒舍予赴济南任教职，结束了他在青岛三年的教书和写作生活。

他十分喜欢国立山东大学，虽然在这里执教的时间不长，但他对国立山东大学、对青岛充满了感情。在《青岛与山大》中，他赞美山大"朴俭""静肃"，"有一种强毅的精神"；在《青岛的五月》中他不吝笔墨地描绘了青岛的美。青岛人民也没有忘记这位文坛大家，2010年，青岛市将黄县路12号辟为"骆驼祥子博物馆"，以志永久的纪念。

卢沟桥事变爆发后，舒舍予离别家小奔赴国难，先到了武汉，又去了重庆。他以团结抗日为题材，运用各种文学体裁创作了大量作品。其中，创作了长篇小说《四世同堂》的第一部《惶惑》、第二部《偷生》。

1946年，国立山东大学在青岛复校，赵太侔重掌校长之印，盛意邀请舒舍予再次来校执教，他也爽快地接受了中文系教授的聘约，但当时正在美国讲学的他归路不顺，未能实现重返国立山东大学的心愿，殊为遗憾。

新中国成立后，舒舍予回到北京。1951年初创作的话剧《龙须沟》上演，获得巨大成功，因而被北京市人民政府授予"人民艺术家"的称号。

他在文艺、政治、社会、对外文化交流等方面担任多种职务，但仍勤奋创作，其中创作的《茶馆》成为当代中国话剧舞台最享盛名的保留剧目，继《骆驼祥子》之后，再次为舒舍予赢得国际声誉。

"文化大革命"初期，舒舍予遭受严重迫害，1966年8月24日自溺于北京太平湖，终年67岁。

1978年初，舒舍予得到平反，恢复了"人民艺术家"称号。1995年，青岛市人民政府在百花苑为20名已故青岛籍或客居青岛成就卓著的文化名人竖立雕像，其中就有舒舍予。

（撰稿人　纪玉洪）

参考文献：

［1］《走近海大园·大师足迹篇》，魏世江主编，中国海洋大学出版社，2007年版。

［2］《山东（青岛）大学史：1929—1958》，翟广顺著，中国海洋大学出版社，2021年版。

［3］《赶集　樱海集　蛤藻集》，老舍著，长江文艺出版社，2012年版。

［4］《老舍自传》，老舍著，内蒙古文化出版社，2018年版。

蒋丙然

蒋丙然（1883—1966），原名幼聪，字右沧，男，福建闽县人，汉族，气象学家，中国现代气象事业奠基人之一，中国气象学会创始人之一。1908年毕业于私立震旦大学物理科，1912年获比利时双卜罗大学农业气象学博士学位。回国后任青岛观象台台长等职。1934年9月至1937年底，受聘任国立山东大学物理学系兼任教授。1946年国立山东大学复校后任农学院教授，同年底赴国立台湾大学任教。曾任中国气象学会会长（连任5届）、副会长，中国天文学会副会长，中国天文委员会委员，国民政府教育部译名委员会委员，国立中央研究院气象研究所和天文研究所特邀研究员，中国海洋研究所筹备委员会常务委员、青岛海滨生物研究所董事会秘书，台湾省天文学会首届理事长和气象学会首届会长等。

1883年9月2日，蒋丙然出生于福建省福州府闽县（今福建省闽侯县）一个书香门第。父亲蒋培孙于清光绪十九年（1893年）考中举人，曾任福建大学堂教务长，与林子固创办贞仁学塾，讲授国文、算术及法文。在家庭环境熏陶下，蒋丙然自幼聪颖好学，深受父亲"提倡西学，注重实业"思想的影响。

1905年，蒋丙然到上海先入法文学校学习法语，后入私立震旦大学物理科，因各科成绩优异，成为马相伯先生得意门生。1908年，私立震旦大学毕业后赴比利时双卜罗大学（Gembloux Agro-Bio Tech，今译让布罗农业生物技术大学）学习气象学。1912年获农业气象学博士学位，同年11月回国后，任苏州垦殖学校教务长。1913年夏，应中央观象台台长、福建同乡高鲁先生之邀，到北京任中央观象台技正、气象科科长，兼任航空署气象科代理科长，还在参谋总部航空学校、国立北京大学和国立北京高等师范学校（今北京师范大学）讲授气象学。

1922年秋，蒋丙然被任命为青岛测候所接收组组长。事前他曾专门来青考察，写有《青岛测候所考察记》一文。同年10月，他率竺可桢、宋国模等接收青岛测候所，被日本人以中国"尚不具备气象观测人才"为由拒绝，直至1924年2月15日才成功接收。蒋丙然代表中央观象台接收日本人管理的青岛测候所后，将该所改名为胶澳商埠观象台，并于1925年9月出任第一任台长，直至全民族抗日战争爆发后青岛沦陷。1924年10月10日，蒋丙然在青岛发起成立中国气象学会，并当选为第一任会长，此后连任5届，直到1929年。1928年11月，他在青岛观象台设立海洋科，聘宋春舫担任首任科长。

1930年8月，中国科学社在国立青岛大学召开第十五次年会，他与蔡元培、杨杏佛、李石曾、宋春舫等积极倡议成立中国海洋研究所，并与胡若愚、宋春舫等被推举为筹备委员会常务委员。他们决定以中国海洋研究所名义先行筹建青岛水族馆，择址于青岛海滨公园（今鲁迅公园）内。1931年，他在青岛主持建立我国第一座大型圆顶天文观测室，标志着中国天文气象事业完全步入现代行列。1932年5月，青岛水族馆落成并对外开放，蒋丙然兼任馆长一职。

1934年9月，蒋丙然受聘任国立山东大学物理学系兼任讲师（后为兼任教授），讲授气象学和气象学实习等课程。10月27日，他应国立山东大学物理学会邀请，在科学馆作题为《大气中之平流层》的学术报告，分别讲述了大气的厚度及成分，测高空的种种方法，平流层中的温度、压力、风向等各种情形，以及纬度与平流层的关系等内容。

1935年4月10日，太平洋科学协会海洋学组中国分会在南京召开成立大会，他以会员身份参会。大会经讨论择定在青岛、定海、烟台、厦门四地各设一处海洋学研究场，其中，确定青岛海滨生物研究场（后定名为青岛海滨生物研究所）由青岛观象台和国立山东大学等单位合作办理。蒋丙然和国立山东大学农学院院长曾省具体负责筹划事宜。不久，因曾省赴川改任国立四川大学农学院院长，筹划工作就落到他一人身上。6月1日，他应国立山东大学生物学会邀请，在生物学系图书室作题为《大气与生物》的学术报告。他首先概述了大气与生物的密切关系，并指出地球与月球都是行星，而月球上无生物，地球上动植物极多，就是因为地球上有空气的原因。他进而从大气的物理性质、大气的化学性质和大气的现象等三个方面论述了与生物的关系，"讲述极为详尽，听众甚感兴趣"。翌年底，青岛海滨生物研究所成立后兼任董事会秘书。

经蒋丙然倡议，青岛观象台和国立山东大学开展合作，自1935年9月起，物理学系从大学二年级开始分为物理学与天文气象学两组。他和青岛观象台相关高级技术人员讲授气象学课程，物理学系教授、青岛观象台特约研究员李珩等讲授天文学课程。天文气象学组在物理学系必修课程分为两类：一为天文气象本身课程，如气象学、普通天文学、天体力学、气象观测法、实用气象学等，理论与技术并重，一切实习教材与青岛观象台合作；一为物理课程，如热、力、光、电等科目，均为研究天体现象的主要工具。三、四年级开始学习轨道计算法、日月蚀计算法、海洋学大意、恒星统计学等选修课程。

天文气象学组学生毕业论文以解决天文上或者气象上的实际问题为原则。学生以青岛观象台为实践教学基地，边学习、边操作。蒋丙然在国立山东大学培养的多名学生后来成为我国气象学界翘楚。王华文（即王彬华）是国立山东大学物理学系天文气象学组第一届学生，同组的还有万宝康、孙月浦和王金章等3人。

王华文抗日战争胜利后曾任青岛观象台台长，后历任国立山东大学农学院气象学教授、山东海洋学院教授、青岛海洋大学教授、中国海洋大学教授，20世纪80年代出版的专著《海雾》，当时被公认为世界上研究海雾现象最为全面系统、精辟翔实的书，也是国际上最早研究海雾的专著，它的出版是对世界海洋气象研究的一大贡献。万宝康后来服务于台湾地区空军界，并兼任中正大学、成功大学气象学教授。孙月浦后来与王华文结成伉俪，同在山东海洋学院任教，他们曾是青岛观象台气象预报骨干，也是国立山东大学、山东大学及山东海洋学院天气学课程的开讲者。王华文撰文回忆："蒋丙然先生及观象台诸人，对我们做学生的十分友善，学问上亦循循善诱。故我对于蒋、李（李珩）两先生始终敬佩，亦终生得到其帮助提携。"

全民族抗日战争爆发后，蒋丙然滞留沦陷区。1938年1月，出任"国立北京大学"农学院农艺学系教授兼主任，并于1943年7月至1945年8月担任院长（1944年8月兼任农业化学系主任）。

1946年，国立山东大学在青岛复校后，蒋丙然受聘来校任农学院气象学教授，临时负责招生等事宜。10月21日，他出席复校后首次临时校务会议，会议议定了开学典礼的时间和议程，以及校刊复刊等事宜。12月，应国立台湾大学校长陆志鸿之邀，出任该校农学院教授，讲授气象学。他后来担任台湾省天文学会首届理事长和气象学会首届会长。

1948年11月，王华文编纂完成《青岛市观象台五十周年纪念特刊》，后来寄赠蒋丙然。蒋丙然收到特刊后百感交集，遂赋诗一首："高耸层台入望遥，当年日日此登楼。抛将心血成陈迹，赢得浮名愧白头。惨淡经营惊破碎，从容恢复费筹谋。遑遑巨册闲披览，往事依稀眼底留。"王华文收到蒋丙然的诗作后，步原韵唱和一首："山自青葱径自幽，念年往事忆登楼。挥毫但见风云变，对镜难穷宇宙头。一代宗师精设计，千秋大业庆宏谋。残篇待辑烽烟里，劫后层台共我留。"王华文诗里的"一代宗师"即指蒋丙然。

蒋丙然自1946年到台湾，直到逝世，再也未曾回到他日夜思念的青岛。1952年，他在《七十述怀》诗中写道："荏苒韶光过，居然届古稀；蓬瀛今羁旅，琴岛昔栖依。"又云：

"游履来兹岛，于今恰六年；妻孥欣聚首，故旧乐随缘。一脱名缰累，不教世网牵；志怀何所望？望睹太平天。"字里行间，流露出他对青岛的留恋和对祖国和平统一的期待。

蒋丙然是中国近代观象事业开拓者之一。他筹建了中央观象台气象科，开创了我国天气预报的新纪元。他1915年亲手绘制第一张中国人发布的天气图。翌年，中央观象台公开对社会发布天气预报，开创了由中国人在自己国土上发布天气预报的新局面。他经营青岛观象台14年，将青岛观象台建成一个具有气象地震科、天文磁力科、海洋科、研究室、图书馆、理化实验室的观测与科研并举的机构，成为当时全国气象观测与预报的中心台。该台的经度被列入各国航海通书之中，成为世界24个名台之一。他购置各种海洋仪器、延揽有志于海洋科学的人才，于1928年11月成立海洋科中第一个海洋水文、气象和生物观测研究机构，1935年5月至1936年10月与国立北平研究院合作进行4次海洋物理化学性质的调查。他重新购置先进的维开尔地震仪进行观测，其记录用英文报告发表，为我国地震科学积累了宝贵资料。他还普测山东半岛地磁力，所测结果在荷兰国际磁力学会发表。

蒋丙然发展了我国气象台站网和气象事业。1920年，他发表《扩充全国气象测候所计划书》，提出在我国中西部（东部已有海关测站）设立40个测站的计划及所需经费预算，附设气象训练班方案，呈请北京政府教育部批准。1921年他的扩充测站的计划经政府讨论，同意先设10处（包括拉萨、兰州等）。为了在中国发展测候站，他不仅为争取政府支持作了种种努力，还做了许多富有成效的实际工作：1920年前后为航空署设立若干航危测候站；1925年出任青岛观象台台长后，筹款设立了青岛市郊及岛屿测站10余处；1926年协助海军部在重要海岛上设立气象台站；1930年前后为山东省建设厅制订了山东各县设立测候站计划，其后该省所设测候所数量为全国各省之冠；其他各地由他代为计划而已设立的测候所有20多处。

蒋丙然普及与研究了气象科学。他从事气象工作之初，气象科学在我国实属空白，"气象学"一词也鲜为人知，他认为"欲求气象科学在中国发展，必先使人们具有此项常识"。因此，他利用一切余暇积极撰、译气象学书籍和科普文章。他1914年在《气象月刊》介绍一般气象理论知识，1915年在《观象丛报》上连载自编的《实用气象学》一书全文。《实用气象学》是最早一部由中国人自己编写的气象学专著，论述了气象学原理、各种大气现象及其成因、各种气象仪器及其用途以及观测方法。该书为在我国宣传普及气象学知识和气象观测技术发挥了重要作用。北京政府农商部长、实业家张謇为此书作序评价说："足以开气象学术之先河。"他随后所著的《理论气象学》《气象器械及其观测法》（上下册）对当时气象工作都起到积极作用。

1966年12月24日，蒋丙然病逝于台北，终年83岁。

（撰稿人 金松）

参考文献：

［1］《科学》，中国科学社，1935年第十九卷第六期。

［2］《中国科技史料》，中国科学技术出版社，1990年第11卷第1期。

［3］《北京教育学院学报》，北京教育学院学报编辑部，2017年第31卷第3期。

［4］《青岛文史资料（第9辑）》，中国人民政治协商会议青岛市委员会文史资料研究委员会编，1992年版。

［5］《碧海丹心：海洋科技历史人物传记》，李乃胜等著，海洋出版社，2007年版。

高哲生

高哲生（1909—1973），原名高明烈，男，山东沂水人，汉族，九三学社社员，海洋生物学家。1930年入读国立青岛大学中国文学系，翌年转入生物学系学习。1934年毕业于国立山东大学后，留校任生物学系助教。1946年起，历任国立山东大学讲师、副教授，山东大学、山东海洋学院副教授，山东海洋学院海洋生物学系副主任等职。曾任青岛观象台海洋科科长，青岛水族馆馆长，青岛人民博物馆、青岛海产博物馆名誉馆长，九三学社青岛分社委员等。

1909年11月19日，高哲生出生于山东省沂州府沂水县河阳高家店子村（今山东省沂南县大庄镇高家店子村）一个农民家庭。父亲高秉恕擅长医术，后因在霍乱瘟疫中救治村民时受到感染去世。他在家中排行第二，上有一兄，下有两弟，大弟不幸夭折，小弟成年后参加革命。

高哲生1920年8月至1927年7月在当地教会创办的峄县务本实业学校靠勤工俭学修完小学和初中学业；1927年8月至1929年7月就读于济南私立齐鲁大学附设中学。1929年8月至1930年8月，任济南鲁丰纱厂员工子弟小学教员。

1930年9月，高哲生考入国立青岛大学文学院中国文学系，学号"二三一六五"；翌年秋转入生物学系一年级学习，与1931年入学的庄孝僡（生物学家，中国科学院学部委员）成为同班同学。1932年4月，学校聘国立北平研究院动物学研究所研究员张玺为兼任讲师（后聘为兼任教授）来生物学系讲授海洋学课程。他由此与张玺结下师生之缘。张玺来校授课期间的每个周日，高哲生会与同学一道随他前往青岛海滨采集海洋生物标本，回校后加以整理和研究。1933年，他与中国文学系学生许星园、李桂生等成立国立山东大学励学社，创办综合性半年刊《励学》，分文史和科学两部，刊登本校师生文章，以学生论著为主。同年12月《励学》第一期出版，赵太侔校长为刊物作序，以示勉励。该刊除与各高等学校交流外，还在各地书店出售，销路颇广。1934年1月，中山文化教育馆第一次奖学金评选揭晓，高哲生获得该奖学金第三类自然科学考试竞赛（以生物学为主）甲等奖，得奖金60元。同年6月，高哲生大学毕业，成为国立山东大学首届毕业生。《国立山东大学周刊》以《本校举行第一届毕业典礼》为题，对6月23日举行的毕业典礼记述道："本大学本届毕业试验，已于本月十四日举行完毕。毕业学生共计53人，毕业布告在案。本校成立历经四载，此次为第一届毕业，故于考试结束后，即着手筹备第一届毕业典礼。……"

典礼当日，青岛市市长沈鸿烈为53名毕业生授毕业证书，并代山东省政府主席韩复榘奖给毕业生前九名每人皮包一个，自来水笔一支，金手表一块。高哲生获得第五名，领奖时"喜形于色，极感兴奋"。与他同届毕业的还有臧克家、丁观海（丁肇中之父）、梁绣琴（梁实秋之妹）等。

在读期间，高哲生完成多项研究成果并发表：撰写的《青岛的棘皮动物》发表于《国立山东大学科学丛刊》1933年第一卷第一期，《青岛沿海之多毛目环节动物》发表于《国立山东大学科学丛刊》1933年第一卷第二期，《在活栓杯中培养海滨生物》发表于《励学》1933年第一期，《青岛海产生物分布概况》发表于《励学》1934年第一卷第二期。

1934年9月，高哲生留校任生物学系助教。除协助教师做好授课、实验等工作外，他经常利用休息日和节假日带领学生到青岛海滨和省内外沿海地区采集海洋生物标本。例如，1935年4月26日，他率领本系十多名学生利用春假时间前往烟台海滨采集海洋生物标本，历时一周。1935年5月，张玺领导的胶州湾海产动物采集团来到青岛，与青岛市政府联合开展胶州湾海洋动物调查，这是我国近代第一次多学科海洋调查。高哲生参与调查，每逢周末就与采集团成员出海采集海洋生物标本。1936年11月，生物学系海产生物研究室成立。为节约有限经费和人力，他与系里其他教师一道，在授课之余兼任研究人员，致力学术研究。这一时期，他完成数项研究：撰写的《寄生虫研究与实验法》发表于《励学》1935年第三期，《浮游生物采集及保存法》发表于《励学》1935年第四期，《铵盐与硝酸盐对于高等植物营养之关系》发表于《励学》1936年第五期，《眼与颜色》发表于《励学》1936年第六期。1937年3月前后，完成科研论文《胶州湾浮游生物之研究》，该文研究的浮游生物共46种，其中，动物29种，植物17种，均有图版标示特征。

全民族抗日战争爆发后，国立山东大学奉命内迁，后于1938年春奉国民政府教育部令暂行停办。1938年8月，高哲生调任国民政府资源委员会四川金矿探勘队总务员，后调任国民政府资源委员会西康金矿局场主任。1942年9月，他以国民政府资源委员会锡业管理处江西分处总务课课长职兼该分处第一事务所所长，两年后改任该分处业务课课长，后辞职。1944年9月，经举荐任江西省上犹县立继春中学（为纪念该县县长王继春而名，今江西省上犹中学）校长。在任期间，高哲生思想进步，治校有方，颇受师生拥戴。

1946年，国立山东大学在青岛复校。8月，高哲生辞去继春中学校长职务应邀返校，并被聘为动物学系讲师，同时协助办理相关复校事宜。10月21日，参加学校复校后召开的首次临时校务会议，被推举为校刊编辑委员会委员。翌年，任学校训导处生活指导组主任。

1947年6月2日，他和学校进步学生一起参加"反饥饿、反内战、反迫害"游行，遭反动军警殴打。同期出版的《国立山东大学反内战运动委员会公报》第一期《教授的话》刊登了学校部分教师的语录，其中，高哲生说："现在不是同情同学，因为我们也同样受着内战的痛苦与饥饿，实际是我们站在一条阵线上。"1949年4月，经青岛观象台呈请青岛市政府批准，他以该台海洋科科长一职兼任青岛水族馆馆长。同年8月被聘为动物学系副教授。

1950年，青岛水族馆和山东产业馆合并为青岛人民博物馆，高哲生任名誉馆长。同年在《科学》杂志第三十二卷第九期发表《青岛潮汐概况》一文。1951年8月，他在《海洋湖沼学报》第一卷第一期发表《胶州湾海洋理化性质的研究》一文。1954年在《生物学通报》同年6月号发表《青岛的水族馆》一文，较为系统地介绍了青岛水族馆的沿革以及建筑风格、回水系统、水族饲养、标本陈列等。1955年7月，青岛人民博物馆更名为青岛海产博物馆，高哲生任名誉馆长。20世纪50年代中期担任青岛市文化局局长的王桂浑回忆："山东产业博物馆与水族馆合并改造为青岛海产博物馆。……聘请山东大学生物学系高哲生教授担任这个博物馆的馆长。海洋所的专家为海产馆工作和高哲生教授担任海产博物馆馆长都是尽义务。他们极端负责，使规模不大的青岛海产博物馆在国内享有很高的声誉，是来青岛人士一定要参观的景点之一。这些专家爱祖国爱科学的热忱和不计名利的高风亮节令人敬佩。"

1956年3月，经唐世凤、李冠国介绍，在青岛加入九三学社，并分别于1958年11月和1962年8月，当选为九三学社青岛分社第三届和第四届委员会委员。同年12月在《山东大学学报（自然科学）》第二卷第四期发表《山东沿海水螅虫的研究（一）》一文。

1957年2月，学校出台《关于改进我校当前工作的意见》，确定改进学校工作重点，并结合1957年科学研究工作任务，拟订228项研究题目，参加研究工作的教师达196人。高哲生的"山东沿海水母类研究"名列其中。1958年4月，他在《山东大学学报（自然科学）》同年第1期发表《山东沿海水螅水母的研究（一）》一文。

原青岛海洋大学海洋生命学院院长李永祺教授1953年考入山东大学生物学系，1957年留校任教，在学期间曾师从高哲生。他回忆："1958年山东大学大部西迁济南之前，高先生任生物学系无脊椎动物教研室主任，教研室主要成员有李冠国、尹光德、黄世玫、张彦衡等老师。高先生负责动物专业无脊椎动物学专门化教学的组织工作，倡导开设高级无脊椎动物学课程，聘请中国科学院海洋研究所张玺等著名专家讲授，他本人讲授该课程的腔肠动物和多毛类动物专题。他亲自指导学生到青岛胶州湾、浙江舟山群岛等地进行教学实习；指导本科生毕业论文和培养研究生（二年制研究生1名：崔玉珩，毕业后到中国科学院海洋研究所从事底栖生物研究）。"

在1958年"双反"运动中，高哲生受到批判。1961年9月进行了甄别，但在当时甄别时，对他的问题解决得不彻底。1981年9月，学校党委作出平反决定，认为"双反"运动中对他的批判是错误的，决定予以彻底平反，并撤销1961年9月的甄别材料。

1959年9月，高哲生任山东海洋学院海洋生物学系海洋动物教研组（后改为教研室）主任。10月，学校庆祝新中国成立10周年，他在院刊《山东海洋学院》的《庆国庆　表决心》专栏撰文："十年来，我国的教育事业在中国共产党的领导下，已经取得了巨大成就。新中国教育不但在数量上得到很大发展，更重要的是教育的性质起了根本变化……在社会主义建设总路线的光辉照耀下，在社会主义建设继续跃进的形势鼓舞下，我坚决表示鼓足干劲，力争上游……在教学、科研和劳动中，作出更大的成绩。"同年在《山东海洋学院学报》第1期发表《华北沿海的多毛类环节动物》一文。

山东海洋学院成立伊始，曾计划在校内筹建海洋科学博物馆，并要求海洋生物学系率先开展相关工作。海洋生物学系专门开会讨论筹建工作，确定由高哲生主持。1960年2月，他与系党支部负责人进行现场考察，初步确定海洋科学博物馆将陈列海洋地质、地貌，中国海、各大洋的地形、地貌图形，海洋水文气象、海洋物理、海洋化学、海洋生物专题展览，及其他水产资源、海洋动物区系的立体彩色模型，并配有彩色照明系统，还将展出生物标本，饲养部分海洋动物。后因种种原因，该计划未能实现。

1961年3月，高哲生任山东海洋学院第三届院务委员会委员，同年12月任海洋生物学系副主任，分管系的行政工作。1962年6月，他在《山东海洋学院学报》同年第1期发表《舟山的水螅水母类》一文；9月参加青岛市工会积极分子代表会议并获颁奖状。1963年获学校工会表彰，并获颁奖状。1964年4月，在《山东海洋学院学报》当年第1期发表《海洋有毒动物的毒性研究——河鲀的毒性实验》一文。

　　"文化大革命"中，高哲生被打成"资产阶级反动学术权威"遭到批判。1973年6月8日，他因病在青岛去世，终年64岁。李永祺教授回忆："高哲生先生是我国最早开展海洋腔肠动物和多毛类动物研究的学者之一，其胶州湾水母、舟山水母和华北沿海的多毛类环节动物等研究成果在《山东大学学报》《山东海洋学院学报》等刊物发表。高先生待人平和、谦虚，生活节俭，对年轻教师十分关怀，热情指导。"

　　1978年11月9日，在学校落实政策大会上，中共山东海洋学院革委会核心领导小组组长、革委会主任张国中代表院革委会党的核心领导小组宣布几项决定，其中指出"院核心小组研究决定，为在'文化大革命'中被错误地打成'资产阶级反动学术权威'等罪名的赫崇本、方宗熙……高哲生……等同志，给予平反，恢复名誉。对强加给他们的一切污蔑不实之词，一律推倒"。

（撰稿人　金松）

参考文献：

[1]《青岛文物与名胜保护纪实》，青岛市政协文史资料委员会编，青岛出版社，2000年版。

[2]《东方渔业》，官商合办青岛鱼市场股份有限公司编印，1949年第二卷第四期。

林绍文

林绍文（1907—1990），字元清，男，福建漳州人，汉族，海洋生物学家，中国水产学奠基人之一。他首次成功解决罗氏沼虾人工育苗和养殖技术，是暖水鱼类养殖世界权威，被誉为"淡水虾养殖之父"。1924年至1930年就读于私立燕京大学生物学系及研究院，获生物学硕士学位，后任私立厦门大学讲师。1930年至1933年就读于美国康乃尔大学获哲学博士学位，并获选SIGMA XI会员。1935年6月至1938年3月，任国立山东大学生物学系教授兼主任。后任教于国立贵阳医学院、香港大学等。1946年在上海主持筹建中央水产实验所并任所长。1949年起，任联合国粮农组织技术专家和亚洲及远东地区渔业养殖专家。

1907年7月10日，林绍文出生于福建省漳州府龙溪县（今福建省漳州市龙海区）一个基督教家庭。他在家中排行第四，二哥林元英是知名妇产科专家，我国宫腔镜的创始人。

1928年夏，林绍文毕业于私立燕京大学生物学系，获动物学学士学位。1930年同校研究院毕业，获水生生物学硕士学位。就读期间，品学兼优，课余时间喜爱田径运动、打乒乓球和游泳，还喜爱音乐、集邮和绘画。学校运动会上曾获跳高冠军。研究院毕业后不久，至私立厦门大学生物学系任讲师，旋赴美国康乃尔大学深造并于1933年获哲学博士学位。回国后再入私立厦门大学任教，被聘为副教授，后被聘为教授兼生物学系主任。他能熟练使用英语和几种中国方言讲课。

1935年1月，国立山东大学生物学系主任刘咸辞职离校，系主任一职暂由教务长杜光埙代理。3月，经国立武汉大学生物学系教授汤佩松介绍，学校聘定林绍文任生物学系教授兼主任，由于私立厦门大学课程尚未完结，遂约定同年6月中旬前后林绍文来校。《国立山东大学周刊》在介绍林绍文时如是写道："林先生系燕京大学毕业，美国康乃尔大学哲学博士，专攻无脊椎动物学及昆虫学。对于海滨生物研究，尤有特殊训练。……本校生物系于海滨生物，向所注重，将来得林先生主持指导，前途进展，可预期也。"4月7日，林绍文利用春假时间来国立山大商讨生物学系发展计划并编制学程指导书。他在考察生物学系后认为，该系设备完善、环境优良，对此大加赞赏，并勉励师生一起努力，共同谋划生物学系发展大计。8日下午，生物学会在学校植物实验室召开大会欢迎林绍文，师生济济一堂，极为融洽；13日，林绍文乘船从青岛返回厦门。6月中旬，林绍文到校。

林绍文长系一年后，生物学系科研教学等取得较大发展。1935至1936学年度，该系学术研究方面已出版或者已研究完毕的学术成果有8项，其中林绍文2项，分别是"On the External Anatomy of Diastyla"和"On the Nebalia of Tsingtao"；正在研究中的学术课题18项，其中林绍文8项。标本制造方面，除少数标本是购买的，大部分由师生自己制造。1936年度新增干制标本中动物50多件，植物1000多件；浸制标本中动物百余种，植物亦百余种；玻璃片标本中胚胎约1000片，组织学约1500片，其他约500片。

1936年1月出版的国立山东大学励学社编印的《励学》第五期，刊载了林绍文的《昆虫的呼吸生理》，该文分为绪言、昆虫呼吸器官的结构、昆虫呼吸器官的生理、昆虫血液与呼吸的关系和结论等部分。6月，由国立山东大学二五年刊编辑委员会编辑、青岛蓝山路醒民印刷局承印、国立山东大学二五级级会发行的《山大年刊（民国廿五年）》出版。年刊编辑、出版、发行都由二五级学生一手操办，林绍文与宋君复、赵少侯、舒舍予等四人应邀担任年刊顾问，帮助同学们审稿改稿，在编写方面予以指导，提高刊物编辑质量。

在国立山东大学，林绍文注意到系中平日教材多取自本市海洋生物，除了国立北平研究院每年派员来青岛采集海洋生物标本带回研究外，没有就地详细研究的。而在青岛采集的海洋生物中，常有新物种的发现。由此，他就有了在本系筹设海产生物研究室的规划，其目的除了采集调查外，注重研究以推动海产生物学的发展，其范围扩充至我国沿海，而不限于本市。他的这一计划得到学校批准。1936年11月1日，生物学系海产生物研究室成立。学校每年拨付日常经费2000元。为节省人力财力，研究人员全部由本系教师兼任，不另聘人。海产生物研究室成立后，主要开展了五方面的工作：中国海产动物的分类分布形态及生态；青岛浮游生物分布生态及分类；海产动物实验胚胎研究；海产动物生理问题研究；中国马尾藻研究，等。至1937年3月，研究室已经发表4篇研究论文。其中，林绍文的《中国十字形水母之研究I.青岛十字形水母》发表在《海产生物学集刊》第三卷第一号，它研究了中国钟形十字水母及青岛正十字形十字水母两个新品种。该文问世前，尚未有科学家注意到我国这一类海洋生物，该研究填补了海洋生物研究领域的一项空白。他的《浙江海岸之水母》也在同年3月底发表在《北平博物杂志》上。同时，他还完成《浙江海岸三种栉水母之研究》和《嵊山水螅虫之研究》等两篇研究论文。

1936年12月25日，林绍文参加在青岛观象台举行的青岛海滨生物研究所代表会议。会议通过《章规》，选举沈鸿烈、朱家骅、李书华、林济青、秉志等15人为常选董事；产生了候选理事名单；他与童第周等4人被推为该所干事。1937年5月3日（周一）为青岛市立女中励学周初始之日，该校照例邀请校外名人到校讲演。是日，他应邀到校以《蚂蚁》为题发表演说，师生们评价："讲词深入浅出，详尽而新颖。同学均颇感兴趣，获益甚多。"6月14日，他在学校总理纪念周上发表题为《动物的恋爱》的演说，以天堂鸟、鸬鹚、鳄鱼、青蛙、蛾、蟋蟀、纺织娘、蝉、蝎子等为例，讲述了它们的求偶和繁殖习性特征。

林绍文学识渊博，多才多艺，音乐歌唱，无不能之。学校每有重大节庆活动，他都是教工游艺组的成员。他长系时期，生物学系系风活泼。每逢周日，他会邀请学生去家里做客共进午餐，讨论学术或者社会问题；或者置备野餐，带领学生去海滨或公园，甚至远到崂山，一面亲自示范讲解采集标本应注意的问题，一面围坐一起，轮流唱歌或说笑。他讲解的生物界中稀奇的故事，让学生们心驰神往。因此，学生无不乐意跟随他野游。这种把科学研究融于生活快乐之中的教法，能引人入胜，自然而然地培养了学生搞科学研究的兴趣。

曲漱蕙1932年秋入读国立山东大学生物学系，曾师从林绍文。他回忆，林绍文有善于融化一些科学知识于言谈中的本领。他开会时会讲科学谜语，幽默动人；经常选择一些科学画片，让学生之间流传鉴赏；将自己订阅的外国期刊交给学生指定阅读哪篇文章，定期向他汇报心得。有时候他还会在课余讲一些奇异动物的行为，让学生猜测其生理作用等。课堂上，他会突然提出一些令人深思的问题，或讲述几则有趣故事引起同学们哄堂大笑，活跃课堂气氛。长此以往，学生们感到林老师真是"五花八门，无奇不有"，绝不像一般师生的关系那样呆板，毫无生气。忆及恩师，曲漱蕙喟然叹道："可惜林老师于解放前出走南洋，漂泊异地，不能见面而共同工作，为遗憾耳。"

全民族抗日战争爆发后，国立山东大学奉令内迁。林绍文一家随校迁移，一边逃难，一边教学。1938年春，学校奉令暂行停办后，林绍文任国立贵阳医学院生物形态学系教授兼主任。1940年，赴香港任海洋生物研究所技正，并在香港大学生物学系担任客座讲师。香港沦陷后，辗转回贵阳，任中国国防医学训练中心生物形态学教授兼系主任，兼任省立贵阳科学馆馆长。抗日战争胜利后回到上海。1946年受国民政府农林部委派主持筹建中央水产实验所，翌年任所长。

1947年2月，林绍文来青公干期间应邀来学校在大礼堂作题为《漫谈科学》的学术报告。校刊报道说："林博士系美国康乃尔大学生物学系博士，战前历任厦门大学及本校生物学系主任，现任农林部水产实验所所长，为国内著名生物学家，是日参加师生约数百人，林博士讲述时，逸趣横生，历二小时始毕。"后来，他受聘任学校水产学系兼任教授。

1949年6月，林绍文被任命为联合国粮农组织（FAO）地区官员，担任渔业技术顾问，任职长达23年，为远东地区，包括缅甸、泰国、锡兰（斯里兰卡）、马来西亚、印度尼西亚、印度、巴基斯坦、尼泊尔、柬埔寨、越南、新加坡、菲律宾、韩国、日本、中国香港和中国台湾等国家和地区的淡水鱼养殖的发展、人才培训作出重大贡献。他成功地将马来西亚大虾即罗氏沼虾在人工控制下由卵培育到成虾，这是世界水产养殖领域的一个重要突破，为人类获取高质量的动物蛋白开辟了新的广阔天地，这项成功的养殖技术先后被亚洲各国、美洲各国及非洲南部的一些国家引进。他也被公认为是暖水鱼类养殖的世界权威，被誉为"淡水虾养殖之父"。他还在马来西亚进行中国白鲢人工诱导产卵中获得成功；在泰国河鲶的人工诱导产卵实验中获得重要突破，使泰国在鱼类养殖业方面迅速发展壮大，并获得很大的经济效益；在锡兰为解决大虾大面积高产、鱼类繁殖、育苗技术、放养技术和渔民培训问题作出贡献；在中国台湾为开创和快速发展中国主要鲤形鱼类（指草、青、鳙、鲢、鲤鱼等）人工诱导产卵工作提供了成功的援助。

1957年至1969年，林绍文作为主考官先后服务于新加坡南洋大学动物学系、香港大学鱼类养殖学系、新加坡大学渔业生物学系。其间，先后4次被联合国粮农组织指派到美国鱼类与野生生物服务局作短期技术指导（美国养鱼研究事务顾问）。1973年，离开联合国粮农组织，退休定居美国，但始终致力于暖水鱼虾养殖的教学、培训、计划和发展工作，并兼任美国多所大学的客座教授。1974年，世界水产养殖学会为表彰他对世界水产养殖事业的杰出贡献，颁赠他终身名誉会员奖。此项奖是首次颁发给亚洲水产学者。同年，美国华盛顿大学授予他沃克-艾姆斯教授衔。1986年，亚洲水产学会在马尼拉举行第一次大会，会议一致通过授予他首届亚洲水产学会终身名誉会员奖。

1990年7月19日，林绍文病逝于美国，终年83岁。1995年，青岛市人民政府在百花苑为20名已故青岛籍或客居青岛成就卓著的文化名人竖立雕像，其中就有林绍文。

（撰稿人　金松）

参考文献：

[1]《青岛历史文化名人传略（第一辑）》，郑友成、魏书训主编，青岛市政协文史资料委员会、青岛市文物事业管理局编，青岛出版社，2001年版。

[2]《甲壳动物学论文集（第3辑）》，中国甲壳动物学会编辑，青岛海洋大学出版社，1992年版。

[3]《国立山东大学概览》，国立山东大学出版组编，1948年版。

[4]《燕大友声》，私立燕京大学教务处校友课，1936年第二卷第四期。

杨有梽

杨有梽（1912—1983），字幼泉，男，祖籍湖北武汉，生于山东济南，汉族，民盟盟员，物理学家。1935年6月毕业于国立山东大学物理学系后，历任国立山东大学、国立浙江大学助教、讲师，国立山东大学、山东大学副教授，山东海洋学院副教授、教授，山东大学无线电子学教研室主任、水声研究室主任，山东海洋学院海洋物理学系主任、院学术委员会委员。曾任中国声学学会理事、中国海洋物理学会理事长、山东省物理学会副理事长、青岛市物理学会理事长等职。是政协青岛市第五届委员会常务委员。

1912年12月30日，杨有梽出生于山东省济南府历城县新东门外七家村（今山东省济南市历下区解放路街道十亩园社区七家村），家中排行第三，父亲杨玉泉任山东省立第一师范学校（今济南幼儿师范高等专科学校）国文教员。他先后在山东省立第一师范学校附小和附中完成小学和中学学业。

1931年9月，杨有梽考入国立青岛大学理学院物理学系，学号"二四〇九四"。就读期间，他于1933年在《国立山东大学科学丛刊》第一卷第二期发表《架设电线最经济之方法》等研究文章。大三时更是受到德国柏林大学哲学博士、本校物理学系教授王淦昌先生的器重，并在其指导下做过很有价值的研究工作，曾合作发表《数种中国油漆介质常数之测定》等学术文章。1935年6月毕业，获理学学士学位，8月留校任物理学系助教。同年，在学校《励学》第四期发表《Avogadro常数之测定法》一文。

1936年5月12日，应本校物理学会之邀请，杨有梽在该学会第十五次学术讨论会上作题为《三极真空管变动特性之检讨》的报告，首先说明三极管中各种函数的关系，各种变动系数的名称与用途，继而阐述了利用图样求变动系数的方法，及用动电方法求变动系数的电路与各种计算法，"由简而繁，讨论极为详尽"。同年，他在《励学》第六期发表《关于三极管变动系数Sp》一文。是年8月，随王淦昌调至国立浙江大学物理学系任助教,并于1942年8月晋升为讲师。在国立浙江大学,他讲授普通物理学和实验课等课程,李政道、程开甲等都曾就读于物理学系,且都听过他讲授的专业课程。郭兆甄等所著《日魄:著名核物理学家王淦昌》一书记录了杨有桥在国立浙江大学的生活片段:"浙大年轻的教授王淦昌此时已届不惑之年。……有的学生便自发组织了一个祝寿会,庆祝淦昌师40寿诞。……祝寿会的高潮是讲师杨有桥的一曲二胡独奏《光明行》,乐声激昂,预示王淦昌教授一家及物理学系所有师生,胜利返杭,踏上光明坦途。"

1947年8月,回到国立山东大学任理学院物理学系讲师。为提倡系内师生的研究兴趣,物理学系设有物理讨论会,每两周举行演讲一次,报告各种学科新发展问题。在该会第八次演讲会上,他应邀作题为《高能离子之产生法》的报告。1948年8月被聘为副教授。

新中国成立后,杨有桥任山东大学物理学系无线电子学教研室主任、水声研究室主任等职,并兼任物理学系金工厂厂长。他长期讲授普通物理学、普通物理实验课、电子光学、无线电专业基础等多门专业课程和实验课程,"教学经验丰富,教学态度认真,解答学生问题耐心,授课水平较高,学生反馈效果颇佳"。中国海洋大学副教授葛源1954年毕业于山东大学物理学系,曾师从杨有桥。他回忆:"20世纪40年代末50年代初,我曾在鱼山路5号科学馆一楼物理学系的教室里,听过杨先生讲授的普通物理学等专业课程。杨先生对待教学工作非常认真负责,课堂讲授条理清晰,逻辑缜密,深入浅出,而且重点突出,颇受学生欢迎。"除在本系授课,他还在本校水产学系、地质矿物学系和医学院等院系教授物理课。此外,还建设了物理学系原子物理实验室等多个实验室。

杨有桥精通英语,能熟练进行笔译。他参与了学校物理学系大学物理学编译委员会编译的F. W. Sears和M. W. Zemansky合著的*College Physics*。该书中文名称为《大学物理学》,国立山东大学校务委员会副主任委员、物理学系教授杨肇燫任主编,全书共分四册,分别是《力学与物性》《热学与声学》《电学》《光学与原子物理学》。

1957年4月,杨有桥加入中国民主同盟。同年,在《山东大学学报(自然科学)》1957年第1期发表《矩形电压加在简单电路上普遍原理及过渡历程和它的应用》一文。

1958年10月,山东大学大部西迁济南,杨有桥与物理学系部分教师留在青岛。1959年9月,任山东海洋学院海洋物理学系副主任(主任一职空缺),兼声学水声教研组主任。10月任学校首届院务委员会委员,此后连任第二、三、四届院务委员。

山东海洋学院成立之初,作为海洋物理学系主要负责人,杨有桥对建系工作作了很大努力。海洋物理学系刚建立时只有6名教师和5名职工,在他亲自领导并参与下,创建了符合综合大学物理学系要求和体现海洋学科特点的海洋物理学系。对此,学校后来如是评价："海洋物理学系从无到有、从小到大的发展过程中，杨有栱教授付出了巨大的精力，作出了较大贡献。"

在他带动和影响下，海洋物理学系教学和科研蔚然成风。据院刊《山东海洋学院》记载，1960年2月，海洋物理学系教职工展开了比学赶帮超应战，青年教师在教学上和数学教研组、海洋化学系展开竞赛；科研上每人承担科研项目2至5项，至少担任一项超声任务，作2至3个单项科学报告，且要在半年内攻下俄语关，一年内掌握两门外语。系里下设的钛酸钡工厂每名职工要写一篇结合实际情况的论文，要在当年2月份提合理化建议6条；无线电工厂和钛酸钡工厂展开竞赛，每名职工要在一学期内阅读无线电书籍8至10本。

其中，钛酸钡工厂建成于1958年冬，初期设备不全，人力不足，且产品质量不稳定。1959年，海洋物理学系接手后，着力提高工厂生产效率，改进生产过程，该厂全年总产值就达9470元，超额完成原计划近4倍。在杨有栱指导下，钛酸钡工厂后来研制出高机械强度的钛酸钡并定型后成批生产，成为我国较早生产压电材料的单位，满足了有关单位装配水声换能器的需要，对我国刚刚兴起的水声学科的发展起到推动作用。

杨有栱长期从事物理专业基础理论课和基础实验课的教学和研究工作。在山东大学工作后期和山东海洋学院时期，他的教学和研究兴趣转向声学方面，对声学基础理论非常精通，并在海洋物理学系成立后承担了水声学物理基础等专业课的授课任务。这一时期，发表了《超声干涉原理》《胡琴声谱分析》等研究文章，编著了《无线电电子学基础》《半导体电路》《晶体管电路》和《声学原理》等讲义。其中，《声学原理》讲义用于山东海洋学院海洋物理学系的教学，系教研室对该讲义如是评价："经教学证明，所编写的讲义条理清楚，重点突出，内容较丰富，教学验算推导详细，质量较高。"授课过程中，杨有栱除讲授专业知识外，还注重结合实际，融入国情和校情等元素，加强对学生的教育和引导。1961年秋考入山东海洋学院海洋物理学系的董兆乾回忆：有一次上水声学物理基础课时，杨有栱先生让助手用平板拖车把一个直径一米多的厚重大圆盘运到了教室里，他手中则拿着一个直径仅十来厘米的小圆盘。两相比较后，杨先生语重心长地对学生们说，那是两个同样发射功率的水声换能器，大的是我国自制的，小的是从丹麦进口的，差距多大呀。同学们一定要好好学习，把差距尽快赶上去。董兆乾后来感慨道："当时我就暗下决心，一定要把课业学好。现在想想，杨先生的那堂课就是一堂精妙的思想政治课啊！这么多年过去，我还是印象深刻。"

1961年12月，杨有栱任海洋物理学系主任。他"积极努力，向来不怕麻烦，不论大小事情需要时就亲手去做。一段时间内系里办公室没有秘书，就亲自处理一些日常工作。

并亲自动手进行实验室的建设。在教学和培养师资方面也比较认真"。

1962年,杨有桢参加山东海洋学院、厦门大学和中国科学院南海海洋研究所在青岛的学术交流活动,为制订《1956—1967年科学技术发展远景规划》海洋声学和光学部分作了资料上的准备。1963年5月,他与28名海洋科学家联名提出《关于加强海洋工作的几点建议》,建议成立国家海洋局。翌年2月,中共中央同意在国务院下成立直属的国家海洋局,由海军代管。1965年7月,他担任会议主席主持召开全国海洋光学专业协调会议,这是我国首次海洋光学学术交流会。会议由国防科委、中国科学院、国家海洋局联合举办,山东海洋学院承办,主要研究解决已列入国家海洋科技10年规划的中心问题——"中国近海光学现象的调查研究"的近期分工协作,共同探讨海洋光学如何为国防服务等。

"文化大革命"中,杨有桢被打成"资产阶级反动学术权威"遭到批斗。1978年11月9日,在全院落实政策大会上,中共山东海洋学院革委会核心领导小组组长、革委会主任张国中代表院革委会党的核心领导小组宣布几项决定,其中指出"院核心小组研究决定,为在'文化大革命'中被错误地打成'资产阶级反动学术权威'等罪名的赫崇本、方宗熙……杨有桢……等同志,给予平反,恢复名誉。对强加给他们的一切污蔑不实之词,一律推倒"。

1978年8月,学校成立海洋研究所,赫崇本任所长,杨有桢等6人任副所长。11月任学校学术委员会委员。1979年12月受聘任《中国大百科全书(海洋卷)》编辑,并编撰卷中"海洋光学""海洋中的声速"等相关词条。1980年晋升为教授。1982年2月任学校学位委员会委员,3月任学校学位委员会海洋物理学系分会主席。

1983年1月9日,杨有桢因病在青岛去世,终年71岁。在最后一次住院的前一天,他还在为系里的真空实验室建设奔波忙碌。副院长方宗熙教授代表学校致悼词说:

"杨有桢教授在学术上有较深的造诣,他从事教育工作四十七年,在科学研究和培养人才方面作出了贡献。……培育的大批建设人才,其中不少人是在学术上造诣较高或有一定成就的学科带头人或业务骨干,……杨有桢教授是我国声学界的老前辈,山东海洋学院海洋物理学系的主要创建人。他的不幸逝世,使我国声学界失去了一位老前辈,是我院教育工作上的重大损失。"

(撰稿人 金松)

参考文献:

[1]《国立山东大学概览》,国立山东大学出版组编,1948年版。

[2]《励学》,国立山东大学励学社编印,1935年第四期、1936年第六期。

曾呈奎

曾呈奎（1909—2005），号泽农，男，福建同安人，汉族，民盟盟员、中共党员，中国科学院院士、第三世界科学院院士，海洋生物学家，中国海洋科学主要开拓者之一、海藻学研究奠基人之一、海藻化学工业开拓者之一。1931年获私立厦门大学理学学士学位后留校任助教，1934年获私立岭南大学研究院理学硕士学位。1935年8月至1938年3月，历任国立山东大学生物学系讲师、副教授。1942年获美国密执安大学研究院理学博士学位。1947年1月起，任国立山东大学、山东大学教授兼植物学系主任，国立山东大学水产学系代理主任等职。1950年8月，任中国科学院水生生物研究所青岛海洋生物研究室研究员、副主任，后任中国科学院海洋研究所副所长、所长、名誉所长。曾任全国人大代表、山东省人大常委会副主任，山东省科协、山东省侨联主席和名誉主席，中国海洋湖沼学会理事长、名誉理事长，中国藻类学会理事长、名誉理事长，中国海洋学会、中国水产学会名誉理事长等职。

1909年6月18日，曾呈奎出生于福建省兴泉永道泉州府同安县灌口（今福建省厦门市集美区灌口镇）李林村一个华侨世家。两岁时随父母去缅甸仰光投靠经商的外祖父，后来回国定居于厦门鼓浪屿。

曾呈奎1922年于厦门鼓浪屿福民小学毕业后，考入福建漳州私立寻源中学英语部读书。1926年夏入读私立福建协和大学（今福建师范大学和福建农林大学主要前身）生物学系，后于1927年夏转入私立厦门大学植物学系学习。大学四年级时以《厦门经济海藻研究》作毕业论文课题。1931年1月提前半年毕业，获理学学士学位，后留校任植物学系助教。1932年进入私立岭南大学研究院继续深造，并于1934年获理学硕士学位。就读期间在《岭南科学杂志》第十三卷第一期发表论文《厦门的海萝及其它经济藻类》。毕业后被聘为私立厦门大学植物学系讲师。

1935年8月，曾呈奎受聘任国立山东大学生物学系讲师，讲授海藻学与植物学等课程，曾为郑柏林、尹左芬等授课。

　　在国立山东大学，曾呈奎教学同时致力科学研究。1935年至1936年，完成"Some Marine Algae from Tsingtao and Chefoo, Shantung""Notes on the Marine Algae from Amoy"等4项课题研究，还有"Further Notes on the Marine Algae from Amoy"等6项课题在研。1936年4月10日，他应学校生物学会之邀，在科学馆为全系50余名学生作题为《海藻的分布》的学术演讲，阐述了海藻分布的意义，海藻的垂直分布、水平分布及其因素，还根据自己的研究讲解了海藻在中国海域的分布。4月27日，在学校总理纪念周集会上作题为《生物之起源》的演讲时讲道：进化论在科学界已是一个真理。高等动植物由下等动植物进化而来。生物虽可由无生物演进而来，但绝不是随时随地及任何环境都可以的，必须在某种特定环境下方能进行。

　　1937年，曾呈奎受聘任生物学系副教授。生物学系海产生物研究室成立后，为节约经费和人力，他与系里教师一边教学，一边兼任研究人员致力学术研究。这期间他撰写的《海南岛海产绿藻的研究》发表在《海产生物学集刊》第一卷第五期，他研究的海藻有38种，其中有新种和新变种各一种。该文"在海产植物学论文中，占有重要地位"，研究的海藻全部是我国的新纪录，有三种为世界稀有标本。同时，他撰写的《中国海藻新纪录》发表在北平静生生物调查所《植物汇刊》第七卷第五期，该文研究的中国新海藻有21种，其中，蓝藻4种、绿藻6种、褐藻11种。上述论文均用英文完成。

　　1938年春，学校奉国民政府教育部令暂行停办。不久，他受邀回私立岭南大学生物学系任副教授兼植物标本室主任。当时，中国海藻资源状况没有文献资料可查，教材全部从国外引进。为了摸清海藻资源家底，他对中国沿海海藻状况进行全面调查。1940年8月，赴美国密执安大学（即密歇根大学）研究院留学深造，学习藻类学、湖泊学和植物生理学，并于1942年5月获得理学博士学位。随后，他到美国加利福尼亚州立大学斯克里普斯海洋研究所作研究，任该所副研究员。

　　1946年，国立山东大学在青岛复校，动物学系主任童第周教授受赵太侔校长之托，邀请曾呈奎回校任教，他接受了邀请。"赵太侔校长还拨了12000美元，让我在美购买实验及教学仪器以及书籍等。当时我所在的斯克里普斯海洋研究所，还有美国东郊的坞斯后（Woods Hole）海洋生物研究室都将他们重复的存书送给我们，总共装了4大箱，邮运费也是由他们负担的。"40多年后，曾呈奎在《海外留学　造福人民》一文中忆及美国留学经历片段时，如是写道。

　　1947年初，曾呈奎到校任教授兼植物学系主任，并在朱树屏先生到校前代理水产学系主任一职。2月，国民政府教育部正式批准学校规划设置海洋学系并附设海洋研究所；4月，被聘为海洋研究所副所长。同年夏，青岛爆发反对国民党政府的"反饥饿、反内战、反迫害"运动。6月2日，学校进步学生举行示威游行，遭到反动军警镇压。他冒着危险与童第周教授等拍摄军警殴打迫害学生的照片，送到青岛《民言报》发表，并购买100份报纸分寄到全国多所大学，揭露反动当局罪行，扩大对青岛进步学生运动的宣传。

1949年，曾呈奎与赫崇本、景振华、娄康后等合作，在学校开设海洋学通论课，综合讲述海洋学。6月30日，他与童第周教授参加中华全国科学会议。10月26日，又与童第周教授联名给中国科学院筹建人员陶孟和与竺可桢写信，建议成立综合性海洋科研机构，后来获得批准。

1950年5月19日，学校校务委员会常委会研究中国科学院办公厅商调童第周、曾呈奎两教授到中国科学院工作事宜，决定童第周留学校，兼顾中国科学院；曾呈奎去中国科学院，兼顾学校。8月1日，他与童第周、张玺等共同筹建的中国科学院水生生物研究所青岛海洋生物研究室（今中国科学院海洋研究所）成立，任研究员、副主任。

曾呈奎与合作者于1954年至1956年先后开展了琼胶、褐藻胶提取加工方法的研究，组织完成了从马尾藻中提取褐藻胶，并在青岛建立我国第一个生产褐藻胶的车间。1955年，曾呈奎等建立用文蛤壳作为培养丝状体基质的紫菜育苗模式，解决了紫菜丝状体阶段的培养方法与壳孢子培养育苗方法的问题。他与合作者把紫菜生活史整个环节连接起来，完成"甘紫菜生活史的研究"，获得中国科学院颁发的1956年度科学奖金（自然科学部分）三等奖。1956年和1963年，他先后参加制订我国十二年科技发展远景规划（1956—1967）和十年科技发展规划（1963—1972）。1957年，他与合作者完成紫菜的半人工采苗养殖法和全人工采苗养殖法的研究并于1959年公开发表。20世纪50年代，他与助手们研究出海带幼苗低温度夏养殖的"夏苗培育法"，提出了海带"陶罐施肥法"；与有关专家合作开展海带南移养殖试验并获成功。1958年，我国启动第一次大规模的全国性海洋综合调查，曾呈奎等任领导小组副组长。1963年5月，他与28名海洋科学家联名提出《关于加强海洋工作的几点建议》，建议成立国家海洋局。翌年2月，中共中央同意在国务院下成立直属的国家海洋局，由海军代管。1978年，他与合作者完成的"海带人工养殖原理的研究"获全国科学大会奖。

1976年和1980年，曾呈奎两次率队前往西沙群岛采集海藻标本，开展海洋生物调查。

1980年1月8日，他在古稀之年加入中国共产党。同年，当选为中国科学院学部委员（院士），并在1985年当选为第三世界科学院院士。80年代，他提出中国发展海洋生物技术的设想。国家科委启动了以他为首席科学家的国家攀登计划项目"海水增养殖生物优良种质和抗病力的基础研究"。

1991年,曾呈奎被山东省委、山东省人民政府授予"山东省杰出贡献科学家"称号。翌年,他向中央办公厅提交题为《增强海洋意识,建设海上强国》的报告,建议国家攀登计划中应增加有关海洋高技术的项目、海洋生物技术应成为国家"863计划"中不可缺少的一部分。

曾呈奎曾任第三至九届全国人大代表,第五至七届山东省人大常委会副主任,第四至六届民盟中央委员、第一至四届民盟山东省委副主任委员、第五至七届民盟青岛市委主任委员,山东省科协、山东省侨联主席、名誉主席等职务;曾任中国海洋湖沼学会理事长、名誉理事长,中国藻类学会理事长、名誉理事长,中国海洋学会、中国水产学会名誉理事长,中国环境科学学会副理事长,美国纽约科学院院士,美国科学促进会会员,世界水产养殖学会终身荣誉会员,国际藻类学会主席、终身荣誉会员等。

尽管自20世纪50年代初就调离学校,但曾呈奎一直关注和支持着学校的建设与师生的发展。

原青岛海洋大学海洋生命学院院长李永祺教授1953年9月考入山东大学生物学系。他回忆:由于历史上的渊源,山东大学生物学系与中国科学院海洋研究所关系一直很密切,当时有一条不成文的约定,海洋研究所从事海洋生物研究的中、高级职称研究人员大多到山东大学生物学系兼课。李永祺教授所说的"历史上的渊源",指的就是中国科学院海洋研究所的三位主要负责人童第周、曾呈奎和张玺都曾在学校任教任职,且以三人为主创建了海洋研究所。1961年2月,山东海洋学院成立两年之后,他与张玺等应邀到校协助开设"现代生物学"讲座。

"文化大革命"结束后,曾呈奎任中国科学院海洋研究所所长。《传奇教授侯国本》一书记述了他充当"信使",帮学校专家向中央领导呈送建设石臼港建议信的故事:"中国科学院海洋研究所助理研究员王涛告诉侯先生:1978年10月1日,海洋所所长曾呈奎要到北京参加国庆招待会,会上能见到中央领导,有机会把信交上去,起码能交给时任中科院党组书记的方毅同志。……侯先生亲自到曾呈奎家把建议信交给他。曾呈奎很高兴,表示愿促成此事。在此后,曾呈奎到北京时把信交由方毅同志转呈。"1978年12月,他和毛汉礼先生双双受聘任山东海洋学院学术委员会副主任。

80年代中期,曾呈奎从领导岗位退居二线,他还是一如既往地支持和关心学校与师生。1994年7月13日,年逾八旬的他应邀出席青岛海洋大学海洋生命学院成立大会,并任名誉院长；10月25日，出席学校建校70周年庆典。1996年夏，联合国教科文组织中国海洋生物工程中心落户海大，他欣然参加中心的协议书签字仪式并担任顾问一职。同年11月2日，他应邀来校参加骨干教师政治理论学习班老专家与青年教师恳谈会，就青年教师成才问题作了发言。会后他在接受校报记者采访时说："1950年8月，我……离开了山大。人虽离开了，心并没有离开。我一直担任一些课程，甚至多少年后还担任着系主任和海洋生命学院名誉院长。可以说我是个地地道道的海大人，从没有离开过海大。"原青岛海洋大学海洋生命学院院长张学成教授回忆："记得1999年，曾老支持我编写《螺旋藻》科普小册子，并写了前言。他对这本小册子提出两点希望，一是生物学原理要深入浅出，使一般读者能看得懂；二是要结合实践，言之有物。2002年，我与秦松研究员、马家海教授、许璞教授酝酿编写《海藻遗传学》。把这个打算向曾老汇报后，得到了他的支持。看到曾老一边打吊瓶一边审阅全书的提纲和部分样章，并撰写前言，我们都非常感动。"

2005年1月20日，曾呈奎因病在青岛去世，终年96岁。

2009年6月17日，中国海洋大学召开纪念曾呈奎先生诞辰100周年座谈会。吴德星校长作了题为《泽农惠世 谋海济国》的讲话：

"我们纪念先生，就是要学习他坚定的共产主义理想和崇高的爱国主义情操；我们缅怀先生，就是要学习他务实创新的科学精神和谋海济国的博大胸怀；我们感佩先生，就是要学习他举贤任能、心系群众的高尚品德；我们敬仰先生，就是要学习他生命不息、奋斗不止的拼搏精神。"

（撰稿人　金松）

参考文献：

［1］《群言》，群言杂志社，2019年第4期。

［2］《科技文萃》，科技文萃社，2005年第9期。

［3］《山东文史资料选辑（第33辑）·留学生活》，山东省政协文史资料委员会编，山东人民出版社，1992年版。

［4］《传奇教授侯国本》，侍茂崇、纪玉洪著，中国海洋大学出版社，2019年版。

［5］《山东大学英才录》，《山东大学人物志》编委会编，山东大学出版社，1996年版。

［6］《中国海带养殖若干问题》，李宏基著，海洋出版社，1996年版。

［7］《民盟贤达·山东卷》，民盟山东省委员会编，群言出版社，2013年版。

［8］中国民主同盟网站：http://www.mmzy.org.cn，2022年11月20日访问。

黄孝纾

黄孝纾（1900—1965），字公渚，号顤士、匑厂、匑庵，别号霜腴、辅唐山民、劳人、沤社词客、天茶翁、甘龙翁等，男，福建闽县人，满族，民盟盟员，在古文献学、版本目录学、古典文学、文字学、金石学及文物鉴定等领域有较高造诣。毕业于青岛特别高等专门学堂，1924年起主持嘉业堂藏书楼达十余年，其间执教于上海正风大学、私立中国公学、国立暨南大学等。1936年8月，受聘任国立山东大学中国文学系教授。1946年8月起，受聘任国立山东大学、山东大学中国文学系教授。曾任青岛市政协第二、三届委员和常委，山东省美术家协会会员、青岛市文联常委等职。

1900年8月23日，黄孝纾出生于福建省福州府闽县江左里（今福建省福州市长乐区航城街道）琴江村一个汉军正黄旗家庭。父亲黄曾源，字石孙、石荪，号立午，福州驻防汉军正黄旗崇全佐领下人，授翰林，曾任监察御史，后任徽州知府、青州知府和济南知府等，学识渊博，诗文兼善。

清帝逊位后，黄孝纾举家迁至青岛，寓居湖南路51号。黄曾源非常注意对子女的教育，移居青岛时就带有《四部丛刊》等古籍万余卷。黄家的藏书楼名为"潜志堂"，与时在青岛的刘廷琛的"潜楼"及于式枚的"潜史楼"并称为青岛"三潜"藏书楼。这为黄孝纾兄弟幼年学习提供了极好条件，使他自幼即受到良好家教，在经学、考据、训诂、书画和诗词等方面，均显示出过人天赋，有"岭南才子"之誉，与弟黄孝平、黄孝绰并称"江夏三黄"。

1920年前后，黄孝纾毕业于青岛特别高等专门学堂（即其履历所载"青岛赫兰大学"，也即德华大学、黑澜大学）。20岁时所作《庄子大同书》，博得老辈们称许。同时又研究词章，笃好汉魏六朝文，好写辞赋和骈体文，所撰《哀时命赋》声震大江南北，广为传诵。

1924年初，应著名藏书家刘承干之聘，在其于浙江湖州南浔所建嘉业堂藏书楼负责整理图书、编辑提要、考订版本、校勘古籍。其间往返于浙沪间，与张元济、况周颐、刘世珩、罗振玉等名士交好，一度受聘任上海正风大学、私立中国公学和国立暨南大学等教授。他应邀兼任《清词钞》编纂处干事，同时兼任商务印书馆特约编辑，为商务印书馆选注《周礼》《晋书》《周秦、两汉金石文选评注》等书。这一时期，他撰有《吴兴刘氏嘉业堂藏书纪略》《嘉业圃珍本提要》《嘉业圃明板方志提要》等。这为后来在高校开设目录学课程奠定了基础。

后来由于嘉业堂盛极而衰，黄孝纾于1936年夏回到青岛。同年8月经叶恭绰引荐，受聘任国立山东大学文理学院中国文学系教授，讲授目录学、汉魏六朝文、词选、先秦文等课程。他讲课注重古文写作和作诗填词的实践活动，受到学生好评。

全民族抗日战争爆发后，国立山东大学内迁，后奉令暂行停办。1938年春，黄孝纾应邀入北平任"北京司法委员会"秘书，编纂清代法典，兼管文牍。其间兼任"国立北京师范大学"教授，讲授文学史、目录学、词学、楚辞等课目。后又兼任"国立北京大学"文学院讲师和北京艺术专科学校校长。在北平期间，除在各校任课外，他还加入了蛰园律社、瓶花簃词社、延秋词社等。

1946年，国立山东大学在青岛复校。8月，他受聘任文学院中国文学系教授，与萧涤非、刘次箫等担任辞章目录学导师，所讲课程以目录学、楚辞、词选及习作、汉魏六朝文学史等为主。在学校，他每月的学术研究补助费为5万元法币，同赵太侔、王统照、杨向奎、童第周、曾呈奎、何作霖、李文庵、陈瑞泰诸教授一般。

黄孝纾授课不大习惯用现代文艺理论术语去分析作品，但对古代诗文中的意味和境界，却深有体会。董治安1952年考入山东大学中文系，师从黄孝纾诸先生。他在《怀念黄孝纾老师》一文回忆："他常常高声吟诵古文，读到会心处，有时会突然停下，急忙催促同学：'把这几句圈下来，圈下来！'黄先生待同学热情诚恳。同学愿意向他提问题，而他对同学求教也一概持欢迎态度。我和其他几个喜欢诗词、绘画的同学，常常到青岛观海二路黄先生寓所去，有两次盘桓的时间过久，以致返校时误了吃饭。"

黄孝纾重视教学且治学严谨，对待教学工作一丝不苟。1953年考入山东大学中文系的郭同文回忆：1954年隆冬，他所在的中文系二年级中国文学史课考试采用口试方式。全班30名学生黄孝纾先生和冯沅君先生用了两天时间才考完28名，最后剩下课代表与郭同文没有考，准备在第三天早晨再考。到了第三天早晨，狂风大作，雪花飘飘，两人商量准备到两位老先生宿舍去应试，免得两位老先生顶风冒雪来回跑。"当我们正要去他们宿舍时，只见雪地里走来了两位老先生，他们迎着滔滔雪浪，披着满身雪花，拄着拐杖，深一脚浅一脚地向教室走来……"

黄孝纾注重提携后学，重视对青年教师的培养。郭同文1957年秋大学毕业后留校任黄孝纾的助教。黄孝纾勉励他"必须跨过那站着的前人，比前人更加高大"，并精心制定出一个目标宏大而又切实可行的培养计划，郭同文认为"这就给我点亮了治学魏晋南北朝文学史的明灯"。后来，他还让郭同文撰写《敕勒歌》的讲稿，并提出中肯切实的建议，最后邀请系里冯沅君、萧涤非、关德栋等名教授听课提意见。郭同文回忆："这次写试讲《敕勒歌》讲稿和在文学馆里面对名教授试讲，虽然是我走向教师道路上的一个花絮，却给我留下了永生不忘的记忆，因为它是我初为人师的序曲，也是黄先生用启发式培养弟子的心血凝聚。"

在山东大学，黄孝纾与冯沅君、陆侃如、高亨、萧涤非并称中文系"五岳"。

1956年4月，由黄孝纾和陆侃如、高亨选注的《楚辞选》在上海古典文学出版社出版；1962年12月，中华书局又对该书再行出版。随后，他又编写了《楚辞研究》油印本讲义，为学生上课用，从1956学年第一学期开始讲授。王培源《一份尘封的〈楚辞研究〉——简说黄孝纾先生的〈楚辞研究〉》一文写道："在那一个时代，没有现在每年必须有多少成果的任务，先生们出版著作非常慎重。黄先生的《楚辞研究》是否有补充修改后出版的计划和打算，不得而知。现在留给我们的，只是当时的学生保留下来的一本油印的讲义而已。"同年，加入中国民主同盟。

在青岛生活和执教期间，因酷爱崂山山水之美，黄孝纾自取别号"辅唐山民"。他的足迹踏遍了崂山，并有一部歌咏崂山的《劳山集》。这部书是他的手写影印本，为《近代中国史料丛刊》所版，分词之部、诗之部、文之部三部分。三部分前都有名家题词，正文便是手稿影印。全书分词135首、诗137首、文13篇；篇后为著名画家张伯驹、著名学者黄云眉等的评价。

也正是因为他对崂山山水的挚爱，加上自己身体状况欠佳，1958年秋，中文系随同山东大学大部西迁济南，黄孝纾经过学校同意，选择继续留在青岛从事古典文学研究和研究生教学。他在1956年和1960年共招3名研究生。他的研究生冯能保回忆："黄先生有深厚的文学艺术修养和丰富的创作经验，教学认真负责，他讲授文学作品，不仅指出文学艺术的发展规律，而且把优秀作品的韵味、内在奥秘传达出来。"

1962年8月，山东省文联、山东省美协和青岛市文联联合邀请京、沪、苏、鲁四地数十位著名画家在青岛召开中国画风格讨论会，黄孝纾与7位画家合作完成一幅《秋光图》，他为画作题诗和跋语。诗曰："翛翛凤尾偃奇礓，黄菊披离独傲霜，自是一年秋光好，百花齐放占年芳。"另有跋语:"壬寅夏遣暑青岛,雪泥、个簃、寒汀、友声、企华、希宁、天池合写,匑庵题"。

　　教学和研究之余,黄孝纾著述颇多,身后留下的著作计有《欧阳永叔文》(选注本,商务印书馆1933年出版,收入《万有文库》第一集0820)、《匑厂文稿》六卷(1935年铅印,陈三立题签,后收入台湾《近代中国史料丛刊》一编0726)、《匑厂词乙稿》(线装一册,民国间排印本,纤海楼丛刻之一)、《楚辞选》(与陆侃如、高亨合著,上海古典文学出版社1956年出版)、《欧阳修词选译》(作家出版社1958年出版)、《劳山集》(诗部分有1952年油印本,词部分有1962年油印本,后收入台湾《近代中国史料丛刊》二编0038)等。此外,他选注的《玉台新咏》《周秦金石文》《两汉金石文》《三苏文》《黄山谷诗》《司马光文》《钱谦益文》《晋书》等8种普及性著作,收入王云五、朱经农主编的《学生国学丛书》,该丛书由商务印书馆于1926年至1948年陆续出版,丛书共收文学类选注本56种,他的著作占到了总数的七分之一。他的《天问达诂》亦有写本印本行世。他生前曾有完成《清词纪事》《三唐诗品》《中国词史》《魏晋南北朝文学史》等书稿的学术计划,而讴歌海上名山,为崂山继续写诗作画也是他最大的愿望之一。

　　闲暇时,黄孝纾常为博物馆和民间收藏者鉴定文物字画的真伪。在20世纪60年代的"四清"运动中,他因此被诬为"不辨真伪"。1964年12月,他从青岛前往济南接受批判。1965年1月2日,黄孝纾在济南含冤去世,终年65岁。1983年,山东大学为黄孝纾平反,并补开隆重的追悼大会。

(撰稿人　金松)

参考文献:

[1]《山东民盟贤达》,民盟山东省委员会编,群言出版社,2016年版。

[2]《满族研究》,《满族研究》编辑部,2019年第2期。

[3]《春秋》,《春秋》编辑部,2015年第1期。

[4]《山东大学建校五十五周年特刊(1926—1981)》,山东大学校刊编辑室,1981年版。

刘智白

刘智白（1908—1991），曾用名刘超，女，山东高苑人，汉族，民盟盟员，数学家，研究领域为索伯列夫空间及偏微分方程理论。1922年进入山东省立济南女子师范学校学习。1931年考入国立青岛大学补习班。1932年至1936年就读于国立山东大学数学系并获学士学位，毕业后留校任教。后任教于国立重庆大学、国立暨南大学、山东省立师范专科学校等。1948年起，历任国立山东大学副教授，山东大学、山东海洋学院教授，山东大学高等数学教研组组长、山东海洋学院数学教研组（室）主任等。曾任第三届全国人大代表，第四、五届山东省政协常委，民盟山东省委筹备委员会委员、山东省委委员、青岛市委常委，青岛市妇女联合会副主席等。

1908年3月19日，刘智白出生于山东省青州府高苑县（今山东省高青县）城北武刘庄。由于家庭条件相对优越，她6岁即入读小学，先后就读于高苑县立女子小学、高苑县立女子高小。

刘智白14岁考入山东省立济南女子师范学校。由于家中封建传统浓厚，她从小就经历和感受到种种根深蒂固的男女不平等观念，遂萌发追求男女平等和妇女解放的思想。在校期间，时值五四运动之后新民主主义革命开端，她积极参与到抵制日货行列，投入妇女解放和反帝反封建运动中。1927年夏从山东省立济南女子师范学校毕业后，她先后在山东高苑县立女子小学、山东平原石庄小学、山东省立济南师范学校附属小学任教。

1931年9月，刘智白考入国立青岛大学补习班，学号"P—一四"；翌年秋入读国立山东大学数理学系（后又分立为数学系和物理学系）。大学期间学习勤奋，成绩优异。1936年，她在《励学》第六期发表《超越球（Hypersphere）之体积面积及重心》一文。同年6月，毕业于国立山东大学数学系，获理学学士学位，毕业论文是在李达和陈传璋两位教授指导下完成的《超几何级数微分方程之推广》。7月，《山大年刊（民国廿五年）》出版，她与徐中玉、金有巽等8人同为特约编辑。9月，留校任数学系助教。

全民族抗日战争爆发后，国立山东大学奉命内迁，并于1938年春奉令暂行停办。刘智白先是返回原籍，不久又前往西安，后辗转至四川等地。1937年至1948年间，她先后任教于四川罗江国立第六中学四分校、四川江津国立第九中学、国立重庆大学数理学系、国立暨南大学数学系、山东省立师范专科学校（后升格为山东省立师范学院）数学系。

1948年8月，刘智白被聘为国立山东大学数学系副教授。1952年2月，被聘为山东大学数学系教授。同年12月，经郭贻诚和叶毓芬介绍加入民盟。

除做好教学工作外，刘智白还兼任学校政治辅导员，积极参加社会活动、学术组织：先后加入中苏友好协会、中国数学会和中国科学技术普及协会，出席或者列席青岛市人代会、全国妇女代表大会、全国政协会议和全国人民代表大会等。她还在不同时期担任过青岛市妇女联合会副主席、民盟山东省委筹备委员会委员、山东省委委员、青岛市委常委，第四、五届山东省政协常委等职。

1953年下半年，学校按照高等教育部的部署，借鉴苏联高校设立教学研究室的经验和做法，在各系陆续成立一批教研室（组）或教学小组，刘智白和刘冠任数学系高等数学教研组组长。

1958年10月，山东大学大部西迁济南，刘智白根据需要留青工作。同年，她在"双反"运动中受到错误批判，1981年得以彻底平反。1959年9月，她任山东海洋学院数学教研组主任，承担全校数学教学任务；10月任首届院务委员会委员，至1962年连任四届院务委员。1961年12月，任数学教研室主任，教研室由最初8名教师发展壮大到19名教师，成为学校直属教研室。

刘智白工作认真负责，重视师资队伍建设和教学质量提高。山东海洋学院成立初期，数学教研室师资紧缺，新引进教师大多为刚毕业的大学生。为此，她让每名新进青年教师与一名老教师搭档，进课堂听老教师讲课并承担课程答疑和作业批改等工作。学期结束，她会要求青年教师进行教学工作小结，提出对教学的改进计划。对表现优秀的青年教师，她会提出表扬。在教研室教师较少、教学任务较重的情况下，她仍然支持和鼓励青年教师外出进修，参加学术研讨会，以提升专业素养，拓宽学术视野。

每学期，刘智白会组织教研室青年教师选读专著，定期开展读书班和讨论班，轮流上台作报告，交流学习心得。原青岛海洋大学经济贸易学院副院长兼应用数学系主任路季平教授1961年大学毕业后来到山东海洋学院数学教研室任教，长期担任刘智白的助教。他回忆，刘智白曾将A. Papoulis概率论专著《概率、随机变量和随机过程》译成中文后油印成册（400余页），A. M. Mood和F. A. Graybill合著的《统计理论导引》译成中文后油印成册（共3册，600余页），供教研室和海洋水文气象学系青年教师参考使用；组织并主持"有限元方法""谐波分析与序列分析""IEEE1968年专刊快速富里埃变换""作为分布的脉冲函数·函数的谱"等学习讨论班以及数理统计进修班等，帮助青年教师练好业务基本功、过好教学关。她还亲自编写了《数学物理方法》《张量初步》等教材，钻研教学方法，为海洋物理学系和海洋水文气象学系学生授课多年，纯熟严谨而又幽默风趣的教学风格备受好评。

刘智白对青年教师的生活也是关怀备至。原山东海洋学院应用数学系主任，原青岛海洋大学管理学院院长、经济贸易学院院长汪人俊教授回忆："1962年秋，我从北京大学毕业后到山东海洋学院报到没几天，刘先生就到宿舍看望我，还送我一把当时非常稀缺的暖水瓶；我结婚成家后，她不顾缠足行走不便到家中看望我和家人。刘先生对我的关爱还有很多，甚至在我加入党组织的事情上，也曾给予宝贵支持与鼓励。我与刘先生相识相处前后近30年，她是一位令我敬重的师长，而且给予了我深厚的母亲般的关爱。"

在刘智白和数学教研室其他领导身体力行和大力倡导下，教研室内形成了一种勤奋、严谨、向上的学风和严肃、认真、负责的作风，对日后数学系建设和发展产生积极影响。1970年8月，学校撤销直属教研室建制，外语、数学教研室划归海洋物理学系领导，保留原建制。她不再担任数学教研室主任。

"文化大革命"中，刘智白被打成"资产阶级反动学术权威"。1978年11月9日，在全院落实政策大会上，中共山东海洋学院革委会核心领导小组组长、革委会主任张国中代表院革委会党的核心领导小组宣布几项决定，其中指出"院核心小组研究决定，为在'文化大革命'中被错误地打成'资产阶级反动学术权威'等罪名的赫崇本、方宗熙……刘智白……等同志，给予平反，恢复名誉。对强加给他们的一切污蔑不实之词，一律推倒"。

"文化大革命"后，刘智白不再承担直接教学工作，主要精力放在青年教师培养上。她能熟练使用英语、德语，还参加过俄语学习班。看到青年教师外语水平急需提高，她专门开设英语班，选用《居里夫人传记》英文版等作为教材，每周学习一次。其间她曾组织开展过事先没有通知的外语考试，激励和督促青年教师学好用好外语。她曾将一台崭新的半导体收音机借给汪人俊，叮嘱他外出进修期间坚持学外语。

改革开放初期，为适应国家建设需要，学校在原来数学教研室基础上筹建应用数学专业和数学系。刘智白以极大热情关心支持该专业的设立，为后来数学系的建设做了很多奠基性工作。1980年1月，民盟山东海洋学院支部恢复活动，刘智白被宣布为支部主任委员。

1981年6月30日，党的60华诞前夕，刘智白在院刊《山东海洋学院》开设的《向党汇

报》专栏发表《党的丰功伟绩难以数计》一文,抒发对党的赞美热爱之情:

"我常这样想,不论用什么样的方式表达党的丰功伟绩,都难以表达千万分之一。……教育的迅速恢复和发展,给予我深刻的教育,使我对党的认识有了很大的提高,对党的感情加深了,……我每前进一步,都得到了党组织和同志们的鼓励。……我现在已上七旬,年纪大了,但我想老人有老人的用处,还要发挥螺丝钉的作用,为把我国建设成为高度文明的社会主义强国,贡献出力所能及的力量。"

1986年1月,刘智白退休。

1991年8月19日,刘智白因病在青岛去世,终年83岁。原青岛海洋大学党委书记、原山东海洋学院数学系首任主任冉祥熙教授在《数学系史资料》前言中写道:

"在回顾应用数学系这段历史的时候,使我们不得不想起,曾经支持它克服困难和发展壮大的许多同志们和老师们,特别是已故的当时校领导高云昌同志和数学教研室的老领导刘智白教授。在此我们对他们深表怀念和敬意!"

（撰稿人　金松）

参考文献:

［1］《山东民盟贤达》,民盟山东省委员会编,群言出版社,2016年版。

［2］《山东高级科技人员名录》,《山东高级科技人员名录》编委会,山东科学技术出版社,1987年版。

［3］《励学》,国立山东大学励学社编印,1936年第六期。

王统照

王统照（1897—1957），字剑三，曾化名王恂如，笔名剑先、健先、容庐、卢生、恂子、鸿蒙、提西等，男，山东诸城人，汉族，民盟盟员，作家、诗人、中国新文学运动奠基人之一，代表作有小说《一叶》《黄昏》《山雨》，诗歌《童心》和散文《片雪集》等。1922年毕业于私立中国大学英国文学系，曾在私立中国大学、国立暨南大学等任教。1946年8月至1947年6月，1949年10月至1950年3月，两度执教国立山东大学，任教授、中国文学系主任、校务委员等。新中国成立后，任青岛市人民代表会议主席团及常驻委员会委员、政协委员，山东省文教厅副厅长、文化事业管理局局长、文联主席，第一届全国人大代表，全国文联委员及作协理事，民盟中央委员及济南市委员会主任委员，《山东文学》主编等。

1897年2月9日，王统照出生于山东省青州府诸城县宋家庄子（今山东省诸城市相州一村）"养德堂"。父亲王秉慈，字季航，能诗会文；母亲李清通文墨，喜欢诗、画、小说及民间故事。

王统照5岁即入家塾读书，16岁考入济南山左学堂（后更名为山东省立第一中学）。1914年春因病返乡休养，代理相州王氏私立小学校校长。

1916年冬，王统照寄信《新青年》称："贵志出版以来，宏诣精论，夙所钦佩。凡我青年，宜人手一编，以为读书之一助，而稍求其所谓世界之新学问，新知识者，且可得藉知先知先觉之责任于万一也。"《新青年》于第二卷第四号《通信》栏内发表该信，并加编者按语，称："来书疾时愤俗，热忱可感。中学校有如此青年，颇足动人中国未必沦亡之感。"1917年10月，他首次用白话写作短篇小说《纪念》，翌年8月发表于《妇女杂志》第四卷第八号。1918年初考入私立中国大学英国文学系。翌年3月加入私立中国大学学报社任编辑；5月4日参加天安门盛大集会和"火烧赵家楼"示威活动。

在私立中国大学就读期间，王统照同郑振铎、耿济之等酝酿成立新文学组织，讨论并通过文学研究会章程，被列入12位发起人之一。文学研究会在北京中山公园来今雨轩成立后，他名列"会员录"第八号，编入该会读书会"小说组"与"诗歌组"。1922年7月毕业于私立中国大学并留校任教；10月，长篇小说《一叶》由商务印书馆出版，为文学研究会丛书，是所作第一部白话长篇，也是中国新文学史上最早出版的白话长篇小说之一。1924年初识陈毅（时为私立中法大学学生），并介绍他加入文学研究会。翌年初，第一部诗集《童心》由商务印书馆出版。五卅惨案发生后作散文《血梯》和散文诗《烈风雷雨》。1927年3月至1931年在青岛铁路中学、市立中学等任教。后短期在四平街东北第一交通中学任教。1933年9月，王统照的长篇小说《山雨》由上海开明书店印行。翌年初，自费赴欧洲考察游历。其间，作散文、诗歌若干，后分别辑入《游痕》《欧游散记》及诗集《夜行集》中。

1935年7月14日，王统照与洪深、舒舍予、臧克家、吴伯箫等12人在青岛创办《避暑录话》周刊，附《青岛民报》发行。同年11月30日，他应国立山东大学国文学会之邀，在学校科学馆大讲堂作题为《悲壮精神与文学的表现》的演说，校刊《国立山东大学周刊》如是介绍王统照："王先生对新文学造诣极深，著作甚多，为国内知名之新文艺作家。"

1936年6月，具名参加中国文艺家协会，为理事会成员。10月与鲁迅、茅盾、巴金、郭沫若、林语堂、张天翼、谢婉莹等21人在《文艺界同人为团结御侮与言论自由宣言》上签名。1937年8月所撰《抗战中的文艺运动》刊载于《救亡日报》。9月作《上海战歌》《死与生》《阿利曼的坠落》等在《呐喊》（第二期更名《烽火》）刊出，宣传抗日救国，振作民族精神。1938年8月被聘为国立暨南大学文学院教授，讲授中国文学，为著名的"暨南四教授"之一。1945年7月从上海回到青岛，年底始为青岛《民言报》主编文艺副刊《潮音》，统共出29期。

1946年8月，王统照受聘任国立山东大学中国文学系教授。

复校伊始的中国文学系课程只有两门：历代文选和国文。历代文选由黄孝纾讲授，他则负责大一的国文课程。1946年入读中国文学系的于中航等回忆："青岛的冬季天气相当冷，王统照每天身着一件灰布长袍，外套一件皮领大衣，冒着刺骨寒风从观海二路的住宅步行到校为学生上课。他那清癯的脸上微带笑容，眼镜后面透出亲切的目光，他用那浓重的诸城方言开始了讲授，下课后再步行回去。先生那严谨认真的讲授，平易近人的作风，一开始便在同学们的心目中留下了深刻印象。"

这期间，王统照做了一件对学校极为有益的事情。孙昌熙在复校初任学校图书馆主任，他回忆：正当他为馆藏图书匮乏发愁时，王统照找到他说，青岛一叶姓人家里收藏了

300多种以山东省为主兼及其他各省地方志线装本书籍，因为战乱想处理掉，建议图书馆把这批书买下来。赵太侔校长批准了这一建议。这是复校后购置的一批大宗图书，至今还珍藏在山东大学图书馆特藏部。孙昌熙后来这样评价这一次图书抢购行动："为重建复校的山大图书馆奠定了一个好基础，而且还抢救了珍贵文物，使山大图书馆成了全国有名的以收藏古代志书为特色的图书馆。"

1947年5月4日，王统照在学校举行的纪念五四运动演讲会上，以《五四前后文学运动概况》为题作演讲。同月底青岛爆发"反饥饿、反内战、反迫害"运动，6月2日青岛当局出动军警镇压参加游行的国立山东大学进步学生。不久，他因支持学生被校方解聘，专事文学创作。

1949年10月，王统照应邀回校任教授兼中国文学系主任，并当选为校务委员。1949年入读国立山东大学中国文学系的吕家香（后名吕家乡）第一次见到王统照，是在系里举行的迎新会上，他回忆："他穿着一身当时最流行的蓝色干部服，身材不高，略瘦，行动敏捷，经常发出开朗的大笑，不笑的时候又显示一种正在思考什么的神情。"

王统照给新生讲授中国现代文学史，给高年级讲授现代小说。中国现代文学史既没有课本，也没有讲义，每次讲课他都拿着几张纸片，但也不大看。他从火烧赵家楼说到北京的建筑、街道，说到当时大学生的生活，又说到《新青年》的影响和自己参与编辑书刊的艰辛；从冰心的《繁星》《春水》说到冰心的丰采，说到《童心》、母亲，又说到印度大诗人泰戈尔访华的情景；从胡适的《尝试集》说到胡适的婚姻，说到留学生，又说到自己在国外的感受和出国背景；从乡土小说说到各地风土习俗之不同，说到北京大鼓与山东大鼓的比较，又说到近几十年来妇女服饰的演变。听了几周课之后，学生们普遍反映王统照讲课虽然"缺乏条理"，但又感到很有意思，有所受益。

有一次课堂上讲到左联时期的文学，王统照的话题转到鲁迅先生。关于鲁迅的作品他讲得很少，而是根据他与鲁迅先生的交往，介绍了鲁迅的音容笑貌、性格习惯，学生听得津津有味，课堂上不时发出一阵阵笑声。后来讲到鲁迅如何带着重病仍操劳不息，鲁迅逝世在国内外引起的强烈反响，以及他自己如何为鲁迅先生扶灵送葬的情景时，他泪光莹莹，声音哽咽，多次停下来强抑悲痛，同学们眼圈也都红了。班上一名同学从一本回忆鲁迅的书上发现有些内容与王统照所述不同，就请教他是怎么回事。吕家香回忆："王先生一丝不苟地加以考证辨析，证明了彼之讹误，己之可靠，说得那同学口服心服。由此我们更体会到，王先生讲课虽然海阔天空，随兴所至，但绝非信口开河，而是言必有据。所以王先生的每次讲课我都认真作了笔记，并且保存了若干年。"

对中国文学系的课程设置和教学，王统照提倡厚今薄古、古为今用，并在系里大量精简古典文学课程，带头开设现代文学史、现代散文等新课。他请来革命作家江风讲授现代戏剧课，又要孙昌熙担任现代散文课（后又教现代小说和五四以来中国文艺思想史等课）。在他倡导下，学校的现代文学和文艺理论教学搞得生动活泼，进一步发展了五四以来的新文学，培养造就了一大批具有较高水平的文学艺术人才，如著名文学评论家李希凡、蓝翎等都是新中国成立后的山东大学毕业生。

王统照任系主任期间，中国文学系既有冯沅君、陆侃如、黄孝纾等资深教授，也有初登讲坛的青年教师。他认真贯彻党的知识分子政策，谈话和蔼待人诚恳，全系教师非常团结，亲密无间。在青岛，他在任教同时还进行文学创作。据不完全统计，1946年至1950年，他创作并发表的小说、诗歌和译作就达130多篇。

1950年3月，王统照奉调到济南工作，任山东省人民政府委员、文教厅副厅长，后任山东省文化事业管理局局长等职。行前，他推荐文学评论家、美学家吕荧接任系主任。在"送王迎吕"的全系师生大会上，他以一贯的郑重认真的态度，以忽而高亢忽而低沉的声调，字斟句酌地说明他为什么推荐吕荧接替自己担任系主任，并且对全系师生提出几点希望，句句讲得中肯实在，令人心服。王统照在国立山东大学执教时间不长，但他的师德与教风，特别是他的人格力量，像润物无声的春雨一样，默默渗透到青年师生心田深处。

1954年秋，赴北京参加第一届全国人民代表大会第一次会议。

1957年11月29日，王统照因病在济南去世，终年60岁。在他生命的最后时刻，书桌上摊开的还是开篇不久的以胶东近代历史沿革为题材的长篇小说《胶州湾》的手稿。陈毅元帅闻讯作诗《剑三今何在？》以示哀悼。

中国海洋大学鱼山校区图书馆前的草坪上，一座王统照半身铜像静静伫立着，那是1987年为纪念他九十诞辰而立的。铜像谦和地独守着一方净土，那是他当年教书育人、激扬文字的地方。1995年，青岛市人民政府在百花苑为20名已故青岛籍或客居青岛成就卓著的文化名人竖立雕像，其中就有王统照。

（撰稿人　金松）

参考文献：

［1］《王统照先生怀思录》，山东省政协文史资料委员会、诸城市政协文史资料委员会合编，中国文史出版社，1991年版。

［2］《中国文学史资料全编 现代卷 王统照研究资料》，冯光廉、刘增人编，知识产权出版社，2010年版。

［3］《王统照传》，刘增人著，北京十月文艺出版社，2000年版。

徐中玉

徐中玉（1915—2019），男，江苏江阴人，汉族，民盟盟员、中共党员，文艺理论家、作家、语文教育家。1934年考入国立山东大学中国文学系，在此读书三年，后因全民族抗日战争爆发转入国立中央大学。1946年8月至1947年8月，任国立山东大学中国文学系副教授。其后，在上海私立沪江大学、华东师范大学任教。1934年开始发表作品，抗战时期出版编著5种，后著有《鲁迅遗产探索》《古代文艺创作论》《激流中的探索》《徐中玉自选集》等，主编文学研究丛书7套、大学教材《大学语文》5种及《大学写作》《古代文学作品选》等。2014年12月，获第六届上海文学艺术奖"终身成就奖"。

1915年2月15日，徐中玉生于江苏省苏常道江阴县（今江苏省江阴市）一个清贫的中医家庭。在江阴县华士镇积谷仓小学、杨舍镇梁丰中学读完小学和初中后，1929年考入江苏省立无锡中学，因师范科不收学费，免费吃饭，可当教师，他选择读了师范科。

1932年，师范科毕业后他到江阴县立澄南小学教书，1934年考入国立山东大学中国文学系。徐中玉曾回忆：决定到国立山东大学读书，是闻名而去的。他的表哥曾在国立山大外国文学系任教一年，还有四位高中学长在这读书。他听说青岛地方好，学校有许多名师在教书，"考山大这一决定，基本确定了我一生的走向"。

徐中玉是从上海坐船来到青岛的。他被安排在学校第二校舍底楼的一间大屋子里，住八名同学，和来自北平、山西、安徽、山东、上海的同学住在了一起。就餐是在学校食堂，每月六块大洋，早上馒头、小米粥，中午米饭、馒头、小米粥，任意吃，八人一桌，六个菜，荤素都有，完全够吃。徐中玉一直吃惯米饭，到这却爱上了馒头，每顿能吃五六个。吃鱼时，剩下鱼头鱼尾可交厨房加点佐料，再端出一碗汤来。

青岛是洋气的，国立山大却是俭素的，学风淳朴，学生们规规矩矩上课，课后都去图书馆读书阅报。中国文学系学生要读一年英语、一年第二外语，还要选读一门理科课程。徐中玉读了王国华先生（王国维胞弟）的英语课、周学普先生的日语课。选读的生物学课以秦素美先生为主教，高哲生先生负责实验指导。

那时，国立山东大学师资阵容强大，尽管杨振声、闻一多、梁实秋、沈从文、方令孺等已离校，但舒舍予、闻宥、施畸、游国恩、叶石荪、颜实甫、台静农、栾调甫、罗玉君、黄孝纾等先后在校教书。徐中玉和舒舍予、叶石荪、颜实甫、台静农等老师接触较多。其中，叶石荪、舒舍予对他影响最大。

大三时，他听了叶石荪文学批评原理、文艺心理学两门课后，对文艺学兴趣大起。自幼跟老先生摇头晃脑朗诵的古文，在叶先生的课上有了新感受。他记得，叶石荪先生还参加学生文学集会，和学生一道到郊外爬山，邀学生到他家谈天，特别是"叶先生给我们看他多年积累下来的大批卡片，告诉我们为什么要做和怎样做卡片的道理和方法"。这直接促成他走上文艺理论研究之路。

舒舍予在中文系教文艺思潮、小说作法、欧洲通史等。在徐中玉眼中，"老舍师"幽默风趣，讲课旁征博引，张口即诵，有时讲他在英国的见闻，有时讲他的写作经验。舒舍予还为徐中玉的作品集《芭蕉集》作序，对他的写作给予指导和鼓励。

徐中玉发起成立"山大文学会"并担任主席，各系学生都有参加。他们在《青岛民报》上办了个《新地》文学周刊，他自己在上面发表了散文《绿色的回忆》《雾里黄昏槐影》，还多次邀请舒舍予、叶石荪、台静农等参加文学会活动。鲁迅先生逝世后，他们出了纪念专版，在校内举办追悼会，请台静农、施畸、叶石荪、颜实甫作报告。全民族抗日战争爆发后，"山大文学会"部分成员走上革命道路，新中国成立后许多成为重要领导干部。

洪深排演《寄生草》一剧时，让他做了许多助理工作，引起了他对戏剧的兴趣。

当时他在《东方杂志》《国闻周报》《益世报》《论语》《人世间》《宇宙风》《逸经》《大风》发表了不少论文、小说、杂文。在《东方杂志》发表长达两万多字的纪念普式庚逝世百年的论文，后被收入商务印书馆出版的纪念专集。他的文章还得到天津《益世报》副刊《语林》主编吴云心的赞赏。及至后来，吴云心专门为他每周腾出一个《语林》版面，让他在青岛组版，徐中玉向舒舍予、洪深、赵少侯、王统照诸先生约稿，为版面增色不少。

徐中玉回忆写稿感受时说："一方面是有兴趣，也因我得自筹学费……中文系同学逐渐形成了各自在所感兴趣的方面努力钻研的风气，老师们都鼓励我们努力做出点成绩来。"

卢沟桥事变后，暑假过完，他回到青岛，参加了有三四十位同学自愿组成的抗日救亡宣传队，参与排练演出《放下你的鞭子》《张家店》等街头剧。

不久，学校接到内迁的命令。11月初，决定动身时，有一百多位学生随迁，徐中玉是随迁的三名学生会负责人之一。他们辗转济南、南京、芜湖、安庆、武汉，艰难地到达四川万县时，只剩下四五十名学生和几名青年教师，校舍、图书、师资几乎全无。他又去了成都，在叶石荪先生的帮助下，在国立四川大学借读两个月。然后，转入国立中央大学，推迟一年毕业。

抗日战争胜利时，徐中玉在广东任国立中山大学中国文学系副教授。1946年3月，国立山东大学在青岛复校，决定聘请国立武汉大学朱东润教授任中文系主任。朱东润和徐中玉很熟，约他一道到国立山东大学任教。当收到国立山东大学寄来的中文系副教授聘书时，国立中山大学校长也已经把聘书发给了他。但他没犹豫便作出决定，回母校任教。

1946年暑假后，徐中玉一家四口同宋君复先生坐同一条船由上海来到青岛。他住进学校附近一座日式楼里。当时，中国文学系刚恢复，只有一个年级，无课可上。他担任了学校普设的三个理科班的大一国文课。在校长再三劝说下，又勉强兼训导处课外活动组主任一年。

他和中文系教授王统照、青岛诗人臧云远交往密切，三人常在一起谈天、喝酒、品茶，商讨过成立全国文协青岛分会事宜。

陆侃如、冯沅君曾是徐中玉在国立中山大学时的导师，后来都到了国立东北大学教书。徐中玉和两位导师不时书信往来，一次，陆、冯二位在信中问徐中玉能否来国立山东大学工作。徐中玉把信拿给赵太侔校长看，赵太侔当场表示欢迎他们来校工作。1947年夏天，陆、冯二人如约而至。

徐中玉还为济南《山东新报》编了一个整版的《文学周刊》；为青岛《民言报》编《每周文学》，编发了王统照、骆宾基、许幸之、臧云远的文章，进步倾向一望而知。他参加进步文艺团体活动，在革命学生召开的大会上公开支持他们的行动。这很快被青岛警备司令部盯上，上报南京国民政府教育部说他和夫人均有"奸匪嫌疑"，应即解聘，云云。国民政府教育部两次密令国立山东大学将徐中玉连同他的夫人一并解聘。赵太侔校长把"密令"告诉了徐中玉，并征询他是留是走。徐中玉顺从了夫人的意见，离开青岛去上海。1947年夏天离开那天，到码头送行的是高哲生。"若没有这个事，我很可能一直会在山大住下去。"后来徐中玉说。

1947年，徐中玉任私立沪江大学中国文学系教授，兼国立同济大学和国立复旦大学中国文学系教授。

　　1952年起任华东师范大学中国文学系教授，历任系主任、名誉主任、文学研究所所长，兼任全国高等教育自学考试指导委员会中文专业委员会主任、中国文艺理论学会会长、古代文学理论学会会长、中国作家协会上海分会主席和《文艺理论研究》《古代文艺理论研究》主编等。

　　1978年秋，徐中玉与南京大学校长匡亚明教授等共同倡议，在高校中重新开设大学语文课程。1981年，由他担任主编的新中国第一本《大学语文》教材出版。近40年来，在他主持下，教材不断修订出版，成为全国高校长盛不衰的使用教材。他已经成为《大学语文》的灵魂，是名副其实的"大学语文之父"。

　　谈到编写《大学语文》的初衷，徐中玉谈到了他在青岛求学时的经历："事实上，大学语文是一门综合性强、难度很大、极端难教好的课程。需要学问渊博、经验丰富、热爱教学的教师来担任这门课。1934年教我大学语文的老师，是当时著名的楚辞研究专家游国恩先生，在此之前是沈从文先生在教。我的其他老师如冯沅君、陆侃如……等先生，都多次教过这门课。"1946年国立山东大学复校，他回母校教书，教的正是大学语文课。

　　徐中玉对母校一直有着浓郁的感情，多次撰文回忆自己在国立山东大学读书和工作的岁月，并一再表示"我永远记得，青年时代的思想人生转变是从山大开始的"。改革开放以后，有一次来青岛开会，他特意转到山东海洋学院（当年国立山东大学校园），在校园里慢慢走了一圈。

　　1984年，年近70的他，加入中国共产党，实现了"归属于为人民、为社会主义、为人类服务的这一高尚目标、理想"。2013年徐中玉捐出生平积蓄100万元和5万多册藏书，设立"中玉教育基金"，而自己却"生活十分简朴，饮食也是粗茶淡饭，保暖鞋已经打了好几块补丁。90多平方米的老房子里，书桌、五斗橱、沙发、茶几、床等，没有一件新式家具"。

　　在徐中玉的床头，挂着"道德文章"四个大字。他曾说过："道德文章，先道德后文章，写文章要一丝不苟，真实，真诚，有感而发，吐露心声！"

　　2019年6月25日，徐中玉因病在上海去世，终年105岁。

（撰稿人　纪玉洪）

参考文献：

　　［1］《走近海大园·大师足迹篇》，魏世江主编，中国海洋大学出版社，2007年版。

　　［2］《社会科学报》，《社会科学报》编辑部，第1397期。

　　［3］《徐中玉文集》，徐中玉编著，华东师范大学出版社，2013年版。

　　［4］《光明日报》，光明日报社，第25349号—第25350号。

李嘉泳

李嘉泳（1913—2012），男，山东泰安人，汉族，民盟盟员、中共党员，海洋生物学家、实验胚胎学家，中国无脊椎动物胚胎学奠基人。1935年考入国立山东大学生物学系，1940年毕业于国立中央大学生物学系。1946年起历任国立山东大学海洋研究所助理研究员，山东大学生物学系副教授、副主任兼水产学系副主任。1959年起任山东海洋学院海洋生物学系副主任、主任，副教授、教授等。曾任国家科委海洋专业组—学科组海洋生物分组成员，中国科学院海洋研究所开放实验室学术委员，山东省科学技术委员会海洋水产专业组组员，《中国海洋湖沼学报》《实验生物学报》等编委会常委或委员等。享受国务院政府特殊津贴。

1913年10月6日，李嘉泳出生于山东省岱南道（后改济南道）泰安县城关镇（今山东省泰安市泰山区），家中排行第四。父亲李庆藩为清末秀才，曾考取廪生，是泰安县有名的教书先生，诸弟子中就有国民党山东省政府主席王耀武。

李嘉泳9岁初小毕业后帮助父亲在家办私塾，12岁开始在泰安县私立翠英中学读书，不久在山东宁阳县磁窑矿场机器厂当徒工。后赴济南入读山东私立东鲁中学。1932年秋进入国立北平大学附属高中学习，与人民空军少将刘善本是同窗兼好友。

1935年8月，李嘉泳考入国立山东大学生物学系。求学期间，本系教师治学严谨、勤勉工作，给他留下深刻印象。若干年后他在《青岛海洋大学报》撰文记述："……曾呈奎老师早在30年代生物学系初建阶段因为教师短缺难聘，一人担起了系内全部植物学方面课程，并得到同学们的好评。又如已故童第周老师，他在系工作期间总是教学科研两不误，无论节假、阴晴，总是早到迟归而取得重要科研成果。像他们这样的为人为学精神自然会受到尊敬并使之代代相传。"1938年春，学校奉国民政府教育部令暂行停办，他转入国立中央大学生物学系继续学习。1940年6月毕业，获理学学士学位。随后在四川自流井蜀光高中任生物教员。1941年3月起担任国立中央大学生物学系陈义教授的助教，承担普通动物学、比较解剖学、医用比较解剖学、细胞遗传学、植物形态学等实验课。

1946年，国立山东大学在青岛复校。下半年，李嘉泳应童第周之召回校任助理研究员，协助筹建动物学系和海洋研究所。同年底，任学校教职员篮球队——国立山东大学教职联队副队长。1951年8月，受聘任山东大学动物学系（后与植物学系合并为生物学系）副教授，后担任副主任兼胚胎学教研室主任、无脊椎动物教研室主任、无脊椎动物胚胎教研室主任等职。

回校后至1956年童第周奉调中国科学院工作的10年间，李嘉泳作为助手协助童第周进行鱼类和两栖类方面的实验胚胎学研究。合作进行的硬骨鱼卵子发育能力研究的代表性成果《鱼类早期发长的研究》1951年发表在《山东大学学报》第1卷第1期；《鱼类卵子发育能力的进一步研究》1955年发表在《实验生物学报》第4卷第2期。这为建立硬骨鱼卵内胚胎形成物质的存在及其分布学说进一步提供了坚实的证据。

李嘉泳是经过童第周的严格选择才成为他的助手的。他在《怀念一代胚胎学宗师童第周教授》一文写道："他对助手的选择就非常慎重和严格。以我自己为例，就受过他一年多的考察时间（这当然是事后回忆中才察觉）。记得1947年夏同游南京玄武湖时，他曾在湖边提出和我比试分辨钟山上的林木和建筑，想来其目的就是了解我的视力。此后，他在我家中又发现了我绘的花蝶图，这才认可我有忝列门墙的基本条件。"

20世纪50年代初，李嘉泳负责建成国内唯一的海洋生物标本供应站并兼任主任和顾问达10年之久。山东大学生物标本供应站制作的生物标本除满足本校教学科研需要，还能对外供应。整个20世纪50年代，国内各大、中学校科研教学所用生物标本，主要购自山东大学生物标本供应站。他能制作各种复杂的动物标本，曾成功制出完整的柱头虫标本。柱头虫结构介于脊椎动物和无脊椎动物之间，极具研究价值。但它身体软弱且易发生自切现象，不易完整采集，国外也没有完整标本。他不断钻研反复尝试，最终成功采集到完整的柱头虫标本。对此，学校有"（他）与标本站同志一起，制作了超国际水平的绿海葵和柱头虫标本"的评价。

1953年，童第周在胚胎学教研室一次会议上提出，应当培养无脊椎动物胚胎学人才以应需要，并将任务交给李嘉泳。其时，国内外均无开此课者，一切都要从头做起。经过5年筹备，他编写了课程、实验、生产实习和大实验课等教材，亲手采集制作了各种重要的无脊椎动物胚胎标本。1955年起，李嘉泳开始承担培养无脊椎动物胚胎学进修生的任务，至"文化大革命"前共培养32人次。后来，中山大学、厦门水产学院、浙江水产学院、上海水产学院、山东海洋学院（水产学系）和大连水产学院等6校讲授无脊椎动物胚胎学的教学骨干皆是他带过的进修生。这为该学科的成长和发展发挥了重要作用。

山东大学大部西迁济南后，李嘉泳与生物学系部分教师以及本系部分一、二年级学生留在青岛。作为生物学系副主任，他一方面组织恢复教学，建立起水产学系海洋生物学专业，并在生物标本供应站支持下重建动物标本室，其他各专业基础课实验室也相继成立；另一方面通过各种方式召回原先的业务骨干同时调入新人，到山东海洋学院成立时，海洋生物学专业各年级学生均已招齐，教师也增至数十人，并成立4个专门化教学组织。正是有了这个基础，山东海洋学院海洋生物学系后来得以成立。这一时期，他同时在本校水产学系讲授水产动物胚胎学课程，并兼任水产学系副主任。他用3年时间列出课程提纲、写出讲义、建成水产无脊椎动物胚胎学体系。据《光明日报》所载《李嘉泳：开创中国无脊椎动物胚胎学》一文所述："李嘉泳的无脊椎动物胚胎学专门化课程……在水产学系也同样具有奠基意义，自1950年代以来的二三十年间，水产专业的无脊椎动物胚胎学课程，一直采用李嘉泳开创的教学体系。"

1959年7月，任山东海洋学院海洋生物学系副主任。10月任首届院务委员会委员，后连任第二、三、四届院务委员。

同年起，李嘉泳兼任海洋生物学系无脊椎动物教研室主任、海洋生物教研室主任，山东海洋学院海洋研究所副所长兼海洋生物研究室主任、历届学术委员会委员、学位委员会委员、学报编辑委员会委员、工会主席等职务；国家科委海洋专业组—学科组海洋生物分组成员，教育部生物教材编审委员会委员，中国科学院海洋研究所开放实验室学术委员，中国海洋湖沼学会常务理事，辽宁师范大学兼职教授，山东省科学技术委员会海洋水产专业组组员，山东省动物学会常务理事，《中国海洋湖沼学报》《实验生物学报》《动物学报》等知名学术期刊编委会常委或委员；青岛市人民代表兼市人民委员会委员，民盟青岛市委常委兼宣传部部长、山东海洋学院支部主任委员等职。

1960年开始，李嘉泳在海洋生物学系开创国内唯一的无脊椎动物胚胎学专门化课程。讲课时，他特别强调无脊椎动物发育的多样性；因为太复杂怕学生接受不了就在课堂上反复讲解，直到大家真正弄懂弄通。

同年前后，李嘉泳开展了海洋经济动物生殖和胚胎发育方面的研究。他先是在1959年第1期《山东海洋学院学报》发表《强棘红螺的生殖和胚胎发育》；后来在1960年召开的太平洋西部渔业研究委员会第六次会议上发表《金乌贼在我国黄渤海的结群、生殖、洄游和发育》（部分内容以《金乌贼Sepia esculenta Hoyle在黄渤海的结群生殖和洄游》为题发表在《山东海洋学院学报》1963年第2期），并收入会议论文集。后者获得该委员会好评，迄今仍是保护和发展我国乌贼渔业资源最具权威性的参考资料，是中国有关乌贼生殖生物学最早的研究成果。《李嘉泳：开创中国无脊椎动物胚胎学》一文如是评述："这（两项成果）是我国无脊椎动物胚胎学方面最早也是最成功的论文，在国际上也处于前沿的地位。"

1961年10月，山东海洋学院与上海水产学院合编的高等水产院校教材《水产动物胚胎学》（水产养殖专业用）在农业出版社出版。该书以李嘉泳在水产学系的授课讲义为重要参考文献，并引用了讲义部分内容。翌年，他在《山东海洋学院学报（海洋生物专号）》发表《胶州湾两种习见帘蛤的生殖周期》。1963年5月，他与28名海洋科学家联名提出《关于加强海洋工作的几点建议》，建议成立国家海洋局。翌年2月，中共中央同意在国务院下成立直属的国家海洋局，由海军代管。

20世纪70年代初，李嘉泳一度进行"河豚声呐的研究"并取得成果。1973年起，他参与了国家海洋局对1961年颁发的《海洋调查暂行规范》的修改和补充，具体领导了《海洋调查规范》第五分册"海洋生物调查"的编写和审定。1975年，《海洋调查规范》通过国家海洋局鉴定。

"文化大革命"中，李嘉泳被打成"资产阶级反动学术权威"。1978年11月9日，在全院落实政策大会上，中共山东海洋学院革委会核心领导小组组长、革委会主任张国中代表院革委会党的核心领导小组宣布几项决定，其中指出"院核心小组研究决定，为在'文化大革命'中被错误地打成'资产阶级反动学术权威'等罪名的赫崇本、方宗熙……李嘉泳……等同志，给予平反，恢复名誉。对强加给他们的一切污蔑不实之词，一律推倒"。

1979年，为提高和改进无脊椎动物胚胎学实验技术，李嘉泳与学校海洋物理学系教师合作承担了山东省科委下达的"激光在无脊椎动物实验胚胎学中的应用"课题，并于1982年试制成功JGCGI—1型激光显微手术仪，获山东省科技成果奖二等奖。

1980年起，李嘉泳开始箭虫的实验胚胎学研究，向被世界各国列为科研禁区的箭虫研究进军。早在六七十年代，他就有《强壮箭虫发育的生物学研究》《不同金属离子对强壮箭虫卵子激动的影响》和《强壮箭虫卵母细胞发育过程中的亚显形态变化》等研究成果问世。经过4年不懈努力，他亲手制作了130多个观察样本，起草设计了"强壮箭虫卵子发育能力的实验研究"，最终因退休没有完成该研究。1980年3月，与曲漱蕙等合编的《动物胚胎学》在人民教育出版社出版，1983年3月后以高等教育出版社名义继续印行；1995年该书被新疆大学出版社译成维吾尔文出版发行。他的《强棘红螺的生殖和胚胎发育》一文被收入该书单列一章，还被许多有关学科（如浮游生物学、胚胎学和动物学）

引用部分内容作为前鳃类的代表材料。

1980年12月，李嘉泳晋升为教授，任海洋生物学系主任。1983年2月加入中国共产党；6月，《文昌鱼卵子发育能力的再实验》收录在《第二次中国海洋湖沼科学会议论文集辑》。

1986年3月，李嘉泳退休。他长期致力于无脊椎动物胚胎学的研究和教学工作，开设过普通动物胚胎学、水产动物胚胎学、医科组织学、无脊椎动物学、农用动物学、水产动物学、普通动物学、生物标本制作及切片技术学、普通胚胎学、组织与胚胎、海洋动物专题、海洋附着生物专题、无脊椎动物胚胎学及大实验课等。培养多届本科生、研究生，许多成为知名学者、业务骨干，雷霁霖、陈大元等都是其高足。

1987年10月，李嘉泳参编的《发育生物学》在高等教育出版社出版，并于1992年获第二届全国高校优秀教材奖。翌年底，合著的《青岛、北戴河现代潮间带底内动物及其遗迹》一书由中国地质大学出版社出版。1989年3月，作为生物学编委会发育生物学分支编写组成员参与编撰的《中国大百科全书·生物学·发育生物学》在中国大百科全书出版社出版。1991年1月，所撰《华北盐场孤雌生殖卤虫克隆及其染色体的研究》发表在《海洋与湖沼》第22卷第1期。1993年，经批准享受国务院政府特殊津贴。

2012年2月9日，李嘉泳病逝于青岛，终年99岁。悼词说：

"李嘉泳教授是我国著名海洋生物学家，中国无脊椎动物胚胎学的奠基人。……他最早开设了国内无脊椎动物胚胎学专门化课程……培养了一大批从事动物胚胎发育学和繁育学的科技骨干人才，为我国海水养殖业的发展奠定了理论基础和人才储备。"

遵照遗愿，他的遗体捐献青岛大学附属医院作研究之用，藏书捐赠中国海洋大学图书馆。

（撰稿人　金松）

参考文献：

［1］《山东省有重要贡献专家名录》，中共山东省委组织部、山东省人事厅编，山东科学技术出版社，1999年版。

［2］《齐鲁科技精英　第2集》，《齐鲁科技精英》编辑委员会，山东科学技术出版社，1992年版。

［3］《中国科技史杂志》，中国科学技术出版社，2011年第32卷第2期。

何作霖

何作霖（1900—1967），字雨民，男，直隶蠡县人，汉族，民盟盟员，中国科学院地质研究所特级研究员，中国科学院学部委员（院士），地质学家、矿物岩石学家、地质教育家，中国矿物学和岩石学研究先驱、岩石组构学奠基人，世界最大稀土矿床——白云鄂博矿床发现者，被誉为"中国稀土矿床之父"，世界第一台X射线岩石组构学照相机发明者。1926年毕业于国立北京大学地质学系，1939年获奥地利茵斯布鲁克大学理学博士学位。曾在私立天津工商大学、国立中央研究院、国立北京大学、德国莱比锡大学、国立北平研究院等任教或任职。1946年8月至1952年7月，任国立山东大学、山东大学地质矿物学系教授兼主任、教务长等，后奉调至中国科学院地质研究所。曾任第三、四届全国政协委员。

1900年5月5日，何作霖出生于直隶省保定府（今河北省保定市）蠡县小汪村一个书香家庭。父亲何诸昌是前清秀才，曾在保定、天津一带教书。他10岁前在家乡读书，10岁随父到保定就学。14岁考入直隶省保定私立育德中学，4年后毕业。

何作霖1918年投考国立北洋大学（今天津大学）采矿学系预科，两年后转入国立北京大学地质学系本科。其间，受地质学家李四光和矿物学家王烈影响最深，他将兴趣置于岩石学和矿物学上。1921年起因肺病休学两年。1923年在《东方杂志》发表论文《地轴之变动》。1926年夏，毕业于国立北京大学地质学系岩石矿物组。同年至私立天津工商大学（今河北大学）农科任教，讲授地质学、测量学。

1928年，经李四光举荐，何作霖至国立中央研究院地质研究所任助理研究员，1932年晋升为研究员，兼任国立北京大学地质学系讲师。1933年发表中国第一篇介绍俄国矿物学家E. C. 费多洛夫发明的旋转台用法的文章。1934年至1937年任国立北京大学地质学系专任讲师。

1938年5月，何作霖受中华教育文化基金会补助，赴奥地利茵斯布鲁克大学攻读岩组学。翌年10月以《塔纳尔西部长英质岩石的组构分析》论文通过答辩，获理学博士学位。毕业后到德国莱比锡大学矿物学系任研究员。1940年6月回国后，在上海（租界区）国立北平研究院镭学研究所任职。1942年返回北平整理研究成果，同年秋到"国立北京师范大学"地学系任教，1943年转到"国立北京大学"地质学系任教。1945年10月，任国立北平临时大学地质学系主任。

1946年8月，经李四光推荐，何作霖受聘任国立山东大学理学院地质矿物学系教授兼主任。

到校后在较短时间内，何作霖就建起系图书室、岩矿标本陈列室、磨片室，并置备3台偏光显微镜。地质矿物学系建系伊始，教师只有教授1名（何作霖）、讲师1名（司幼东）和助教1名（张保民），后陆续聘请一批专家学者来系任教，其中有留德构造地质学专家张寿常、留英古生物学专家王庆昌、留美矿床学专家胡伦积和古生物学专家周明镇，以及测量专家潘丹杰等，建成一支阵容强大的教师队伍。

何作霖鼓励教师积极进行学术研究。据不完全统计，自1946年建系至1952年全国高校院系调整，全系教师共发表学术论文23篇。他对青年教师关广岳因深造离校，司幼东为在地球化学方面发展而赴苏联留学，都给予大力支持。曾任地质矿物学系助教，后任东北大学副校长的关广岳在《怀念恩师何作霖先生》一文中写道："现在回味起来，觉得山大整个学术环境和我们这个小集体，实在值得留恋。尤其是何作霖教授，他是我北大读书时的老师，山大工作时的领导，哈工大读研究生的坚决支持者。甚至1953年我被借调到北京地质学院，充当苏联专家加里宁教授的业务翻译的时候，当时何先生已经到科学院地质研究所工作，仍然关心我的成长。"

1946年秋，地质矿物学系招收12名新生并按时开课。何作霖亲自为学生开设普通地质学、矿物学、光性矿物学、火成岩石学、变质岩石学、构造地质学、费氏旋转台、X射线结晶学、岩组学等课程。其中，岩组学和费氏旋转台课在全国只有国立山东大学具备开课条件。

何作霖重视学生基本功的培养，甚至在野外实习时教学生如何打标本，要求每人反复练习直至合格。学生在学习光性矿物学时，必须先学会磨制岩石薄片，并要做出3片合格薄片。他深入实验室，检查学生实习是否严格按规程操作，有时提一两个问题以考查学生基本功。在指导毕业生作有关岩组的论文时，他亲自指导使用费氏旋转台的一些细微操作，学生不但学到了技术，更受到严肃认真、一丝不苟治学作风的熏陶。1947年入读国立山东大学地质矿物学系，后任长春地质学院教授的王东坡在《缅怀我的恩师》一文中回忆："记得有一次在上显微镜下观察岩石薄片课时，何先生来到实验室看看学生实习的情况，发现有位同学对显微镜的操作不符规范，他非常着急，叫大家都停下来。他语重心长地对我们说起显微镜对一个地质学者的重要性，好比枪与士兵的关系，如果我们不懂得正确使用和爱护显微镜，我们也不会成为一个优秀的地质学家。同时他手把手地教我们如何更换物镜、如何对焦，直至大家都能按规范正确和熟练使用显微镜为止。"

何作霖一贯强调理论联系实际，重视野外教学工作，认为野外实践机会难得，务求教好学好。

1949年8月，应山东省人民政府工矿部之邀，何作霖带领本系4名教师和9名学生，承担博山—莱芜一段矿产调查任务，历时一月。师生们在莱芜发现21条赤铁矿矿脉和9条热液型镜铁矿重晶石脉，并预测有可能发现工业铁矿床。对此，矿物学家、中国科学院院士叶大年教授在《何作霖先生的奋斗历程及重要学术贡献》一文中写道："这一预测被后来的地质工作者发现莱芜铁矿所证实。"中国海洋大学海洋地球科学学院时任院长李广雪教授在纪念何作霖先生诞辰110周年所撰的《秉承大师科学精神　开拓海洋地学新领域》一文中，提及这次勘测时如是评价："这次考察为后来发现莱芜铁矿打下了基础。"《中国矿床发现史·山东卷》和《莱芜钢铁总厂年鉴　1996》等文献对"莱芜铁矿"均有记述："莱芜铁矿的发现、发展及开发……为莱芜钢铁厂的兴建奠定了基础""莱芜铁矿是山东省较大的黑色冶金井下矿山之一，是莱钢的主要原料生产单位"。

1950年春，按照何作霖的布置，地质矿物学系部分师生到山东莱阳进行野外教学实习，熟悉白垩纪地层特征，并采集龙骨化石标本。师生们采集到不少恐龙骨化石和大量恐龙蛋化石，由此拉开棘鼻青岛龙研究的序幕。《人民日报》对此作了报道，引起国内地学界关注。

何作霖以开门办学的方式拓宽学生视野和学识。1951年和1952年，他请王庆昌教授分别带领1947级学生去北京大学、1949级学生去南京大学访学。在北大，同学们重点学习古生物学、地史学等，孙云铸、王嘉荫、杨起等知名学者相继授课；在南大，地质学系主任徐克勤，地学专家穆恩之、卢衍豪等登台讲课。他还延请校外专家来校作学术报告，吴磊伯教授曾应邀来校作有关江浙一带山字形构造的报告，使学生对李四光的地质力学观点有所了解。为培养学生课外汲取知识的能力，他布置二年级以上学生阅读中英文专业文献，撰写读书报告介绍心得体会，并请全系师生参加提问和评议。

何作霖主持地质矿物学系期间，教学科研取得较大成绩，培养了一批地质人才。据统计，1946年至1952年，地质矿物学系共培养112名学生，他们绝大多数成为教授和高级工程师。在此期间，他本人在科研上也取得诸多成果：例如，1947年试制我国第一台X光装置（时称X光转动测角器），这个装置成果获得了清楚的石英结晶轴的衍射照相以及转绘的岩组图解，受到国际知名专家高度评价；1951年完成《玛瑙及矽化木的生长型岩组》，为认识晶体沉淀生长机制提供重要依据。他还将王希祚和张春裕两名工人培养成磨切岩石薄片和偏光显微镜的石英楔、费氏台半球的高级技师。

1950年6月，何作霖任学校学术审议委员会副主任、中国科学院专门委员，并当选为青岛市人民代表。同年10月28日至11月7日，赴北京参加中国地质工作计划指导委员会（李四光任主任委员）扩大会议，并在会上作报告，介绍了国立山东大学地质矿物学系的师资、教学和科研等情况。1951年3月，任山东大学教务长，8月与童第周、赫崇本等人创办《山东大学学报》，这是新中国成立后的第一份大学学报。同年，任学校学术委员会副主任委员；在工学院增设采矿工程学系，秋季开始招生。

1952年7月，何作霖奉调至中国科学院地质研究所，任特级研究员兼岩石学和矿物学研究室主任等。1955年被选聘为中国科学院学部委员（院士）。1958年至1959年任中苏两国科学院组织的白云鄂博联合科学考察队中方队长。1959年出版《赤平极射投影在地质科学上的应用》一书，1965年又出版增订本。这是世界上第一部在该领域的著作。

除上述成就，何作霖的主要学术贡献可归纳为以下几个方面：

他发现了世界最大稀土矿床——白云鄂博矿床，被称为"中国稀土矿床之父"。他是我国现代岩浆岩岩石学及工艺岩石学研究开拓者。1928年，他对湖北大冶、阳新一带火成岩进行研究并发表成果，标志着我国岩浆岩岩石学开始成为地质学研究的独立分支；20世纪50年代初他对鞍钢耐火材料和平炉衬砖进行研究，是中国工艺岩石学开拓者之一。他是我国光性矿物学研究奠基人。1932年，他在国立北京大学开设光性矿物学课，1935年第一个用中文编著《光性矿物学》一书，嗣后若干年一直被各大学地质学系作为教材或主要参考书。他是我国岩组学研究奠基人，世界最早的X射线岩组相机设计制造者。1934年，他在国内首次进行岩组学研究，是我国第一个在大学开设岩组学课程的人。1940年至1941年，他设计制造出一台改进型的德琼—鲍曼式X射线单晶照相机，后来利用X射线衍射原理于1943年自己设计并成功制造出世界上第一台X射线岩组相机。他是我国结晶体构造学研究先驱。他在德国莱比锡大学任研究员时从事晶体构造研究，回国后首次在大学开设该课程，并于1955年撰写我国该领域第一部专著《结晶体构造学》。

1967年11月17日，何作霖病逝于北京，终年67岁。

在中国海洋大学海洋地球科学学院大厅，竖立着一尊何作霖院士半身雕像，那是2010年5月5日为纪念他诞辰110周年落成的。雕像面容慈祥，目光深邃。

（撰稿人　金松）

参考文献：

［1］《何作霖院士——中国稀土矿床之父》，《何作霖院士——中国稀土矿床之父》编委会编，地质出版社，2015年版。

［2］《科学通报》，科学出版社，1951年第1期。

［3］《中国科学家辞典》，《中国科学家辞典》编委会编纂，山东科学技术出版社，1982年版。

王彬华

王彬华（1914—2011），原名王华文，字彬华，后以字行，男，安徽寿县人，汉族，九三学社社员，海洋气象学家。1934年考入国立山东大学物理学系，1938年春转入国立中央大学物理学系，1939年毕业留校担任物理学系助教，后在国立中央研究院气象研究所、四川省气象测候所工作，1941年考入中央气象局，1944年在国民政府军事委员会军令部二厅技术室工作。1945年9月被任命为青岛观象台台长，新中国成立后担任青岛海军观象台台长。1946年秋开始在国立山东大学农学院兼任气象课程教授；1950年起兼任国立山东大学、山东大学物理学系、水产学系副教授，讲授普通气象学、天气学等课程；1953年初兼任山东大学海洋学系副教授、副主任；1956年成为山东大学海洋学系全职教师。1959年起担任山东海洋学院海洋水文气象学系副主任，1980年任教授。新时期，他先后担任中国海洋湖沼学会水文气象学会副理事长、山东气象学会副理事长、山东海洋湖沼学会副理事长兼秘书长、《海洋湖沼通报》主编等学术职务。

1914年3月5日，王彬华出生于安徽省淮泗道寿县（今安徽省寿县）一户普通乡绅人家。

王彬华少时就读于寿县模范小学、初级中学，安庆六邑高中。1934年秋考入国立山东大学物理学系，翌年国立山东大学物理学系与青岛观象台为培养造就气候测量人员，合作开设天文气象组，王彬华与万宝康、王金章、孙月浦四名同学成为该小组的学生，从此，他的一生再未偏离"气象"轨道。

除了物理学系课程外，他们还需学习由青岛观象台老师讲授的天文气象学课程。天文课老师是李珩先生，实习指导由刘朝阳先生担任；气象课老师是观象台台长蒋丙然先生，实习指导是薛钟华先生。在青岛观象台实习是"必修课"，下午是气象实习，夜间是天文实习，每周有一半时间在观象山上度过。王彬华对学习充满热情，"从观测坪到子午仪，从天气分析到测绘太阳黑子，动嘴动手，边学边做，处处是教室，处处是导师"。

在观象山的三年时光中，王彬华深深爱上了气象事业。当时青岛观象台设有天文、气象、地震、地磁、海洋诸科，是国内科学界和社会名流进行学术研究和交流的重要场所，学术氛围浓厚，他在此接触到了国内许多气象研究学者，于实践中学习到了书本上没有的知识。

1937年暑假，王彬华到南京紫金山天文台和北极阁气象台实习。全民族抗日战争爆发，当年秋国立山东大学被迫南迁，先至安徽安庆，又辗转到四川万县，因迁校措施不当，图书资料和珍贵仪器损失惨重，师生被迫流散，1938年2月学校被国民政府教育部下令停办，学生大多转入国立中央大学。王彬华在1938年春辗转到了国立中央大学的所在地重庆。因国立山大开具的转学名单中没有他的名字，一时就学受阻。他数日徘徊在沙坪坝，吃住都成了问题。万般无奈中，王彬华直接去找到国立中央大学校长罗家伦先生，有幸得到"破格录取"就读的机会。

1939年从国立中央大学毕业后，王彬华留校担任助教；半年后到迁到重庆的国立中央研究院气象研究所工作，分在高空组，他和另一位研究人员负责气象预报并向重庆防空司令部报告；后又到四川省气象测候所工作。在《气象学报》上发表《四川之春荒及其预防》《峨眉山之气候》等关于四川地域气候的论文。

1941年10月，新成立的国民政府中央气象局招考五名气象工作人员，王彬华报考并以优异的成绩被录取，在中央气象局担任科长职务，也负责指导练习生。太平洋战争爆发后，美国海军和国民政府合作成立"中美合作所"，1944年王彬华担任国民政府军事委员会军令部二厅气象技正兼股长，并在"中美合作所"参加气象预报工作。除了培训学员，还为包括美国飞虎队在内的盟军飞行活动直接提供精准、及时的天气预报服务；为将在太平洋岛屿登陆的美国海军提供气象预报，还要掌握海上港口的涌浪、潮汐等海洋因素以及天文情况。通过这项工作，王彬华深深认识到气象与海洋相结合的重要性。

抗战胜利后，1945年9月，刚过而立之年的王彬华被国民政府任命为青岛观象台台长。1946年1月6日，他抵达青岛后就立刻对青岛观象台进行整顿，恢复了天文和授时的工作秩序，并在短时间内边招聘边培训，很快组织起了一支"中国队伍"。在当年，高空探测、天气预报、太阳黑子和海水分析等业务就先后开展起来。

王彬华曾向国民政府提议，接管在青岛的中国海洋研究所，由青岛观象台海洋科制订海洋研究工作与发展计划；与国立山东大学物理学系合作开展日环蚀、物理、气象与电信等许多方面的观测与研究工作；改进并充实青岛大港验潮站设施与观测工作；增加海水温度观测网点与海冰观测和调查；充实海水分析设备，增加海洋生物采集和标本制作；增设发报机，由青岛观象台自行发布天气预报，提高时效；与青岛农林事务所合作在青岛李村设立气象站开展农业气象研究。到1948年底，这些工作全部落实到位。王彬华还组织职工学习国外最新学术成果并开展国际学术交流，用节约下的经费购买世界各国最新出版的天文、气象、磁力、地震、海洋诸名著及著名理科学术期刊，又按期出版《气象月报》《天文半年刊》《海洋半年刊》《学术条例》（不定期）等四种刊物，与英美日苏等国进行学术交流。1947年，青岛观象台编辑出版了"青岛市观象台学术汇刊一号"《青岛天气》一书，8月初版，12月再版。王彬华的论文《青岛天气》也被收录，有英文摘要。除了将当时的观测记录出版交流外，王彬华还组织整理了青岛观象台建台50年以来的观测资料，汇集为65万字的《青岛观象台五十周年纪念特刊》，于1948年出版。这是一本集青岛观象台半个世纪的天文、地磁、气象、海洋之大成，集文献、论文、图片图表资料为一体的巨著，其中50年连续不缺的气象观测资料极为珍贵，为世界各国的气象研究提供了重要资料。在王彬华领导下，青岛观象台在气象、天文、地震、地磁、海洋物理、海洋化学、海洋生物等观测与研究方面取得不少成绩。三年内，青岛观象台迅速发展成为国内先进的科学研究机构。

1949年6月2日，青岛解放，王彬华带领全台33名职工将一个完整的青岛观象台交给了中国人民解放军代表。1950年4月新中国的人民海军建立，青岛观象台被命名为"中国人民解放军海军青岛基地观象台"，下设气象、海洋、天文三个机构。王彬华被任命为台长，是新中国第一个观象台的第一任台长。

青岛海军观象台迅速培养了百余名新中国急需的海洋气象专业人才，充实到全国各地气象台，他们成为新中国海军气象保障的重要基础力量和后期海洋气象事业发展的栋梁。从1951年到1953年，王彬华还带领组建了朝连岛、威海、成山头等三个海洋气象站，刘公岛、成山头、烟台、石岛等多个海洋潮汐观测站，沿海及岛屿几十个瞭望站、观通站的水文气象观测点。成山头观测站是王彬华亲自选址的，这座站雄踞在荣城"天尽头"后，视野开阔，高耸挺拔，与"天尽头"相得益彰、互映成趣。除了成为美景外，"天尽头"也是黄海北部与中部的分界线，黄海冷海流西来南下的拐折点。常年风高浪险，是国内有名的"雾窟"之一，素有"中国好望角"之称，在这里建站，对保障海上船舶航行的安全有重要意义。王彬华带领的青岛海军观象台在新中国成立初期承担了近乎全国海区的气象预报，承担了北方海区军事训练、演习、护渔、护航等的水文气象保障工作，为新中国的海军气象事业发展作出巨大贡献。

气象工作的实践让王彬华强烈意识到气象是涉及生产、生活、政治、军事等各个领域的科学，但在中国这是个新兴学科，气象人才还远远不能满足国家建设之需要。在青岛观象台工作之外，他又建立了一个工作重心：教学工作。

1946年秋，王彬华就受聘任国立山东大学农学院兼任教授，讲授气象学课程，一直到1956年卸任青岛观象台台长一职，十年间，他先后在农学院、物理学系、水产学系、海洋学系讲授气象学、天气学等课程。1956年王彬华正式调入山东大学，担任海洋学系副主任，负责海洋气象专业的教学与研究工作。

海洋气象专业的课程并不是海洋学专业和气象学专业课程的简单相加，它是有自身特色的课程，该专业的课程内容在国内外均罕见。王彬华强调要从科研着手，以教师的研究成果逐渐形成课程内容。学校当时缺乏气象学方面的教师，王彬华曾一人兼授多门课程。他先后讲授过气象学、天气学、海洋气候、海洋天气、海洋气象学等课程，并在全校介绍教学经验。他与其他中青年教师一起合作，制订了海洋气象专业人才培养计划、教学方案，完善教材和实验设施，先后开出了海雾、风暴潮、海洋边界层气象学、热带天气动力学、气象雷达和卫星气象学等课程，使得学校在"文化大革命"前已经形成比较系统的海洋气象学课程体系。在专业教学上，王彬华非常重视教学计划的修订，强调学生要打好数理基础，专业课不能太庞杂，要少而精，学科前沿部分和有争议的部分可设专题讲座。他也非常重视实践教学，带领教师一起修建了两个气象实习观测场，老师轮流当班，每年安排学生两次到台站实习。随时可学习，是他的信念。即使在1958年"大跃进"期间，学校经常停课，师生下乡劳动，王彬华仍然鼓励学生们要注意观察和感应天气。

王彬华在20世纪40年代就开始关注海上天气，特别是海雾预报问题，一直积累资料撰写论文，并进行过海洋环流和大气环流相互关系的研究。在青岛观象台时期，他先后发表《青岛天气》《五十年来青岛气候》《青岛之雾》《胶州湾的结冰》等海洋气象方面的多篇论文，还于50年代初发表关于海-气相互作用的《在西藏高原的影响下中国动力性气旋的生成及其发展》《高空冷涡与渤海低压》等论文。根据在重庆时期所积累的丰富的天气预报经验，他还首次提出了气象学领域著名的"西南涡"的概念。

到学校任教后，他又发表《人工造雾试验报告》（1959，与秦曾灏合作）、《北太平洋西部海洋环流与大气环流的对应关系》（1964）、《中国近海海雾持续和消散问题的探讨》（1980）、《中国近海海雾的几个特征》（1980）、《中国近海海雾的初步分析》（1981）等论文；出版有教材《普通气象学》（上，1962）、《普通气象学》（下，1963）、《海洋气象》（1963）和专著《海雾》（1983）。

　　《海雾》是王彬华在"文化大革命"前为毕业班学生准备的专题讲义，"海洋环流与大气环流"资料收集完毕并撰写出提纲，但这两部手稿均在"文化大革命"期间被焚毁。"文化大革命"结束后，王彬华凭着超人的记忆和顽强的毅力重新写出《海雾》一书，并于1983年在海洋出版社出版。《海雾》总结了国内外的研究成果，全面论述了海雾的生成原因和地理分布，出版当年即获得国家科技图书二等奖，并被联邦德国Springer-Verlag公司列为"海气交换丛书"之一，1985年被组织翻译成英文*Sea Fog*出版，在世界各地发行。当时该书是世界上唯一的系统研究海雾的学术专著。而"海洋环流与大气环流"却无力继续完成，成为海洋气象领域永远的遗憾。

　　科学研究之余，王彬华还写下许多科普作品。他在重庆时就写有不少科普文章，并常作科普报告。他的科普作品集《云空漫游》于1959年、1961年两次出版；1980年，被改正平反的他写下科普文章《海上奇观》。这两部作品均荣获山东省科普创作一等奖。1963年，他编著出版了海洋知识丛书《海洋气象》（10册），1979年再版。

　　"文化大革命"时期，王彬华的双腿被造反派打断。在"清理阶级队伍"中又被下放至山东胶东农村接受再教育。十年困境中，他以豁达的心胸坦然对待苦难，始终保持着一个知识分子的坚毅和自尊，执着地追求着科学精神和学术研究。

　　1979年，青岛海洋湖沼学会复会，山东海洋湖沼学会成立，广大海洋湖沼科技工作者希望能有一个学术园地，推动科学事业不断发展。在大家的公推下，王彬华又担任了《海洋湖沼通报》主编，他克服种种困难，保证了期刊的连续出版。

　　1984年举行的中国气象学会成立60周年大会，表彰了34位从事气象工作50年的气象科技人员，王彬华位列其中。2004年的中国气象学会成立80周年庆祝大会，授予26位气象学家"气象科技贡献奖"荣誉称号，90岁的王彬华是其中之一。他没有出席这个大会，听到消息后，欣然为大会题写了"气象人员之家"，对学会颁给他的这个荣誉表示感谢。

　　在学校为他庆祝80周岁华诞的活动上，王彬华这样说："我是一个普通的人，普普通通的教师，我对这个校园是十分有感情的，这里有我青年时代的梦、壮年时期的耕耘、晚年时代的慰藉。只要我的生命还在活动，我仍将继续努力为党为我国的教育事业再多做一点有益的事。"

　　在科普文章《海上奇观》里，王彬华这样写大海："它有时惊涛骇浪，咆哮如雷，激发人们奔腾豪放的雄心壮志；有时又一平如镜，晶莹莹、舒展展，给人留下一种绵绵切切的温情柔意。"

　　王彬华在中国海洋气象领域的贡献是经天纬地的，所有知道他的人都认为他是一个传奇，可是他又极为安静平和。他的生命也如他笔下的大海，多变而单纯。

2011年4月13日，王彬华因病在青岛去世，终年97岁。

（撰稿人　王淑芳）

参考文献：

［1］《青岛文史资料（第9辑）》，青岛市政协文史资料委员会编，1992年版。

郑柏林

郑柏林（1912—2004），女，江苏丹徒人，汉族，民盟盟员、中共党员，海藻学家。1933年8月考入国立山东大学生物学系。1937年6月毕业后，先后在星洲南洋女中、国立清华大学农业研究所等任教。1946年8月起，任国立山东大学植物学系助教、讲师，山东大学植物学系、生物学系讲师、副教授。1959年后，任山东海洋学院副教授、教授，海洋生物学系副主任等。曾任全国人大代表、山东省政协常委、民盟山东省委委员、青岛市女科技工作者协会会长和女知识分子联谊会会长、中国藻类学会常务理事等。享受国务院政府特殊津贴。

1912年3月13日，郑柏林出生于江苏省丹徒县（今江苏省镇江市丹徒区）一个职员家庭。翌年随父母一起迁往武昌，租住在工程营巷八号。

郑柏林9岁时随母亲回丹徒探望外祖父母，在当地读私塾一年半，11岁考入湖北省立女子师范学校附小，12岁时父亲去世，家庭生活陷入困顿。此时，她高小还未毕业。14岁时母亲去世。16岁那年春天，郑柏林前往南京投奔舅父，并考入南京市立女中初中部。1931年夏初中毕业，由于各门成绩均为优秀，免试升入南京市立女中高中部。

1933年8月，郑柏林考入国立山东大学生物学系。她在校努力学习专业知识，成绩优良，给同学留下深刻印象。与她同年入学的何炳棣后来撰文回忆："女同学中郑柏林最诚恳、最用功，难怪她自新加坡回国后成为著名的海洋生物学家，英文版《中国建设》中曾刊过专文介绍赞扬她的教研成果……"

求学期间，郑柏林师从曾呈奎等诸位先生。彼时，曾呈奎先生在生物学系讲授植物学、植物分类学和海藻学等课程。也就在这个时期，她将研究兴趣专注于植物学，并将它作为自己科研生涯的研究对象。大四学年，她在曾呈奎先生指导下完成毕业论文《中国石莼之研究》。若干年后，郑柏林撰文回顾了自己在曾呈奎先生指导下学习和研究的情景，并如是评价恩师："在大学阶段对我影响最大的是曾呈奎先生，他教学一贯认真负责，对学生的学习抓得很紧；同时他对海藻的研究也不放松，每天工作到深夜。……当时他的认真执教和忘我科研精神，赢得了学生对他无限的崇敬。"

　　1937年6月，郑柏林大学毕业，获理学学士学位。由于当时大学生就业较为困难，许多人面临大学毕业即失业的境况。幸好在毕业前得到生物学系主任林绍文介绍，她接受了星洲南洋女中聘书决定前往任教。7月，她由上海乘船离开祖国。海上航行8天后，轮船抵达新加坡，从此开始在南洋的教书生活。她先后在新加坡和马来西亚吉隆坡的华人学校教授植物学、动物学和生物学，有时还教授化学等课程。在异国举目无亲，她努力备课教书，否则就会饭碗难保。这种情况一直持续到1941年12月太平洋战争爆发，日军开始侵袭新加坡和马来西亚。1942年2月，她乘船离开新加坡，后取道印度搭乘飞机回到云南昆明。回国后她先是在云南省建设厅农场任事务主任，继而在昆明高级农校任生物教员，后加入国立清华大学农业研究所植物生理学研究室任助教。任职农业研究所期间，在汤佩松教授建议下，她与同事一起从荸荠中提取出一种新的抗菌物质"Puchiin"。他们将这一结果先发表在自编自印的*Biochemical Bulletin*（No.52.p.1，1945）上，随后通过李约瑟（中英科学合作馆）外交邮件之便发表在英国的*Nature*（156：234，1945）上。

　　1946年8月，郑柏林回到复校不久的国立山东大学，被聘为助教，参与筹建植物学系并于翌年3月被聘为讲师。同年12月28日，她参加复校庆祝纪念大会并代表校友向校长赵太侔献纪念旗。

　　在国立山东大学植物学系和山东大学植物学系、生物学系任教期间，郑柏林和同事在曾呈奎先生指导下定期往青岛沿海采集海藻标本，后来又扩展到山东和全国沿海。在青岛近海，她坚持每月的大潮到海滨采集海藻标本。1952年起，她开始从事海带的育苗和养殖研究；1958年以后，先后带领青年教师和学生参加山东省沿海滩涂海带养殖面积和南黄海北部海域石油污染联合调查，为贝类养殖和海带的推广作准备。同时采集该海区的海藻标本，充实学校的海藻标本室。

　　1952年8月，郑柏林被聘为植物学系副教授，后任海藻教研组主任。12月，经曾呈奎、叶毓芬介绍加入中国民主同盟，后连续当选为民盟山东省第一、二、三届委员会委员。

　　1954年，郑柏林与曾呈奎先生合作的《青岛海藻的研究I》发表在《植物学报》第3卷第1期。1956年与曾呈奎等在山东大学合编《海洋植物学讲义》《经济海藻学讲义》等。1957年2月，学校出台《关于改进我校当前工作的意见》，确定改进学校工作重点，并结合1957年科学研究工作任务，拟订228项研究题目，参加研究工作的教师达196人。她的"中国北部海藻"名列其中。

1959年9月，任山东海洋学院海洋生物学系海洋植物教研组主任，后来当选为第三届和第四届院务委员会委员。10月，在庆祝新中国成立10周年之际，郑柏林在校刊《山东海洋学院》发表题为《永远跟着党走》的文章，抒发了喜悦和感慨之情：

"十年来祖国到处都起了天翻地覆的变化，每个角落都充满着幸福，人人都是干劲十足，为了建设社会主义而工作。……两年来积极争取党的教育，在教学中贯彻了党的教育方针，培养着青年一代。但我的工作离祖国、人民的需要还很远。今后我要在党和毛主席的领导下更加鼓足干劲，培养下一代，使他们毕业后成为红专全面发展的人才，为祖国建设服务。"

1960年起，郑柏林先后3次荣获"全国三八红旗手"称号，5次参加省、市和学校先进工作者代表大会。她在《山东海洋学院学报》1960年第1期发表《黄海和渤海经济海藻》一文，在已往学者研究的基础上，又着重研究了黄海和渤海的经济海藻的分类、形态、构造、生殖、生态及利用等，共计36种（绿藻10种，褐藻10种，红藻16种）；在同期《山东海洋学院学报》合作发表《青岛几种褐藻维生素PP（Niacin）含量的研究》一文。1961年，在《山东海洋学院学报》同年第1期发表《秋水仙素对海带生长的影响》一文。1962年6月，在《山东海洋学院学报》同年第1期合作发表《城阳公社皂户大队海滩盐碱地的改良（附改良设计书）》一文，以即墨县城阳公社皂户大队海滩盐碱地为样本，通过实地考察盐碱地的自然情况，分析了盐碱地的成因以及植物群落和渠道对盐分分布的影响，提出全面改造和综合利用该部分盐碱地的方案。同年，她与本系教师王筱庆等合编《海藻学图谱》油印本。

1964年9月，当选为第三届全国人大代表，12月赴京参加三届全国人大一次会议。

在山东海洋学院任教时期，郑柏林主要进行植物学、海藻学和海藻加工利用等方面的教学和研究工作。最初我国研究海藻的人很少，可以参考的资料和资源也十分缺乏。为了解决教材问题，提高植物学和海藻学的教学质量，她与人合作编写《海藻学》《海藻利用》《海藻利用实验指导》《海藻学大实验指导》《海藻学实习指导》等讲义，并结合我国沿海生长的海藻与王筱庆合编出版《海藻学》一书，作为水产院校的海藻学教材。

为使教学紧密结合我国实际，让学生在实验时能看到我国的海藻标本，不断提高学生的学习兴趣和水平，郑柏林坚持到我国沿海各地采集海藻标本，不断进行科学研究并及时把科研成果充实到教材中去。她几乎跑遍了祖国沿海各地，北到大连，南到西沙群岛，渤海、黄海、东海、南海等的主要海岛，都留下了她的足迹，采集到各种底栖海藻标本两万多号。对采集到的海藻标本，她和同事们都及时进行鉴定、分类和整理，建起一个包括我国亚寒带、温带、亚热带和热带在内的比较完整的海藻标本室。"文化大革命"期间，海藻标本室大量标本、教具和教学挂图遭到破坏。她动员教研组其他同志一起加班加点，用几个月时间将近万号海藻标本重新鉴定、整理，使海藻标本室得以恢复。

1973年，郑柏林参加编写《中国动物志》《中国植物志》的会议，承担了海藻分志红藻门仙菜目的仙菜科、绒线藻科和红叶藻科的编写任务。同年10月至11月，由她牵头，中国科学院海洋研究所、厦门水产学院、上海自然博物馆等单位的7名藻类专家参加的海藻专题考察团，对浙江南麂列岛进行历时两周的科学考察，采集到海藻标本600多号、5000多件。1986年5月至6月，她与《中国孢子植物志》编委会海藻组专家一行12人，再次到南麂列岛科学考察，采集到海藻标本1000余号、7000多件。

1976年1月，为尽快查清我国沿海海藻资源分布情况，以便为充分开发利用这些海藻资源提供科学依据，郑柏林与中国科学院海洋研究所相关专家一起到西沙群岛科考并采集标本。经过半年艰苦工作，到同年6月完成对西沙群岛海藻资源生态、地理分布的考察和标本采集任务。他们先后到永兴岛等15个岛屿，采集1000多号海藻标本，其中不少标本在我国是首次采到。这次科考活动不仅充实了教学内容，为编纂《中国海藻志》提供了丰富素材，也为全面研究西沙群岛的海藻资源提供了比较完整的标本资料。

1977年和1983年，郑柏林分别当选为第四届和第五届山东省政协常务委员。

1979年10月，中国藻类学会成立后，郑柏林先后当选为第一届、第二届常务理事。1980年，她第二次远赴西沙群岛考察并采集海藻标本，为全面研究西沙群岛的海藻资源情况，提供了比较完整的标本资料。返校后，她不但完成蜡制和浸泡海藻的标本，而且总结撰写《西沙群岛仙菜科海藻的研究》《西沙群岛仙菜属Ceramium的分类研究》等论文，在翌年举行的中国藻类学会第三次年会上宣读。此外，她还在《海洋科学集刊》发表对西沙群岛仙菜科4个属8个种的研究成果。1980年5月，任海洋生物学系副主任，12月晋升为教授。

1981年4月开始，为了研究底栖藻类的初级生产力，郑柏林和系里其他教师对胶州湾马蹄礁开展了藻类考察研究，每月大干潮时观察海藻生长情况，定点取样和采集标本一次，回校后制成干制和液浸标本，供教学研究使用。同时，他们还筹建低温恒温实验室，系统进行海藻生活史研究。在细胞研究发展到亚显微结构阶段后，她与其他教师一起开展底栖藻类细胞亚显微结构研究，进一步研究细胞结构与功能的关系。在翌年举行的中国藻类学会第四次年会上，她宣读了《青岛马蹄礁底栖海藻初级生产力的研究》一文。

1982年2月，任学校学位委员会委员。4月，赴福建厦门和东山岛沿海8个岛屿进行底栖藻资源考察和标本采集。经过一个多月努力，采集到300多号海藻标本。

由于多年坚持不懈在沿海地区采集海藻标本，郑柏林积累了我国沿海底栖藻类比较完整的标本，并发现一个新属——华管藻属和一个新种——中华华管藻。为了解华管藻在红藻中的分类位置，她连续几年在每年的冬春季节，去海边采集华管藻孢子进行幼苗培养和研究。1981年在成都召开的全国藻类学术讨论会和在青岛召开的中美藻类学术讨论会上，她作了报告，并合作写出研究论文《松节藻科一新属——华管藻属，一新种——中华华管藻》，于1983年发表在《中国海洋湖沼学报（英文版）》第1卷第3期。

郑柏林1982年荣获山东省劳动模范称号。1984年6月，她光荣加入中国共产党，实现多年夙愿。早在新中国成立之初，她就看到了希望，坚定了跟党走的决心，产生强烈入党愿望。在庆祝建党62周年之际，她在校刊发表题为《祝贺党的六十二周年寿辰》的文章：

"……我更希望早日加入到伟大的中国共产党的行列，能多接受党的教育，把我的余年贡献给党的教育事业。我年已过70，工作时间不多了，我真希望一天24小时的时间，成为一天48小时，来为党的教育工作添砖加瓦，献出我的余力。"

1985年6月，郑柏林在《山东海洋学院学报》第15卷第2期发表《马蹄礁底栖海藻的研究》一文。同年赴丹麦参加第二届国际藻类学代表大会并宣读论文《西沙群岛仙菜分类研究》；在中国藻类学术会议上作题为《华管藻的孢子萌发和幼苗生长》的报告。

她还在不同时期开展了"海中药物——海藻的药用研究""新降压药——褐藻氨酸的研究"等科研工作，成果均发表于国内学术期刊。

1986年1月，郑柏林退休，12月当选为民盟山东海洋学院总支委员会主任委员。1993年，经批准享受国务院政府特殊津贴。

2004年4月28日，郑柏林病逝于青岛，终年92岁。

（撰稿人　金松）

参考文献：

［1］《往事集》，冉祥熙主编，青岛海洋大学出版社，1993年版。

［2］《曾呈奎与中国海洋科学　纪念曾呈奎教授从事海洋科学工作60年》，徐鸿儒主编，山东省地图出版社，1991年版。

［3］《山东民盟贤达》，民盟山东省委员会编，群言出版社，2016年版。

［4］《巾帼火花集》，青岛市妇女联合会，1986年版。

［5］《山东省有重要贡献专家名录》，中共山东省委组织部、山东省人事厅编，山东科学技术出版社，1999年版。

尹左芬

尹左芬（1913—1991），女，山东日照人，汉族，民盟盟员，海洋无脊椎动物学专家，生物学家，中国水产教育事业的开拓者和先驱者之一。1937年毕业于国立山东大学生物学系。1946年起历任国立山东大学、山东大学讲师、副教授、水产学系副主任，山东海洋学院副教授、教授，水产学系副主任、主任。曾先后任国家科委水产专业组成员，中国水产学会第一、二、三届理事会理事、常务理事、海水养殖专业委员会副主任委员，山东省水产学会第一、二届理事会理事长，山东省动物学会第二届理事、顾问，《中国水产学报》编委，中国对虾养殖科技攻关领导小组副组长等职。是第五、六届青岛市政协委员，民盟青岛市第五届委员会委员。

1913年3月21日，尹左芬出生于山东省日照县（今山东省日照市）涛雒镇一个商人家庭。祖父早年在上海经商。父亲尹莘农（尹志伊）是20世纪国内著名的医学教育家，于青岛礼贤书院毕业后考入私立同济医工专门学校，1923年毕业后先是在上海宝隆医院当医生，后回国立山东大学任校医，曾任青岛市立医院院长。1932年创建山东省立医学专科学校（1948年该校改为山东省立医学院），任校长及附属医院院长达17年。叔父尹希农（尹景伊）毕业于私立同济医工专门学校，在震惊中外的五卅反帝爱国运动中光荣牺牲，年仅20岁，时任中国共产主义青年团青岛地委书记。

1921年，尹左芬入读青岛市公立女子小学校（今青岛市实验小学），后就读于青岛市立女子中学（今青岛第二中学）。

1933年秋，尹左芬考入国立山东大学生物学系，师从动物学家、中国"克隆之父"童第周教授，被童第周先生称为"得意女弟子"。童先生的严谨治学精神和高尚道德品行影响了她的一生，为她后来的事业发展奠定了坚实基础。在校期间，除了刻苦攻读，她还积极参加各项文体活动，曾代表学校参加各级各类运动会，并取得优异成绩。例如，在1937年5月15日和16日举行的青岛市春运会上，尹左芬一人就获得女子8磅铅球、铁饼、标枪3

个项目第一名以及垒球掷远项目第三名的成绩。

1937年6月大学毕业，获理学学士学位。全民族抗日战争爆发后，尹左芬随父率领的山东医专全体师生一同前往四川省万县（今重庆市万州区），在抗战后方工作、生活8年，直至抗战结束。其间，她先后任国民政府教育部青年读物组编辑，四川万县山东省立医专助教、讲师，四川万县私立旅鄂中学教员，青岛私立文德女中教员等。因战事需要，山东省立医专在保证原教学及临床工作的同时被国民政府定为"国民革命军第十重伤医院"（战时共有30多个此类医院），其父兼任重伤医院院长。该院成为为抗战前线培养输送专业医护人才及救治伤病人员的战地医院。尹家两代人共同坚守在抗战后方，积极为抗战贡献力量。1945年抗战胜利后，尹左芬和家人离开万县回到阔别8年的青岛家中。

1946年，国立山东大学在青岛复校。同年秋，尹左芬回到学校，与童第周、曾呈奎等人一起参与筹建国立山东大学水产学系的工作。经过紧张筹备和建设，我国高等学校中的首个水产学科本科教育学科点诞生了，水产学系也成为国立山东大学的重点学系之一。成立当年即招收第一批水产养殖本科生，培养出了李爱杰、郭玉洁等优秀水产人才。由此，尹左芬开启了她为中国水产教育事业奉献奋斗的一生。

新中国成立后，尹左芬历任国立山东大学、山东大学水产学系讲师、副教授、副系主任。

1958年秋，山东大学大部迁往济南。因水产学系留在青岛，她继续在山东大学（青岛）任教。1959年3月，山东海洋学院成立，她任水产学系副教授、副主任，后任主任。同年，水产学系养殖、捕捞和加工三个专业同时招生，学制5年。

20世纪60年代初，在尹左芬积极推动下，水产学系陆续招收朝鲜、越南留学生，为发展中国家的水产养殖事业培养和输送科技人才。随着招生规模的不断扩大，专业水平不断提高，水产学系在国内、国际学术界已经占有一席之地，得到高度认可。

1961年10月，尹左芬编著的《无脊椎动物学》一书由农业出版社出版，被全国各高校广泛使用，后来该书一直是全国高等水产院校的基础教材。

"文化大革命"期间，她因为家庭出身原因成为造反派重点批斗对象，被打成"资产阶级反动学术权威"，遭受了各种野蛮、不公正的对待。1978年11月9日，在全院落实政策大会上，中共山东海洋学院革委会核心领导小组组长、革委会主任张国中代表院革委会党的核心领导小组宣布几项决定，其中指出"院核心小组研究决定，为在'文化大革命'中被错误地打成'资产阶级反动学术权威'等罪名的赫崇本、方宗熙……尹左芬……等同志，给予平反，恢复名誉。对强加给他们的一切污蔑不实之词，一律推倒"。

1971年2月，根据《山东省高等学校布局和专业调整方案》，山东海洋学院水产学系并入烟台水产学校，尹左芬前往烟台。在烟台，教师们承担着中专学校的教学工作，本科教学与科研工作基本处于停滞状态。这期间，她从未停止过水产学系回归山东海洋学院建制的努力，以电话、信件、四处奔走等方式，组织发动多方面的力量，向相关领导和业界专家求助。其中，她多次登门拜访在北京的童第周先生。童先生亲自给教育部及有关主管单位写信，从学术的角度肯定水产学系在学界的地位，阐述水产学系回归山东海洋学院的重要性和必要性。

经多方不懈努力，1977年11月10日，山东省革委会下发通知，确定将水产学系原建制仍划归山东海洋学院。同年12月，童第周教授致信尹左芬，对水产学系的回归表示祝贺并对教职工提出期望，信中说："祝贺你们水产系复校了，你们多年来的辛苦斗争总算达到了目的，同事们一定很高兴，现在的问题是要埋头苦干了，教育和科研必须双方并进，革命加拼命的精神要比原分校前加倍才好，必须把十年来的损失迅速夺回来，并多快好省地来实现科学现代化……"

1978年3月，水产学系正式归建山东海洋学院。尹左芬再任水产学系主任，挑起了归建后的发展重任。面对眼前资金的短缺、师资的匮乏、设备的不足等一系列问题，她力排众议、直面困难，克服了各种难题，积极联系海内外的专家学者，为教师队伍的重建招贤纳士，把教师队伍的重新整合和扩建工作作为第一要务，她还加大设备器材以及图书资料的购入，快速完善建成多个实验室和资料室，为引入海内外知名水产教育专家从教从研奠定了坚实的基础。多名海外华人专家学者，如著名学者、海洋生物学家林绍文教授和尚永正教授，纷纷从美国前来协助开展教学及科研工作。国内学者，如水产加工专家陈修白教授（国内首位水产品贮藏与加工专业博士生导师），也都陆续加入水产学系，成为水产学系归建后教学科研工作的中坚力量。

同年10月，水产学系招收了"文化大革命"后的第一批本科学生。教学、科研工作在刚刚归建的万难境地中重新起步。同年暑假起，连续3年，花甲之年的尹左芬仍亲自带领科研小组开展科学考察，南起海南岛，北至鸭绿江口，沿海岸线走遍九省一市，足迹遍布海南、福建、浙江、山东、河北及辽宁等沿海省市，每次采集各类标本多达上百件，科考时间每次长达一月之久。

尹左芬长期从事海洋无脊椎动物学的教学和科学研究工作，在纽形动物分类方面发现新种新属，填补了我国在该学科的空白；在对虾性腺发育、外生殖器官的发育等方面也作过许多研究，对发展对虾养殖有积极的推动作用。此外，她对山东沿海常见海蜇形态构造及生活史深有研究，还主编了《中国动物志·纽形动物门分册》。1980年至1986

年，尹左芬先后发表《纵沟纽虫科（Lineidae）、枝吻纽虫属（Dendrorhynchus）的一新种——湛江枝吻纽虫（D. zhanjianggensis）的研究》《异纽类纵沟纽虫科一新属新种——中华枝吻纽虫》以及《纵沟纽虫科（Lineidae）具分枝吻纽虫的一新属新种——疣多枝吻纽虫（Polydendrorhyn chus papillaris）》等经典论文，奠定了我国纽形动物门研究的基础，为国际海洋学界所瞩目。

1985年，获农牧渔业部"全国对虾养殖科技攻关为生产服务做出优异成绩"奖。

任教期间，尹左芬为国家水产行业培养了一批又一批顶尖人才。如：1964年毕业于水产加工专业的中国工程院院士、中国海洋大学原校长管华诗教授；1978年水产学系归建后的第一批本科生中的中国工程院院士、中国海洋大学水产学院名誉院长麦康森教授和中国科学院院士、中国海洋大学第一位教育部"长江学者奖励计划"特聘教授宋微波教授，麦康森和宋微波是尹左芬1982年指导的第一批硕士研究生；还有中国科学院院士、厦门大学焦念志教授也是水产学系1979级的本科生。水产学系陆陆续续走出的许多毕业生相继成为我国水产行业的骨干力量，大都在水产学界取得了不菲成绩，为世人所瞩目。宋微波院士回忆：

"1978年我考入山东海洋学院水产学系，是水产学系归建后的第一届本科生。尹先生当时主讲大一新生的专业基础课。我们当时所用的教科书《无脊椎动物学》的主编就是先生（独立作者），同学们对她的敬仰之情油然而生。印象中，先生花白双鬓，常戴一副宽边眼镜，很平易近人。我当时上课爱问问题，因而与先生的交流也较多，后来做了她的研究生（尹先生的首届、也是她招收的唯一一届研究生）。当时的硕士课程都由导师安排，先生有广泛的人脉，我们除了有校内老师授课，还有先生从各地请来的多名著名专家或学者来进行专题授课，我本人走入原生动物（纤毛虫）学领域，就是因先生安排了孟庆显教授具体指导我，并推荐我去当时国内最大的专业团队学习，从而指引我开启了纤毛虫生物学研究的学术道路……"

1985年12月，尹左芬退休。1990年12月，国家教委授予她"从事高校教学、科研40年老教授"荣誉证书。

1991年1月9日，尹左芬因病在青岛去世，终年78岁。

（撰稿人　戴淑妮）

参考文献：

［1］《走近海大园·魂牵梦萦篇》，魏世江主编，中国海洋大学出版社，2007年版。

冯沅君

冯沅君（1900—1974），原名冯恭兰，改名淑兰，字德馥，笔名淦女士、沅君、易安、大琦、吴仪等，女，河南唐县人，汉族，九三学社社员，山东大学一级教授，现代著名女作家、中国古典文学史家、戏曲史家。1922年毕业于国立北京女子高等师范学校后，考入国立北京大学研究所国学门。1932年赴法国巴黎大学留学，并于1935年获得文学博士学位。曾在私立金陵女子大学、私立复旦大学、国立中山大学、国立武汉大学等任教。1947年8月起，任国立山东大学、山东大学中国文学系教授，后任山东大学副校长。曾先后担任第一、二、三届全国人大代表，山东省妇女联合会副主席，山东省文联副主席，山东省人民委员会委员等职。

1900年9月4日，冯沅君出生于河南省南阳府唐县（今河南省唐河县）一个开明的书香世家。父亲是清光绪年间进士。大哥冯友兰是著名哲学家，中国科学院哲学和社会科学学部委员，北京大学一级教授，其著作《中国哲学简史》享誉全国。二哥冯景兰是著名地质学家，中国科学院学部委员（院士），中国近代矿床学奠基人之一。

1917年夏，冯沅君在得知国立北京女子高等师范学校（后更名为国立北京女子师范大学，今北京师范大学源头之一）成立的消息之后，不顾封建礼教"规矩"，毅然说服了母亲，赴北京应考求学。

1922年夏，从国立北京女子高等师范学校毕业后，冯沅君随即考入国立北京大学研究所国学门，成了该所的第一名女研究生。1923年至1924年攻读研究生期间，她在上海创造社的《创造季刊》《创造周报》上以"淦女士"的笔名，发表了一组反对封建家长、旧礼教对妇女的迫害，歌颂恋爱自由、婚姻自主的小说：《隔绝》《隔绝之后》《旅行》《慈母》。这组小说为青年呐喊，以鲜明的反封建立场和对自由爱情的追求、向往，在青年中引起了强烈共鸣。在从事文艺创作的同时，她还写了一些阐述文艺见解的精辟论文：《为病呻吟》（《语丝》第六期）、《对于文学应有的见解》《不著名的文人作品》（《语丝》第十期）、《闲暇与文艺》（《语丝》第二十三期）等。1926年，她将四个短篇小说结集出版，取名《卷葹》。1927年，小说集收入鲁迅编辑的《乌合丛书》之六，由北新书局出版；1933年，鲁迅又把其中的《旅行》和《慈母》编入《〈新文学大系〉小说二集》，给予了高度的评价："实在是五四运动之后，将毅然和传统战斗，而又怕敢毅然和传统战斗，遂不得不复活其'缠绵悱恻之情'的青年的真实写照和'为艺术而艺术'的作品中的主角，或夸耀其颓唐，或炫鬻其才绪，是截然两样的。"

　　1925年夏从国立北京大学研究所国学门毕业，经国立北京女子师范大学（原国立北京女子高等师范学校）中国文学系主任陈钟凡介绍，冯沅君去南京入私立金陵女子大学执教。1929年1月与陆侃如喜结连理。陆侃如后来成为我国现代著名文学史专家、教育家，这对文坛伉俪的结合在当时被称为一部充满着"爱、自由和美"的奇特罗曼史。陆侃如那时正在撰写《中国诗史》，他已经完成《古代诗史》的著述，冯沅君对唐宋诗词和元明散曲比较喜欢，便接过了《近代诗歌史》的撰写工作，自此两人便定下了终生的合作方式：陆侃如研究唐以前的文学，冯沅君研究唐以后的文学，成就了中国文学史研究领域的佳话，可谓珠联璧合。1932年夏，冯沅君、陆侃如夫妇共同前往法国巴黎大学留学，1935年双双获文学博士学位，毕业后回国仍然专注于古典文学教学与研究。后来因为时局动荡，夫妻二人几经辗转，漂泊于各地。

　　1947年8月，冯沅君和陆侃如应校长赵太侔邀请，来到国立山东大学文学院中国文学系任教授。当时，文学院每个年级的学生数也只有十几个、二十几个，一个系四个年级加起来都不足百人。中国文学系教师阵容很强大，有研究目录学且诗、词、画兼善的黄孝纾，考古学与美术史专家丁山，历史与音韵学家刘迺和，文字学家殷焕先，经学与思想史专家杨向奎，哲学史专家赵纪彬，还有名作家王统照，戏剧家赵太侔。当时国立山东大学教文学史的还缺少名家，冯沅君、陆侃如等人的先后到来，正好弥补了这个缺口。

　　冯陆夫妇刚到国立山东大学，被安排居住在前海沿的一座有花园的德式三层楼房里，打开窗户，就能看到蔚蓝的大海。不久，学校把他们调整到了鱼山路26号甲的学校第一公舍。

　　《冯沅君传》作者严蓉仙以及冯沅君的学生郭同文等回忆了冯、陆二人在青岛的生活片段："每天早晨，两人去百步之遥的东方市场吃早点，相伴着上班、结伴回家。冯沅君上午上三四节课时，陆侃如为了和妻子作伴回家，总是在教室门口静候第四节下课。当时中文系教室在正对着第一校门的主楼，那里来来往往的行人极多，他也毫不在意。冯沅君讲课声音很大，陆侃如在门外耐心地边听边等。下课后，他还细心地给妻子掸干净衣服上的粉笔灰，再接过妻子装讲稿的书包，双双离开大楼，沿着鱼山路回家。每天晚饭后，他们总爱沿着鱼山路翻越过一个小坡，到海滨走走。坐在岩石上，低声说着话，看着落日余晖把大海映得通红，听着海涛拍岸的声音，任凉爽的海风吹拂全身。呼吸够清新的空气，观赏完海滨的夜景，带着好心情，夫妻双双顺着莱阳路绕个小圈，再从大学路拐弯回家。到了家里，每人泡上一杯清茶，就开始了他们多年来一直坚持的挑灯夜读的生活。"

1949年起，冯沅君一直担任中国文学系教授，据老山大先生们回忆，冯沅君讲课扎实，事先准备好充足的卡片，上课时先在黑板上写好提纲，然后照着卡片一张张地慢慢讲解，学生在下面记笔记很容易，所以很受欢迎。

1950年6月，冯沅君任学校学术审议委员会主任，对教学和科研中涌现出来的一批成果进行评议。

1954年9月15日，第一届全国人民代表大会在北京召开，冯沅君作为全国人大代表与会。后来，她的头衔在一个个增加，知名度也在一步步提高，各项工作也越来越多。但冯沅君依然坚持在没有课的时候，拿着书包到教研室去，在那里批阅学生作业或看书查资料。教研室的工作，无论巨细，她都一一过问。新中国成立以后，中国大学的招生数有了大幅度增长，但教师的人数增加有限，所以老师们的工作量增加较大。冯沅君担任着基础课中国文学史的教学，虽然已年过半百，但照旧上大课，并坚持给学生批改作业。作为教研室主任，她除了主持课程的设计和调整，还建议调入一批知名学者，比如高亨先生。

1955年，根据高等教育部的安排，冯沅君开始招收研究生。1956年，在全面学习苏联的大环境下，高等教育部指定一些学校的知名教授招收副博士研究生，冯沅君名列其中。中国的副博士研究生进校不久，苏联的研究生陶宁娜也投到冯沅君门下，随后兄弟学校又派来了一些进修教师。一时间，冯沅君的工作负担陡然重了起来。但她毫不推卸，也从不抱怨，并且一直没有中断给本科生上课。她对青年教师的培养，从来都一丝不苟；对进修教师的辅导，每周绝不会少于三小时；同时还得给不同年级的研究生和本科生分别上课。在从事教学之余，冯沅君还抽出时间精力来编写教材。面对当时国内高校文科教材极为缺乏的状态，冯沅君和陆侃如商量，决定对他们20世纪30年代出版的《中国文学史简编》和《中国诗史》进行修订，以适应当时教学的需要。同年，她加入九三学社。

1958年秋，山东大学大部迁往济南，冯沅君陆侃如夫妇也跟赴济南。

1961年，教育部决定编写一些教材，作为高校的统一教材。中文方面计划要编写的有《中国文学史》《诗选》《散文选》《戏曲选》《小说选》等几种。教育部委托北京大学的林庚和山东大学的冯沅君联合主编《历代诗歌选》，具体分工是林庚负责唐代以前的部分，冯沅君负责唐代以后的部分。翌年，她被评为山东省先进工作者。

1963年，冯沅君指导研究生的工作得到了高等教育部的肯定，她把经验写成文章发表在《光明日报》上。同年，走出三年自然灾害的困境后，国家给公职人员调整了工资，冯沅君晋升为一级教授。也是在这一年底，她被国务院任命为山东大学副校长。

1973年夏，冯沅君因病住院，在山东省领导来看望她时，她既高兴又感激，表示自己很快就会好，还能上讲台，还能为人民服务。休养期间，她让陆侃如给她带来了《毛泽东选集》《毛主席语录》《毛主席诗词选》和一套《中国文学史》，有空就看这些书。有一次午休醒来，尚未完全清醒的冯沅君走出病房转身来到护士办公室，误把这间办公室当成了教室，自己坐下后又让所有人都坐下，然后从书包里拿出本子和书，扶了扶眼镜，开始大声讲课，在场所有人无不动容。

1974年6月17日，冯沅君因病在济南去世，终年74岁。

按照冯沅君遗愿，陆侃如将二人全部藏书以及数万元存款赠予学校。山东大学以陆冯二人生前积蓄为基金，设立了"冯沅君文学奖"，鼓励有成就的文学教学研究工作者，努力献身祖国的文化学术事业。

（撰稿人　万山红）

参考文献：

[1]《冯沅君传》，严蓉仙著，人民文学出版社，2008年版。

[2]《山东图书馆学刊》，《山东图书馆学刊》编辑部，2010年第4期。

[3]《文艺争鸣》，《文艺争鸣》编辑部，2020年第8期。

[4]《春秋》，《春秋》编辑部，2009年第3期。

[5]《山东档案》，山东档案编辑部，2013年第6期。

陆侃如

陆侃如（1903—1978），字衍庐，男，江苏海门人，汉族，九三学社社员，山东大学一级教授，现代著名文学史专家、教育家。1924年毕业于国立北京大学国文系，同年7月考入清华学校研究院国学门。1932年赴法国巴黎大学留学，1935年获文学博士学位。曾在上海中国公学、私立复旦大学、私立燕京大学、国立中山大学、国立东北大学等任教。1947年8月起，任国立山东大学、山东大学中国文学系教授兼校务委员会副主任委员、图书馆馆长，后任山东大学副校长等。曾任全国政协委员，中国文学艺术界联合会委员，中国作家协会理事，九三学社中央常委、青岛分社主任委员、济南分社筹备委员会主任等职。

1903年11月26日，陆侃如出生于江苏省海门直隶厅（后更为海门县，今江苏省南通市海门区）一个开明士绅家庭。父亲陆措宜热心教育事业，出身师范，曾任海门教育局视学，并在家乡创办恒基小学，自任校长，推行新学。抗日战争期间，苏北抗日民主根据地成立后，陆措宜被选为海门、启东两县参议长。

1920年，陆侃如入国立北京高等师范学校（今北京师范大学）学习。1922年，考入国立北京大学国文系。读大学一年级时，年仅20岁的陆侃如撰写的《屈原》一书，由上海东亚图书馆出版，在当时被认为是"用新的观点来研究屈原生涯及其作品的一部好书"。大学毕业时，他又出版了《宋玉》一书，这本书对宋玉的考辨和评价，也为时人所称道。这两本书在学术界产生了重要影响，是研究《楚辞》的代表作。这期间，他还陆续发表了《宋玉评传》《宋玉赋考》等20多篇论文，并在1925年开始了《中国诗史》的写作。

1924年夏，大学毕业。7月，考入清华学校（今清华大学）研究院国学门，师从王国维、梁启超，专攻中国古典文学。1927年6月，从清华学校研究院毕业后，在上海私立中国公学任教，并在私立复旦大学、国立暨南大学兼任教职。

1929年1月，陆侃如在上海与冯沅君结婚，从此二人合作研究中国古典文学。他们合作撰写的《中国诗史》《中国文学史简编》《中国古典文学简史》都在学术界产生了重大影响。《中国诗史》作为中国诗歌史研究的开山之作，在20世纪30年代一问世即产生重大反响，鲁迅先生曾将《中国诗史》与他的《中国小说史略》、王国维的《宋元戏剧考》、郑振铎的《插图本中国文学史》等一并向人推荐；新中国成立后，又有多家出版社多次刊行。《中国文学史简编》修订后由作家出版社重版，被论者称为"解放后用新观点、新方法完成的第一部系统的文学史"。《中国古典文学简史》则由外文出版社出版了英、俄、捷克和罗马尼亚文本，成为新中国成立以来唯一介绍给外国读者的中国文学史著作。他们二人的著作被译成几种外国文字出版，使中国古代优秀文学遗产在世界范围内发扬光大。

1932年夏，陆侃如与冯沅君一起赴巴黎大学文学院博士班留学，并于1935年双双获得博士学位。留法期间，二人一同参加了法国著名作家亨利·巴比塞领导的"国际反战反法西斯同盟"运动，与戴望舒、李健吾等中国先进知识分子都是其中"中国留学生支部"的重要成员。他们积极宣传反战思想，并把中国文化传播到法国。陆侃如将《左传》用法文译作《左传考》，在欧洲发行；同时，他又将法文版的《法国社会经济史》译成中文，在国内刊发。此举让法国人了解了中国优秀传统文化，也让更多中国人了解到法国经济社会发展状况。

1935年秋，陆侃如任私立燕京大学中国文学系教授兼主任。全民族抗日战争爆发后，他和冯沅君四度迁徙，行程遍及大半个中国。即使在这样颠簸流迁的环境下，陆侃如也心心念念着他的文学史研究，从1937年到1947年，他在人生最不安定的十年间，精细考证、旁征博引，搜集论证了大量资料，初步完成了那部82万字、至今仍影响着中古文学研究的巨著——《中古文学系年》。这部著作以丰富的史料，按年系人，把汉晋之间的150多位作家的有关事迹，作了详尽的考订和清理，解决了不少前人未曾涉及和解决的问题，也纠正了前人所作的一些不正确的结论。这部著作在陆侃如逝世后由人民文学出版社出版。

1942年秋，陆侃如、冯沅君夫妇由广东国立中山大学入川，任教于四川三台的国立东北大学中国文学系。他们在自己的寓所里，组成了中华文艺界抗敌协会川北分会。夫妇二人热情地接待来访的进步学生，从政治上、经济上支持他们进行抗日文艺宣传活动。抗战胜利后，夫妇二人于1946年随国立东北大学迁回沈阳。到沈阳不到一年，陆侃如和许多有进步思想的教授都上了国民党特务的黑名单。

1947年8月，陆侃如和冯沅君二人离开沈阳，受聘国立山东大学，任文学院中国文学系教授。在青岛执教期间，陆侃如编写了《中国文学理论简史》，冯沅君则完成了《古剧说汇》。20世纪40年代，陆侃如发表的一些著作文末均署"写于青岛鱼山别墅"。所谓的"鱼山别墅"，就是陆侃如、冯沅君夫妇在青岛鱼山路上的教授公舍。

陆侃如在教学方面，一向勤奋刻苦，既善承前贤，又勇于创新。山东大学教授、全国赋学研究会会长龚克昌求学期间师承陆侃如，他回忆：陆先生给他们讲授古代文论课时，几乎是拿起白版书就读，不需外人注释，自己也不加注。陆先生写一篇论文，往往只需两三天，而且文不加点，一挥而就。在培养青年教师方面，他通过采用个别辅导、共同合作和举办讨论班的方式，培养了一批古代文学的研究人才。在鱼山路5号校园工作和生活时期，陆冯夫妇还一直慷慨解囊援助因反对国民党的独裁统治而被捕的学生。

1949年6月青岛解放后，陆侃如任国立山东大学校务委员会副主任委员兼图书馆馆长。为纪念"六二"，学校和青岛市都举行了活动，陆侃如写下题为《三个"六二"》的充满激情的文章。在执管图书馆期间，他尝试民主治馆，一改过去"一言堂"的制度，设置建议箱积极听取读者意见，学校图书馆风气为之一新。1950年元旦，他在校刊《山大生活》新一号发表题为《迎一九五零年》的文章。同年的五四运动纪念日，他在《山大生活》发表《五四的教训》，回忆了自己对五四运动的认识。

1951年3月，任山东大学副校长。他参与创办新中国成立后首家高校文科学报《文史哲》，任副社长兼编委会主任，《文史哲》也是我国目前刊龄最长的综合性人文社科学术期刊。1953年加入九三学社，为九三学社山东地方组织创始人之一。同年，当选为全国政协委员、中国文学艺术界联合会委员和中国作家协会理事。

1954年10月1日，新中国成立5周年之际，他在校刊《新山大》发表题为《为全国人民代表大会的伟大成就而欢呼》的文章，欢呼伟大的中华人民共和国万岁。1956年当选为青岛市文学艺术界联合会首任主席。

1957年春，陆侃如聆听了毛泽东所作的《关于正确处理人民内部矛盾的问题》的报告，并受到接见。毛泽东对他说："关于宋玉的评价，你未免太高，郭老又太低了，比较起来，鲁迅先生的意见还是公允的。"能和鲁迅、郭沫若一起作为三种不同意见的代表，并得到毛泽东主席的点评，可见20世纪50年代，陆侃如在古典文学研究领域已取得了较大成就。

同年，陆侃如被错划为右派分子，撤销一切职务，从一级教授降为四级教授；1979年10月，经山东省委批准予以改正，撤销所有处分，恢复名誉。但他却认为借此得以免除一切行政事务的纠缠，而专心致志于教学和研究工作，尤其是培养青年教师和研究生。他在60岁时精力仍然非常充沛，工作效率也相当高。他给本科生讲两门课，每周8个课时，又带着4名研究生和4位进修教师。他给本科生讲解《中国历代文论选》2个课时之后，紧接着又换一个地方给研究生、进修教师和青年教师讲没有注解的《中国历代文论选》的附录，一上午就连讲4个课时，这一点连青年教师也难以承受。按照当时高等教育部和山东大学关于教授工作量的规定：教授每周讲课4个小时就算达到工作量，如带4个研究生也算完成工作量。陆侃如超过规定工作量的四倍。

1973年夏，冯沅君不幸因癌症入院，在整整一年的医院生活中，陆侃如一直守候在病床边，除生活上无微不至的照料外，还每天给冯沅君读报，介绍他们共同关心的时事。

冯沅君的去世给陆侃如精神上以重创。1976年12月，陆侃如也病倒了。翌年8月，他在病床上写了一首《八十自寿》："行年八十驹过隙，踏遍青山人未老，……烈士暮年心还壮，自强不息捷报传。"

1978年12月1日，陆侃如因病在济南去世，终年75岁。

（撰稿人　万山红）

参考文献：

［1］《文史知识》，中华书局，2003年第8期。

［2］《民主与科学》，《民主与科学》杂志社，2018年第4期。

［3］《晋阳学刊》，《晋阳学刊》编辑部，1983年第5期。

［4］《新文学史料》，人民文学出版社，2015年第3期。

［5］《文史哲》，山东大学文史哲编辑部，1984年第5期。

丁燮林

丁燮林（1893—1974），字巽甫，西林为笔名，男，江苏泰兴人，汉族，无党派人士，物理学家、剧作家。1913年毕业于上海交通部工业专门学校，1914年留学英国伯明翰大学，获理科硕士学位。1920年回国后任教于国立北京大学物理学系，先后担任理预科主任和物理学系主任。1927年筹建国立中央研究院物理研究所并任所长。1947年受聘任国立山东大学物理学教授兼理学院院长。1948年当选为国立中央研究院院士。青岛解放后任国立山东大学校务委员会主任，旋即调任中央人民政府文化部副部长。先后担任政务院文化教育委员会委员、中国人民对外文化协会副会长、对外文化联络委员会副主任，北京图书馆馆长等职。曾任第一、二、三届全国人大代表，第二、三届全国政协委员。

1893年9月29日，丁燮林出生于江苏省通州泰兴县（今江苏省泰兴市）黄桥镇一个富绅之家。

1913年，丁燮林毕业于上海交通部工业专门学校（今上海交通大学）。翌年留学英国，在伯明翰大学攻读物理学和数学，跟随热离子学创始人理查森教授作从热电子发射对麦克斯韦分子速度分布律的实验验证。他的专业学习一起步就是尖端前沿领域。初入学时，为提高英语水平，他阅读了大量西方文学作品，尤以欧洲现实主义戏剧作家萧伯纳的作品为甚。"有意"栽花花亦浓，"无心"插柳绿掩红，似可旁证丁燮林的聪颖与勤奋，"多面手"的底子也从此铺就。

1920年，丁燮林获得硕士学位回国，任教于国立北京大学，担任物理学系教授兼理预科主任，后被聘为物理学系主任。他延聘优秀人才到系执教，使物理学系人才为一时之盛。他建立物理实验室，亲自编写60多个实验讲义，从审阅学生的实验报告开始，树立起物理学理论与实验相结合的优良学风。当时的北京，五四新文化运动余风犹存，陆续留学归来的青年作家纷纷以新的方法和视角进行各类文学体裁的创作。丁燮林在朋友的鼓励下也开始尝试写作，1923年完成处女作——喜剧《一只马蜂》。漂亮的对话、幽默的语言，兜着圈子说话的艺术，使人耳目一新，一发表就引起轰动，从而奠定其文坛地位。之后他陆续发表了多个作品，都产生较大社会影响。初试戏剧之笔，就表现出了一种艺术上的成熟，在中国现代戏剧史上显得"凤毛麟角一般的可贵"。全民族抗战时期，丁燮林在后方依旧坚持创作，《三块钱国币》《妙峰山》《等太太回来的时候》等剧一经演出即得到绝佳的效果。创作是丁燮林正业之外的别业，却取得了杰出的艺术成就，以致人们常常忘记了他的物理学家身份。

1927年6月，国立中央研究院成立，丁燮林受到院长蔡元培先生的邀请到上海筹办物理研究所并任所长。十年间，他精心设计，努力经营，构建起一支20多人的研究队伍，建设了几十间设备较为完备的实验室、图书室。鉴于地磁研究和测定工作在国内还是空白，他指导建设了我国第一个自建的地磁台——南京紫金山地磁台（全民族抗战时期，此台迁往昆明凤凰山）。从选址、土建、设备的装配以及研究课题和测试项目的确定，他参与了全过程，甚至在建筑进行回填土时，为防止铁器、铁钉等混入造成干扰，他亦亲自现场指导，可见他对科学研究基础设施的重视。在紫金山地磁台基础上发展起来的南京基准地震台是我国地震监测基准专台之一。在繁忙的工作之余，丁燮林依旧在实验物理的研究上努力开创。他设计了一种新的测量重力加速度g值的逆摆，既可排除测量转动惯量的困难，又不必测定摆的重心位置，大大降低了测量g值实验误差；他深入研究电网络行列式的一般性质，推广了求电网络行列式分子分母的新规则，并依据行列式的一般形式自然地推导出这些新规则以及基尔霍夫规则。

丁燮林认为高等教育是育成物理学人才的关键，而中学物理课的加强则是解决关键的前提。他将物理研究所下属的一个金木工车间改造扩大为一个设备精良的物理仪器工厂，在1935年至1937年间就制造了600套高中物理实验仪器和3000套初中物理实验仪器。他还亲自编写配套的物理实验讲义《高中物理实验》和《初中物理实验》，供全国中学使用。这些讲义和仪器直到新中国成立后还在使用，仪器厂也为新中国的物理研究仪器培养了一批技术人员。全民族抗日战争爆发后，在西南大后方，他有感于中国科学仪器全靠进口，再次全力创办了一个仪器工厂，特别希望生产出自己的光学仪器用于反侵略战。他还将此时的经历写进剧本《三块钱国币》，做到了科技和艺术的结合。

抗日战争胜利后，丁燮林接受国立山东大学校长赵太侔的邀请，于1947年到校任物理学教授兼理学院院长。针对复校后仪器残缺、设备不足的情况，他倡议设立国立山东大学仪器创造工厂，并兼厂长，认真规划和具体指导仪器的生产，以解决理科各系教学中的急需。丁燮林讲授热力学课程，在教学中重视汲取精华，注意联系实际，教学水平较高。他还经常作学术报告，推动科学研究工作的开展。根据当时的国际物理学界热门，他为师生作了《原子能与原子弹》的专题演讲；在学校举行的五四科学座谈会上，还作过《苏联的科学》学术报告。关于他所作的《原子能与原子弹》报告，少见有人回忆和追述，但通过刊登在1947年一卷八期《现代文丛》上的《解释原子弹：一个寓言》一文可大致推断报告内容。这是篇将物理与文学的结合之作。他用白描的文学语言讲述原子弹和原子能的发展历史，但全文没有一个专业术语，通篇采用"家庭""家庭学"寓言体，只有文章最后的一个"名词对照表"：家庭——原子、女人——电子、男人——质子、劳力——能、家庭学——原子物理学、家庭外交学——化学、特殊家庭——放射质原子、家庭内室——原子核、疏散人口——蜕变、分家——原子分裂、家庭团结力——原子和团结能……看完，才能明了所讲内容。联系当时的国际和国内环境以及学校学生的思想动态，不难猜测这个讲座并未引起较大反响，这应是物理和文学双料大家丁燮林的遗憾。相比物理学家身份的"缺失"，在国立山大时的丁燮林戏剧才华却有活跃的表现，学校的学生话剧团排演，他常乐意指导，《丁西林独幕剧集》和《丁西林戏剧集》也在此时出版。

1948年6月，丁燮林应国立北京大学、国立中央研究院同事庄长恭之邀去台湾，担任国立台湾大学理学院物理学系教授兼教务长，并短暂代理校长。同年9月，他再度回到国立山大物理学系任教。1949年6月2日，青岛解放，军管会任命丁燮林为校务委员会主任，代行校长职务。

1949年9月，丁燮林前往北平参加第一届中国人民政治协商会议，11月担任中央人民政府政务院文化部副部长，从此离开教育领域。作为物理学家和文学家的他，1950年被选为科普协会副主席，继而担任全国科协副主席。1954年又出任中国文字改革委员会委员，指导汉字简化方案的编写，他提出的"笔形查字法"，现在已被"计算机中文信息笔形编码法"所吸收，大家熟知的五笔形口诀中的一句"木丁西"即为纪念他在文字改革方面的贡献。

在中国现代史的记载中，不仅有著名的文学家丁西林，也有著名的物理学家丁燮林。"丁西林"多用于发表文学作品，"丁燮林"多用于发表物理学著作。进入政治领域的丁燮林，物理学家的身份基本泯然于世，更多以文学家的身份活跃在新中国的舞台上，只是他创作的不少剧本并未刊行，给人留下历史的思考空间。

1974年4月4日，丁燮林在北京去世，终年81岁。

（撰稿人 王淑芳）

参考文献：

[1]《丁西林研究资料》，孙庆升编，中国戏剧出版社，1986年版。

许继曾

许继曾（1905—1989），别名许君鲁，男，山东堂邑人，汉族，九三学社社员、中共党员，青岛工学院二级教授，工程力学专家。1931年6月，国立北洋工学院土木工科毕业。曾在国立武汉大学、国立西北工学院任教。1947年8月，受聘为国立山东大学工学院土木工程学系教授兼主任。1950年12月，受邀为平原省各界人民代表会议代表。1952年10月起，先后在青岛工学院、西安建筑工程学院、山东冶金学院任教。1963年4月，调入山东海洋学院，先后在水产学系、海洋水文气象学系、海洋工程学系任教授，编写教材《工程力学》《静力学》，发表译文《渔具力学研究的发展》，翻译专著《海洋工程结构》等。1978年11月，任山东海洋学院学术委员会副主任。曾任第三届全国人大代表，第五、六届全国政协委员；第一届山东省人大代表，第一届山东省政协委员；第五、六届青岛市政协副主席。

1905年3月6日，许继曾出生于山东省东昌府堂邑县（今山东省聊城市东昌府区堂邑镇）一户书香家庭，其父经商之余，醉心墨池，常应周边商户之邀题写门头匾额，闻名遐迩。耳濡目染中种下好学的种子。

许继曾从小学到中学沐浴着家乡的山山水水长大。他6岁读私塾，7岁入新式小学——堂邑城内小学校，11岁入堂邑县立高等小学校，14岁考入教会办的德县三育中学，一年后转入山东省立第二中学。上学期间，天资聪颖，勤奋好学，英语学业尤优，赢得"小字典"之誉。

高中毕业后，许继曾考入位于省城济南的山东公立矿业专门学校。仅在此求学一年，便负笈出省。1924年8月考入位于天津的国立北洋大学（1928年改为国立北洋工学院，今天津大学）补习班（该班与1925年招入的预科一年级组成一个130人的大班），经过7年的学习，1931年6月土木工科毕业。这个班"提倡运动"，许继曾是班上的一位网球单打高手。当年印制的《国立北洋大学毕业同学录》在"班史"中作如下记载，"我们能在运动场上腾跃如飞，博得喝彩声四起；能对公共事业鞠躬尽瘁，引起全校同情。这种蓬蓬勃勃的精神，摧毁了以往的暮气，鼓舞起欣欣向荣的校风，……本班从入校直到毕业，始终提倡运动不遗余力，各种球类比赛，称得上是常胜军"，其中特别提到"……赛网球有卫生家许君继曾的单打"。该班还"热心公务"，提议组织了学校学生会。他当选为学生会委员，参与营救被反动当局逮捕的进步学生。

由于时局动荡，他的工作变换不定，足迹遍及大半个中国。毕业时考取天津市港务处技术员职位，因不满官衙作风，任职不满仨月便愤然离职。当年9月，经国立北洋工学院一教授引荐，到私立焦作工学院任教。在此执教的两年多时间里，先后被聘为讲师（前两年）和副教授，主讲应用力学、解析几何、画法几何、大地测量学和矿井结构设计。1934年2月，去往山西同蒲铁路工程局任工程师。8月，与学友张今铎到天津参加中国民族武装自卫委员会活动，积极宣传抗日主张，被国民党反动派特务逮捕拘押两月余，后得堂兄保释。12月，远走武汉，进入湖北省立汉阳高级工业学校任教员。1935年8月，又转入国立武汉大学土木工程学系水力学实验室任职。

许继曾只在国立武汉大学任教一个学期，为家庭团圆计返回山东。1936年1月，考取济南市政府技术专员。其间，结交了一名冯姓人士（中共地下党员），后给多名中共地下党员资助过衣物和路费，内心生发出对革命的向往。1937年冬，把家眷安顿在济南岳母家，他带着冯姓人士写给八路军驻陕办事处的信函动身前往西安。八路军驻陕办事处党代表林伯渠与其见面，得知他的学业和经历后，希望他继续发挥工科专长，为抗日多做事。他听从意见，1938年1月到了甘肃，在甘肃天双公路工程局任工程师；1939年1月又到了四川，在四川省水利局水利人员训练班讲授测量学。遗憾的是，本意要去往延安的他就此错过。

因染病不得不停止工作，在成都治病半年后，经同学推荐，1939年12月受聘国立西北工学院教授，讲授应用力学、材料力学。当时国立西北工学院在陕西城固县山区办学，条件极为简陋，图书仪器尤为紧缺。他便自编讲义和习题集，为此常常在煤油灯下工作到半夜。因从事过港务、铁路、公路、水利等实际工作，他编写的讲义生动实用，授课时会结合工程实例讲解晦涩的理论，因而颇受好评，在学生间传颂着"许继曾教授力学顶呱呱"的美誉。

在国立西北工学院任教期间，一心向往革命的他常给八路军重庆办事处汇款。解放战争打响后，他接到办事处的感谢信，信中告诉他"办事处要撤了，请不要再汇款了"，他才停止汇款。当时，他还经常与好友张今铎等会面，全程参与组建党的外围组织"山东民主协会"，并参与发起《山东旅外人士为呼吁立即停止内战促进民主建国通电》的签名活动。

国立山东大学在青岛复校后，校长赵太侔四处延揽人才。1947年8月，许继曾受聘国立山东大学土木工程学系教授兼主任。12月，国立山东大学成立图书馆委员会，许继曾和杨向奎、郭贻诚、朱树屏、沈福彭、刘崇仁被推举为委员。

重建的土木工程学系成为一个范围广阔的工科综合性学系。主持系务，他力求"实现理论与实践相互印证的教学实效"。《山东（青岛）大学史：1929—1958》载："随着民国工程实践的发展，土木工程学系的课程以造就工程专才为宗旨，课业'采严格办法'，基础年级着重于'工具智识之培植，期能养成独立研读与解决问题之风习'。课程实践除了平日按时进行各种实习与实验，还要利用寒、暑假期到校外进行实习和参观。"为此，他主持建起水力实验室、材料实验室和测量仪器室。开设的课程中，除国文、英文、微积分、物理学、化学、应用力学、材料力学、投影几何、工程地质、水力学、结构学、钢筋混凝土等外，还有普通物理实验、物理实验、化学实验、水力试验、工厂实习、路线调查实习等实验实习类课程，尤其是以开设工程制图、平面测量、测量实习、大地测量、大地测量实习等课程为标志，成功创建省内首个测量学科（1952年测量学科调整到青岛工学院，组建工程测量系。1956年工程测量系的师资和设备又调至武汉，组建武汉测量制图学院）。正是土木工程学系有注重"解决问题之风习"，所以新中国成立不久，就承担了淄博煤矿厂址和隧道的设计工作。

这段时期，他还编写《楔形架重力之分析》《建筑力学教程》等讲义，讲授理论力学、材料力学、弹性力学、结构力学等课程。他原先精英语、通德语，后学俄语，三年不到便可翻译俄文科技资料。

青岛解放后，国立山东大学迎来新纪元。1949年10月，学校采取民主协商方式成立新的校务委员会，由教授代表17人、讲师助教代表2人、学生代表2人组成，许继曾为教授代表之一。1950年4月，国立山东大学第一届师生代表大会召开，许继曾作为代表参加会议，会议选举产生新的校务委员会，许继曾当选为委员。

1952年10月，随全国高校院系大调整，他被调入新成立的青岛工学院，任副教务长、土木工程学系教授兼主任、力学教研室主任。1953年10月，加入九三学社，担任过九三学社第六、七届中央委员，九三学社山东省委顾问，九三学社青岛市委第五、六届主任委员，第七届名誉主任委员。1956年，被评为二级教授。

1956年8月，青岛工学院土木建筑类专业迁往西安，参与组建西安建筑工程学院

（1959年更名为西安冶金学院），任西安建筑工程学院建筑工程学系首任系主任。1960年7月，主持编写的高等学校教学用书《建筑力学教程》（第一册）由人民教育出版社出版。

1961年4月，建立伊始的山东冶金学院亟需人才，许继曾被国家冶金工业部调入该校，任教授、力学教研室主任，讲授理论力学、结构力学。其间在青岛土木建筑工程学会年会上宣读论文《构件及桁架振动理论与计算》。1963年，山东冶金学院改为青岛冶金建筑学校，停办本科。山东海洋学院教务长赫崇本教授与许继曾是故交。当年4月，经赫先生推荐，许继曾重回鱼山路5号，任水产学系教授。搬家后，许继曾和侯国本两家比邻而居。侯国本次子、中国海洋大学教授侯永海对许继曾的印象极为深刻："许伯伯是一位温文尔雅的长者。"

水产学系有水产养殖、水产捕捞、水产加工3个专业，许继曾给水产捕捞专业学生讲授理论力学、材料力学等课程。当时水产捕捞专业力学类教材多为借用，针对性、实用性不强。为此，他进行调研，查阅文献，开始编写教材。为早日用上新教材，他连续两三个月基本是白天晚上连轴转。他的小女儿许时至今记得："为了赶进度，爸爸还时常让我帮他抄写、画图。"新学期开学后，水产捕捞专业学生就陆续用上《工程力学》《静力学》等自编教材。力学学科的发展为以后海洋机械工程专业的建立发挥了作用。

还在《水产译丛》发表了译文《渔具力学研究的发展》。

"文化大革命"初期，他受到迫害和不公正待遇，不能正常进行教学和科研工作，但并未动摇其对共产主义的信仰和对加入中国共产党的追求。

1971年2月，水产学系并入烟台水产学校，他也去了烟台。11月，山东省高教厅下发调令，将他调回山东海洋学院。回来后，他被安排在海洋水文气象学系下设的海洋动力学实验室。除给本系学生上英语课外，他主要在外语教研室从事翻译工作。其间，翻译了若干教学、科研或生产方面的专著、论文或实用资料。如：

受海洋水文气象学系委托，翻译了关于"风暴潮"方面的讲稿（汉译英），供留学研究生使用；翻译了专著《概率、随机变量与随机过程》（部分）和《半潜式混凝土平台研究报告》；翻译了教学用书《海洋工程结构》；编译了科普读物《海洋工程结构概述》。

受海洋地质学系委托，翻译了《在不同剪切速率下叶片剪切试验的分析》《海洋环境中物理和力学性能的应用》《混凝土块在深海沉积中的初始穿入与沉陷》《在取样期间沉积声学性能的现场测量》《用履带车对海底土壤力学及交通运输可能性的测量结果》等5篇关于海底沉积物方面的研究报告（共10余万字）。

受数学教研室委托，翻译了应用数学方面的论文集。

受学校指派，为国家海洋局情报所、海军北海舰队和一些企业等翻译了海洋油污染国际会议论文摘编、进品柴油交流发电机及附属设备等资料几十件。

承担着这么庞杂的翻译任务是异常辛苦的，他都是毫无怨言、一丝不苟地做实做细，受到普遍赞誉。有一年，学校来了一批专业性很强的外文资料需要译成中文，近10万字，又要急用，年近七旬的他连开十几个夜车圆满完成翻译任务。

粉碎"四人帮"以后，随着拨乱反正的深入开展，他同大多数知识分子一样重获新生。1978年3月，他出席第五届全国政协一次会议。11月，根据"新高教60条"之规定，山东海洋学院取消校务委员会，改设学术委员会，赫崇本为主任，高云昌、方宗熙、文圣常、薛廷耀、许继曾为副主任。12月，全校落实政策大会宣布："为在'文革'中被错误地打成'资产阶级反动学术权威'等罪名的赫崇本……许继曾……等同志，给予平反，恢复名誉，对强加给他们的一切诬蔑不实之词一律推倒。"

1985年1月，任海洋工程学系教授。

1985年8月23日，经山东省委批准，加入中国共产党，夙愿得以实现。

1985年12月，许继曾离休。

1989年1月15日，许继曾在青岛病逝，终年84岁。学校党委审定的《向许继曾同志告别词》中写道：

"许继曾同志长期从事教育工作，他忠诚于人民的教育事业，有丰富的教学经验。在工程力学等方面有较深的造诣，先后编写了多种讲义，发表了许多有价值的论文，在国内力学界有较大的影响，对专业建设和教育事业作出了贡献。"

（撰稿人　纪玉洪）

参考文献：

[1]《山东（青岛）大学史：1929—1958》，翟广顺著，中国海洋大学出版社，2021年版。

[2]《山东大学百年史》，《山东大学百年史》编委会编，山东大学出版社，2001年版。

[3]《国立北洋大学二十年班毕业同学录》，国立北洋大学，1931年编印。

侯国本

侯国本（1919—2007），原名侯立初，男，山东即墨人，汉族，民盟盟员，海洋工程专家。1947年国立西北工学院水利工程学系毕业。1948年受聘任国立山东大学助教。1952年起先后在青岛工学院、西安动力学院、西安交通大学、陕西工业大学任教。1964年调入山东海洋学院，先后任海洋工程动力学研究室主任、河口海岸带研究所副所长等。曾兼任《海岸工程》副主编，中国海洋工程学会海岸工程专业委员会第一、二届副主任委员，山东省海岸工程学会第一、二届副理事长，太平洋海洋科技学会（PACON）终身会员等职。第七届全国人大代表，第五届山东省人大代表，第八、九届青岛市人大代表，山东省劳动模范。享受国务院政府特殊津贴。

1919年1月25日，侯国本出生于山东省胶东道即墨县文星区侯家滩（今山东省青岛市即墨区金口镇侯家滩村）一户比较殷实的农民家庭。19岁成婚，翌年父亲离世，加之社会动荡不安，家境日艰，好在母亲持家有方，妻子贤良勤劳，一家人的生计得以勉强维持。

幼读私塾，天资聪颖，勤奋好学。1935年8月，入读新式的即墨县立考院街小学。1937年8月，考入私立礼贤中学（今青岛九中）读初中，入学不久因抗日战争波及，被迫转去即墨县立信义初级中学（今即墨一中）借读。1940年8月，考入私立礼贤中学高中工程科。1943年7月高中毕业后，告别母亲、妻子和幼子，辗转多地到达西安，考入国立西北工学院（今西北工业大学）水利工程学系。1947年6月大学毕业后，先后在徐州运河工程局、南京国民政府水利部和上海联合国救济署仓库谋得临时差事。

1948年8月，受聘国立山东大学工学院土木工程学系，先后任助教、教员、讲师。1949年8月参加青岛文教工会。1950年参加中苏友好协会和中国科学普及协会，开始自学俄语。1950年10月，加入国立山东大学土木工程学系治淮工作队奔赴治淮前线，1953年荣获毛泽东主席亲笔题字的"一定要把淮河修好"治淮纪念章。

1952年9月全国高校院系大调整，山东大学土木工程学系与山东工学院土木工程学系、纺织工程学系合并，组建青岛工学院。1956年全国院系再次大调整，青岛工学院水利学系参与组建西安动力学院，1957年西安动力学院并入西安交通大学。1960年陕西省高校调整，成立陕西工业大学（今西安理工大学）。侯国本随之先后任青岛工学院水利学系讲师、西安动力学院水利学系讲师、西安交通大学水利学系讲师、陕西工业大学水利学系讲师。其间，参加了佛子岭水库、梅山水库、官厅水库、小丰满水电站等国家重要水利工程建设工作。1958年参加黄河三门峡截流工程，提出"管柱法截流方案"为截流作出重要贡献，作为有功人员受到周恩来总理的集体接见。

1962年，山东海洋学院教务长赫崇本在火车上与侯国本相遇，正在物色人才筹建海洋动力学实验室的他喜出望外。后学校派人"三去西安"商调，1964年8月终于将侯国本调入。入校后，在学校大力支持下，立即着手筹建海洋动力学实验室，1964年12月筹建方案呈报高等教育部，"文化大革命"风暴刮起后方案夭折。1970年，因北海船厂工程建设亟需，建设海洋动力学实验室仓促间重新上马。他没白没黑地干了几个月，因陋就简，实验室终于建成，一口气为北海船厂成功完成了4项水工模型试验，此后省内外各类防波堤水工模型试验任务接踵而来。在1978年全国科学大会上，海洋动力学实验室荣获"重大贡献先进集体"奖，同年他荣获山东省先进工作者和青岛市劳动模范称号。1980年，在石臼港建港指挥部资金支持下新建了一个国内一流的海洋动力学实验室。实验室完成石臼港深水码头实验研究、马耳他共和国港口防波堤模型实验研究等60多项国内外试验任务，首创的"四角空心块体"和"栅栏板护面块体"应用实验研究进入国家港口工程技术规范《防波堤设计手册》（人民交通出版社，1982年），"轴流式水泵集水池水力学模型实验研究"成果列入交通部《干船坞设计规范》（人民交通出版社，1986年）。这些成果还为海岸工程学专业的成功申报奠定坚实基础。1984年4月，山东海洋学院事业规划委员会会议提出：要在努力办好现有专业的基础上，为适用海洋开发的需要，加快工科专业的建设。1984年11月，教育部批准增设海岸工程学专业。

侯国本入校后任海洋水文气象学系讲师，1978年5月晋升为副教授，1980年晋升为教授，1985年转到海洋工程学系。他主讲过流体力学、水力学、工程水文学、河流动力学、海岸动力学、海岸工程学等课程。为师既能做到严慈相济，又常身体力行入河下海，讲授知识既有理论深度，又能援引工程案例，还会融入自己的实战经历，且既传授知识，又努力培养学生的工程意识、国家意识，因而深受学生的喜爱和敬重。他的学生丁东研究员在回忆文章中写道："好的老师不但为我们开启一扇智慧之门，还为我们指明一条人生之路，并引领我们前行。我有幸能在成长过程中遇到这样的恩师。"

1969年12月，山东海洋学院全体师生被疏散到日照县丝山公社，和当地农民"同吃同住同劳动"。他抓住闲暇时间通过实地查看，积累了可以在日照石臼所建深水大港的资料。1977年，国家决定在江苏省连云港建设煤炭专用码头，以解决兖州煤矿外运问题。11月，山东省委向国家有关部委提出在日照岚山头建设煤炭专用码头的建议。1978年1月，省里召集14个单位专家齐聚济南，研究鲁南选港勘查事宜。出席会议的侯国本根据自己收集的资料提出石臼所建港方案，受到省里重视。1978年3月19日，在全国科学大会小组讨论时，当听到邓小平说"你们有什么问题可以直接向中央讲"后，他谈了在石臼所建深水大港的看法。经过鲁南选港勘查后，山东省遂正式上书国家计委和交通部，建议在石臼所建设煤炭输出港。这期间，江苏请中共中央副主席李先念到连云港视察并为港口题词，随即在多个工程区开始作业。9月，侯国本与侍茂崇、沈育疆、王涛等撰写联名信《关于在连云港或石臼所建设深水大港的看法》，请曾呈奎先生利用出席国庆招待会的机会将其交给方毅。12月23日，同在上海出差的侯国本和王涛又给李先念写信。1979年1月1日，李先念作出批示："……现在有同志提出不同意见，这些同志的心情是好的，我想他们是对这么大的工程抱负责态度的。为了慎重起见，请谷牧、叶飞同志主持，方毅同志如能参加更好，再召集不同意见的同志和赞成这个方案的同志一起，多议几次，听取不同意见大有好处。"4月，由交通部主持召开了两个港址论证会，依据会上提出的意见，国务院决定暂停连云港深水煤炭码头建设。10月，国家决定建设石臼所煤炭、矿石码头，并与秦皇岛二期煤炭码头同时使用日元贷款进行建设。这是新中国成立以来，第一次因为专家建议而对国家已决定的重大建设项目作出更改。1985年我国最大的深水煤炭专用泊位在石臼所建成，1989年国务院批准日照升格为地级市，1992年，全国人大常委会副委员长费孝通指着山东省新版地图对陪同视察的侯国本开玩笑说："侯教授，您了不起，把日照在地图上由一个小点变成了一个圈。"1996年，侯国本、李吉士、丁东、刘学先合作出版专著《日照港群》。

20世纪80年代初，随着胜利油田开发步伐加快，建设油田专用码头已迫在眉睫。1982年，应胜利油田党委书记、东营市委书记李晔的邀请，侯国本、侍茂崇第一次到东营探讨建港问题。1983年元宵节刚过，山东海洋学院党委副书记王滋然、副院长徐家振和侯国本、侍茂崇一行四人乘坐油田安排的专车到油田五号桩现场查看黄河三角洲无潮区建港条件。返校后，侯国本撰写《关于黄河三角洲海港建设与水运的设想》一文，寄给李晔。李晔读后于3月12日回信道："您这篇豪情满怀、富有战略创见的精彩论文，我读后深受鼓舞，人间事最为难能可贵的是吼出天下第一声。将来一旦实现了这一宏愿，那我们也就无愧于华夏后代炎黄子孙了。"后经过一年多艰苦的勘察，1984年初，他和侍茂崇、崔承琦、沈育疆、沈渭铨撰写《黄河三角洲无潮区深水港港址可行性研究报告》，翔实地论证在黄河口附近无潮区可以建设深水港的观点。不久，石油工业部和山东省领导专门听取侯国本关于无潮区建港的汇报。2月13日和4月8日，胡耀邦、赵紫阳先后在东营接见侯国本，听取关于黄河三角洲保护、开发和港口建设的汇报。8月，在"黄河口三角洲无潮区建设深水港港址论证会"上，侯国本详细阐述无潮区建港的设想，但与会者对泥沙问题争执不下，建港方案一时搁浅。9月，李晔专程来到青岛征询侯国本等人意见，侯国本肯定地说："权衡利弊，五号桩的无潮点是黄河三角洲建大港的最佳选择。"侍茂崇、王涛也谈了那里建港的可行性。听完他们的话，李晔说："我听你们科学家的。"10月，侯国本和有关科研人员乘坐"东方红"船到黄河三角洲无潮区一线作了深入细致的考察，拿出更具体可靠的建港数据。1985年，国家批准在黄河三角洲无潮区建2万吨油田专用码头，彭真亲笔题名"黄河海港"（后改名东营港），康世恩出席奠基仪式。1988年码头一期工程竣工交付，1992年东营港被国务院批准为国家一类开放口岸。1993年，侯国本、侍茂崇、王涛等合作出版了《东营港》一书，彭真、梁步庭、苏毅然、李晔等题词作序，姜春云题写书名。

从参加黄河三门峡截流工程起，他一直情注黄河。1980年在学校支持下组建"河口泥沙研究所"，在海洋动力学实验室模拟研究黄河入海口水文、地质、潮流、泥沙运动规律等，并通过实地考察，1983年提出"束水攻沙""挖沙降河""大河之治，必自河口始""利用洪峰，建平原大水库""资源置换，变洪水、泥沙为宝"等主张和见解。1984年4月8日，赵紫阳在东营听取他对"挖沙降河和建平原大水库"的研究成果汇报后，对康世恩说："黄河三角洲的开发要考虑侯教授的意见。"1984年6月，山东省成立"黄河口挖沙可行性研究小组"。1986年6月，费孝通、钱伟长等组织在东营市召开了由200多位专家参加的论证会，赞成"挖沙降河"方案。1988年春，有关方面组织"挖沙降河"，并使"挖沙"与"放沙"有机结合，观测资料表明，挖河固堤起到减缓淤积的作用，稳定了黄河入海流路。任七届全国人大代表期间，由他牵头的议案有9件与黄河保护与开发有直接关系。2001年，他与拾兵合著出版《治黄河论》，系统地阐述新的治黄理论和方法。

1981年，青岛市在规划胶州湾跨海通道时出现了桥隧之争，侯国本在多次会上明确支持隧道方案，认为：隧道不破坏胶州湾水动力环境，不会留下后遗症；不会出现海雾阻碍交通的尴尬局面；符合长期战备的战略思想。后来建桥方案占据了上风，1993年侯国本牵头16名专家上书青岛市委书记俞正声，呼吁保护胶州湾，建议要"先立法、再规划、后开发"，坚决反对在最窄的湾口修建大桥，建议修隧道或改在湾底部建大桥。俞正声批示：组织专家论证。论证会上互不相让，无果而终。当年底，侯国本、刘世岐、丁东、刘学先合著出版《胶州湾港口功能》一书，其中特别阐述了沧口水道港口功能。后来，为了论证建海底隧道的可行性，他和有关专家对胶州湾的地质、气象、水文等进行了详细调研，又特意到日本考察了青函海底隧道、新关门隧道，并通过在日本的朋友取到隧道施工全过程录像带，还对世界上其他几个著名隧道进行了研究分析，向青岛市领导陈述修建隧道方案。但因为可以成为城市标志工程，建桥主张已占了主导地位，市政府已开始建桥立项报批程序。当听到南桥方案已获国家计委批复立项后，他心急如焚，立即联名向国家发改委、建设部、交通部、国土资源部、国家环保总局、国家海洋局、山东省政府等写信，反对以大桥为名搞形象工程，重申胶州湾保护重于开发，建议放弃在湾口修桥，用隧道取代，这件事一直反映到中央。迫于压力，规划部门只得放弃湾口方案，改为中桥方案。1999年，国家发改委批复同意变更方案立项。那时已是84岁高龄的他亲自到交通部反映意见，力图制止在胶州湾中部修桥，交通部办公厅在给他的回信中，首先感谢他对我国港口交通事业的关心，但在最后写道："很遗憾，侯教授，专家们没能采纳您的建议，希望您继续关心我国的交通建设。"即便这样他还是没有放弃，又联合侍茂崇、丁东等向国家领导人上书，坚持以保护胶州湾环境和港口功能为由，阻止修建中桥方案。2005年3月，国家发改委正式批复，在北桥位建设跨海大桥。2006年北桥位大桥动工兴建。2006年青岛胶州湾海底隧道项目获国家发改委批准并开工建设。2011年，胶州湾跨海大桥和胶州湾海底隧道双双开通运营。"南隧北桥"的巨大成功证明了他的坚持是正确的。

他一生心向党，始终抱着工程报国的信念，崇尚科学，敢言敢为，心胸坦荡，大公无私。党和人民也一直记得他：一年春节，雪花纷飞，俞正声登门给他拜年；他生病后，李晔数次到家中探望，两人促膝交谈，其情其景，令人动容；日照港建港二十周年大庆时，港务局长到家中授予他一枚金质纪念章，他把这枚纪念章一直放在床头，时常拿出来看看。在最后的日子里，他对来看望他的学生说："一个知识分子，能得到党和政府的信任，是一生之幸。"

2007年2月15日，农历腊月二十八，侯国本在鱼山路家中去世，终年89岁。因再过两天就是年三十，儿女们商议尽量少打扰别人，想第二天只举行个家庭告别仪式。当晚，中国海洋大学党委书记冯瑞龙闻讯后说："侯老一生为我国海洋科教事业作出了重要贡献，明天追悼会一定要开。"追悼会上对他作出很高的评价："毕生治学严谨，为人正直坦诚，在学界德高望重，享有盛誉。他将自己的一生献给了党和国家的海洋科教事业。"

2008年5月，青岛出版社出版了纪念专辑《敢吼天下第一声》。2019年1月，中国海洋大学出版社出版了人物传记《传奇教授侯国本》。2019年5月，日照港在港口广场上树起了一座侯国本先生雕像。

（撰稿人　纪玉洪）

参考文献：

［1］《传奇教授侯国本》，侍茂崇、纪玉洪著，中国海洋大学出版社，2019年版。

［2］《敢吼天下第一声——怀念侯国本教授》，丁东主编，青岛出版社，2008年版。

［3］《日照日报》，日照日报社，第9079期。

沈汉祥

沈汉祥（1908—1998），男，江苏江阴人，汉族，民盟盟员，鱼类饲养及渔业工程专家。先后就读于私立集美高级水产航海学校、私立厦门大学等，1945年公派至美国波士顿渔业研究所研习渔业工程。曾任国民政府农林部江西推广繁殖站技术专员、渔牧司勘察专员，国民政府行政院善后救济总署、农林部渔业善后物资管理处专门委员等。1948年9月起，任国立山东大学、山东大学水产学系副教授兼代系主任、教授兼系主任，私立集美水产商船专科学校校长等职。"文化大革命"后任山东海洋学院水产学系教授，农牧渔业部水产高级技术职务评审委员、海洋捕捞评审员，中国水产学会理事、中国渔业史研究会委员等职。

1908年9月27日，沈汉祥出生于江苏省常州府江阴县峭岐镇（今江苏省江阴市徐霞客镇）沈家冲一个农民家庭。他自幼失去双亲，随堂哥生活。在本村读完四年制初等小学后，入读县城澄南高等小学。高小毕业后投考免费读书的江阴县立师范学校，三年后毕业，在江阴县青阳镇任小学教员。

1927年北伐军到青阳。受进步思想影响，加上对水产和航海感兴趣，经集美学校教员谢家玉推荐，沈汉祥前往福建厦门入读私立集美高级水产航海学校。1931年7月由学校贷款，赴台湾基隆水产学校实习一年半。其间，翻译日本学者长栋晖友所著《最新渔捞学》一书供母校教学参考。自1932年下半年至1939年，沈汉祥一直在就业和升学中周折，大半处于半工半读状态。他先在厦门机器制冰冷冻厂任技术员，后又回到集美高级水产航海学校当教员。

1935年春，沈汉祥入读私立厦门大学文学院，辅修生物学专业。他一面读书，一面在厦门港渔民小学教学。在读期间连续三年获陈嘉庚奖学金。1939年7月，他于国立厦门大学文学院历史社会学系毕业，生物学系肄业。毕业后先后在福建私立寻源中学和私立集美中学做教员。

　　1940年8月，沈汉祥应邀赴设在江西省泰和县（战时江西省会）上田村的江西省建设厅养鱼试验场任技师。三年间，他研究各种鱼类的生活习性，总结养殖经验，编写了《养鱼学之理论与实际》一书，介绍了饲养和繁殖鲤鱼以及饲养鲢鱼、鳙鱼、青鱼和草鱼等经验，并将场内数位养鱼技工的养殖方法，提高到生物学理论上加以研究和分析，同时将传统方法适当加以改进。该书经国民政府教育部职业教育委员会评审获甲等图书奖。不久，兼任农林部江西农业推广繁殖站技术专员，同时任生教出版社编辑等职。

　　1944年春，经国民政府农林部渔牧司科长侯朝海推荐，任该司勘察专员，负责勘察河道捕鱼和养鱼等工作。这期间撰写了《水稻田养鱼浅说》《流水养鱼》《池塘养鱼》等，由江西省建设厅印发。同年，根据租借法案项目，联合国善后救济总署和国民政府农林部联合考选渔业技术人员到美国渔业机构进修，他与陈修白、邹源琳、周氏、斯颂声等5人被录取，指定他研习渔业工程。翌年夏开始，他先后在波士顿渔业研究所研习渔业工程，在加州野生生物与鱼类研究所学习和研究各种渔具、渔船技术，获得美国联邦政府颁发的渔业工程毕业证书。

　　在美期间，沈汉祥与农林部渔牧司鱼类专家王以康会面并建议引进数种效率较高的渔船渔具，如V. D. 式拖网、机轮美式围网、中型拖围兼做渔船渔具、丹麦式旋曳网以及三重网（捕鲨）和鳙鲽曳绳钓。其中，V. D. 式拖网是英国V. D. 有限公司（V. D. Co., Ltd）二战前登记的专利，其渔获量高于其他拖网。日本使用该渔具的渔船要缴纳特许金，加上中日渔船存在竞争，因此战前对中国赴日学水产的留学生实行技术封锁。他利用在波士顿渔业研究所实习机会争取到V. D. 式拖网一手资料，这些资料后来成为山东大学水产学系捕捞专业教材。

　　沈汉祥1946年秋回国后，任国民政府行政院善后救济总署、农林部渔业善后物资管理处（简称"渔管处"）专门委员，负责渔业物资利用计划和海洋渔业技术等工作。1947年被派往台湾基隆港，负责筹设渔管处闽台渔业分处（后改为台湾分处），任副处长兼捕捞业务课课长，利用新引进的V. D. 式拖网渔轮、尾拖渔轮和围网渔轮等从事海洋捕鱼管理。翌年春，被派往浙江舟山筹设渔管处舟山办事处。

　　1948年8月底，经朱树屏和王以康推荐，沈汉祥到国立山东大学水产学系主持系务，9月被聘为水产学系副教授兼代理系主任。

　　沈汉祥到校后，水产学系自三年级以上课程由他安排，并且自三年级开始，根据学生志愿划分为渔捞、养殖和加工3组。他第一学期教授水产学通论、水产养殖学和渔具学3门课程。第二学期就聘到闵菊初、陈修白、章鸣、大槻洋四郎和王贻观等5位专业教师到系任教。其中渔捞组专业教师为他和王贻观,养殖组专业教师为他和王以康以及日本藻类养殖专家大槻洋四郎。这一时期,他撰写了《论V. D.式拖网的结构特点和操作方法及其在作业中增产的原理》《论机轮围网的结构特点和操作方法及其在我国试捕的展望》《三重网的结构和捕鱼原理》《丹麦式旋曳网和日本一隻曳机船底曳网渔具的比较及其试用范围的探讨》等论著。是年冬,除青岛外山东全境基本解放,在青的渔管处青岛分处等纷纷撤向上海。上述机构在水产学系兼课专家也随之南撤,导致所授课程无法开课。

1949年初春,水产学系学生代表多次求见赵太侔校长,要求解决开课问题。学校为保住水产学脉,决定援例去外校借读。同年4月初,该系二、三年级学生61人在沈汉祥等带领下前往国立复旦大学生物学系海洋组借读。沈汉祥以代理系主任名义主持系务。

上海解放后,沈汉祥任华东局农林水利部接收渔管处专员办公室顾问兼国营上海水产公司筹备处渔捞部主任,协助接收上海最大的海洋渔业机构——渔管处。其间受到上海市人民政府市长陈毅接见。6月,青岛解放。国立山东大学军管小组与华东局农林水利部商妥,决定聘他为学校水产学系主任。9月,他与新聘教师及借读学生返回青岛,国立复旦大学生物学系海洋组学生也随同到青。学校开会欢迎水产学系师生返校并合影留念。返校后不久,沈汉祥被聘为教授并兼任水产学系主任。1950年4月下旬,他在学校首届师生代表会议上当选为校务委员。

1951年8月,应陈嘉庚之聘,沈汉祥赴私立集美水产商船专科学校任校长,兼任厦门大学海洋学系教授,讲授水产养殖学课程。翌年7月聘期结束,仍回山东大学水产学系任教授兼主任。1953年4月,根据高等教育部指示,河北水产专科学校停办,9月,他委派专人去天津接收部分师生和仪器设备。1954年撰写《怎样养鱼》一文,并在《青岛日报》发表科普文章《什么叫水产》。翌年11月参加在哈尔滨召开的全国农林院校经验交流会,在会上交流系主任、教研室主任的工作职责和讲课、实验、习题课、作业、实习及培养学生工作能力的经验。1955年起编写《北中国海河的群众渔业图志》,至1957年完成。

1955年12月,高等教育部下达农便字233号文件:"关于水产系的问题,初步与商业部水产管理总局接洽,认为山东大学水产系留青独立有困难,考虑在1956年暑假调整并入上海水产学院。"同月下旬,学校将水产学系教职工眷属统计表和迁往上海的经费估算,先后上报高等教育部。这期间,他与有关教师以书面或口头形式向高等教育部以及商业部水产管理总局领导申诉理由,反对与上海水产学院合并,认为水产高校并不是多了,而是不足,要求在山东大学继续办好水产学系。1956年1月,水产管理总局来电略称:"……该局意见不同意山大水产系迁往上海与上海水产学院合并。希望仍留在青岛,作为将来扩建基础。"4月26日,高等教育部给学校函称:"你校水产系决定不迁上海。"

1956年12月,由于上海水产学院海洋捕捞和水产加工两专业多年没有招生,加上急需骨干教师,副院长刘宠光来学校协商,指名要调水产学系部分骨干教师去上海。对此,沈汉祥撰文回忆:"我也接到老校友白力行副教授的信件,说刘宠光副院长嘱其写信,劝我到上海水产学院担任教务长……我给白力行的复信中说,以我国幅员之大,海岸线之长,全国仅两所学校培养大学程度的水产人才,不是太多而是太少。……不能采取两处合而为一的办法,我不为教务长之职所动。"不久,国家水产部(原商业部水产管理总局)专门研究此事,取消合并之意,认为必要时山大水产学系可以和上海水产学院分工,青岛培养水产科研人才,上海培养做实际操作的人才。山东省教育厅随后致电学校,明确指示:"海洋捕捞和水产加工专业将来还要办,任何人都不要外调。"同年编写养殖专业教材《渔具工艺实习指导》,撰写《鱼类呼吸测量器的介绍》一文。1957年3月,经学校批准,应太平洋西部渔业研究委员会中国代表团团长许德珩聘请,沈汉祥任中国委员会下设的四个专业组中的海洋渔业组成员。

1957年,由于反右派斗争被严重地扩大化,沈汉祥被错划为右派分子,翌年12月被撤销水产学系主任职务,并由高教四级降为九级待遇。1964年7月,被批准摘掉右派分子帽子;9月起任青岛市"四清"工作队队员,到崂山县中韩公社参加"四清"运动。1979年12月,右派问题得到改正,恢复名誉,恢复原教授职称和高教四级工资待遇。1984年8月,学校根据山东省委组织部、统战部、纪检委《关于解决错划右派改正结论中"尾巴"问题的通知》,复查他错划为右派分子已予平反但改正结论中或多或少留有"尾巴"的问题,重新作出复查决定,予以彻底纠正。

被下放至水产学系青岛女姑口养殖实验场劳动改造期间,沈汉祥仍潜心水产研究。努力做好鲤鱼繁殖育苗研究同时,他对四大家鱼做好育苗和养成等工作,对鱼卵附着器作了比较试验,还对冬季测试冰下水质的破冰用具进行创新和改进,对冬季结冰的鱼池是否需要定期开孔纳氧提出合理建议。

1959年3月起,沈汉祥在山东海洋学院水产学系工作。1971年2月,根据《山东省高等学校布局和专业调整方案》,山东海洋学院和烟台水产学校签署交接书,水产学系并入烟台水产学校;3月,他前往烟台工作。水产学系归建时,他回到山东海洋学院,直至退休。

"文化大革命"期间,沈汉祥遭受不公正待遇,所撰科研文稿几乎全被付之一炬。"文化大革命"结束后恢复高考,很多专业师资力量短缺。为此,他重新走上讲堂为新生讲大课,后来还给研究生开课,并编写《水产学通论》交给学校教务处教材科印刷,作为基

础课教材。他的子女沈小平、沈秀平在《我的父亲,一位胸怀坦荡的老学究》一文写道:

"家人看到他讲好大课回家,都要打一盆热水擦身,换下被汗水沁湿的汗衫,就几次劝父亲不要为了30元返聘费去受累了。父亲总是说:现在有了教学的机会,就是不给返聘费也要去讲课。"为给国家培养水产事业干部,他积极讲学。1981年3月到厦门水产学院讲学,并在该院承办的国家水产总局干部训练班上讲授水产概论;5月参加中国水产学会第二次全国会员代表大会暨学术年会,被推为理事。翌年1月,被聘为山东省农委《农业科学技术丛书》编委会委员。1984年12月,所撰《远洋渔业及其在我国的动向》载于山东海洋学院编的《近代海洋科学进展论文集》。翌年3月,所撰《游钓是水产业的一个组成部分》发表于《水库渔业》。

1986年1月,沈汉祥退休。同年,所撰《对范蠡养鱼经的研究》发表在中国渔业史研究会主办的《渔业史》杂志上。1987年12月,沈汉祥与李善勋、唐小曼、陈思行合作编著的《远洋渔业》在海洋出版社出版。该书系统阐述了世界渔场形成的条件,各海区的渔业资源状况及其开发利用,着重介绍了值得开发的海区及捕捞对象的形态特征、生活习性、洄游分布、渔场、渔期、捕获量和渔具渔法,填补了国内空白。该书获山东省第二届优秀学术成果奖二等奖。1989年11月,所撰《V. D. 式拖网的历史及在我国的应用》在《中国水产》发表。此外,他还撰写过《水产学基础》《淡水养殖学》《钓鱼技术》《渔具学》《网具捕鱼技术》《钓鱼业问题》和《渔具材料工艺学实验指导》等专著。

1990年12月,沈汉祥获国家教委颁发的"从事高教科技工作40年成绩显著"荣誉证书及镌刻有"老骥伏枥,志在千里,桃李不言,下自成蹊"字样的金马奖杯。

1998年7月26日,沈汉祥病逝于青岛,终年90岁。学校悼词说:

"沈先生毕生致力于海洋渔业的科学研究和教学工作,造诣颇深,是我国水产界的专家、老前辈。……为我国水产业的发展作出很大贡献。……他作为新中国成立后的第一任山东大学水产学系主任,为创建新中国的水产教育事业呕心沥血,作出了自己的贡献。"

(撰稿人 金松)

参考文献:

[1]《近代海洋科学进展论文集》,山东海洋学院九三学社支社、民盟支部、科研处编,1984年版。

[2]《往事集》,冉祥熙主编,青岛海洋大学出版社,1993年版。

[3]《山东文史资料选辑(第33辑)·留学生活》,山东省政协文史资料委员会编,山东人民出版社,1992年版。

赫崇本

赫崇本（1908—1985），本姓赫舍里，又名赫培之，男，奉天凤城人，满族，九三学社社员、中共党员，海洋学家。1928年考入国立清华大学物理学系，本科毕业后先后在省立河北工学院、烟台私立益文中学、私立南开中学、国立清华大学、国立西南联合大学任教。1944年赴美留学，获得加州理工学院气象学博士学位后又到斯克里普斯海洋研究所攻读海洋学博士学位，1948年底回国，受聘于国立山东大学海洋研究所。1952年担任山东大学海洋学系主任。1959年山东海洋学院成立后先后担任教务长、副院长。他为中国海洋事业的早期发展培养了许多杰出人才，争取并监制了我国第一艘海洋科学调查船"东方红"，作为重要领导者组织了全国首次海洋综合调查，作为主要成员参与了两次中国海洋科学规划的制定，所作的黄海浅水团研究为我国近海水文研究奠定了理论基础。他为中国海洋科学教育事业作出了奠基性、开创性贡献。

1908年9月16日，赫崇本出生于奉天省凤城县（今辽宁省凤城市）西堡村的一户满族人家。5岁时入小学堂，他天资聪颖记忆力惊人，很快成了班里的小秀才。16岁时从奉天转学，先后在北京宏大学院、国立北京师范大学校附中就读。

1928年，赫崇本考入国立清华大学物理学系。当时清华理学院汇聚了一批从国外留学归来的教师，他们都抱着教育救国、科学救国的信念，将世界上先进的自然科学知识带回中国，也将先进的教学理念和思想凝聚在学生培养上。赫崇本的普通物理学课老师是吴有训先生。吴有训曾和1927年诺贝尔物理学奖得主康普顿一起完成"康普顿效应"的实验验证工作，是康普顿最得意的弟子，他注重基本概念和理性思维的培养，也非常注重实验能力的培养。当时清华理学院招生选拔严格，学业过程中又实行严格的淘汰制，四年下来，与赫崇本同届入学的六名同学到毕业时只剩下两人。他的毕业论文由萨本栋先生亲自指导，历时一年多才完成。在清华，赫崇本的科学思维和动手能力都得到严格训练。

赫崇本毕业后曾在省立河北工学院、烟台私立益文中学、私立南开中学教书，1936年受吴有训先生之邀回到国立清华大学物理学系任教。清华金属研究所成立后，赫崇本又进入研究所工作。1941年，他参与素有"奥本海默"之称的余瑞璜教授的X射线研究，合作发表《直接决定FeS_2之晶体构造》《再论直接决定FeS_2之晶体构造》《量晶仪头之一个新设计》等论文；还与吴有训、余瑞璜合作完成论文《NaCl晶体对于X射线之扩散反应》；参与了汤佩松、余瑞璜合作的用X射线衍射法了解蚕吐丝过程中晶体结构的动态之研究。这些都是处于前沿的新课题。

1943年，赫崇本考取庚款留美。赴美前，对于专业的选择，吴有训先生建议选择在我国尚属空白的海洋科学。这对他来说是个全新的领域。1944年2月，赫崇本抵达美国洛杉矶，在卡耐基理工学院冶金专业注册，但几个月后就改变了选择，进入位于拉霍亚城的斯克里普斯海洋研究所攻读海洋学。所长斯韦尔德鲁普先生是一位杰出的海洋学家、气象学家，他认为研究海洋的人最好先具备气象学知识，然后再转入海洋学研究。1944年底，赫崇本进入加州理工学院气象学系攻读博士学位，不到三年时间完成了论文《利用统计学方法分析北美洲大气形成》，获得哲学博士学位。

欧美海洋科学的发达，二战中美军的成功登陆，使赫崇本深深认识到海洋科学对于一个国家海军、国防事业的重要意义。已是气象学博士的赫崇本，再次回到斯克里普斯海洋研究所学习海洋学。斯韦尔德鲁普先生安排他与后来成为世界著名海洋学家的蒙克博士一起研究物理海洋。他完成了《芝加哥的温度变化统计研究》《基于统计突触的平均周温度预测》等海洋学论文。

1948年冬，考虑到国内国际局势，出于对顺利回国会有困难的担心，正与蒙克一起进行波浪观测和资料收集的赫崇本，决定放弃快要取得的海洋学博士学位，动身回国。在曾呈奎教授的推荐下，他接受了位于海滨城市青岛的国立山东大学的聘书。

1949年春，赫崇本来到了樱花烂漫的国立山东大学校园，开始了他一生的海洋科学教育事业。他被聘为物理学系教授，又负责海洋研究所，在动物学系、植物学系和物理学系讲授海洋学课程，1950年调入物理学系气象组，研究气象与海洋动力。

赫崇本深知，没有海洋科学研究，就没有国家的海防，而发展海洋科学，要有一批懂海洋爱海洋的海洋科技人才。新中国刚成立时，全国真正具有海洋学背景的学者不过数人，从事海洋领域研究的不过三四十人，而学校也仅是曾呈奎和赫崇本两人具有海洋学背景。为迅速培养海洋学方面的师资，他提出动员非海洋学背景的部分教师进入海洋领域开展海洋物理、海洋化学、海洋地质、海洋生物等领域的科研工作，待有些科研成果后即可建立相关专业，招收学生，培养相应海洋学科的专门人才，作为发展祖国海洋事业的源地。这个建议得到学校的支持。毕业于国立中央大学、1949年来海洋研究所工作的年轻讲师景振华被安排做他的助手。赫崇本专程到北京购买、订购物理海洋学的书刊，与曾呈奎合作编写海洋学教材，用于培训景振华和动物学系、植物学系其他年轻教师。景振华后来成为海流研究专家。国立复旦大学生物学系海洋组8名四年级学生，于1949年夏来国立山东大学进行毕业前专业授课和毕业设计，赫崇本和曾呈奎为他们讲授海洋学通论课，并指导毕业设计。为尽快培养海洋学方面教师，赫崇本就动员来借读的复旦学生和本校水产学系临届毕业的学生共9名改学物理海洋，并让景振华帮助为他们特地开设海洋学、潮汐学、动力气象学三门课程，他还亲自给学生补习高等数学。来听这些课的还有不少年轻教师。赫崇本对中国发展海洋事业的殷殷之心，吸引了不少年轻教师和学生投身到海洋学来，国立复旦大学借读学生管秉贤就是其中之一。

1951年3月，华东大学与国立山东大学合并，学校院系及研究所重新设置，其中在物理学系气象组的基础上设立海洋物理研究所，赫崇本担任所长。1952年全国高校院系调整中，厦门大学海洋学系理化组4名教师、18名学生并入山东大学，与海洋物理研究所合并组建了海洋学系，人才队伍的充实使得赫崇本发展海洋学科的构想有了强有力支撑。

赫崇本与大家反复研究，确立了海洋学的重点发展方向、开办专业及其培养目标：培养以物理海洋为主的调查、预报等研究人才和海洋学师资。结合新中国刚成立要建设国防事业、开发水产资源，要分析海洋情况调查海洋资源，需要有大量的海洋科学知识和技术人才的现状，他以海洋资源调查分析为主作为物理海洋专业的方向。1953年学校根据高等教育部下达的指示，讨论确定了重点发展方向，确立理科以海洋学为重点的办学思路，即面向海洋，从事海洋方面的教学与研究。以物理海洋学、物理学、海洋生物学三个专业为发展重点，同时海洋化学、海洋气象学、海洋地质学等专业也要一起发展，共同面对发展海洋的任务。在决议报告中还特别指出：以物理海洋作为重点方向，培养这方面的师资和人才，海洋系责无旁贷。

本着海洋学与气象学相辅相成的理念，海洋学系中气象学课程占到三分之一。在赫崇本建议下，1953年物理学系气象组调整到海洋学系，成立海洋气象教研组，由在校讲授气象学和天气学课程的青岛观象台台长王彬华兼任组长。1957年9月，海洋气象组扩充为海洋气象专业，依旧由王彬华负责建设。由海洋、气象两翼为基础，赫崇本发展海洋科学的构想已具雏形。

赫崇本组织教师反复讨论办学任务和方针，认真研究了苏联彼得格勒水文气象学院的教学大纲，并与美国伍兹霍尔海洋研究所和斯克里普斯海洋研究所的反复比较。他认为学生既要有深厚的数理基础，又要有扎实的专业知识，还要能在海上独立开展观测，几经修改，最后草拟出一份较为理想的适合我国国情的海洋学教学大纲，强调理论与实践相结合，基础与专业并重。大纲对课程、学时、实习等都作了详细设计，既注重打牢学生的数理基础，也兼顾传授其他学科知识（如无线电技术和海洋工程），本专业内课程也较为宽泛，今天仍是物理海洋学专业教学计划的蓝本。

基于海洋科学浪、潮、流等内容的发展目标，赫崇本在建构师资队伍时，理学与工学都在他的考虑范畴中，也注意聘请和培养这些学科方向的教师。在师资队伍建设上，确定了就地培养、外聘商调、到名牌大学选聘优秀毕业生等几种途径。1953年，他聘请正在转向海浪研究的哈尔滨工业大学机械工程学专业年轻教师文圣常到校任教，从四川大学调来牛振义讲授气象学课程，1956年王彬华正式调入学校。1962年又聘请清华大学毕业生冯士筰等四人来校任教。1964年派人三下西安请来水利专家侯国本，支持他建立了海洋动力学实验室。

赫崇本亲自担任波浪学和气象学课程，后来气象学课程由王彬华担任。唐世凤讲潮汐推算，海洋学通论课则由赫崇本、曾呈奎、张玺、景振华共同讲授。海洋观测、动力海洋、海洋学、海洋化学、海洋实习等由其他老师担任。本系师资不足，就邀请本校数理化三系教师和中国科学院海洋研究所、青岛观象台的研究人员来兼课，中国科学院海洋研究所的毛汉礼、本校物理学系束星北都被请来讲课。

没有海洋学方面的教材，赫崇本就组织教师编写。他们很快就编出海洋学通论、波浪学、潮汐学、动力海洋学、海洋化学讲义，这五门课程是国内第一次开出的较为系统的海洋学课程。以此为基础形成的教材，今天依然是物理海洋学专业教学的基础。

赫崇本通过随堂听课、补课、助课、先讲授一门课程的一部分到独立讲授的步骤，来培养年轻教师独立承担课程。他鼓励年轻教师编写出版教材，在编写中成长，并要求教师要开展研究，提高学术水平和教学水平。

赫崇本对师资的培养思路，对年轻教师的成长极为可贵。即使在对教育和科研都不算理想环境的20世纪五六十年代，以赫崇本倡导的"为了中国的海洋事业"为指引方向，年轻教师都取得了令世瞩目的成就。不少教师成为我国海洋研究的著名科学家，如文圣常、陈宗镛、景振华、管秉贤、冯士筰在浪、潮、流方向在20世纪六七十年代就有填补空白的科研成就。侯国本主持的海洋动力学实验室在"文化大革命"时期艰苦的条件下参与完成了交通部多项海上航行交通工程的水工实验，成为国内规模最大、实力一流的海洋动力学实验室。海洋学系到20世纪90年代就相继出现了两位中国科学院院士：文圣常和冯士筰。

以这些教师为中心，海洋学又发展出许多新的方向和领域，培养出了一代又一代海洋人，"海洋"成为一个综合化立体化的学科体系。

从1952年到1958年，海洋学系在培养目标、教学内容、师资队伍等方面取得了长足发展，使学校"开拓海洋"的特色得以确立。1958年10月，山东大学大部奉命西迁济南，留青部分以海洋学系为基础，加上水产学、海洋物理学、海洋生物学、海洋化学、海洋地质学等专业组建山东海洋学院，1960年被列入全国13所重点综合大学之一。可以说，山东海洋学院的成立正是得益于数年的海洋学教育与研究的积累。

研究海洋，赫崇本有一个基本的思想：基础是海洋调查。培养海洋人才，若不进行海洋调查，就无法获得准确的第一手数据，开展理论研究和教学就失去了根基，也无法给海洋科学研究提供可靠的数据。欲做海洋事，先做海洋人。这是赫崇本的海洋科学研究思想，也是海洋教育理念。应当有一艘海洋调查船，是赫崇本一直心心念念的事，也为此不断提出申请，囿于国家财政有限和当时海洋事业尚未得到足够重视的环境，很难得到实现。但他一直怀抱这个梦想，在1954年时，还动手做了一艘调查船模型。

1956年国家开始制定科学技术十二年远景发展规划，国家科委成立了多个小组，其中就有海洋组，赫崇本是副组长之一。这是新中国国家层面第一次汇聚海洋领域的智慧。搞海洋建设要首先摸清楚海洋家底，启动我国近海调查成为规划中的核心任务之一。1959年夏，在海洋大调查工作如火如荼地开展时，全国海洋普查工作会议在广州召开，赫崇本向国家科委副主任武衡详细讲述了调查船对海洋教学和科研的重要性、学校需要建造船的紧迫性和必要性。学校的苏联专家在会上也建议培养海洋人才应该有一艘调查船。武衡表示回京后向有关方面反映。9月，国家科委在《1960年科学技术重点任务说明书》中建议为山东海洋学院建造一艘500吨左右的海洋实习调查船。国家计委于1960年1月26日批复同意，9月20日正式列入1961年度国家计划，此时这艘船已经由原先设想的500吨确定为2346吨。1960年12月，因国家处于困难时期，拟建的调查船被下马。为让调查船再次列入国家计划，赫崇本在北京奔走在各部门之间求援。在各方的支持推动下，调查船最终又列入了国家计划。

对于船的设计，赫崇本认真研究分析了他多年收集的世界各国调查船的资料，结合在美国学习时在调查船上的经验，又考虑到未来调查事业的发展，决心要造一艘高质量的调查船。1960年5月，国家计委、科委安排船的设计由三机部船舶设计研究院承担。设计由学校提出要求和构想，再由设计单位具体设计。赫崇本带领团队和设计方密切商讨设计方案，大到船体小到一个饮水壶，每一个细节都充分听取各方意见，直到满意为止。1961年10月四易其稿后，调查船的总体设计方案完成，由上海沪东造船厂承建。1963年7月经过反复讨论和征求意见，这艘船被命名为"东方红"。进入建造程序后，作为专业性权威，赫崇本承担了监制重任，奔波在青岛、上海之间，他和工程技术人员一起攻克技术难关，参加造船中每一次的试航和验收。1965年1月20日，我国第一艘自己设计、自行建造的海洋实习调查船"东方红"下水，同年11月27日正式入列，成为学校培养海洋人才的"海上实验室"。

没有海洋调查就没有深入发展的海洋科学。在教学上，赫崇本强调要到海上去，对于国家的海洋事业，他更是主张要进行海洋调查。他常对周围人说，尽快发展我国海洋事业，除了抓紧培养人才，还必须针对国家建设需要开展调查研究，通过实际工作逐步提高水平。在他的倡导下，新中国成立后不久我国就开展了一些渔场海洋学调查，为在我国复杂变化的浅海进行综合调查积累了一些经验。

1956年10月，在国务院科学技术十二年远景发展规划委员会气象组组长、海洋组组长赵九章组织曾呈奎、赫崇本、毛汉礼、朱树屏等起草的中国海洋事业十二年远景规划中，第七条"中国海洋的综合调查及其开发方案"明确指出，中国海洋事业的发展应结合生产实践和国防建设的需要，为这些部门服务；其发展途径，应先从海洋综合调查开始。这是我国的第一个海洋发展规划，包括四个方面的内容：中国近海综合调查，建立水文气象预报系统，建立有关海洋生物资源的调查研究，开展国防、交通的海洋问题研究。

1958年4月，国家科委海洋组决定以大协作的方式开展全国海洋综合调查，成立了由海军单位和海洋专家组成的领导小组，律巍任组长，曾呈奎、赫崇本、王云祥任副组长。调查分三个阶段进行，涉及我国大部分海域，跨9个省区。调查调动了海军、中国科学院、水产部、交通部、中央气象局，沿海省市60多个单位的600多名人员，还选调了一大批即将毕业的大学生和高中生参加进来，动用的调查船有50多艘。学校海洋学系年轻教师和学生98人参加。从1958年9月开始，于1960年6月结束海上作业，1960年底整编资料基本结束。这次海洋调查取得了中国海洋科学史上第一批关于中国近海的资料，对于中国近海的海流、水团、波浪、潮汐、海水化学性质、海底沉积和地貌，以及浮游生物、底栖生物等的变化规律，进行了比较全面的分析研究，出版了中国第一套系统的海洋调查报告8部、调查资料10册、图集14册，出版了第一个《海洋调查暂行规范》。根据调查整理的《中国近海的水系》《海洋调查方法和仪器》《中国近海海流》《中国近海的潮波系统》等著作以及观测到的"南海暖流""台湾暖流"等调查成果和研究成果在实践和理论上都有重要的意义。

关于海洋大调查，赫崇本曾对师生们说过，我们要按照国际标准，确保调查资料的准确度，一定要给民族、给子孙后代一个讲科学负责任的交代。这是一个科学家的科学精神和爱国精神的完美表达。

对整个调查工作，赫崇本担负起许多责任。调查前，他参加调查计划和工作规范的制定，在调查中不断到"办公室"和各个海区指导工作，并解决调查中出现的问题。近海海洋水文要素变化复杂，赫崇本一直重视调查方法。他结合在国外学习的经验，曾提出要多船同步观测，增加资料的可比性。1957年春，烟威海区鲐鱼场的温度与盐度大调查，就接受了赫崇本的建议使用了这种方法。

工欲善其事，必先利其器。海洋科学研究离不开仪器。在海洋大调查前，赫崇本就倡议中国自行生产颠倒温度表、标准海水，为国家节约了大量外汇。1960年，他在海洋学系成立海洋仪器研究室，与天津海洋气象仪器研究室合作，研制出仿苏的印刷海流计，应用于中美长江口联合调查。1962年又研制出HTJ1直读海流器，到现在仍被使用。1963年开始研制海水透明度仪。他还倡导了20世纪六七十年代的全国海洋仪器大会战，两次会战全国研制出50多种海洋仪器，加快了我国海洋研究仪器、技术实现系列化、标准化、自动化、现代化。

全国海洋大调查取得成功后，国家海洋事业如何发展，成为海洋学家和相关管理部门极为重视的问题。赫崇本等认为有必要成立一个专门机构来管理、协调非国防性质的全国海洋工作。1963年春，在国家科委海洋组多次召开讨论国家海洋科学十年发展规划会议之际，与会人员达成共识——建议成立国家海洋局；5月，他们联名上书国家科委。报告由赫崇本、曾呈奎、毛汉礼等7位海洋科学家起草，29名专家签名。1964年春，国家科委党组和分管科委工作的聂荣臻副总理致信中共中央书记处反映海洋科学家们的建议。2月11日，经毛泽东主席批示，中共中央作出成立国家海洋局的决定。7月22日，第二届全国人大第124次常委会会议批准成立国家海洋局，赫崇本担任顾问。国家海洋局的成立，开启了中国海洋科研和管理迈向统筹、协调发展的新征程。

40多年里，赫崇本的倡导和实践在我国海洋事业的许多个方面填补了空白。在大量的管理工作之余，他所作的黄海浅水团研究也为我国近海水文研究奠定了理论基础。

1985年7月14日，赫崇本因病在青岛去世，终年77岁。

赫崇本一生淡泊名利，甘为人梯，奖掖后学，海洋界尊称他为"一代宗师"。1995年，青岛市人民政府在百花苑为20名已故青岛籍或客居青岛成就卓著的文化名人竖立雕像，其中就有赫崇本。2009年新中国十大海洋人物评选，赫崇本名列第一。

（撰稿人　王淑芳）

参考文献：

［1］《山东海洋学院校史（征求意见稿）》，山东海洋学院校史编辑室编，1986年版。

［2］《一代宗师——赫崇本》，侍茂崇、李明春、吉国著，中国海洋大学出版社，2014年版。

［3］《海洋调查方法》，侍茂崇、高郭平、鲍献文著，中国海洋大学出版社，2018年版。

［4］《中国现代海洋科学人物志（第一集）》，陈德源编，海洋出版社，1985年版。

［5］《青岛文史资料（第16辑）》，青岛市政协文史资料委员会编，青岛出版社，2006年版。

［6］《山东大学（青岛）人物志》，山东大学青岛校友会编，海洋出版社，1991年版。

陈修白

陈修白（1917—2006），字业，又字同，男，江苏金山人，汉族，民盟盟员，水产品加工专家，中国水产品贮藏与加工学科奠基人之一。1942年毕业于上海私立圣约翰大学生物学系后留校任教。1945年赴美国华盛顿大学渔业学院进修，回国后历任国民政府农林部中央水产实验所技正、加工室主任、水产加工系（实验工厂）顾问，国民政府行政院善后救济总署、农林部渔业善后物资管理处专门委员、渔业课课长、加工课课长等职。上海解放后任国营上海水产公司厂务处鱼肝油部门负责人。新中国成立后任国立山东大学水产学系教授，后任国营山东水产公司鱼肝油厂工程师、厂长，国营青岛水产公司工程师、青岛海洋渔业公司总工程师。1980年起，任山东海洋学院水产学系、青岛海洋大学水产学院教授、博士生导师。曾任山东省人大常委会委员、人大代表，青岛市人大代表，中国水产学会顾问、山东省水产学会副理事长等。享受国务院政府特殊津贴。

1917年5月5日，陈修白出生于江苏省沪海道金山县松隐镇（今上海市金山区亭林镇松隐社区）一个书香世家。祖父陈遇泰是当地很有名望的中医；父亲陈陶遗是同盟会元老，还是诗人和著名书法家，曾任同盟会江苏分会长、南京临时参议院副议长、江苏省省长等职。

1934年3月，陈修白从上海私立沪江中学毕业后考入日本东京第一高等学校学习，全民族抗日战争爆发后回到国内。1937年10月考入上海私立圣约翰大学理学院生物学系，1942年6月毕业，获理学学士学位，毕业后留校任生物学系助教。翌年6月到上海天丰制药厂工作，后任国民政府农林部淡水鱼养殖场专员。

1944年，根据租借法案项目，联合国善后救济总署和国民政府农林部联合考选渔业技术人员到美国渔业机构进修，陈修白与沈汉祥、邹源琳、周氏、斯颂声等5人被录取。翌年9月起，他在美国内政部渔猎处实习，同时进入华盛顿大学渔业学院学习。1946年6

月，因父亲去世从美国回到上海。

国民政府农林部中央水产实验所成立后，陈修白任该所技正兼水产加工系（实验工厂）顾问，后任国民政府行政院善后救济总署、农林部渔业善后物资管理处专门委员、渔业课课长、加工课课长等职。时任中央水产实验所技正兼水产养殖系主任的邹源琳1947年复函国立山东大学水产学系主任朱树屏时写道："……陈修白对加工极有根底，在国内为不易多得之一人，英文与日文极好，弟亦自叹不如修白……"在此期间，应上海市立吴淞水产专科学校（今上海海洋大学）校长侯朝海先生之聘任该校兼任教授。

1949年初，陈修白在上海复兴岛晤见朱树屏。其时，朱树屏已因聘期届满卸任国立山东大学水产学系主任一职，赴沪转任国立中央研究院动物研究所研究员。同年1月11日，朱树屏在致赵太侔校长信中写道："昨在复兴岛晤陈修白兄，如时间及环境允许，彼仍愿赴青授课。"4月，国立山东大学水产学系部分学生南下上海到国立复旦大学生物学系借读。陈修白受聘任水产学系兼任教授，为借读学生授课。上海解放后任国营上海水产公司厂务处鱼肝油部门负责人。10月，来青岛受聘任国立山东大学水产学系教授，讲授水产加工和食品低温保藏等课程。

旧中国水产加工基础极为薄弱，以腌干为主，设备简陋，产品单调，鱼肝油工业尚属空白，全国仅有一个设在上海的鱼肝油厂。新中国成立后，鱼肝油生产受到国家重视并很快得到发展。

1950年，国营山东水产公司（后相继改称国营山东省青岛水产公司、青岛海洋渔业公司等）在青岛成立后，陈修白根据现有条件建立了青岛鱼肝油厂（今青岛双鲸药业有限公司），我国第一个鱼肝油生产基地由此诞生。是年冬，他被任命为青岛鱼肝油厂厂长。早在新中国成立前，他就在上海从事鱼肝油试制和研究工作。据上海海洋大学原校长乐美龙教授编著的《渔业科学》一书记述："中国水产加工专家陈修白于1948年开始试制鲨鱼肝油，其后以他为主在上海、青岛、厦门等地建立起鲨鱼肝油加工厂和车间，为中国的鱼肝油工业奠定了基础。"1951年，由陈修白和陈破读等试制，我国第一批国产鱼肝油产品问世，当时仅有清鱼肝油和鱼肝油滴剂两个品种。1952年，大连鱼肝油厂投产；在厦门兴办的青岛鱼肝油分厂也于同年投产。1953年，青岛水产公司开始生产淡鱼肝油丸和麦精鱼肝油等产品，4年后又增加浓鱼肝油丸、鱼肝油滴剂等产品。到1954年，上海水产公司鱼肝油厂开始生产浓鱼肝油丸、淡鱼肝油丸、浓鱼肝油滴剂、淡鱼肝油滴剂等产品。陈修白还负责建成了青岛鱼粉加工车间和厦门的青岛鱼肝油分厂，参与了苏联、波兰、朝鲜、越南等国家鱼肝油厂的设计和建造，"获得国内外业界的广泛好评"。第一个五年计划期间，我国结束了依靠外国进口鱼肝油的历史。

1956年起，陈修白先后任国营山东省青岛水产公司工程师、青岛海洋渔业公司总工程师等职。任职水产公司和渔业公司期间，他仍担任学校水产学系教职。中国海洋大学水产学院田学琳教授1950年考入国立山东大学水产学系，曾师从陈修白，他回忆："陈先生理论功底扎实，知识面很广，而且有丰富的实践经验。他的课很受学生欢迎。"

1963年12月，中国水产学会在北京成立，陈修白当选为全国理事会理事，后任学会下设的水产加工和综合利用专业委员会副主任委员。

"文化大革命"期间，陈修白被打成"资产阶级反动学术权威"，并下放到青岛渔轮修造厂劳动。"文化大革命"后得到平反，并恢复名誉。

1978年6月，陈修白参加中国水产学会在天津举行的恢复大会暨综合性学术讨论会，并在会上作学术交流。同年10月，山东省水产学会在即墨县召开恢复大会并选举产生新一届理事会，他当选为副理事长，后任顾问。

1980年1月，陈修白任山东海洋学院水产学系教授，10月受聘任山东省水产局科技干部技术职称评定委员会第一届委员。是年底，在中国水产学会《水产科技文集（第一集）》发表《鱼糜加工与鱼糜制品》一文，分析阐述了鱼糜的性状和发展鱼糜加工的益处，提出：发展鱼糜加工有利于整个国民经济。要发展这项事业，有一些基础方面的试验研究工作，要做好而且要赶到生产前面去，以便生产方面确定合理的工艺，制订产品质量指标，提高产品质量以及降低成本。

1981年8月，受中国制冷学会委托，国家水产总局委派陈修白与两名专家赴美国波士顿参加国际制冷学会C_2（食品保藏与工艺）、D_1（冷藏）、D_2（陆上冷藏运输）、D_3（海上冷藏运输）专业委员会联席讨论会，讨论鱼类特别是低值鱼类的冷冻加工、贮藏与运输技术的进展情况。他们向大会提交并宣读两篇论文，其中一篇是他撰写的评述我国低值鱼类的加工利用情况的《中国低值鱼类的利用概况》。在美期间，他们还参加了由美国新英格兰渔业发展基金会等主办的美国东北地区海味展览会和国际柔鱼讨论会，参观了美国渔业方面的企事业机构。回国后，他们向有关部门建议，今后应对基础理论和应用科学方面的试验研究工作同时并重，以解决产品质量等的提高问题；希望能多争取参加各种国际性会议，多选择一些青年人出席，以加强青年人才的培养。同年12月受聘为《水产学报》《海洋渔业》编委。

随着我国水产业发展和水产加工生产现代化程度的提高及产品加工深度、产品种类的增加，水产加工专业标准化和质量检测也提上日程。1981年11月，国家水产总局以

〔81〕渔总（机）字第45号文件批准成立水产品加工专业标准审查委员会，陈修白受聘为该委员会委员，参与制订与修改我国水产品有关标准。1984年9月，他受聘为山东省食品工业协会技术顾问，翌年4月任山东省科学技术委员会食品专业组成员。

经国务院学位委员会批准，1986年8月，学校水产品贮藏与加工等3个专业成为第三批博士学位授予专业，陈修白被批准为博士研究生导师。他指导和培养的首位博士研究生，也是我国培养的第一位农学水产博士薛长湖（2023年当选为中国工程院院士）于1990年夏毕业。20世纪90年代出版的由国家教委高校学生司编纂的《全国研究生专业介绍》一书，如是介绍学校水产品贮藏与加工专业：

"（该专业）具有硕士学位和目前唯一的博士学位授予权。……近七年来，该专业在博士生导师、中国水产学会顾问陈修白教授的带领下为我国水产品加工发展做了开创性工作，取得了诸如新的食品添加剂、新型乳化剂、对虾人工配合饵料、褐藻酸钠代血浆、淡水鱼保活技术、对虾风味成分的分析、甲壳素的利用等多项科研成果。"

陈修白于1986年10月受聘任山东省高等学校教师职务高级评审委员会第一届学科评议组成员。1987年1月受聘任农牧渔业部水产高级技术职务评审委员会水产品加工专业组成员，负责该部水产高级专业技术职务评审工作；同年11月获中国水产学会颁发的从事水产科技教育逾四十年劳绩卓著表彰状。

在做好教学与科研工作之余，陈修白还应邀参与一些大型工具书和专业书籍的翻译、编撰和审阅工作。20世纪80年代后半期，他参与《麦格鲁－希尔海洋世界百科全书》翻译工作，负责海洋生物部分。1991年12月，该书中译本《海洋世界百科全书》在海洋出版社出版。这一时期，他参与了《中国农业百科全书》之《水产业卷》的编撰工作，担任"水产品保鲜与加工"分支编写组副主编。1994年12月，该书在农业出版社出版，前言说："《中国农业百科全书》是一部荟萃中外古今农业科学知识的大型工具书。……它的编撰出版，是中国农业科学事业的一项基本建设。"他还参与了原山东大学水产学系主任沈汉祥教授主持编写的《渔业基础》（又名《水产学基础》）一书"水产品加工"章节的审阅。

1992年，陈修白经批准享受国务院政府特殊津贴。1999年夏，他在指导培养的最后一名博士研究生毕业后退休。多年教育教学工作中，他曾担任食品保藏学、水产加工专业英语等多门课程的教学和实验。他指导博士研究生（包括外国来华留学博士研究生）多人，培养了众多水产加工技术人才，许多学生成为我国水产加工行业骨干力量，有的成为院士、泰山学者特聘教授、博士生导师和学科带头人等。

2006年2月19日，陈修白因病在青岛去世，终年89岁。学校的悼词写道：

"陈修白教授毕生从事水产品加工技术研究。……在水产品综合利用领域如低值鱼类的加工技术、分子蒸馏法提取鱼油高不饱和脂肪酸技术方面的成果达到国际先进水平。……他参与主持的科研项目获省级科技进步奖1项。他为我国水产品贮藏与加工学科的建设、繁荣与发展作出了重要贡献，是我国水产品贮藏与加工学科硕士点和博士点的第一位指导教师。"

（撰稿人　金松）

参考文献：

［1］《朱树屏信札》，日月、朱谨编，海洋出版社，2007年版。

［2］《渔业科学》，乐美龙主编，山东画报出版社，2001年版。

［3］《制冷学报》，《制冷学报》杂志社有限公司，1981年第4期。

［4］《五十年发展与成就：庆祝黄海水产研究所建所五十周年1947—1997》，唐启升主编，1997年版。

［5］《金山文史资料选编》，中国人民政治协商会议金山县委员会文史资料工作委员会编，1990年版。

［6］《山东海洋与渔业大事记（1949—1999）》，山东省海洋与水产厅编，山东人民出版社，1999年版。

薛廷耀

薛廷耀（1914—1998），男，福建长泰人，汉族，民盟盟员，生物化学家，中国海洋微生物学的最早开拓者。1937年毕业于国立山东大学生物学系，获理学学士学位。毕业后先后在国立贵阳医学院、贵阳制药厂、国立清华大学等任教、任职。1943年赴美留学，1948年获密苏里大学生物化学博士学位。1949年12月回国后，历任国立山东大学教授，山东大学二级教授、校务委员，山东海洋学院教授、院务委员、水产学系主任、副教务长、图书馆馆长，中国科学院海洋研究所兼职研究员等。是中国化学学会、美国化学学会会员，曾任第三届全国人大代表，第五、六届全国政协委员等。

1914年1月30日，薛廷耀出生于福建省漳汀道长泰县（今福建省漳州市长泰区）一个华侨家庭。他15岁时从福建省立龙溪初级中学毕业考入省立龙溪高级中学，18岁高中毕业考入私立厦门大学理学院。就读期间，因思想进步，带头反对军事教官体罚同学，被迫离校。

薛廷耀1934年至1935年先后入读国立上海医学院、国立山东大学。1937年6月毕业于国立山东大学生物学系，获理学学士学位。毕业后回家乡漳州私立崇正中学任生物教员。1939年，他从漳州出发，经福建龙岩、长汀，江西瑞金，湖南，广西，历时一月抵贵州，赴国立贵阳医学院、贵阳制药厂任教、任职。

1941年，薛廷耀赴云南昆明，加入国立西南联合大学任国立清华大学农业研究所助教，与汤佩松教授一起研究细菌和蚕蛹变态发育过程中呼吸强度变化等。同年，两人合作发表的关于氨基酸、四碳二羧基酸及三羧酸（克莱勃循环中的有机酸）能加强枯草杆菌呼吸速度的报告，是有关克莱勃循环应用在微生物呼吸过程中最早的报告。1943年，他和汤佩松在美国《生物化学记录》期刊合作发表《细胞呼吸研究第九号》。在昆明时期，薛廷耀郑柏林夫妇曾与赫崇本一家租住在郊区同一家农民庭院里。

国立中央研究院于1943年5月发表1943年度的四种奖金。其中，薛廷耀等获丁文江奖金（生物科学）。同年，国民政府决定利用庚子赔款资助数名助教赴美国留学深造。经国立清华大学农业研究所推荐，并经该校评委会评定认可，薛廷耀于同年9月离开昆明动身前往美国留学。他1946年1月获依阿华理工大学理学硕士学位，1948年12月获密苏里大学生物化学博士学位，毕业后即在密苏里大学从事博士后研究工作。

新中国成立后，薛廷耀冲破阻挠辗转至旧金山，以旅游者身份取道火奴鲁鲁，途经日本和香港，最终于1949年12月上旬抵达天津。同月回到国立山东大学，受到校务委员会主任委员丁燮林、常务委员童第周、委员曾呈奎等热烈欢迎与热情接待。

回校之初，薛廷耀先在农学院任教授，后相继在山东大学水产学系，山东海洋学院水产学系、海洋生物学系和海洋化学系任教，讲授生物化学等课程，推动开展海洋微生物等领域研究，直至离休。

薛廷耀于1951年7月完成"腐劣苹果的利用"课题研究，利用腐劣苹果酿酒、制造食用酵母，研究论文同年发表在《中国农业之研究》第2卷第3期。同年《加工对于蔬菜中丙种维生素含量的影响》一文发表在《自然科学》杂志上。1952年完成"食物中毒的细菌及毒素检验方法——食品的细菌学检验"课题研究，找到简便、有效、实用的食物中毒的细菌学检查及鉴定方法，对公共卫生、反对细菌战争都有借鉴参考之用，成果被华东军政委员会卫生部印制成检验手册。同年在《山东大学学报》发表《用苞米试制食用酵母的研究报告》。1954年完成"食物对豚鼠组织中磷酸钙沉积影响的研究"课题，研究初步结果同年发表在《山东大学学报》第4期上；后来发表在《山东海洋学院学报》1960年第1期上的《关于动物血液及组织无机盐沉积生化学的研究》一文，就是该研究的继续和深入。1956年2月，他与水产学系讲师李爱杰合译的《水产细菌学》在科学出版社出版，本书根据日本生活社出版的古川英一著的《水产细菌学》选译。同年3月与李爱杰合作完成"海豚原油的利用"课题研究，证明球头海豚体油在精制后可用作机车油、柴油机油以及锭子油等。该成果参加学校1955—1956年度科学讨论会并获奖励。

1957年2月，学校出台《关于改进我校当前工作的意见》，确定改进学校工作重点，并结合1957年科学研究工作任务，拟订228项研究题目，参加研究工作的教师达196人。薛廷耀的"关于水产品防腐的研究"名列其中。同年3月起兼任中国科学院海洋生物研究室（今中国科学院海洋研究所）研究员。5月加入中国民主同盟，任民盟山东大学支部副主任委员。

从1958年5月起，学校水产学、生物学、海洋学三系96名师生和山东省水产局18名干部组成水产资源调查队，历时4个月对山东沿海进行调查。薛廷耀等对胶州湾口细菌数量波动进行调查研究，由此拉开我国海洋微生物生态调查的序幕。

薛廷耀于1958年6月和1961年5月，分别当选为青岛市第三届和第四届人民代表大会代表。1958年秋任校务委员，11月初任山东大学（青岛）校务委员会委员。

1959年5月，薛廷耀当选为政协第二届山东省委员会委员；7月任山东海洋学院副教务长兼水产学系主任，同月起至1963年10月任青岛市人民委员会委员。1959年10月起连任4届院务委员会委员。

1959年是薛廷耀回国的第10个年头。10年里，他目睹耳闻了国家多个领域尤其是科教领域的沧桑巨变。他在10月1日出版的校刊《山东海洋学院》创刊号发表文章抒发了欢欣鼓舞之情：

"回顾十年来，在党的亲切教导下，边工作边学习，我亲眼看到一个百孔千疮破烂不堪的旧中国，在这短短的十年怎样在党的领导下改造成为一个繁荣强盛的新中国，怎不令人欢欣鼓舞！……我一定要尽最大努力，在教学和科学研究上做出成绩。……把全部的知识和力量，贡献给伟大祖国的建设事业。"

我国海洋微生物学的研究开创于20世纪60年代前后，薛廷耀是最早开拓者。他1956年先在中国科学院海洋生物研究室建立海洋微生物研究室并兼任室主任，最早研究的是硫杆菌及海洋小球菌。1958年又在山东大学建立微生物实验室并主持教学和科研工作，最先研究的是海洋发光细菌和铁细菌，助教为纪伟尚和徐怀恕。他还在"东方红"船上建立海洋微生物调查实验室，为微生物的资源开发创造了条件。

薛廷耀专注于海洋硫杆菌研究，从海泥中分离培养硫杆菌，在碱土改良试验、硫杆菌天然产物在船舰防附着腐蚀的应用等方面进行深入研究；专注于海洋小球菌研究，从海水中分离到小球菌，对其生理生化特征和生物学分类进行深入研究；专注于海洋发光菌研究，进行海洋生物发光的比较生化研究，以及发光细菌在海水中重金属的监测和消除的应用研究等。

20世纪50年代后期，薛廷耀等从青岛栈桥附近低潮线的海泥中分离得到3种纯培养的硫杆菌，即排硫杆菌、氧化硫杆菌和脱氮硫杆菌，并研究发现，在含硫化细菌少的碱土中，施入硫磺并接种适当的硫杆菌，对强碱土的改良会产生有益效用。他们分离出来的硫杆菌还可以作勘探硫矿、铜矿、铁矿与其他金属矿的标准指示菌。1959年4月，薛廷耀等在《海洋与湖沼》第2卷第2期发表《海泥中硫杆菌的分离培养研究》。他们还发表了《海泥中硫杆菌分离及其在碱地改良和防附着防腐蚀的应用》等研究成果。

　　薛廷耀等对1958年胶州湾口细菌数量变动的调查工作中分离得到的小球菌进行研究，完成胶州湾小球菌及其菌种鉴定方法的初步研究报告，以《胶州湾小球菌的研究》为题于1960年1月发表在《海洋与湖沼》第3卷第1期。他们认为：海洋细菌是一个种类繁多、数量庞大的微生物群，完全搬用陆地或淡水细菌研究方法，而不加以适当改进或创造新的适用于海洋细菌的研究方法来进行研究，不能成功。改进旧方法和制定新方法是海洋微生物学的主要任务之一。

　　薛廷耀还对生物发光进行研究，在1964年11月的《海洋与湖沼》发表《海洋生物发光的比较生化》。他按发光的特殊性质将生物发光大致分为三种类型：细胞内发光、细胞外发光和细菌发光。他提出：细菌发光是化学发光的一种类型，它的生光反应是和它的产色或荧光细菌产生荧光化合物属于同一范畴。发光微生物由于构造简单、大量培养比较方便，作为能量变化的研究材料绝好不过。

　　1962年3月，薛廷耀编译的《海洋细菌学》在科学出版社出版。本书主要依据美国海洋微生物学家C. E. Zobell所著的海洋微生物学专著*Marine Microbiology*及国内外一些有关海洋细菌学的研究资料编译而成，重点介绍浅海细菌学的基本内容及研究方法，并综述总结世界各国科学工作者对海洋细菌学的研究成果。该书是中国最早系统阐述海洋微生物基础知识的论著，填补了该领域的空白。同年11月，学校学报编辑委员会成立，任副主任委员。

　　1964年9月，当选为第三届全国人大代表，12月赴京参加三届全国人大一次会议。

　　20世纪70年代初开始，薛廷耀致力于从海水中提铀。在核工业部、国家海洋局及山东省科学技术委员会资助和支持下，1970年，学校与国家海洋局第一海洋研究所共20余人，在海洋化学系联合成立海水提铀科研组，薛廷耀任组长。科研组1970年至1972年在青岛太平角设一简易通水站，从事筛选和研制水合氧化钛、碱式碳酸锌等无机富集剂和间苯二酚肟酸树脂、茜素–甲醛树脂等有机富集剂，共几十种，并确定以钛系富集剂为研究方向。1972年至1980年在青岛麦岛建成700平方米的海滨实验室（包括通海水设施）。科研组从天然海水中提取了约1000毫克铀，此外还进行了海水提铀机理及提铀动力学等方面的基础研究。该项工作受到多方关注，早在1971年，《人民日报》刊登了海洋化学系海水提铀研究进展和海水提铀研究小组在青岛太平角海水养殖场工作的照片。

　　"文化大革命"中，薛廷耀被打成"资产阶级反动学术权威"遭到批斗，身心受到摧残。得到平反后，他去掉思想包袱，积极忘我地进行科研，培养中青年教师。20世纪80年代初他应邀访问美国，加强了与国外学者的联系，在邀请外国专家讲学、介绍学校教师出国进修等方面做了有益工作。1978年2月至1988年3月，薛廷耀先后当选为第五、六届全国政协委员。其间被评为学校和青岛市归国华侨先进工作者。

1978年8月，任山东海洋学院海洋研究所副所长，11月任学校学术委员会副主任委员。1979年1月任学校图书馆馆长。1982年2月任学校学位委员会副主席。

1983年，由薛廷耀校对、崔仙舟翻译的《海水中汞的冷原子吸收测定法的改进》一文，发表在《国外环境科学技术》第5期上。1986年1月离休。同年9月，由他审校，鲍恩（Bowen, H. J. M.）著，崔仙舟、王中柱译的《元素的环境化学》在科学出版社出版。

1998年6月25日，薛廷耀因病在青岛去世，终年84岁。7月10日，《青岛海洋大学报》头版刊发的《薛廷耀教授逝世》一文写道：

"薛廷耀先生为人正直，耿直不阿，光明磊落，兢兢业业，勤奋治学，学风严谨，生活简朴，严以律己，关心年轻同志的成长，深受大家的尊敬和爱戴。"

（撰稿人　金松）

参考文献：

[1]《往事集》，冉祥熙主编，青岛海洋大学出版社，1993年版。

[2]《海洋学报》，海洋出版社，2019年第41卷第10期。

[3]《科学出版社图书期刊目录（1954—1983）》，科学出版社编印，1984年版。

[4]《海洋微生物学》，张晓华主编，中国海洋大学出版社，2007年版。

[5]《山东大学英才录》，《山东大学人物志》编委会编，山东大学出版社，1996年版。

[6]《全国高等学校已完成的重要科学研究题目汇编　第1集》，高等教育部科学研究司，1956年版。

[7]《中国海洋学学科史》，中国科学技术协会主编、中国海洋学会编著，中国科学技术出版社，2015年版。

[8]《国立山东大学概览》，国立山东大学出版组编，1948年版。

邹源琳

邹源琳（1909—1974），原名邹武，男，江苏无锡人，汉族，无党派人士，鱼类学家，长期从事鱼类学科研和教学工作。1934年毕业于国立中央大学生物学系，获理学学士学位。毕业后先后任国立中央研究院历史语言研究所助理员，江苏省立水产学校养殖科生物教员，国立中央大学农学院助教、讲师。1945年赴美国斯坦福大学研究院研修，回国后任国民政府农林部中央水产实验所技正兼水产养殖系主任、技术部主任。1950年2月起，任国立山东大学、山东大学水产学系教授。1959年后任山东海洋学院水产学系教授、院务委员，海洋生物学系教授兼脊椎动物教研室主任。撰有《中国战前渔业概况》《四川嘉陵江下游鱼类之研究》《鲤科鱼类颚骨之比较解剖》《合川数种稀罕之鱼类》等学术文章，译有《鱼类史》一书。

1909年6月24日，邹源琳出生于江苏省常州府无锡县后宅中街（今江苏省无锡市新吴区鸿山街道后宅老中街），其胞兄为南京大学教授、农业昆虫学家邹钟琳。

邹源琳5岁起先后就读于无锡县后宅镇后宅小学、荡口镇鸿模高小、梅村镇县立第四高小，12岁入读国立东南大学附属中学。中学毕业后历任无锡县荡口小学教员、南京农民协会职员、江苏省昆虫局图书管理员等。

1930年9月起，邹源琳就读于国立中央大学理学院生物学系。在生物学系，他师从中国鱼类分类学、形态学和生理学的奠基人之一伍献文教授，与朱树屏是同班同学。他翻译的《大气内温度的变迁对于飞蝗的成熟和健康的关系》（V. P. Paspelov著），发表在《自然界》1930年第五卷第七期上。

大学毕业后，邹源琳先后任国立中央研究院历史语言研究所助理员、江苏省立水产学校（今上海海洋大学）养殖科生物教员、南京市立东山中学生物教员等。1937年4月，遵照国民政府实业部致江苏省立水产学校函（渔字第五一二八号），邹源琳与该部技士陈谋琅等6人组成长江鱼苗调查团，调查长江流域各省鱼苗产销情形。他在八一三淞沪会战爆发和南京沦陷后一度失业。

全民族抗战爆发后，邹源琳转至大后方，并于1938年至1941年任国立第二中学水产部和国立四川水产职业学校（皆是江苏省立水产学校迁至四川合川后的校名）生物教员；1941年至1945年任国立中央大学农学院动物学助教、讲师。这一时期撰写了《四川嘉陵江下游鱼类之研究》《鲤科鱼类颚骨之比较解剖》《合川数种稀罕之鱼类》等学术文章。

1944年，根据租借法案项目，联合国善后救济总署和国民政府农林部联合考选渔业技术人员到美国渔业机构进修，邹源琳与沈汉祥、陈修白、周氏、斯颂声等5人被录取。翌年7月开始，他在加州斯坦福大学研究院研习。

1946年7月回国后，邹源琳在国民政府农林部中央水产实验所（今中国水产科学研究院黄海水产研究所）任技正兼水产养殖系主任、技术部主任等职。后一度兼任国民党中央训练团和农林部共同举办的水产技术人员训练班水产养殖教员。

1947年春，邹源琳接到朱树屏邀其到国立山东大学水产学系任教的信函。在回信中，邹源琳对朱树屏就任水产学系主任"闻之欣慰"，他认为中国水产界正处于发展态势，但"目下最大之困难在技术人员之缺乏，水产职业学校有课无人教，大学水产系教授更为缺乏"。对于朱树屏信中提及的水产学系教员问题，邹源琳建议他可与伍献文先生一谈，因为伍先生对中国水产的发展颇有独到之处。这封信最后，邹源琳告诉朱树屏自己五年之内不打算再度执教。未几，邹源琳再度复函朱树屏，谈了自己对水产学系学程设置等问题的意见。他认为：可将海洋学分A、B。A为一年，B半年至一年，前者为必修，后者为选修。海洋学为纯粹科学，渔业为应用科学，水产学系如属理学院应侧重于海洋学，如属农学院应侧重渔业，海洋学一年在渔业之应用上已足够。水产学系应属农学院（以动物生产为主，植物生产为副）。学生在第一、二两年将生物、物理及化学之基础打好，第三、四两年可分渔捞、养殖、加工。渔捞侧重渔船、轮机、渔具、海洋学及鱼类生态学；养殖侧重胚胎、组织、生理、生态、浮游生物及生物统计；加工侧重机械学、生物化学、细菌学。大学四年仅为入门，尚不能登堂入室。他还提醒朱树屏，水产学系学生须在四年内筑牢英文及日文基础。在信中，他再次婉拒了朱树屏对他任教国立山大水产学系的邀请，"弟执教已十年，此事至少在二三年后方有意再试。将来如能与兄共处一室，共执一鞭当为快乐事"。他同时告诉朱树屏，自己正在写一篇题为《我国之渔业资源》的研究文章，目的是让国人对我国水产资源的实际情况有所了解。

上海解放后，国民党反动派不甘心失败，频繁对上海实施重点轰炸，并在海上实施封锁，陆地上搞破坏，导致中央水产实验所不能正常开展科研工作。1949年秋，上海市军管会决定，将中央水产实验所迁往山东青岛。邹源琳随之来到青岛，并于同年完成《中国战前渔业概况》一文。

1950年2月，邹源琳调入国立山东大学水产学系任教授兼养殖组组长，讲授水产学通论、鱼病学和鱼类学等课程，其中，讲授的鱼类学内容包括鱼类形态学和分类学等。

20世纪50年代中期，学校根据高等教育部部署，在各系陆续建立起一批教研室（组）或教学小组。水产学系设水产通论教研组、水产动物教学小组、水产加工教学小组、渔捞渔具教学小组和航海船艺教学小组等，邹源琳任水产动物教学小组组长。

中国海洋大学水产学院陈大刚教授1955年考入山东大学水产学系师从邹源琳，他回忆："我经常去邹先生家请教或借阅资料，总能见到他一边看书一边吃饭，那种对读书的痴迷，可以称得上是一种'读书癖'了。邹先生涉猎书籍面很广，除经典鱼类学原著外，尚研读脊椎动物比较解剖、鱼类生理学、神经解剖学等领域的书籍。"

1955年7月，邹源琳因和束星北、周北屏等关系密切，在"肃反"运动中被定为"束星北反革命集团"分子之一遭到斗争。1956年夏，山东大学党委提出"现已查明束星北集团不是反革命集团，可撤销其反革命嫌疑……应该予以平反道歉"的意见，同年6月，青岛市委"肃反"领导小组同意该意见，认为"应予平反"。

1957年2月，学校出台《关于改进我校当前工作的意见》，确定改进学校工作重点，并结合1957年科学研究工作任务，拟订228项研究题目，参加研究工作的教师达196人。邹源琳的"鱼类消化器官的比较解剖和食性"名列其中。

1958年秋，山东大学新一届校务委员会成立，邹源琳任校务委员。同年11月初任山东大学（青岛）校务委员会委员。翌年3月，山东海洋学院成立后任水产学系教授，讲授鱼类学等课程，并连任4届院务委员会委员。1961年9月，为充实海洋生物学系师资力量，他从水产学系调入该系，兼任脊椎动物教研室主任，从事鱼类学教学和科学研究。

1962年上半年，邹源琳完成题为《鱼类分类系统》的科研文章，并在同年7月初邮寄若干样稿到各地科学院，征询同行专家意见。对于这篇文章，他在同年夏天呈送学校领导的工作汇报中写道："这篇文章或多或少是代表一个学派的意见，在中国还是第一人。我想等各地意见会集后最后修改，以便付印。"在同一份材料中，他就自己的科研计划、脊椎动物教研室师资短缺问题、师资引进的推荐人选等作了汇报，最后还汇报了脊椎动物学专门组方向，并谈了自己的见解："脊椎专门组的历史短，任务重，人员少，课程多。……脊椎组的方向很明确：以鱼类为主，以哺乳类为副，侧重生态，间接为海洋渔业服务。我们的教学计划是围绕这个方向决定的。备课的教学大纲是围绕着教学计划而决定的。……不论一个系，或是一个专业，或是一个专门组，没有明确的方向是非常危险的。在我院，生物系应不同于综合性大学的生物系，化学系应不同于综合性大学的化学系。"同年九、十月间，他与助教林华英合作完成《鳓鱼的骨骼系统》，同时指导林华英作"石首鱼科的骨骼系统"研究。这期间，他还修订了《鱼类形态学》讲义上下两册，计1000余页。他认为，形态分类是鱼类学的基础，形态是基础的基础，这份讲义写得比较详细，通过一年多的实践发现，对毕业论文和研究生培养帮助很大。

1964年，邹源琳作为中方9名专家之一参加编辑的《拉俄中朝越蒙日英太平洋西部经济鱼类名称对照手册》，在北京出版。

1966年7月，邹源琳经过多年翻译而成的由J. R. Norman著的《鱼类史》在科学出版社出版，全书34万多字。他在译者序里写道："作为一本名著翻译来说，我认为应当尽一切可能保持原书的内容和格式，即使有不妥善之处，也不能随便加以删节。"该书中译版出版后，国内一些大专院校的生物学专业或水产学专业将此作为教材。《鱼类史》原著成书于1931年，是有关鱼类学的近代名著之一。原书作者Norman是伦敦英国博物馆鱼类部门主任，专长于鱼类分类，他整理了无数参观者提出的有关鱼类方面的问题，完成该书的写作。

"文化大革命"中因"严重的政治错误"遭到批斗。1974年11月9日，邹源琳因病在青岛去世，终年65岁。1979年2月，中共山东海洋学院革委会核心领导小组经研究，撤销其和驻院工、军宣队1970年5月关于批斗邹源琳的呈批报告，并建议青岛市委撤销1970年6月作的关于呈批报告的批复（青核发〔70〕112号），得到青岛市委同意。

1975年6月，邹源琳翻译的《鱼类史》由商务印书馆香港分馆在香港出版；1978年12月，由科学出版社重印；1988年1月，由五洲出版社在台湾地区印行。北京图书馆中文图书统一编目组1983年编纂的《1979—1980中文图书印刷卡片累积联合目录（下册）》在推介该书时写道："本书（书名虽叫《鱼类史》，但内容）是一部完整的《鱼类学》，内容包括形态、分类、生理、生态、发生、分布、古生物以及鱼类和人类的关系。"

（撰稿人 金松）

参考文献：

[1]《无锡名人辞典 二编》，赵永良主编，学林出版社，1991年版。

[2]《朱树屏信札》，日月、朱谨编，海洋出版社，2007年版。

[3]《鱼类史》，（英）J. R. 诺曼著、邹源琳译，科学出版社，1966年版。

华　岗

　　华岗（1903—1972），幼名华延年，曾用名华少峰、华西园等，男，浙江龙游人，汉族，中共党员，中国现代哲学家、史学家。1924年参加革命，同年加入中国社会主义青年团，1925年加入中国共产党，开始了职业革命家生涯。第一次和第二次国内革命战争时期，先后担任共产主义青年团浙江、江苏、顺直（河北）省委书记和中共湖北省委宣传部部长、中共中央组织局宣传部部长、中共中央华北巡视员等。1928年出席在莫斯科召开的中共六大和共青团五大会议。抗日战争和解放战争时期，担任《新华日报》第一任总编辑，后被派往西康、云南做统战工作，担任中共南方局宣传部部长、中共代表团顾问、中共上海工委书记。1950年4月起，历任国立山东大学校务委员会主任委员、山东大学校长兼党委书记。1954年当选为第一届全国人大代表。1955年被诬陷入狱。1980年3月，经中共中央批准，平反昭雪，恢复名誉。

　　1903年6月9日，华岗出生于浙江省衢州府龙游县（今浙江省龙游县）庙下村一个农民家庭。1920年高小毕业后，他以优异的成绩考入衢州浙江省立第八师范学校。在五四运动新思潮的影响下，他热心于学生运动和新文化的探索，因反对学校当局蛮横干涉学生运动而被除名。

　　1924年2月，改名华少峰，转入浙江省立第四中学学习。他在这里开始接受马克思主义，成为学生中反帝反封建反军阀势力、宣传革命的骨干分子，并在这一年加入中国社会主义青年团，不久便担任了青年团宁波地委宣传部部长。1925年夏，根据组织决定，华岗离开学校到南京担任青年团南京地委书记，同年9月加入中国共产党，开始了职业革命家生涯。翌年5月，他调往上海担任团沪西区委书记，后又任团江浙两省联合省委宣传部部长。

　　大革命失败后，中国社会主义青年团更名为中国共产主义青年团。团江浙联合省委进行了改组，分设浙江和江苏两个团省委，华岗担任团浙江省委书记，负责恢复与重建浙江团的组织。不久，江苏团省委遭到敌人破坏，他又调任团江苏省委书记，并兼管团上海市委的工作，随后又调任团顺直（河北）省委书记。

1928年，华岗作为中共六大代表随代表团赴莫斯科，出席中国共产党第六次全国代表大会和中国共产主义青年团第五次全国代表大会。同时，他还参加了共产国际第六次代表大会和少共国际第五次代表大会。同年10月回国，在上海担任团中央宣传部部长，并主编团中央机关刊物《列宁青年》。在整个大革命时期以及大革命失败后的一段时间里，他一直在青年团的领导岗位上，是当时中国共产党内从事青年工作的重要干部。

1930年夏，华岗离开团中央，先后担任中共湖北省委宣传部部长、中共中央组织局宣传部部长和华北巡视员，同时从事紧张的著述活动，撰写了《一九二五——一九二七中国大革命史》（1931年7月由上海春耕书店出版）。在我国史学史上，这是一部具有开拓性的现代史著作。到现在为止，仍然是详细论述中国第一次大革命历史的权威著作。这一时期，他在上海翻译了《共产党宣言》，并由上海华兴书局出版（系英汉对照译本），这是继陈望道1920年翻译出版《共产党宣言》之后第二个译本，采用的是由恩格斯亲自检阅的1888年英文版本，将译文的结尾句改译为"全世界无产阶级联合起来"，力量倍增。

1932年9月，党中央任命华岗为满洲特委书记，化名刘少陵，在由上海出发到东北赴任的途中，与交通员一起在青岛被捕。面对敌人的严刑审讯，他坚决不暴露自己的政治身份，保守了党的机密。结果，以"共产党嫌疑人"的罪名，被判五年徒刑，关押在济南的山东监狱。

全民族抗日战争爆发后，国共两党开始第二次合作。1937年10月16日，华岗被营救出狱。不久出任中共湖北省委宣传部部长，受命筹办《新华日报》并担任首任总编辑。1938年夏，他被派往东南战场做战地记者，从东南战场（江浙皖一带）回到武汉后，又奉命撤离武汉，到重庆筹办《新华日报》的迁址工作。

1939年秋，华岗因病不得不离开新华日报社。在养病期间，他继续从事研究和写作。先后写出《中华民族解放运动史》《社会发展史纲》《苏联外交史》《中国历史的翻案》等著作。

1941年1月皖南事变以后，华岗被派到西康雅安，去做刘文辉和邓锡侯等人的统战工作。以后回到重庆，参加中共中央南方局（任宣传部部长）的工作和整风学习。

1943年，华岗被派往云南做龙云等人的统战工作，对昆明的民主运动、文化教育界和青年运动进行指导，结识了潘光旦、李公朴、闻一多、吴晗、费孝通等文教界著名的进步人士，宣传马克思列宁主义和中国共产党的方针策略。在此期间，为了方便工作，他化名林少侯，由楚图南、尚钺等介绍，担任国立云南大学社会学教授。

1945年8月，抗日战争胜利。9月，华岗由昆明到重庆担任中共代表团顾问，参加重庆谈判。1946年5月，中共代表团由重庆迁往南京。他随周恩来到了上海。在上海，中共代表团设立了上海工作委员会（对外称"周公馆"），他任工委书记，组织领导开展爱国民主运动。1947年全面内战爆发，是年3月初，他与董必武等最后一批由南京撤回延安。1948年春，因健康问题，经党中央领导同志同意，华岗秘密从解放区到香港治病，同时协助香港工委在民主人士中做一些统战工作。

在新中国诞生前夕的1949年9月，华岗从香港搭船归来，计划先到上海再去北平，但吴淞口遭敌机轰炸，船不能靠岸，只得驶往青岛。当时，青岛解放不久，国立山东大学刚接管，各项工作十分繁忙，急需像华岗这样既有革命实践经验，又有相当学术地位和马克思列宁主义理论水平的干部。应中共山东分局的请求，中央同意华岗留在青岛工作。他开始以教授的身份给国立山东大学师生员工讲授政治大课。

1950年4月，华岗当选为国立山东大学校务委员会主任委员。1951年春，原在济南的华东大学迁到青岛与国立山东大学合并，华岗任合校后的山东大学校长，后兼任党委书记，直到1955年8月25日因受诬陷去职。这期间，他曾当选为第一届全国人民代表大会代表，同时还兼任中国史学会理事、《哲学研究》编委，《文史哲》杂志社社长等职。

1952年9月，厦门大学海洋学系理化组部分师生奉调来到青岛，与学校海洋物理研究所合并，成立海洋学系。海洋学系成立之初，师资力量和教学设备都亟需充实。但华岗和其他两位副校长认为，海洋学系的人力资源问题，校内有生物、数学、物理、化学等系的师资可用，校外有中国科学院水生生物研究所青岛海洋生物研究室的研究力量可用，且学校地处青岛，濒临黄海，研究和开发海洋生物、海洋物理、海洋化学等有着地理优势。在他运筹帷幄下，学校的海洋学科日益壮大，学校成为我国海洋科学重要的研究与人才培养的基地。《山东高等教育发展史（1840—2000）》如是评述："今天的中国海洋大学能够在全国、在亚洲乃至在世界上有一定的特色，与当年华岗校长的远见卓识和战略眼光是分不开的"。

华岗在山东大学期间，充分发挥了他"懂政策、有能力、会办学"的优势，使学校呈现出一派生机勃勃兴旺发达的景象，被称为山东大学建校以来的又一个"黄金时代"。他在山东大学工作时的业绩，概括起来有以下几点：一是重视全校的马克思列宁主义学习。他亲自为师生员工讲授辩证唯物论等政治理论课，提高师生员工的思想和理论水平。二是认真贯彻执行党的知识分子政策。他强调知识分子在国家建设中的作用，提出办好学校必须依靠教师，调动广大教师的积极性，发挥他们的特长。同时，还要帮助他们解决工作上和生活中的实际问题。三是主动抓教学工作。他深入院系，与教师共同研究课程改革，还为文科学生讲授业务课。四是发扬学术民主。他积极倡导科学研究和学术讨论，同文科教师在一起，创办《文史哲》杂志。五是抓大事，提高领导和管理水平。学校的重大工作，在党委常委会议、校务委员会和校长办公会议上研究讨论，日常工作放手让各有关部门去办，以调动各方面的积极性，发挥行政工作效能。

正当他年富力强，可以为党和人民做更多工作的时候，1955年秋，在全国开展的"反胡风反革命集团"和"肃反"运动中，华岗以与胡风有牵连等强加的罪名被关进监狱。他在被隔离和关押期间，在极其艰苦的条件下，以惊人的毅力，写出了《规律论》《美学论要》《列宁表述"辩证法十六要素"试释》《自然科学发展史略》《科学的分类》《老子哲学的伟大成就及其消极面和局限性》等近百万字的文稿，其中《规律论》《美学论要》在他去世多年后已由人民出版社出版。

由于长期关押和狱中生活的折磨，华岗多种疾病并发，于1972年5月17日，在济南狱中含冤去世，终年69岁。

1980年3月28日，中共中央正式批准为华岗平反昭雪，恢复名誉。4月10日，最高人民法院撤销原判，宣告华岗无罪。5月22日，山东省委决定恢复华岗党籍和政治名誉。7月5日，山东省委在济南英雄山烈士陵园为华岗举行了隆重的平反昭雪追悼大会。1995年，青岛市人民政府在百花苑为20名已故青岛籍或客居青岛成就卓著的文化名人竖立雕像，其中就有华岗。

（撰稿人　田广渠）

参考文献：

［1］《战士品行 学者风范 山东大学校长华岗》，徐畅编，山东教育出版社，2012年版。

［2］《山海人物》，田广渠著，山东大学（青岛）校友会编印，2019年版。

［3］《山东高等教育发展史（1840—2000）》，栾开政主编，山东教育出版社，2003年版。

李爱杰

李爱杰（1921—2018），男，山东历城人，汉族，中共党员，生物化学家、水产动物营养与饲料专家，中国水产动物营养与饲料学科的先驱者和奠基人之一，中国海洋大学水产动物营养与饲料学实验室创始人，世界华人鱼虾营养学术研讨会创始人之一。1946年考入国立山东大学水产学系，1950年毕业后留校任教，历任国立山东大学、山东大学助教、讲师，山东海洋学院副教授、教授、水产学系主任，青岛海洋大学教授、博士生导师、水产养殖研究所水产动物营养与饲料研究室主任等。曾任第一届中国水产学会动物营养与饲料研究会主任委员、中国粮油学会饲料专业分会常务理事、青岛市食品科技专业组副组长、山东省及青岛市饲料工业协会常务理事等。

1921年12月15日，李爱杰出生于山东省济南道历城县白谷堆村（今山东省济南市高新技术产业开发区巨野河街道白谷堆村）一个普通农民家庭。他6岁时举家迁居青岛。

李爱杰7岁入读青岛市立台西镇小学，13岁考入私立礼贤中学（今山东省青岛第九中学），3年后毕业。1938年春进入青岛商业学校学习，1943年毕业后经人介绍至日商东棉洋行工作。1945年转入青岛地区合作社，翌年春考入青岛直接税局。

1946年，李爱杰为逃避国民党征兵报考刚复校的国立山东大学，同年秋被录取至水产学系加工组，成为水产学系创建后招收的首届学生。1948年冬，迫于迅速发展的解放战争形势，在青的国民政府行政院善后救济总署、农林部渔业善后物资管理处青岛分处等机构撤向上海。这些机构在水产学系兼课的专家也随之南撤，导致所授课程无法开课。1949年初，李爱杰与其他学生代表多次求见校长赵太侔，要求尽快解决开课问题。学校为保住水产学脉，决定援例同意水产学系部分学生赴国立复旦大学生物学系借读。4月1日，水产学系二、三年级学生61人，在代理系主任沈汉祥等带领下，乘坐中兴轮船公司"景兴轮"自青岛启程赴上海；18日，师生正式在国立复旦大学上课。青岛解放后，学校派专人将在国立复旦大学的水产学系师生接回。

1950年7月，李爱杰大学毕业后留校任水产加工组助教，承担水产盐藏干制学、副产品加工、制罐学、冷冻学、食品分析与检验、微生物学及生物化学实验，有时一学期要承担4门课程的实验。留校工作的第五个年头起，李爱杰开始讲授生物化学课。此外，还不定期开过水产学通论（水产加工部分）、水产化学、水产品检验分析、水产食品化学等课程。1956年，他与人合作研究撰写的《海豚原油的利用》发表在《学艺》水产月刊1957年第1期，同时在学校科研论文评奖中获奖金100元。

1955年12月，高等教育部与商业部水产管理总局接洽，考虑在1956年暑假将山东大学水产学系调整并入上海水产学院。翌年1月，李爱杰在上海水产学院开会时得知消息后，连夜讨论、起草书面报告，向高等教育部、水产管理总局直陈合并之弊。返校后受学校委派，他与系主任沈汉祥等赴京汇报。按照陆侃如副校长指示，他们向水产管理总局、高等教育部领导分别详述意见和要求，继续在山东大学办好水产学系的意见得到基本肯定。1956年1月7日，水产管理总局致电学校："……不同意山大水产系迁往上海与上海水产学院合并。希望仍留在青岛，作为将来扩建基础。"4月26日，高等教育部致函学校："你校水产系决定不迁上海。……"

1961年12月，任山东海洋学院水产学系副主任，主管教学工作。同年主编全国高等农业院校水产专业教材《生物化学》。

1966年夏，水产学系停止招生，至1970年最后一届学生毕业后，水产学系已无在校学生。1971年2月，根据《山东省高等学校布局和专业调整方案》要求，水产学系并入烟台水产学校，李爱杰前往烟台工作。在烟台水产学校，他除在教务处工作外，还与人合作编写了《无机盐工业手册》（上下册），分别于1979年和1981年由石油化学工业出版社出版；他还根据当时由海带提碘的需要主编了《海藻工业资料》。

在烟台，李爱杰从未停止过水产学系回归山东海洋学院建制的努力，他与系里其他教师一道，组织发动多方面的力量，向相关领导和业界专家求助。经多方不懈努力，1977年11月10日，山东省革委会下发通知，确定将水产学系原建制仍划归山东海洋学院。

1978年3月，李爱杰任水产学系副主任，5月晋升为副教授。

20世纪70年代末，我国开始利用滩涂养虾。在工厂化育苗研究成功以后，对虾养殖发展迅速，天然饵料异常紧张，水产动物营养研究与高效配合饲料成为制约对虾养殖业发展的瓶颈。其时，我国水产动物营养与饲料学领域一片空白。一直研究生物化学与海藻化工领域的李爱杰，花甲之年开始投入到我国水产动物营养学研究和饲料开发工作中。当时实验条件极其简陋。一架天平、两把剪刀、几套瓶瓶罐罐，还有水产馆阴暗潮湿的地下室里的数排水族箱，就算全部家当。科研经费更是捉襟见肘，他还得拿出自己的积蓄充作科研经费。

1980年和1983年，李爱杰相继接受国家水产总局、山东省科委下达的"对虾的营养需要和饲料配方"研究课题。该课题包括两方面研究：一是中国对虾营养需要和营养生理的应用理论研究；二是提出配合饲料配方进行土池饲喂试验，筛选最佳配方。根据李爱杰的研究，研制的全价配合饲料、浓缩料、矿物质及维生素等添加剂配方，具有高效、诱食性好等特点。关于对虾营养的研究，他（包括合写者）前后发表论文67篇，并分别获得农业部1988年科技进步奖二等奖、山东省科委1988年科技进步奖二等奖、国家教委1992年科技进步奖一等奖；中国对虾维生素营养研究于1998年获国家海洋局科技进步奖二等奖。

他在研究中国对虾营养与配合饲料同时，还开展了应用和推广工作，几近无偿提供给国内的饲料企业和养殖场，并亲自到现场指导生产：受农牧渔业部，国家水产总局，轻工业部，解放军总后勤部，山东省水产局、盐务局、经委饲料办、水利厅、胜利油田莱建指挥部，河北省水产局以及山东省莱阳、掖县（今莱州市）、寿光等县委托，举办全国沿海9省、市、县的对虾配合饲料和对虾养殖培训班。自1982年至1991年共培训学员近1500人。自1988年起至1996年，先后转让对虾配合饲料配方9家，对虾饲料添加剂配方5家。通过口头、通讯和寄送讲义等方式进行技术咨询和推广，计数十起。

李爱杰等完成的"对虾营养及配合饲料的研究"，推广应用效果显著，极大促进了对虾养殖业发展，因此获得1997年国家教委科技进步奖（丙类）一等奖，并于1999年获得第三届"爱迪生"世界发明博览会国际最高金奖。由他主编的全国高等农业院校教材《水产动物营养与饲料学》，1996年10月在中国农业出版社出版，到1998年12月两年时间就重印4次。

20世纪80年代初，各地盛行养殖鲤鱼，鱼种由黄河鲤逐渐转换为荷沅鲤。但由于缺乏高效配合饲料，以致饲料投得多，而鲤鱼长得慢，从而影响鲤鱼养殖。1987年，山东省水产局下达"鲤鱼全价配合饲料研究"课题，由以李爱杰为主的课题组承担，并纳入山东省科委计划。经过3年实验研究，他们提出了鲤鱼的营养指标和矿物质、维生素、促生长剂的适宜添加量。该项研究于1990年通过山东省科委鉴定，1992年获山东省科技进步奖二等奖。课题组先后发表论文10篇，其中《鲤鱼营养需要的研究》于1992年被全国饲料工业新技术新产品交流会评为优秀论文，《不同剂型微量元素对杂食性鱼生长和消化率的影响》在1995年纪念国务院颁布《1984—2000年全国饲料工业发展纲要（试行草案）》10周年征文中获优秀论文一等奖。

1982年5月，水产学系海洋药物研究室成立，李爱杰兼任主任。11月任水产学系主任，直至1984年5月去职。

1982年至2000年间，任水产加工硕士生导师、水产动物营养硕士生和博士生导师。对研究生的培养，他身体力行，一丝不苟。20世纪80年代师从李爱杰的中国工程院院士麦康森教授撰文回忆："一篇简单的摘要要改八九遍，在李先生这里是再平常不过的事情。先生的文字功底甚好，所以给我们改文章的时候，大到篇章结构、逻辑顺序，细至句式、句法、标点符号都一一改过。"他还将配合饲料配方的销售收入共34.5万元完全用于科研和培养研究生，自己从不提成，甚至还从工资收入中支出满足需要。2000年夏，指导的最后一名博士研究生毕业。

1987年11月，晋升为教授。翌年12月，参加在广州举办的全国畜牧、水产饲料开发利用科技交流会时，李爱杰与中山大学林鼎教授和台湾南荣科技大学庄健隆教授达成共识，决定举办"世界华人鱼虾营养研讨会"。1992年11月，首届世界华人鱼虾营养学术研讨会在广州召开；1995年10月，他在青岛主持召开第二届会议。该研讨会是世界华人水产动物营养与饲料学界的最大盛会，成为集中展示当今全球鱼虾营养与饲料领域科研成果和产业发展的重要交流平台之一，受到业界高度关注。

1989年12月退休后，李爱杰仍坚持在科研教学第一线。

1990年至1992年，李爱杰与滨州市水产科学研究所合作，承担了山东省科委项目"罗氏沼虾人工配合饲料的研究"，研究罗氏沼虾对各种营养素的需要，筛选出最优维生素、矿物质和促生长剂配方。该成果1994年获山东省科技进步奖三等奖，课题组发表研究论文5篇。1992年至1998年，他任学校水产养殖研究所水产动物营养与饲料研究室主任。

1995年至1999年，李爱杰与山东省海水养殖研究所相关人员共同承担山东省科委项目"牙鲆的营养生理与高效配合饲料的研究"，得出蛋白质、脂肪及碳水化合物的最佳需要水平，EPA和DHA的最佳添加量，并研究得出牙鲆幼体对6种微量元素、15种维生素和水难溶性维生素B_3的需要量。2001年，经山东省科委组织鉴定，认为该成果不仅达到国内领先水平，而且达到国际同类研究的先进水平。该课题研究发表论文10篇，其中《牙鲆幼鱼营养需要的研究》在2003年被中国水产学会评为全国优秀水产论文和专著优秀奖。

1997年11月，经他建议和推动，中国水产学会水产动物营养与饲料研究会（后改称"中国水产学会营养与饲料专业委员会"）在北京成立，李爱杰担任首届主任委员，并组织召开第一届学术研讨会。

2001年12月15日，庆祝李爱杰教授80华诞学术研讨会暨爱杰奖学基金设立仪式举行。校长管华诗院士专门发来贺信：

"您开辟并发展了我校水产学科的水产动物营养与饲料的研究开发方向；建立了我国养虾业的重要理论支撑——中国对虾营养需求和营养生理学的理论基础；取得了众多的研究成果，荣获了众多的省部级大奖；培养的众多高级专门人才已成为或正成为水产养殖业的骨干中坚力量；您对推动和促进我国水产动物营养学研究和水产饲料工业发展的贡献功不可没，真可谓水产动物营养与饲料研究与开发的先驱和奠基人之一……"

由李爱杰个人出资10万元人民币设立的爱杰奖学基金为开放式基金，其他资金来源于社会企事业单位或个人捐助。基金面向校内从事水产动物营养与饲料研究的品学兼优的研究生设立"爱杰奖"。

多年来，李爱杰在鱼虾营养研究和对虾、鲤鱼配合饲料研发和推广方面，先后获国家和省部级科技奖励10项，研发成果先后转让给16家企业，创造产值超过100亿元人民币；发表鱼虾营养与饲料学术论文百余篇，有14篇获得优秀论文奖。个人业绩被载入《青岛人才榜》和《世界名人录》等书。

2015年3月21日，由中国水产频道发起的"中国水产营养与饲料三十年十大奠基人物"评选活动揭晓，李爱杰位列榜单之首。评委团的颁奖词是：

"……80年代初国内对虾养殖发展迅猛，饲料研究却一片空白，花甲之年的李爱杰教授毅然投入这项研究，在简陋和艰难的条件下，他带领着一批开拓者摸爬滚打，30年来为中国水产饲料行业的发展做了大量开创性的工作，见证了中国水产饲料业从无到有、从弱到强，直到成为世界第一的发展历程。"

2018年2月17日，李爱杰因病在青岛去世，终年97岁。

2021年10月，由中国海洋大学承办的第十三届世界华人鱼虾营养学术研讨会暨李爱杰先生诞辰100周年纪念会在青岛举办。会议以"创新·创造更美好的未来"为主题，规模创下历史纪录，充分展示了我国水产动物营养与饲料研究的最新进展。弟子们聘请雕塑家为李爱杰创作的一尊青铜雕像，在大会上举行了隆重的揭幕仪式。

（撰稿人　金松）

参考文献：

［1］《山东省有重要贡献专家名录》，中共山东省委组织部、山东省人事厅编，山东科学技术出版社，1999年版。

［2］《水产动物营养与饲料学》，李爱杰主编，中国农业出版社，1996年版。

李冠国

李冠国（1919—2001），男，江苏南京人，汉族，九三学社社员，海洋生态学家。1941年毕业于私立金陵大学生物学系，留校先后任助教、讲师。1948年9月赴美国得克萨斯教会大学留学，获硕士学位。1951年4月起，任山东大学动物学系、生物学系副教授，1959年后任山东海洋学院海洋生物学系副教授、教授，海洋实验生态教研室主任。曾任联合国教科文组织/国际间海洋学委员会围隔生态系研究工作组主席、中国生态学学会副理事长兼海洋生态专业委员会副主任委员、山东省环境科学学会副理事长、青岛市环境科学学会副理事长等。

1919年8月28日，李冠国出生于江苏省南京市鼓楼教堂（位于今江苏省南京市鼓楼区）一个知识分子家庭。父亲李耀东是鼓楼教堂牧师，曾任私立金陵大学校董。

李冠国7岁起先后就读于南京鼓楼小学、私立金陵大学附属中学，1937年秋入读私立金陵大学理学院生物学系，1941年6月毕业后留校历任生物学系助教、讲师。1948年9月至1951年1月，在美国得克萨斯教会大学（又称得克萨斯基督教大学）攻读硕士学位，其间任高级讲师。

1951年4月，李冠国受聘任山东大学动物学系（1953年7月与植物学系合并成立生物学系）副教授，担任浮游生物学课程的教学工作。同年秋，应中国科学院水生生物研究所青岛海洋生物研究室（今中国科学院海洋研究所）邀请开始了我国浮游生物研究。

李冠国是新中国最早从事生物海洋学研究的科学家之一，研究了胶州湾口浮游生物物种组成和丰度的变化，厘清了胶州湾口浮游生物的周日变化。他的研究结果证实了胶州湾口的浮游生物存在昼夜变化，其中潮流对其变化的影响最大，同时指出胶州湾内浮游生物很多，对渔业的支撑值得关注。该研究成果以《胶州湾口浮游生物的变化》为题于1952年发表在《山东大学学报》总2期上。《海洋学报》第41卷第10期《中国海洋生物研究70年》一文对该工作有"李冠国于1951年在山东青岛胶州湾口进行了2d的与水文环境一起开展的浮游植物分类和定量分析工作，这是中国有记录最早的浮游植物生物海洋学工作"的评述。

来校任教后，李冠国"深感我国浮游生物学方面的资料很缺乏，不足以满足我国国民经济发展的需要"。从1953年3月到1956年2月，他几乎每周一次，到青岛栈桥近海区采集浮游生物标本，利用课余时间进行分析，来补充教材需要，并为将来的工作积累资料。他根据所采集海洋浮游生物的定性和定量标本，完成《青岛近海浮游矽藻季节变化研究的初步报告》，第一部分为青岛海洋浮游矽藻种类记录补遗，共列出青岛以前未有报告的种或变种23个，其中7个为我国沿海首次记录。该报告先是在1956年4月举行的学校科学论文报告会上宣读，后发表在《山东大学学报》第2卷第4期上。

新中国成立后，海洋渔业调查受到重视。1953年，为适应鲐鱼新兴渔业对渔期、渔场和资源的需求，中央人民政府农业部水产实验所、中国科学院水生生物研究所青岛海洋生物研究室和山东大学等单位，联合开展了"烟台、威海渔场及其附近海域的鲐鱼资源调查"，这是新中国成立后开展的第一次渔业海洋学调查，也是新中国成立后开展的第一次海洋调查。李冠国参加了浮游生物和鲐鱼食物方面的工作。调查期间，他注意到一些浮游动物在鲐鱼食物中占有重要地位，而且它们在鲐鱼胃含物中出现的数量多少，表现有周日节律。他认为有必要对渔场中这些浮游动物的昼夜垂直分布规律进行调查研究。他根据在烟、威海区鲐鱼渔汛期所进行的两次定点周日调查，分析了细长脚虮、强壮箭虫、太平洋哲镖溞和十足目幼虫等鲐鱼食物，得到初步结果。他将这次调查中获得的一手资料在1957年春整理成内部报告，在学校生物学系科学论文报告会上宣读。该研究作为鲐鱼渔场综合调查的部分结果，后以《烟、威海区鲐鱼渔场中浮游动物的昼夜垂直分布》为题，发表在《山东海洋学院学报》1964年第1期上，并在校庆五周年论文报告会上宣读。后来，他根据多年科研和教学实践编写完成《海洋浮游生物学讲义》。

1955年4月25日，经唐世凤和张玺介绍，李冠国加入九三学社。

1957年2月，学校结合本年度科学研究工作任务，拟订228项研究题目，参加研究工作的教师达196人。李冠国的"关于浮游生物的研究"名列其中。同时，学校出台《关于改进我校当前工作的意见》，确定改进学校工作重点。对此，他在校刊《新山大》开设的《改进我们学校的工作》专栏撰文谈了对学校设置专门化的看法：

"对于一些条件较差的专门化，可以考虑改为专业的选修课，或者把专门化课程变得灵活一些，在专门化内设选修课，等到有一定基础再成立专门化。在学生的专门化分配方面可以考虑按照其志愿，根据基础课成绩来录取，这样做既公正又可督促学生学好基础课。"

1957年，由于反右派斗争被严重地扩大化，李冠国被错划为右派分子。翌年12月，他被撤销原有副教授职务，并由高教四级降为八级待遇。1960年12月，被批准摘掉右派分子帽子。1979年8月，他的右派问题得到改正，恢复名誉，恢复原副教授职称和高教四级工资待遇。1984年8月，学校根据山东省委组织部、统战部、纪检委《关于解决错划右派改正结论中"尾巴"问题的通知》，复查了他错划为右派已予平反但改正结论中或多或少留有"尾巴"的问题，重新作出复查决定，予以彻底纠正。

山东海洋学院成立后，李冠国转入海洋生物学系任教。1961年10月，他与上海水产学院王嘉宇等主编的《水生生物学》在农业出版社出版。该书以上海水产学院编写的水生生物学讲义为基础，并参考原山东大学生物学系的浮游生物学讲义，经水产部高等学校教材工作组审定为水产院校教学用书。

20世纪70年代中期，李冠国参与《英汉海洋学词汇》编订工作。该书由山东海洋学院和国家海洋局海洋科技情报研究所共同编订，收词约3万条。1977年6月，该书在科学出版社出版，1985年4月第二次印刷。中国海洋大学海洋生命学院杨德渐教授回忆："李冠国先生英文水平很高。我与他接触最多的，就是请他帮忙校对《海洋文摘》海洋生物方面的英文词条。我每翻译好一定量的词条，就会送请先生校订，他都会不厌其烦地改正，我很受教益。"

1978年3月，李冠国参加在武汉召开的中国科学院环境污染与生态学学术会议，并在会上作题为《多样性指数的应用》的专题发言，指出：多样性指数的应用不能代替生物的活动规律。在应用时仍然必须进行一般的生态学检验，才能得出比较可靠的结果。生物数学方面很多发展具有潜在实用价值，值得进一步探讨。9月，参加在青岛召开的全国海洋基础科学规划落实会议，并作"生物数学模拟"介绍。

1979年7月，李冠国任学校海洋实验生态教研室主任；12月当选为中国生态学学会首届理事会副理事长，后连任第二届理事会副理事长。1980年6月，当选为山东省环境科学学会第一届理事会副理事长；12月晋升为教授。翌年3月，当选为青岛市环境科学学会第一届理事会副理事长。

20世纪80年代，中国、加拿大双方科学家决定合作开展海洋生态系围隔实验，中国国家海洋局和加拿大国际发展研究中心签订了《中加海洋生态系围隔实验合作研究协议》。李冠国与陈国珍担任实验计划中方首席科学家。项目始于1982年，至1987年结束。中方参加单位有国家海洋局第三海洋研究所、山东海洋学院和厦门大学等。1987年5

月，在北京召开的国际海洋生态系围隔实验学术讨论会上（李冠国与曾呈奎等与会），与会代表一致认为该项合作研究成果达到国际先进水平。我国从此具备从事海洋生态系围隔实验的设施条件，开创了我国海洋生态系围隔研究的实践，填补了此领域的空白。

1982年5月，中国生态学学会海洋生态专业委员会在福建厦门成立，李冠国当选为副主任委员；12月受聘任国家海洋局第一届学术委员会特邀委员。1984年，与中国科学院海洋研究所吴宝铃、范振刚编著完成生态学电视讲座教材《海洋和海洋生态》，教材分为海洋概述、海洋生物的生活特性及其生活环境、海洋生态系统、海洋环境保护与生态平衡等四个部分。

1986年1月，李冠国退休。来校任教以来，他讲授过无脊椎动物学、脊椎动物比较解剖学、组织学、浮游生物学、生物技术学和海洋生态学等课程。1990年3月，他与曾呈奎等受聘担任国家自然科学基金"七五"重大项目"中国东南沿海赤潮的发生机理研究"学术顾问。

经李冠国积极协调和推动，20世纪90年代，中德合作围隔生态系研究项目启动。接下来的若干年，学校与国家海洋局第一海洋研究所和第二海洋研究所等单位的多个学科多位专家学者参与其中。时任青岛海洋大学海洋生命学院讲师、现任中国地质大学（武汉）海洋学院博士生导师的孙军教授曾参加相关课题研究，他回忆："1996年开始的中德合作围隔生态系研究是李冠国先生一手促成的，他对该项目的确立发挥了关键性作用。他与德国汉堡大学生物地球化学和海洋化学研究所的Uwe Brockmann博士是多年老友：李先生为1986年成立的国际实验生态系工作组（SCOR Working Group 85：Experimental Ecosystems）主席，Uwe Brockmann则是工作组重要成员。李先生对中国海洋学界尤其海洋生态学领域，从早期初级生产力的普及、浮游植物的粒级研究，到赤潮和围隔生态系研究等，作出重要贡献。他对中国的赤潮研究起到重要推动作用，我早期投入该学科也是受李先生的感召。"时任青岛海洋大学化学化工学院讲师，现任自然资源部海洋减灾中心研究员、中国海洋大学博士生导师的石晓勇教授1999年开始也参与了相关项目研究，他回忆："当时我们与Uwe Brockmann博士进行了'应用围隔实验技术研究石油烃对海洋生态系的影响'的合作研究，并在德国北部临近北海的小镇Busum（比苏姆）进行了为期1个多月的海洋现场围隔生态实验，获得了大量实验数据。此后，我们与国家海洋局第一海洋研究所合作，开展了长期海洋围隔生态系统实验及研究，在随后的两个赤潮'973计划'项目以及海洋富营养化、海洋污染或生态灾害相关的项目中，均进行了大量海洋围隔生态系统实验，包括海洋现场围隔系统、近岸围隔、船基围隔等多种方式。借助此次中德合作以及前几年我们和国家海洋局一所均参与的中日合作的基础和经验,在国内引导启动了海洋围隔生态系统实验。"

1999年8月,他向学校海洋生命学院赠送中外文书籍2480册,用于学院专业教学和科学研究。

2001年11月24日,李冠国因病在青岛去世,终年82岁。

2004年1月,李冠国生前与人合作编著的《海洋生态学》在高等教育出版社出版。该书系统介绍了海洋环境(物理、化学、地质、生物诸因子),海洋生物(浮游、游泳、底栖生物各生态类群),各种生境的特点以及生物生产、数量分布变化与各种环境间的相互关系,重点论述了种群生态学、群落生态学和生态系统生态学。

(撰稿人 金松)

参考文献:

[1]《海洋学报》,海洋出版社,2019年第41卷第10期。

[2]《海洋生态学》,李冠国、范振刚编著,高等教育出版社,2004年版。

[3]《山东海洋学院科学论文摘要汇编(1983—1984)》,山东海洋学院科研处编印,1985年版。

[4]《朱树屏信札》,日月、朱谨编,海洋出版社,2007年版。

唐世凤

　　唐世凤（1903—1971），原名志丰，别号诗凤，男，江西泰和人，汉族，九三学社社员，海洋学家，中国现代海洋科学研究及海洋科学教育事业奠基人之一。1932年毕业于国立中央大学生物学系后，任国立中央研究院自然历史博物馆助理研究员。1937年赴英国利物浦大学留学，两年后获哲学博士学位。回国后任福建中国地理研究所海洋组副研究员、海洋组组长，国立厦门大学海洋学系教授兼主任等。1952年9月后，历任山东大学海洋学系教授，山东海洋学院海洋水文气象学系教授、图书馆馆长等。曾任青岛市政协委员、青岛市科协理事、中国海洋湖沼学会常务理事、青岛市海洋湖沼学会副理事长、九三学社青岛分社委员等。

　　1903年8月11日，唐世凤出生于江西省吉安府泰和县三都墟三派唐雅村（今江西省泰和县螺溪镇郭瓦村）一个贫农家庭。父亲唐伦元长年外出谋生，做伙夫或商店帮工等力气活，弟弟和三个妹妹因家贫过早离世。

　　由于家境困难，唐世凤只能在村里读私塾，时读时辍，直到19岁才进泰和县城高级小学读一年级。半年后转入私立吉安中学读初中，又因交不起学费半道辍学。后来母亲多方借贷，送他再进泰和县立小学就读。21岁时考入吉安江西省立第六中学，办理入学手续时，将原名"志丰"改成"世凤"。在学期间，因成绩优异得以免交学费。1926年秋初中毕业后考进江西省立第二中学高中部。后因战乱学校被迫停顿，他几经辗转，终回家乡。1927年6月，受朋友资助重回南昌，考入江西农民运动训练班。

　　1928年夏，唐世凤以高中二年修业资格考取国立中央大学外文系，入校后随即转到理学院生物学系。1932年夏大学毕业，获理学学士学位。后至安徽休宁县担任省立二中生物教员。1933年，经伍献文先生介绍，进入国立中央研究院自然历史博物馆（1934年7月改称国立中央研究院动植物研究所，1944年5月又分建成动物研究所和植物研究所）任助理研究员。是年暑期随伍献文先生到厦门参加中华海产生物学会第三届年会，学习如何采集海产动物标本。

1934年1月，国立中央研究院自然历史博物馆和中国科学社生物研究所等6个单位共同组成海南生物科学采集团，分海队、陆队共12人，历时10个月，对海南岛、西沙群岛等南海海域进行多学科、长时间的团队考察。唐世凤参加海队工作，并于同年12月以《科学调查的海南》为题，附以60幅奇特新颖的照片在《科学画报》第二卷第十期发表，全面介绍此次科学考察情况。

1935年4月，太平洋科学协会海洋学组中国分会在南京成立。成立大会上决定由国立中央研究院动植物研究所负责组织"渤海海洋调查"（实际范围是渤海及北黄海）。唐世凤全面协助并具体负责整个调查工作的计划筹备和组织实施等。同年底，他以国立中央研究院名义写成数万字的渤海海洋调查报告，内容极为全面详尽，其中的物理和化学两部分分别以《渤海湾及山东半岛之海洋与海产生物之调查：二，海水之物理性》和《渤海湾及山东半岛之海洋与海产生物之调查：三，海水之化学性》为题，于1937年2月用英文发表在《国立中央研究院动植物研究所丛刊》第八卷第一期上。

1936年，唐世凤再到烟台进行两个多月的渔场调查，完成渤海莱州湾带鱼孵化渔场的观测报告。翌年奔赴浙江沿海岛屿及海湾，参加浙江省水产试验场组织的沿海渔业和海藻调查。1937年，在国立中央研究院动植物研究所和伍献文先生推荐下，他以优异成绩考取第五届中英文化教育基金，赴英国利物浦大学留学。1939年获得利物浦大学哲学博士学位。

1940年12月，唐世凤携眷乘"蓝浦丹拿"号轮船踏上回国之路，回国后即投身中国海洋调查与研究。1941年夏至1944年秋，他一直在中国地理研究所海洋组任副研究员，后任海洋组组长。1941年6月18日，福建版《中央日报》第四版《科学与人生》专栏，以整版篇幅刊登他的长篇文章《海洋学与国家》，回顾了全民族抗战爆发前中国海洋调查概况，然后从国防军事与经济两方面，对海洋科学与国家富强的关系进行论述。文章以当时和历史上的中外海战为例，分析潮汐、潮流、海水比重、水色、气象等与海、空军作战的关系，指出海洋调查研究、航海技术、海洋地理等对于一国海军的重要性；从中国和发达国家在海洋调查研究及开发方面的差距，指出"去年成立中国地理研究所特设一海洋组与福建省资助海洋考察与研究事业，皆出于对抗战的信心而发"。1943年9月，他与郑执中合作在金门岛对面的南安县石井港设立固定验潮站，一干就是3年。1957年，唐、郑两人将他们保存下来的31个农历月潮位记录资料，以《石井港潮信常数》为题整理成文，转交人民海军，由于涉密不能公开，直到2004年《海洋湖沼通报》第4期刊载了纪念唐世凤诞辰100周年的文章，才全文刊登了这篇沉睡40多年的论文。1944年，唐世凤上书国民政府教育部部长朱家骅，建议在国立厦门大学设立海洋学系。1945年2月，他在世界顶级科学期刊*Nature*发表中国第一篇物理海洋学论文《东山海洋调查报告》。同年9月，唐世凤接国民政府教育部电令到长汀与国立厦门大学合作。国立厦门大学遂聘其为生物学系教授，到校负责筹建海洋学系事宜。在为生物学系授课同时，他拟订海洋学系组织规程，确定培养目标是高级水产师资及海洋学术研究人才。必修课程定为16门，除传统的生物水产藻类教学课程外，理工科方面7门，为普通海洋学、物理海洋学、潮汐学、化学、海洋学、气象学、自然地理学和航海学。他自己开设4门课，分别为普通海洋学、物理海洋学、潮汐学及潮信推算，后来又开设海洋调查课程。1946年7月，海洋学系成立后他被聘为系主任。

　　1946年，国立厦门大学迁回厦门不久，在校长汪德耀支持下，唐世凤积极活动，国民政府教育部将中国地理研究所海洋组分离出来，以此为基础成立中国海洋研究所，与国立厦门大学海洋学系联合办公，唐世凤兼任所长。当时要不要建立海洋学系，有截然不同的两种意见。他顶住各方压力，在系所内不断引进现代海洋科学技术，研究范围涉及海洋生物、海洋化学、海洋物理、海洋渔业、盐业、中国海洋史等。至1952年，厦门大学海洋学系先后聘用22人，其中教授10人，副教授、讲师4人，助教7人。中国海洋研究所先后聘用10人，其中研究员、教授5人，副研究员1人，助理员4人。招收学生100余人，本科毕业生49人，开创了中国最早的现代海洋科学教育事业，为中国海洋学事业的发展培养了大批专业人才：据不完全统计，后来成为博士生导师、教授、研究员等40余人；任中国科学院、水产部、国家海洋局及省属研究所所长、大学校长等的有7人。

　　1950年，中国海洋湖沼学会在北京召开第一届全国会员代表大会，选举组成理事会，孙云铸为理事兼理事长，唐世凤与张春霖、沈嘉瑞、张玺、伍献文、朱树屏等为理事。学会所办的学术期刊《海洋湖沼学报》创刊号（一九五一年八月第一卷第一期）刊载的第一篇论文即为唐世凤撰写的《东山海水盐分之半日周期变异》。后来，他一度担任青岛市海洋湖沼学会副理事长。

　　1952年，全国高校进行院系调整。9月，唐世凤带领王敏教授、陈宗镛助教和江克平助教（其中王敏到山东大学植物学系任教）以及18名厦门大学海洋学系理化组学生北上青岛，与山东大学海洋物理研究所合并，成立山东大学海洋学系，他任海洋学系教授兼海洋学教研组主任。

　　开课伊始，海洋学系只有唐世凤和赫崇本两位教授，另有一位讲师和唐世凤带来的两位助教。作为海洋学教研组主任,唐世凤开的课程有海洋学、潮汐学和物理海洋学部分内容,其他如动物学系、植物学系等有关学系的海洋学课程也由他讲授。1953年,山东大学教师调查表中对唐世凤海洋学的教学评价是:同学反映能结合生物立场来分析,讲解条理清楚,分析问题通俗易懂,本人实际经验丰富,群众关系良好。1955年考入山东大学海洋学系物理海洋学专业的侍茂崇听过唐世凤的普通海洋学课程,他回忆:"他那浓重的江西标准话,慢条斯理,而又节奏分明,讲课的明晰性和简练性,给学生留下深刻印象。"

20世纪50年代中期,唐世凤在业务工作联系实际的总结中写道:"……我在海洋学的研究工作上考虑问题时能从实际出发,看问题比较接近现实,在教学上结合祖国海区的具体实例、具体问题来引证课本知识,充实内容引起同学们热爱祖国海洋事业的兴趣。……"他根据自己多年的研究实践和海洋知识,以辩证唯物论的观点,写成了6000多字的《海洋学与辩证唯物论》。单位集体对该文把关的意见是:唐世凤同志的论文能深入地将辩证唯物论的观点与海洋学业务联系起来,显得全面,既是业务性的论文又是方法论的论文。

在山东大学,唐世凤同样重视教学实习。1953年暑假他带领学生到烟台实习,1955年寒假又到上海实习,就这样每年都利用假期和学生们一起到各地沿海考察实习。20世纪50年代和同学们一起在胶州湾设点进行潮汐观测;深入青岛盐场进行海水盐度分析,帮助提高盐业生产,并于1958年在《盐务通报》发表《怎样纳取高盐度海水》。教学的同时,唐世凤还负责海洋学系的工会工作和图书室建设。他把自己在英国购买的部分书籍和材料都摆放在图书室内,使海洋学系图书室资料丰富,特色鲜明。

1958年秋,学校新一届校务委员会成立,唐世凤任校务委员。11月初任山东大学(青岛)校务委员会委员。

1959年3月,山东海洋学院成立后,唐世凤任海洋水文气象学系教授。6月在《山东海洋学院学报》第1期发表著名的《八分算潮法》,首次将民间流传的潮水涨落估算方法,从潮汐运动规律角度总结成简单易记的6种计算方法。10月10日,他在刚刚创刊的院刊《山东海洋学院》发表题为《为海洋教育事业贡献力量》的文章,抒发了对新中国成立10周年的喜悦,以及对学校未来发展的憧憬:

"我以欢欣鼓舞的心情,坚强奋发工作的意志,来庆祝我们祖国伟大的国庆十周年。十年以来,我国在政治上,经济建设和文教事业的发展上,都取得了巨大的成就,飞跃的发展。……我们在海洋学院工作的同志,好像是这个大树园中的园丁。我们的任务,是要为它深翻土地，让它根枝深入土地中，长得深，生得稳；要多培土壤，让它吸收较为广阔的肥料；还要勤勤浇水及时施肥，让它营养充足，不让它有枯槁之虞；更要紧地，还要为它去杂草，除虫害，保护它无灾无害，正常发育生长起来。我们做教师的，要尽一切可能，让它长得根基深，枝叶茂，开花早，结果多，果实累累……"

1962年3月，唐世凤被任命为学校图书馆馆长。他带病坚持图书馆工作的同时，开始着手中国海洋学史的研究工作，并准备作为教学材料。这项工作在国内属于空白，他从《书经》《禹贡》《山海经》等入手，再到地方志寻找途径，先从山东做起，从黄河口到日照查阅沿海县志府志30多部，收集资料卡片2000余张，加上他先前在福建沿海11年收集的海洋史料，资料非常丰富。遗憾的是，这些资料在"文化大革命"中损毁殆尽。

"文化大革命"中，唐世凤遭受诬陷迫害。1968年冬，学校师生集体下放到文登前岛接受再教育。某日清晨，天降大雪，寒风劲吹，他扫雪时不慎滑倒，跌断胯骨，因专案组多次阻挠医院治疗，从此久卧病榻。

1971年8月25日，唐世凤因病在青岛去世，终年68岁。

1980年，唐世凤与夫人王敏一案在中共中央纪委直接过问、限期落实情况下，得到平反昭雪。12月25日，学校为唐世凤夫妇举行了追悼会。

（撰稿人　金松）

参考文献：

［1］《山东海洋学院学报》，山东海洋学院，1959年第1期。

［2］《海洋湖沼通报》，《海洋湖沼通报》编辑部，2004年第4期。

［3］《海洋湖沼学报》，中国海洋湖沼学会编辑、中国科学院印行，1951年第一卷第一期。

［4］《龚洁学术文集》，龚洁著，中共厦门市委宣传部、厦门市社会科学界联合会编，鹭江出版社，2019年版。

［5］《中国现代海洋科学人物志（第一集）》，陈德源编，海洋出版社，1985年版。

［6］《海洋先驱——唐世凤》，刘宜庆著，中国海洋大学出版社，2022年版。

陈宗镛

陈宗镛（1928—2012），男，福建诏安人，汉族，中共党员，物理海洋学家，在中国海洋潮汐和海平面研究方面成就显著。1948年考入国立厦门大学海洋学系，1952年毕业后留校担任助教，后随厦门大学海洋学系理化组部分师生并入山东大学。先后担任山东大学助教、讲师，山东海洋学院副教授、教授，青岛海洋大学教授、高教研究室主任、教学评估专家常设委员会主任、校学术委员会委员。曾任中国海洋潮汐与海平面研究会副理事长，《海洋学报》《青岛海洋大学学报》编委，《山东省海洋志》《教学研究与管理》主编，中国海洋能源专业委员会委员，山东省能源研究会理事，山东海洋湖沼学会理事等职。1980年出版的成名作《潮汐学》，是中国第一部潮汐学专著，获得国家教委全国高校优秀教材奖，被国际海洋潮汐组织称为"为国际海洋潮汐学科作出了重大贡献"。享受国务院政府特殊津贴。

1928年4月30日，陈宗镛出生于福建省诏安县甲州村一个渔民世家。3岁时，父亲出海不幸遇难，是母亲含辛茹苦，靠编织渔网把他拉扯大。

陈宗镛的初小阶段就在本村就读，高小时转学到离村不远的后园村小学。他十分懂事，学业进步很快，品德也得到了良好熏陶，参加诏安初级中学入学考试名列全县第二。初中学习成绩一直居于年级前列。他还利用暑假随名师沈光先生补习古文，为他以后研究有关古文献资料和撰写有关论著时驾轻就熟、得心应手打下良好基础。那时候，正是"逃鬼子"的兵荒马乱时期，学校为躲避白天日本飞机的轰炸，只好利用早上和傍晚时间上"疏散课"。在外祖母及舅舅们的资助关照下，他得以在战乱纷纷中读完高中。

1948年秋，陈宗镛如愿以偿地考上了国立厦门大学海洋学系。他如饥似渴地刻苦攻读基础课和专业课，开始了对海洋科学的艰辛探索。这年寒假他乘船回家，船中途触礁。说来也巧，当时正遇涨潮，船被潮水推上浅滩，他们被搭救上岸。这使他感受到潮汐的力量和它对人类的重要性，从而更加积极主动地学习海洋知识。在唐世凤教授的指导下，他完成了毕业论文《潮汐分析》。

1952年夏，陈宗镛大学毕业后留在厦门大学海洋学系当助教，适逢全国高校院系调整，厦门大学海洋学系理化组部分师生并入山东大学，他是4位教师中的一员，也是山大海洋学系成立之初首批教师之一。

著名海洋学家赫崇本教授把动力海洋学粗分为流、浪、潮三部分，并培养陈宗镛从事潮汐学的教学和研究工作。从此，陈宗镛的一生便与潮汐学和海平面变化的研究结下了不解之缘。

1958年3月，由于反右派斗争被严重地扩大化，陈宗镛被错划为右派分子，受到降职降级处分，并被开除团籍送往崂山修水库；1979年2月，他的右派问题得到平反改正。

1959年夏，陈宗镛采用当时国际上最先进的杜德森方法，设计出31张表格和9片镂孔格，每天十几个小时用手摇计算机连续工作60多天，在我国首次作出一年潮汐观测资料的分析，求出61个分潮的调和常数，并作出准确预报，使当时的潮汐预报达到了国际水平，被有关海洋部门采用。至今，一年资料的潮汐分析和预报仍是国际上通用的标准。

1960年，陈宗镛提出了计算日平均海平面的低通数值滤波的一种公式，这是迄今为止计算日平均海平面最简便的公式之一。经与19年每小时资料计算结果对比，表明其准确度和已有的国内外4种公式相近。

1965年，陈宗镛开始对含摩擦效应的泰勒问题进行研究，比西方同类研究早10年。这一年他还综述了潮波数值计算的原理和方法，该论题从海区到大洋延续半个世纪，一直是海洋潮汐研究的重点内容，特别是随着卫星高度计的采用，越发显示出其重要性。

1976年，因国家建设需求，全国一等水准布测会议提出了重新确定我国高程基准的研究任务。中国人民解放军总参谋部某部作为主要承办单位，经过调研，参照许多单位和专家推荐，他们认为陈宗镛是适当人选。

为了给部队同志讲解研究必备的相关知识，陈宗镛在没有打字机的情况下，复写讲义。为了提高效率，他一次复写5份，每一份几十页，手都写肿了。从辽宁丹东鸭绿江口到广西白龙尾沿海，部队和地方的科研工作者以及上百名测绘战士硬是量了一遍。就是靠着这种拼搏精神，陈宗镛和汤恩祥等人踏遍祖国万里海疆，历时10年，全面系统地收集、整理、分析了42个验潮站累计1000多站年的观测资料。在国家海洋局的支持下，经过联测，首次获得20245个固定水准点的精确高程值，控制并统一了全国高程基准。

1980年，陈宗镛出版了我国第一部潮汐学专著《潮汐学》。"该书是我国潮汐学方面的第一本著作，论述严格，内容亦较丰富和全面"，我国海洋科学奠基人之一毛汉礼先生如是评价。"陈为国际海洋潮汐学科作出了重大贡献",国际海洋潮汐工作组主要成员斯德威切斯基(美国)亦给予高度评价。

1985年以后,陈宗镛带领研究人员除继续收集50多个验潮站的资料外,又收集了全球共500站12000站年的资料,并在此基础上进行新的研究,又有了新的发现,首次在国内提出"海平面并非平面",而是"南高北低,相差70(±10)厘米"。根据沿海平面空间变化,汤恩祥发现了全国一等水准测量中的问题:天津至北京、至柳桥(山东)、至绥中(辽宁)三条路线的重大错误(天津至北京差了12.85厘米;天津至柳桥差了13.81厘米;天津至绥中差了26.23厘米)。为了慎重起见,他们又进行了重测,确认属实,使错误得以及时纠正,避免了对测绘及其应用上给国家经济建设、国防建设、科学研究,特别是京、津、唐地区的建设造成损失。在国际上首次建立了随机动态分析、预报模型等5种平均海平面分析预报模型,并求得了均衡基准下的中国沿岸平均海面变化速率和全球平均海面变化速率。海平面变化研究成果的鉴定结论和查新报告称,"成果在总体上达到国际先进水平,其中随机动态预测模型居国际领先地位"。

1986年9月30日,在北京召开的国家鉴定会上,专家们一致认为,"1985年国家高程基准比1956年黄海平均海面稳定精确,科学实用。国家一等水准网的布设规模和实际精度均达国际水平",并被正式命名为"1985国家高程基准"。而这次研究,发现1956年黄海平均海面研究有300多处原始资料有误,进一步证明1985年国家高程基准的科学严谨及其重要意义。1987年5月26日,经国务院批准,国家测绘局向全国公告,启用"1985国家高程基准"。从此,中华人民共和国有了统一的高程基准,成为我国测绘、制图、防洪、防潮、地壳升降监测等都必须采用的高程基准。

1986年,陈宗镛担任了学校新成立的高教研究室主任,承担起全校的教学研究和教学质量评估工作。他全身心投入到学校教学研究中,每天骑着自行车奔波在校园,深入教学一线,为提高教学质量殚精竭虑。在长期教学评估工作实践中,组织专家教授建立了一整套比较严密的评估工作程序和科学的评估方法,促进了全校教学质量的提高,尤其是对青年教师的培养,为学校师资队伍建设,推动教学研究等作出应有贡献。1993年,《搞好课程评估,确保教学质量》获国家级优秀教学成果奖二等奖、山东省优秀教学成果奖一等奖(陈宗镛列第二位)。

1987年,陈宗镛撰写的"潮汐潮波动力学""海平面""海水的温度盐度密度"等条目被编入《中国大百科全书》。1988年,"1985国家高程基准和用流体动力水准联测海南岛高程的研究"获国家教委科技进步奖一等奖(陈宗镛列第一位),《潮汐学》获国家教委高等学校优秀教材二等奖（独著）。同年至1995年，他先后两次被山东省委、山东省人民政府选拔为山东省专业技术拔尖人才。1989年，"潮汐潮流的分析和预报"获中国科学院自然科学二等奖（陈宗镛列第三位）；参与《辞海》有关海洋科学的条目撰写。

1991年，陈宗镛和同事们完成国家"七五"科技攻关项目《海流数值预报表（渤、黄、东海及西北太平洋）》，国家专家组鉴定后认为"达到国际先进水平，某些方面居世界领先地位"。对于潮汐分析预报模型，陈宗镛经过几十年潜心研究，由杜德森的11对订正公式发展成58对订正公式，理论上更加严谨，预报精度也进一步提高，为我国大量船舰提供了可靠的潮汐预报表。同年，《海流数值预报表（渤、黄、东海及西北太平洋）》获中国科学院科技进步奖二等奖（陈宗镛列第三位）。是年，他的事迹被编入《齐鲁科技精英》一书。1992年起，终生享受国务院政府特殊津贴。

1994年，"中国器测海面和沿岸地壳形变的研究"获国家教委科技进步奖二等奖（陈宗镛列第一位）；被编入《当代中国科学家与发明家大辞典》《当代中国科技名人成就大辞典》和《中国科技专家名人录》等书。2000年，"中国沿岸现代海平面变化及其应用研究"获国家科技进步奖二等奖（陈宗镛列第一位）；"中国沿海月均和年均相对海面的机理和预报的研究"获教育部科技进步奖一等奖（陈宗镛列第一位）。

2001年2月19日，中共中央、国务院隆重举行国家科学技术奖励大会，向2000年度国家科学技术奖励的获奖人员和集体颁奖。党和国家领导人出席大会，并与获奖代表亲切握手、合影留念。73岁的陈宗镛被安排在400多名获奖代表的第一排。

进入耄耋之年的陈宗镛每天仍孜孜不倦地研究着他的潮汐学，伏案著书，指导后生。在生命的最后几年，他又出版了凝聚着大半生心血的《潮汐与海平面变化研究——陈宗镛研究文选》。中国工程院院士方国洪教授如是评价：

"从这本文选可以了解近半个世纪以来陈先生在培养人才和海洋潮汐、现代海平面变化研究方面所作出的贡献和创新性成果，也为我们继往开来、进一步提高潮汐和海平面的研究水平提供了有重要价值的文献资料。"

2012年9月5日，陈宗镛因病在青岛去世，终年84岁。

（撰稿人　王宣民）

参考文献：

[1]《山东大学（青岛）人物志》，山东大学青岛校友会编，海洋出版社，1991年版。

束星北

束星北（1907—1983），谱名束传保，字星北，以字行，男，江苏扬州人，汉族，无党派人士，山东大学二级教授，理论物理学家、教育家，被誉为"中国雷达之父"。1924年考入私立之江大学物理学系，后就读于私立齐鲁大学。1926年赴美留学，先后入读堪萨斯州拜克大学和旧金山加州大学。后来获英国爱丁堡大学硕士学位和美国麻省理工学院硕士学位。回国后执教于中央陆军军官学校、国立浙江大学、国立暨南大学、国立交通大学等。1952年10月起，任山东大学物理学系教授，后兼任海洋学系气象研究室主任。1960年起任职于青岛医学院和国家海洋局第一海洋研究所。曾任中国海洋学会副理事长、《海洋学报》副主编、国家海洋局学术委员会委员、中国海洋物理学会名誉理事长、国家海洋局第一海洋研究所学术委员会顾问等职。著有《狭义相对论》等教科书和著作。

1907年10月1日，束星北出生于江苏省扬州府江都县九帖洲开沙念四圩（今江苏省扬州市广陵区头桥镇安帖村四圩组）。父亲束曰璐毕业于江南陆师学堂，曾任清军参领，辛亥革命后任全国水利局主事，与兄束曰琯一同为张謇办理经营盐业与纺织业。

束星北6岁入头桥魏氏私塾读书，后来进入江都大桥一家小学读书，中学先后就读于泰州私立明德中学和镇江私立润州中学高中部。1924年以优异成绩考入杭州私立之江大学物理学系。翌年，插班进入济南私立齐鲁大学。

1926年4月，他自费赴美留学进入堪萨斯州拜克大学物理学系。1927年2月转到旧金山加州大学；7月，束星北前往德国担任柏林大学威廉大帝物理研究所所长兼该校教授爱因斯坦的研究助手。50多年后，束星北在《光明日报》（1979年3月9日出版）一篇题为《在爱因斯坦身边工作的日子里》的文章里回忆了他与爱因斯坦的这段交往：

"他还是热情地帮我弄到了一个研究助手的职务，每月一百二十马克的薪水，由柏林大学发给。就这样，我开始了在爱因斯坦研究室的工作。在这以后的时间里，我主要是继续研究我所感兴趣的问题，向爱因斯坦请教。当时，我对四维空时有一些不切实际的幻想。就这个问题，我同爱因斯坦讨论了好几次。每一次，他都进行耐心而详细的解释。爱因斯坦叫我确认，因果律不能颠倒，时间不能倒回去，将来不能影响到现在。回想起这些教诲，我的心情是十分激动的。因为这些教诲对我以后的思想发展起了很大的作用。我在这以后写的一些论文，实际上也是受之于爱因斯坦的这些教诲。"

1928年10月，束星北离开柏林，进入英国爱丁堡大学，师从著名物理学家惠特克（E. T. Whittacker）和达尔文（C. G. Darwin），进行系统的基础物理和数学的学习。1930年1月，毕业于爱丁堡大学获硕士学位；2月经引荐进入英国剑桥大学，师从理论天体物理学家爱丁顿（Arthur Stanley Eddington）博士；9月被推荐到美国麻省理工学院任研究助教，随数学家斯特罗伊克（D. J. Struik）教授继续进行研究生学业，研究狄拉克方程。

1931年8月，束星北获麻省理工学院科学硕士学位，9月回国。翌年1月任中央陆军军官学校物理教官；9月受聘任国立浙江大学物理学系副教授。1935年8月，因反对国立浙江大学校长独断专行愤而辞职离校，受聘任国立暨南大学教授兼数学系主任，兼国立交通大学物理教授。1936年再次回到国立浙江大学，翌年被聘为教授。在国立浙江大学，他与王淦昌相识相知，成为终生至交；教学上主张力避庞杂，务求精深，启发思考，严格要求，李政道、吴健雄、程开甲、胡济民、李寿枬等都曾受教于他。全民族抗日战争爆发后，他一度被国民政府军事委员会军令部借调到技术室任顾问和副主任等职，专门研究雷达和军用通讯器材。1945年春，他主持研制成功我国第一部雷达，被誉为"中国雷达之父"。在军令部，他与王华文（王彬华）相识。

1952年，全国高等院校开始院系调整。同年10月，束星北从浙江大学调到山东大学物理学系任教授。

他在系里除讲授物理课程外，主动要求参加普通物理教研组，为青年助教们开设了理论物理选读和提高普通物理教学的课程，结合这两门课的内容还讲授了热力学、统计力学、电动力学，以及相对论中的关键与精华部分，例如非线性力学等方面的内容。时为山东大学物理学系青年教师、后曾任山东海洋学院海洋物理学系主任的于良教授回忆，束星北讲授这两门课"居高临下，得心应手，概念清晰，技巧熟稔，更多独到之处，讲得十分精彩。数十年过去仍然记忆犹新，深受教益"。原山东海洋学院物理海洋学与海洋气象学系主任王景明教授，20世纪50年代初期曾就读于山东大学物理学系，他记得束星北第一次为同学们上课，物理学系前来听课的教师（包括讲师、副教授）比班里的学生还要多，"束先生想要了解我们的基础，随便提了几个问题，不仅提问我们，也提问听课的教师。我们的回答有不足之处，他总是会不客气地指出"，"那时不仅物理学系，而且海洋学系几乎全部青年教师都去听他讲课，并且参加考试"。

50年代开始，政治运动接二连三，束星北在物理学系的境遇每况愈下。无奈之下，他与海洋学系副教授王彬华商量，准备"改行"，将研究对象和兴趣转移到气象学上来。王彬华对束星北来自己家"拜师"的情景记忆犹新："那天雨下得很大，淋得湿漉漉的束先生来到我家，进了门他也不擦一擦，就和我商量改行的事。他说，中国是个农业大国，还得靠天吃饭，搞气象是有搞头的。他告诉我说，今晚是来拜师的。他指着我的书房说，就从这里开始。他说过后就在我的书架上翻，我也帮他找，最后选了一大堆，有五六十本，这么多书怎么拿？他找来找去，结果从厨房里找出一条面袋子，那些书装了有大半袋子。不到20天，他就将这些书还了回来，然后又用这条面袋子装了大半袋子资料书籍，走前告诉我说，方向定了，长期天气预报，是中国的发展方向。"束星北一下子就抓住了要害。当初中国比较缺乏具有高等数理基础的人才，由此阻碍了长期天气预报的发展，而数理基础正是束星北的长项。

很快，束星北就开始发表文章了，让王彬华意外的是，"他的文章竟在气象学界引起了轰动"。从1953年到1955年，不到两年时间，束星北在《山东大学学报》《气象学报》和《物理学报》等学术期刊发表学术论文8篇，其中7篇关于气象科学。1953年第1期《山东大学学报》就刊发了他的4篇文章：《基培尔基本假设的理论证明及对流项压力温度试报》《空气运动学研究——S系统的进行和加深填塞》《大气骚动研究（一）》和《干空气绝热上升时，是否作等熵变化？》。

在气象研究中，对于干空气绝热运动，一般视作等熵变化。在等熵运动中，束星北得出决定温度直减率的变化的因素有：空气压力变化、水平辐合、冷暖平流和切变等三种理论，比气象学家彼得逊（Petterssen）和赫尔维茨（B. Haurwitz）等所得结果更为完善；在大气骚动和空气运动学方面，束星北的波速方程要比罗斯贝（C. G. A. Rossby）的结果在形式上更为广泛，理论上更为完整。他还从大气骚动导出温压结构的槽脊方位和倾度关系，提出了倾向与强度相互消长变化等结论，这个理论对于西风波的认识有重大突破。束星北在《高空变压计算法的建议》中导出的高空变压公式，与罗斯贝的公式大致相同，理论上更严格些。关于基培尔学说，束星北曾发表过两篇文章，为基培尔的假设条件提供了理论依据，并从基培尔方程出发导出预报方程，避免了基培尔学说中的某些不合理的设想和简化。

王彬华认为，近两年的时间里，束星北在大气科学方面的研究成果大致可概括为三点：一是最早发现了中国降水的来源。束星北在分析研究了大量资料后，推断出中国的降水来自印度洋。这一观点在有了人造地球卫星之后得到了证明。二是一地有一个高压另一地必有一个低压。束星北研究气象的着眼点首先是地球的大气层，他把大气层作为一个整体系统来观察分析，然后再由整体到局部。这种宏观到微观、微观到宏观的观点或方法，对于50年代的中国来说，无疑是超前的。而在这一思想的前提下，他又进一步论证了高压与低压的相互关系相互影响的变化机理。三是修正了苏联科学院院士基培尔对中国大气理论的观点。束星北在大量的资料分析与环境调查的基础上，对基培尔的高空引导层作了修正与归整。他认为，高空引导层在中国不仅南方北方不同，而且也将随着季节的变化而变化，甚至不能单纯地以南方北方区域来划分高空引导层。他用大量的事实与数据批驳了生搬硬套基培尔理论的数据，提出了一整套适合中国季节环境的高空引导层的理论。他的这套高空引导层理论在中国气象界延续使用了多年，有些地区至今还在使用。

1954年8月，束星北被聘为山东大学海洋学系气象研究室主任，研究室虽然设在山东大学，但在行政上归中央气象局领导。他主持下的气象研究室在不到一年时间里，从开始只有几人迅速发展成为20多人的规模。

正当束星北雄心勃勃，准备在三五年内将气象研究室建成全国独一无二的动力气象研究中心对我国气象科研有所贡献时，1955年7月起，"肃反"运动在全国范围内开展起来。同年8月，他被以"反革命分子"的罪名受到斗争并"停职反省"，气象研究室同时受到"封锁"，一切科研活动全部被迫停顿，刚刚有了良好开端的事业就此止步。

1956年春，"肃反"审查结束，束星北的结论为"没有反革命政治问题"，公开宣布取消政治嫌疑。同年，他被评为二级教授，并担任山东大学科学研究委员会副主任委员一职。1957年10月，由于反右派斗争被严重地扩大化，他被错划为极右派分子。1958年6月，被批准定为历史反革命分子；10月被宣判为历史反革命分子，与"极右分子"二罪俱罚，判处管制三年，留校控制使用，同月到青岛市月子口水库改造右派大队劳动。1974年9月11日，被摘掉右派分子和"反革命分子"帽子。1979年8月，根据中央〔1978〕55号文件精神，山东大学对束星北的一些问题进行了复查，结论为对束星北定为"极右分子"是错误的，应予以改正。因"极右分子"而戴上"反革命分子"的帽子，判处管制三年，也应予以改正。同年12月，经山东省委批准，得到彻底平反，并予以恢复名誉。

尽管遭受政治冲击，身处逆境，束星北仍不忘祖国建设，不忘科学研究，多次给青岛市委、山东大学党委写信要求工作：

"我深信'反革命分子'的帽子迟早总要去掉的，我并不须着急，但耽误了科学研究的进行，实是对国家不易补偿的损失"，"我最近对发电机的构造想出一种新的土方法，可以制成一种价廉物美的发电机，有助于农村电气化的尽早实现"，"希望能分派我到电机机械厂当短期徒工，以备在机械电机元帅升帐前，在机械电机技术革新中作出贡献，用自己的长处为社会主义建设服务"。

1960年12月，束星北调至青岛医学院，其间完成《狭义相对论》。该书于1957年开始撰写，1995年在青岛出版社出版，王淦昌先生为该书作序。1978年8月，调任国家海洋局第一海洋研究所研究员。这一时期，他担任了中国海洋学会副理事长、《海洋学报》副主编、国家海洋局学术委员会委员、山东省政协委员、中国海洋物理学会名誉理事长、青岛市物理学会名誉理事长、国家海洋局第一海洋研究所学术委员会顾问等职务。

1983年10月30日，束星北因病在青岛去世，终年76岁。11月14日，山东海洋学院党政领导高云昌、赫崇本、方宗熙、文圣常，原副院长侯连三，以及王彬华教授等参加了在青岛市政协礼堂举行的束星北教授追悼会。遵照遗嘱，他的遗体捐献给青岛医学院，供医学教学和研究之用。

1995年，青岛市人民政府在百花苑为20名已故青岛籍或客居青岛成就卓著的文化名人竖立雕像，其中就有束星北。

（撰稿人　金松）

参考文献：

［1］《束星北先生百年诞辰纪念文集》，孙志辉主编，海洋出版社，2007年版。

［2］《束星北档案》，刘海军著，作家出版社，2005年版。

［3］《物理学家束星北（邗江文史资料　第六辑）》，中国人民政治协商会议邗江县委员会文史资料委员会编，1993年版。

［4］《束星北学术论文选集》，束星北著，海洋出版社，2007年版。

［5］《山东大学百年史》，《山东大学百年史》编委会编，山东大学出版社，2001年版。

方宗熙

方宗熙（1912—1985），字少定，又名少青，男，福建云霄人，汉族，民盟盟员、中共党员，山东大学二级教授，海洋生物学家、遗传学家、科普作家，中国海洋生物遗传学和育种学的奠基人。1936年毕业于私立厦门大学，1949年获英国伦敦大学学院哲学博士学位。1950年冬回国后，任中央人民政府出版总署编审、人民教育出版社生物编辑室主任。1953年4月起，任山东大学教授。1959年起，任山东海洋学院教授、海洋生物学系主任、遗传教研室主任、副院长、学术委员会副主任等。曾任全国人大代表，山东省政协副主席、侨联副主席、科协副主席，中国遗传学会副理事长，中国海洋学会副理事长兼秘书长，山东省水产学会副理事长，《遗传》主编、《海洋学报》副主编等。

1912年4月6日，方宗熙出生于福建省漳州府云霄抚民厅镇城（今福建省云霄县云陵镇）一个小手工业者家庭。父亲以烧窑营生，他在兄弟姐妹八人中排行第四。

方宗熙7岁即入云霄官立两等小学堂就读，他勤奋好学，历年成绩均名列前茅。14岁时，县立云霄初级中学（今云霄第一中学）创办，他直接进入初中二年级学习。他博览群书，尤喜填词写诗，寒暑假期间常到云霄当地耆儒陈苡园老先生处学习古诗文，古典文学素养从此开始养成，这也为他日后写作打下坚实基础。初中毕业时，他赋诗一首赠同学，诗云："骊歌唱罢海风吹，碧水悠悠空自流。两岸芦花牵别恨，数声风笛不胜愁。"上学期间，方宗熙深受启蒙老师、中共地下党员庄少青先生影响。庄少青牺牲后，为纪念恩师，方宗熙后来撰写文章常以"少青"署名。

1929年秋，方宗熙考入私立厦门大学预科，后转入生物学系读本科，主修生物学，辅修化学。大学二年级时，他参加厦大动物博物院鱼类标本整理工作，进行形态分类研究；三年级时兼做私立厦门大学附中生物教员，写出论文《一种板腮鱼类之解剖》；四年级时主编《厦大生物学会期刊》，主办过海洋生物标本展。在厦大期间，他曾获福建省教育厅清寒学生奖学金,并于1934年1月获中山文化教育馆第一次奖学金第三类自然科学考试竞赛(以生物学为主)乙等奖。1936年夏,从私立厦门大学毕业,获理学学士学位,同年秋留校任生物学系助教。翌年夏,任县立云霄初级中学生物教员。

1938年初,方宗熙赴印度尼西亚苏门答腊巨港中华学校任生物教员兼教务主任。太平洋战争爆发后,因日军侵占印尼导致学校停办,他一度失业避居巨港山区,靠经营菜园谋生,以"守节待机"。1945年秋,应新加坡华侨中学校长薛永黍之邀赴该校任生物教员兼图书馆主任,其间参加胡愈之发起的民盟马来亚支部创建工作,并经常为《风下》周刊等撰稿。

1947年秋,方宗熙获英国伦敦大学学院("University College,London",后改为"University College London")奖学金赴该校攻读博士学位。他选修人类遗传学,在生物学系高尔登实验室(Galton Laboratory)专攻人类指纹遗传研究。1949年底以论文"The Inheritance of the a-b Count on the Human Palm with A Note on Its Relation to Mongolism"(《手掌上a-b掌纹数目的遗传和大舌症低能的关系》)通过答辩,获哲学博士学位。

1950年6月,至加拿大多伦多大学做访问学者。是年冬,方宗熙冲破重重阻挠回到祖国。翌年2月,应中央人民政府出版总署署长胡愈之先生邀请到总署编审局担任编审。同年5月,应出版总署副署长、人民教育出版社社长兼总编辑叶圣陶先生邀请,调任人民教育出版社生物组(后改称生物编辑室)组长(主任),负责编写中学生物教科书。他集中两年时间编写并修订了新中国第一套和第二套全国通用中学生物教科书《植物学》《动物学》《人体解剖生理学》和《达尔文主义基础》以及小学教科书《自然》。人民教育出版社原总编辑郭戈称他是"新中国生物教科书的主要奠基者和开拓者之一"。这一时期,他与周建人、叶笃庄合译了《物种起源》《动物和植物在家养下的变异》,与夫人江乃萼合译了《人和动物的细胞遗传学》。

1953年4月,应山东大学副校长童第周教授邀请来校任动物学系(同年7月与植物学系合并为生物学系)教授,后兼任生物学系遗传教研室主任。同年任学校科学研究委员会委员,生物学系达尔文主义教学小组组长。1956年8月,中国科学院和高等教育部联合召集的遗传学座谈会在青岛召开,中国米丘林遗传学工作者和摩尔根遗传学工作者第一次在一起对遗传学一些基本问题进行了讨论。方宗熙与会并发言,他认为:种内斗争是普遍存在的。达尔文的生存竞争,适者生存的理论中所讲到的不适者的死亡,不仅牵涉到种间斗争和跟无机条件的斗争,而且牵涉到种内斗争。

1959年7月,任山东海洋学院海洋生物学系主任。同年10月任首届院务委员,并连任第二、三、四届院务委员。同年任中国科学院海洋研究所兼职研究员。

20世纪50年代中期,我国海水养殖业刚刚起步。方宗熙着眼于海藻遗传和育种研究,将遗传学理论较为系统地应用于海水养殖领域,通过深入研究海带野生群体的性状特征,首次验证了数量性状遗传规律,计算出叶长、叶宽等主要数量性状的遗传力,并以此建立了海带选择育种技术。从1958年到1964年,培育出"海青一号""海青二号""海青三号"等若干自交系。这是世界上首例关于海洋生物优良品种的研究,并为后期海洋生物遗传改良研究奠定了重要理论与方法学基础。方宗熙堪称我国以海带、紫菜养殖为代表的第一次海水养殖浪潮的引领者之一。

20世纪70年代,体细胞遗传学的发展开辟了植物育种学研究的新时期。在方宗熙指导下,我国大型海藻遗传学研究得到长足发展,使之能够与国际植物遗传与育种学研究保持同步发展。海带裙带菜配子体无性繁殖系(克隆)的培育,解决了大型褐藻不能实现长期保存的世界难题,为大型海洋藻类生物多样性的保护提供了有效技术手段,而且为开辟海藻细胞工程育种新时期奠定了重要基础。

方宗熙总结归纳出海带配子体克隆具有性别分化、细胞全能性、遗传基础纯一等重要特征,并明确指出了其在生理学、遗传学和育种学方面的重要应用价值。在他指导下,利用海带、裙带菜雌性配子体克隆经孤雌生殖培育的雌性孢子体,建立了一个非自然界常态存在的全人工生活史,得到国际同行高度评价。他发现的海带叶片斑点状凸起突变,是最早的海洋生物质量性状遗传突变的报道,而且还是首例在海洋克隆植物中的自然突变事例。

"文化大革命"中受到迫害,被打成"资产阶级反动学术权威"等,并被下放劳动改造。1978年11月9日,在全院落实政策大会上,中共山东海洋学院革委会核心领导小组组长、革委会主任张国中代表院革委会党的核心领导小组宣布几项决定,其中指出"院核心小组研究决定,为在'文化大革命'中被错误地打成'资产阶级反动学术权威'等罪名的赫崇本、方宗熙……等同志,给予平反,恢复名誉。对强加给他们的一切污蔑不实之词,一律推倒"。

1977年6月,"海带单倍体育种"研究成果在专家鉴定会上被认为达到国际先进水平,极具开发价值。翌年3月,该成果获全国科学大会奖。海带单倍体育种技术和杂交育种技术,以及在1983年首次以单倍体育种技术培育出的海带新品种"单海一号",不仅成为开创我国海洋生物细胞工程育种的新时期的里程碑,而且是我国褐藻遗传育种领先于世界同类研究的标志性成果。"海带单倍体的应用"1984年获山东省科技进步奖一等奖,

1985年获国家教委科技进步奖二等奖。

在方宗熙指导下，实现了不同种系海带配子体克隆间的杂交育种，先后建立杂交育种、远缘杂交育种、杂种优势利用等海带育种技术，培育出"单杂十号"等优良品种，为我国海洋藻类养殖业发展作出重要贡献。在他指导下完成的一系列海带遗传育种技术至今仍是国内外大型经济褐藻育种研究所沿用的技术手段。海带遗传育种理论与技术的发展和应用，使我国当时的海带育种技术能够保持与农作物同步发展，海带养殖业也成为唯一实现良种化养殖的海水养殖种类。

方宗熙不仅致力于海带等大型褐藻的遗传育种研究工作，还积极推动中国其他海洋藻类和植物研究工作，在海洋藻类资源的保存与利用、大型海藻组织培养与再生植株等方面颇有建树。在他指导下，建立了世界上第一座大型海藻（海带、裙带菜）种质资源库和中国第一座海洋微藻种质库，完成了孔石莼、浒苔、条斑紫菜等原生质体分离培养和细胞融合，海藻工具酶的发现与利用，耐盐水稻品种培育等工作。

方宗熙对教学工作认真负责，始终站在教学第一线。他所授的课程不管教过多少遍，仍如同教一门新课一样认真备课，并不断补充新知识。他课上言简意赅，常用辩证的观点说明问题；课下会给学生留下思考问题，下次上课时回答。

他对师生严格要求，悉心爱护。原青岛海洋大学海洋生命学院院长张学成教授撰文回忆："上世纪70年代后期，我到山东海洋学院海洋生物学系工作。系主任方宗熙先生只要有时间就会听我的课，不时根据我的表现和学生在课堂上的反应，提出一些改进意见。有一次听课时，他看到我把一个遗传学专业概念讲错了，下课后就径直告诉我那个概念讲得不对，并马上召开教研会，在会上指出我错在哪儿，其他老师应从中吸取什么教训，如何避免此类事情再次发生。这让我受益终生。"原福建省海洋与渔业厅党组成员、总工程师李涛回忆："我1979年秋考入海洋生物学系时，方先生已是山东海洋学院副院长，仍亲自带我们出海，指导我们做毕业论文。我的毕业论文因为有一处错别字，他特意把我叫到家里，严肃告诉我不论将来做什么工作，都要认真严谨。否则，差之毫厘，谬以千里。"

到学校任教后，方宗熙编著了《拉马克学说》《生物学引论》《普通遗传学》《达尔文主义》《生命的进化》《生物的进化》《遗传与育种》等7部大学教科书和参考书。其中，《普通遗传学》从1959年至1984年先后修订再版5次，1988年荣获国家教委高等学校优秀教材一等奖。

方宗熙还是一位著述颇丰的科普作家。早在私立厦门大学任教时，他就翻译了摩尔根的《进化的物质基础》一书，并经常在报纸上发表科普文章，介绍生物学知识。留学英国时作为新加坡《风下》周刊和槟城《时代周刊》特约通讯员撰写多篇《伦敦通讯》和小品散文。回国后撰写了《古猿怎样变成人》《达尔文学说》《生物进化》《生命进行曲》《遗传工程浅说》《遗传工程》等科普著作。其中，《古猿怎样变成人》1952年首次出版，1990年第五版重印时，责任编辑、中国青年出版社副总编辑王幼于在《重印附记》中写道："这本书自1952年出第一版以后，三十多年中经过四次修订，于此也足见方宗熙同志治学态度之认真和严谨。一本科普读物修订到四次之多，在国内是少见的。"他去世前创作的最后一部科普作品《科学的发现——揭开遗传变异的秘密》为孩子们讲述了遗传学基础知识。他还撰写了一些指导科普写作的文章，如《科学性是科普的命根子》《实事求是地写好科普作品》和《编写科普读物要处理好几个关系》等。长期科普创作中，他给自己定下一条规矩：晚上检索所需资料卡片，次日黎明即起身伏案写作。日记本扉页写的"生命的价值在于贡献"被他当作座右铭。

中国少年儿童出版社编审陈天昌选编过方宗熙的科普作品，他认为："方宗熙教授的科普作品有两大特色：一是可读性比较强，比较通俗易懂，读来既觉得有趣，也富思想内涵，读者可通过具体事例学习辩证唯物主义和历史唯物主义的一些基本原理；二是叙述脉络清楚，很有条理，许多作品用了同一个模式，即每章有几个小节，每个小节标题下又分一、二、三、四……每个小节末尾都有一个小结，全书结尾还有一个提纲挈领的总结，叫人看了清清楚楚，也容易记住一些什么。"

1978年3月，方宗熙参加全国科学大会获先进工作者奖。同月兼任海洋生物学系遗传教研室主任。之后，当选为中国遗传学会副理事长兼《遗传》主编，山东省水产学会副理事长，中国科普作家协会副理事长、名誉会员，山东省和青岛市科普作家协会理事长等。

同年8月，学校恢复研究生招生后，他招收遗传学研究生5名。早在20世纪60年代早期，他就招收遗传学研究生，1983年又招收3名遗传学研究生。1978年8月兼任学校海洋研究所副所长，11月任学校学术委员会副主任。

1979年5月，《山东海洋学院学报》复刊后任编辑委员会副主任委员。7月兼任海藻遗传教研室主任，当选为中国海洋学会副理事长兼秘书长。9月任山东海洋学院副院长。10月，方宗熙任副团长的中国代表团首次参加联合国教科文组织政府间海洋学委员会第十一届大会及其执行理事会第十二次会议竞选，中国以最多票当选为执行理事会成员国。

　　除以上本兼职外，他还担任第三、五、六届全国人大代表，第四和第五届山东省政协副主席，民盟中央委员、山东省委常委，全国侨联委员、山东省侨联副主席、青岛市侨联主席等若干项社会职务。

　　1980年夏，方宗熙与美国西伊里诺大学马德修教授合作，根据污染物对染色体断裂愈合的影响，统计细胞分裂后的微核数量，用于环境污染物的诱变监测，运用紫露草进行微核监测。在全国首先建立了检测环境污染的遗传学方法，并发表《中美合作研究用植物细胞微核监测环境污染物的报告》，引起环保部门重视，后来举办两期全国范围学习班满足需求。

　　方宗熙多次率团去美、英、加、德、日以及中国香港等国家和地区访问考察，推动和促进学校的对外学术合作交流。例如，1982年8月应邀到加拿大参加国际藻学大会，并作题为《海带的遗传学研究》的报告。1984年，在病痛严重情况下仍坚持去美国讲学。

　　1985年3月，方宗熙病重赴上海动手术前，强忍病痛致信中国遗传学会办公室主任安锡培："我觉得遗传学在四化（建设）中很重要。遗传工程不能包括所有的遗传技术。经典遗传学的遗传技术现在仍然在工农业生产中发挥主要作用。我们既要提倡遗传工程，也不要忘记其他遗传技术。"这是他去世前写的最后一封信。夫人江乃萼后来在一篇纪念文章中提及此事时写道："他自知生还希望渺茫，仍不忘工作，以祖国的建设为念。"6月8日，他在病床上宣誓，加入中国共产党，实现了终生渴望成为一名共产主义战士的夙愿。

　　同年7月6日，方宗熙因病在青岛去世，终年73岁。17日在青岛市政协礼堂举行的追悼会上，院长文圣常教授代表学校致悼词。悼词说：

　　"他忠诚党的教育事业，教学工作认真负责，始终站在教学工作第一线，……为国家培养了一批批海洋科技人才。方宗熙同志在长期教学工作的同时，还致力于科学研究。几十年来，他在海藻遗传育种方面取得了显著成绩，……为我国海带遗传育种打下了基础。与此同时，他还不辞劳苦，创作了百万字的科普读物和文章，努力向广大青少年普及海洋科技知识。方宗熙同志热心于开展国内外的学术交流活动，在国内，……积极组织学术活动、编审稿件和出版书刊；在国外，与有关专家、学者广泛联系，进行学术交流，并多次出国考察和合作开展科学研究，为发展我国的海洋科学事业作出了可贵的贡献。"

　　为纪念方宗熙先生诞辰100周年，2012年5月11日，方宗熙雕像在中国海洋大学鱼山校区揭幕，雕像基座上镌刻着他的学生包振民教授（2017年当选为中国工程院院士）撰写的铭文：

"先生潜心科学，治学严谨，创立了海藻遗传学，是我国海洋生物遗传学和育种学的奠基人；先生教书育人，著述等身，著作《普通遗传学》为新中国高校遗传学首选教材；先生热爱祖国，心系海洋，发起筹建中国海洋学会、中国遗传学会等学术团体，为国家海洋事业的发展作出了卓越贡献。方宗熙先生，春蚕蜡炬，师表楷模，同仁学子立像以致缅怀。"

为形成海洋科技创新高地和人才培养汇聚中心，提升在全球海洋生物进化和发育领域的国际影响力和话语权，2018年，中国海洋大学依托与挪威卑尔根大学双方共同支持，通过体制改革和资源共享融合组建中国海洋大学方宗熙海洋生物进化与发育研究中心（Fang Zongxi Center for Marine Evo-Devo, OUC）。研究中心专注于以冠轮动物、海鞘、丝盘虫等海洋动物为模式生物开展遗传、发育、神经和进化领域的研究，旨在建设成为世界一流的海洋生物进化发育生物学前沿领域研究机构。研究中心以方宗熙姓名命名，是为了彰显他为我国海洋生物遗传学的建立和发展作出的卓越贡献。

（撰稿人　金松）

参考文献：

[1]《方宗熙文集》，《方宗熙文集》编委会编，海洋出版社，2012年版。

[2]《遗传》，科学出版社，2008年第30卷第12期。

[3]《山东大学英才录》，《山东大学人物志》编委会编，山东大学出版社，1996年版。

[4]《2016 中国海洋年鉴》，中国海洋年鉴编纂委员会编，海洋出版社，2017年版。

[5]《山东民盟贤达》，民盟山东省委员会编，群言出版社，2016年版。

高 亨

　　高亨（1900—1986），初名仙翘，字晋生，男，吉林苏瓦延人，汉族，九三学社社员，古文字学家、先秦文化史研究专家和古籍校勘考据专家。1923年8月至1924年6月，在国立北京师范大学校上学。1924年8月至1925年6月，在国立北京大学上学。1925年8月至1926年6月，在清华学校国学研究院上学，毕业后，辗转于多所大学任教。1953年8月，受聘任山东大学教授。1958年随山东大学大部西迁去往济南。一生笃志于弘扬中国传统学术，成为先秦学术文化研究的一座重镇，有些训诂成果被《汉语大字典》作为专门义项收录。

　　1900年7月4日，高亨出生于吉林将军吉林府苏瓦延驿站（今吉林省长春市双阳区）所辖一座小山村的一户普通农民家庭。10岁时，入邻村私塾就读，学名高仙翘。幼时家境贫寒，知读书不易，因此刻苦用功，日诵夜读，八载寒暑从未间断，读过的《论语》《孟子》《诗经》《尚书》等典籍，几能背诵。

　　1918年春，考入食宿公费的吉林省立第一师范学校，1922年冬毕业。在校期间，除学校课程外，还在张文澍老师指导下，学习了中国第一部文字学专著《说文解字》，阅览了先秦诸子的主要著作及前四史。这时他已有志于中国古代文化研究，并且对研究的方法和门径有了一定的了解。

　　1923年春，第一次远离家乡来到北京，入读北京弘达学院，补习英语。同年秋，考入国立北京师范大学校。1924年秋，考入国立北京大学。1925年秋，改名高亨，考入清华学校国学研究院，成为该院首届研究生，拜梁启超、王国维两先生为导师。1926年，以优异成绩毕业，毕业论文《韩非子集解补证》深得梁先生的嘉许，梁先生曾对他说："陈兰甫始把《说文》带到广东，希望你把《说文》带到东北。"并在毕业时赠给他一副对联，予以鼓励：读书最要识家法，行事不须同俗人。自此高亨确立了"遵循朴学方法，以文字、音韵、训诂为工具，来研读先秦诸子的遗著，从而抒录个人的心得"的治学道路。

1926年秋，被吉林省立法政专门学校聘为教授，兼吉林省立第一师范学校教员，开始了教书生涯。两年后，转任省立东北大学教育学院国文专修科教授。九一八事变后，随省立东北大学来到北平。之后，又辗转河南、武汉、山东、陕西和重庆等多地的大学任教。1945年8月，在四川三台执教于国立东北大学。一年后，随国立东北大学迁回光复后的沈阳。自1931年底离开东北奔赴关内，至此已整整经过了15个春秋，在充满漂泊之感和忧国忧民的日子里，他克服种种困难，坚持学术研究，完成《周易古经通说》《周易古经今注》《老子正诂》《墨经校诠》等几部力作，确立了他在现代易学、老学和墨学研究中不可摇撼的地位。

1953年8月，经陆侃如、冯沅君引荐，来到山东大学中国文学系执教，并任校学术委员会委员。20世纪50年代的山东大学，文史两系名士如林，学术气氛浓厚，传颂了一段"冯陆高萧""八马同槽"的校园佳话，其中的"高"就是指高亨。

来到山东大学的高亨，虽已年逾半百，但依然精神矍铄，工作热情高涨，专心于读书、教书、写书的"三书"生活。在青岛的五年，高亨既为本科生讲授基础课中国文学史，还开设专题课《诗经》研究、选修课《老子》的作者问题等。除本科生外，他还带硕士研究生、副博士研究生（1956年10月山东大学获准招收副博士研究生，导师资格遴选极严，山东大学文科只有高亨与冯沅君被聘任为副博士导师）、助教、进修教师等。他每周为学生上一到两次辅导课，进行面授和指导。他那治学严谨、谦虚和蔼、诲人不倦的学者风范，赢得了学生的敬重和爱戴。

他总是精心准备每一堂课，备课本写得整整齐齐，做着各种标记，甚至把个别字标出了标准读音。不但新开的选修课是这样，即使是讲过多次的基础课，他也是不断地进行修订或重新组织。他曾不止一次地说："要教好学生，就首先要自己学好，把要讲的东西研究透彻，……因为学术不断发展，教学也应该不断地反映新成果。"从其学生保存的他1953年的讲课笔记和1956年的讲课笔记对比来看，后者显然是前者的修订甚至重写，无论是从章节安排还是从教材内容上看，后者比前者更充实、更完整。

他授课时严肃认真、一丝不苟。他的课常常座无虚席，有幸聆听过他的课的人，感到听课是一种享受。据他的学生回忆：在给中国文学系学生讲授中国文学史这门课时，先生声调爽朗，语句简洁，深入浅出，字字句句都能送入学生之耳。讲述先秦文学和秦汉文学时，每遇有生僻的词语或艰深的引文时，他立即写在黑板上，或逐字逐句地解释，或设喻取譬地论述，化艰深为平易，使学生们如同云开冰释，课堂效果很好。1956年毕业的学生董治安回忆："先生讲课清楚而重点明确，有时候为了解释一个新的字义或反驳一种错误的理解,会习惯性地稍作停顿,接着高声强调'据我的考证……',铿锵有力,言之凿凿,使听者很受启发。"另一名1956年毕业的学生、人民文学出版社原副总编辑张伯海回忆:"高先生的课,在科学考据的基础上敢于独树一帜地提出自己的见解,给学生留下了深刻的印象。"

高亨一贯重视基础知识的教育和基本功的训练,反复强调要阅读原书和原著,并要求学生们既要博览群书,又要掌握一定的工具。他强调要掌握《说文解字》,形象地把这个要求比喻为要练好"童子功"。他身体力行,不但能背诵《说文》,而且能背诵段玉裁的《说文解字注》。他还经常让其研究生、进修教师对他的教学和论著提出不同的意见,提倡教学相长,讨论有益。他鼓励自己的学生要敢于同老师进行讨论,勇于质疑:"对老师提出批评、建议或商榷,正是爱师尊师的表现。"他还勉励学生说:"在学术上,你们不要一切以我为是,也要'批判地继承'。现在你们的条件比我年青时好得多,只要认真、刻苦、努力,我看过上二三十年,就会赶上我,大大超过我。"他指导过的学生,后在学界有所成就者众多。如董治安,1956年毕业后留校任教,并成为高亨在青岛指导的研究生之一,后来董治安曾任山东大学中文系主任、古籍整理研究所所长、国务院古籍整理出版规划小组成员,学术成果颇丰。

在青岛的执教生涯里,他不但承担了繁重的教学任务,而且做了大量的科研工作,著述丰厚。

1954年,发表论文《墨经中一个逻辑规律——"同异交得"》。1955年,发表论文《周代大武乐考释》。1956年,发表《史记的思想性与艺术性》《〈诗经〉引论》《周代地租制度考》《老子的主要思想》《给〈文史哲〉编委会的信》《〈中国文学史稿〉讨论会上的发言》等论文;出版的著作有《诗经选注》《楚辞选》(与陆侃如、黄孝纾合著),重印《老子正诂》。

1957年,受聘兼任中国科学院哲学社会科学部哲学研究所研究员,发表论文《〈读诗经引论〉的商榷》《谈诗经〈月出〉篇答王季星先生》等;出版《周易古经今注》的修订版,修订了《诗经选注》。1958年,出版《墨经校诠》《周易古经通说》。

高亨治学走的是"朴学"之路,绝不发"无根之谈",完成于1957年的《诸子新笺》一书即为例证。学术上他既尊重前辈,又大胆创新。他说:"吾爱吾师,吾爱真理。在学术上,要视真理之所在为师。"他十分尊敬自己在清华时的导师梁启超、王国维两位先生,但他并不一切拘守师说,偏护师门。如在《周代大武乐考释》一文中,他即以自己新的考证成果明确纠正了王国维先生有关"大武乐"六章次第的错误理解,表现出了一种勇于探索、实事求是的治学精神。

高亨在青岛的治学范围仍主要用力于先秦一段，扎实的考据学功底，加之多年的潜心钻研，他的研究已能融会贯通，开掘深而立义精，发前人之所未发。1963年，毛泽东主席复信高亨称赞"高文典册，我很爱读"的6种著作中，《周易古经今注》《墨经校诠》等大都写作或修订于青岛期间。

丰硕的成果，是他工作之专注、用功之勤奋的结果。熟知他的人都知道，他每天4点起床，即伏案工作，早饭后接着进行，只有午饭后才稍事休息，几十年来无不如此。

1958年，他随着山东大学大部西迁去了济南，继续从事教学和学术研究工作。

1966年，"文化大革命"开始后，高亨同许多教授一样，被迫停止工作，接受批判和参加体力劳动。

1967年8月，在毛泽东主席的直接干预下，高亨被调至北京，先住在中华书局，后又由文化部安排一个住处，实际上是被保护起来，专门从事古代学术研究工作。

晚年的高亨由于青光眼，视力极度微弱；肌肉萎缩使他不能下床活动。但他以极大的毅力，拖着病痛之躯顽强地进行学术研究。在短短的1978和1979两年，就修订出版了《周易古经今注》《诗经今注》《老子注译》等著作，令人感佩不已。

1986年2月2日，高亨在北京因病去世，终年86岁。

2004年12月，作为国家"十五"重点出版规划项目，由清华大学出版社推出了十卷本《高亨著作集林》，几乎囊括了高亨平生所有的著述，其中包括他在青岛执教时期完成的《诗经选注》《楚辞选》《老子正诂》《墨经校诠》《诸子新笺》等著作，为学术界全面了解、评价高亨的学术成就、总结其治学方法提供了极大的方便。

（撰稿人　纪玉洪）

参考文献：

［1］《走近海大园·大师足迹篇》，魏世江主编，中国海洋大学出版社，2007年版。

［2］《山东（青岛）大学史：1929—1958》，翟广顺著，中国海洋大学出版社，2021年版。

［3］《高亨著作集林》，董治安编，清华大学出版社，2004年版。

冉祥熙

冉祥熙（1932—2021），男，山东济南人，汉族，中共党员。1953年山东大学数学系毕业后留校任教。1959年转入山东海洋学院任教，历任数学教研室主任、数学系主任、副院长等职。1983年当选为中共山东省第四届委员会候补委员。1987年4月任山东海洋学院党委书记（1988年1月为青岛海洋大学党委书记）。1988年率团访问日本东京大学、黎波大学。1989年出席中共青岛市第六次代表大会。1994年当选为第七届山东省政协常委。曾任山东海洋学院《高教研究》首任主编，《青岛海洋大学学报（社科版）》首任主编。

1932年3月13日，冉祥熙出生于山东省济南市天桥区镇武街一户普通市民家庭。7岁入读济南市模范小学，12岁入济南市立中学读初中，15岁起先后在济南市立第一中学、济南市立第二中学读高中。1949年8月15日，加入中国新民主主义青年团。

1950年9月，以优异成绩考入国立山东大学数学系，其间担任过数学系学生会主席，并被评为三好积极分子。新中国成立初期，国家亟需人才，提前一年（1953年）毕业留校任教，且兼任政治辅导员。1953年9月，加入中国共产党。

1958年9月，山东大学大部迁往济南，初定刘智白、武麦缨、胡正琪、郭梅芳、顾长康等5位数学系教师留青，后正住院治病的冉祥熙和在农村锻炼的张炳根、戴介节也被留下。山东海洋学院成立时，这8位教师组成数学教研组，冉祥熙任教研组副主任。1961年12月，改任数学教研室副主任。1962年9月，赴北京大学进修一年，主攻计算数学。1972年10月，任数学教研室主任。

1960年7月晋升为讲师，1978年5月晋升为副教授，1992年4月晋升为教授。主讲过高等数学、复变函数、计算方法、样条函数等课程。他治学严谨，教法求新，课堂效果出众，颇受师生赞颂。中国海洋大学数学科学学院教授路季平至今记忆犹新："他的课不拘泥于传授知识，善用启发式教学，颇具思想深度。"1960年4月，山东海洋学院召开首届"群英会"，荣获先进工作者称号。1977年和1979年，两次荣获学校先进工作者称号。1982年4月，荣获青岛市劳动模范称号；10月，荣获山东省劳动模范称号。

1977年10月，国家恢复高考制度，给包括"老三届"在内的高中生提供了难得的进高校深造的机会。但是许多考生尽管取得好成绩却由于年龄偏大，而被许多高校拒之门外。这个问题反映到中央后，便有了后来的扩招政策。获悉后的数学教研室，在学校领导鼎力支持下抓住这一难得的机遇，招收了一个数学本科班。这是山东海洋学院成立以来招收的第一个非涉海专业的班级，为学校的学科发展和拓展产生了深远影响。中国海洋大学数学科学学院在编写院史时对此评述道："当时数学教研室主任冉祥熙以传奇般的思维，紧紧抓住这一机遇，带领全教研室16位教师冲破阻力，在学校有关领导的支持下，室主任亲自出马在我校扩招了一个没有系的数学专业班，共39名学生，他们大多是年龄偏大的老三届学生。这个数学专业班的入校，为数学教研室增加了负担，但也为数学教研室增添了生气。为创办数学系培养了人才，积累了经验。"1979年，教育部批准，山东海洋学院增设应用数学专业。1980年1月，学校发文，成立数学系，并任命冉祥熙为数学系副主任（主持工作）。1982年10月，学校决定，冉祥熙任数学系主任。

1982年下半年，学校在学习贯彻党的十二大精神过程中，大力宣传"争当改革的促进派"，数学系率先成为改革的探索者。1983年春季学期伊始，党委批准数学系试行以"系主任负责制"为中心的十项改革。当年7月，党委书记华山就在有关会议上对这项改革评价道："总的看情况比较好。"10月，学校又把这项改革作为参加全省高教工作会议典型材料报送省教育厅。翌年3月，党委常委、教务处处长王滋然在系、处负责人会议上说："数学系实行以系主任负责制为中心内容的全面改革，既加强了系主任的责任心，又使系党总支摆脱了日常行政事务，有力地加强了政治思想和组织建设工作。实行教师任课聘请制，调动了教师的积极性，促进了教师奋发学习。改革助学金制，实行奖学金和助学金并存制，既保证了家庭困难学生的学习和生活，又对调动学生学习积极性和促进学生在德、智、体诸方面得到全面发展起到了较好的作用。"7月，学校公布施行《山东海洋学院关于实行系主任负责制的试行规定》，总结推广了数学系的改革经验。

1984年4月6日，教育部转发中央组织部关于山东海洋学院干部职务任免通知，对学校领导班子作出调整，其中冉祥熙任副院长。6月19日，教育部党组下文，同意山东海洋学院党委常委会组成名单，冉祥熙在列。6月29日，党委研究确定常委分工，冉祥熙分管行政工作。冉祥熙秉承从严治校传统，协助院长重点抓教学管理与改革、学科建设、学风建设等方面的工作。工作中，他负责、踏实，还特别有条理。

为响应中央"多出人才,出好人才"的号召,1984年,山东海洋学院出台选拔培养优秀生工作试行条例。经过考察,系主任推荐,教务处审核,院长批准,1985年5月,首批14名优秀生名单公布。冉祥熙在公布大会上说:"要不拘一格培养人才,充分调动和发挥人才内在的潜力和智力,培养复合型、开创型、能力型的人才。我们培养优秀生的制度就是在这样一种指导思想下提出来的。"到1987年7月,这14名优秀生中的12人确定攻读研究生。这项制度的实施是当时山东海洋学院最成功的教学改革之一。

施行教学质量评估制度是加强和改进教学工作的一项重要措施。1986年2月,在部署新学期行政工作会议上,冉祥熙说:"实行教学质量评估制度,是为了较客观地、全面地、综合地评价一个系的办学水平、一个专业或一门课程的质量,也是促进系、专业的发展和提高教学质量、教师素质的有效措施。本学期先在某些公共课和基础课进行试点,并对试点结果作出分析,以便推广,从长远看要与对教师的奖励和聘任挂起钩来。"11月6日,学校决定成立院教学评估领导小组,冉祥熙任副组长。随后,第一次课程评估试点工作全面展开,到1987年4月圆满结束,并举办经验交流会,在师生中产生良好反响,有力促进教学改革的推进和教育质量的提高。

1987年4月20日,国家教委党组下发通知,对山东海洋学院领导班子作出调整,冉祥熙任党委书记。担任党委书记期间,他坚持党的领导,贯彻落实党的路线、方针、政策,围绕人才培养等中心工作,着力加强党建和思政工作,推动出台多项制度,积极推进内部管理体制改革,学校整体办学水平显著提高。

加强和改善党的领导是办好社会主义大学的根本保障。1987年9月,冉祥熙主持召开大会,就在党政领导干部中开展以"防止克服官僚主义,切实转变领导作风"为主旨的"自学、自查、自改"活动进行动员。冉祥熙在会上强调:"防止和克服官僚主义是社会主义建设的迫切要求,……院部党政部门和院级党政领导干部要带头'自学、自查、自改'。要通过'三自'活动,切实加强和改善党的领导,密切党群、干群关系,端正党风,改进机关作风,提高工作效率,促进改革开放。"按照党委部署,把开展活动和解决实际问题紧密结合,历经三个阶段,到10月活动圆满结束,党风校风得到进一步好转。

中共中央《关于改进和加强高等学校思想政治工作的决定》对新时期高校思政工作提出更高的要求。1987年10月,按照这个文件精神的要求,冉祥熙主持会议制定了《关于改进和加强思想政治工作的几点意见》,要求广大教职员工要结合自己的工作认真履行教书育人、服务育人的职责。根据会议决定,学校成立学生工作委员会办公室,统一负责学生思想品德教育、日常行为管理和毕业分配等方面的工作;成立思想政治教育研究室,加强学生思想政治教育研究工作。

1988年1月,山东海洋学院更名为青岛海洋大学,标志着学校迈入建设综合性大学的新征程,这对学校管理与改革提出了更高更急迫的要求。3月,冉祥熙主持召开全委扩大会议,通报常委扩大会议讨论决定的关于学校今后几年建设与发展的几个重大问题。他强调要"以改革总揽全局",并阐释他的治校理念:"要进一步强化民主意识,要做到党务公开、政务公开、财务公开,充分发挥教代会、民主党派、各群众团体及各级人民代表、政协委员参政议政的积极性,……要从我校实际情况出发,创造性地贯彻和落实好高等教育工作会议精神,重点是进一步解放思想,更新观念,按照教育规律把竞争机制引入学校,巩固和提高近几年来我校发展和改革的成果;进一步集中精力提高教育质量,特别是本科教育质量;进一步根据经济和社会发展的需要调整办学结构和专业方向。"

1988年7月,学校党委召开党委委员、纪委委员、党政中层领导干部和各级人大代表、政协委员以及各民主党派负责人和群众团体负责人会议,传达国家教委直属高校党委书记、校长会议精神和学校贯彻意见。冉祥熙就我国的改革和经济发展形势、物价与工资改革、从严治党、加强党的基层组织建设以及巩固发展安定团结的政治局面等问题作报告。1989年春夏之交,北京发生政治风波,并一定程度上波及青岛。冉祥熙和学校党政领导班子成员一起,在思想上、行动上始终与党中央保持一致,确保了校园稳定,维护了教学秩序。

从严治教治校是冉祥熙的一贯风格。1990年春季学期开学第一周有30余人违反教学纪律,并多次发生教学事故。为此,冉祥熙主持召开教学工作会议,严厉指出学校纪律上存在问题,要求有关部门花大力气认真进行整顿,一定要抓出成效。他指出:"纪律是精神面貌的反映,是思想教育和管理工作的反映。……党员首先要带头遵守纪律,党政各级领导要尽职尽责抓好纪律,管理上要动真格的,争取短时间把纪律抓上去。"根据会议决定,学校很快出台《教学事故处理暂行规定》。

1991年4月,党委召开会议,部署开展社会主义思想教育活动。冉祥熙在动员会上指出:"深入开展社会主义思想教育活动,是当前高校面临国内外复杂严峻形势下培养社会主义合格建设者和接班人的迫切需要。"并强调教育活动要"坚持正面教育、以理服人的原则;坚持启发教育、自我教育的原则;坚持理论联系实际的原则"。随后四个月的时间里,采用集体辅导和走出去、请进来等方式,使教育活动开展得既生动活泼又扎实有效。

10月22日,青年教师王成海、叶立勋在进行海岛调查时不幸牺牲。12月21日,山东省人民政府批准王成海、叶立勋为革命烈士。12月28日,学校举行向王成海、叶立勋烈士学习动员大会。冉祥熙在讲话中指出："王成海、叶立勋是在党培养教育下成长起来的青年知识分子的典范。……要在前段学习的基础上，进一步在全校掀起一个学习热潮，努力使他们的崇高思想和模范行为在我校发扬光大，不断促进社会主义精神文明建设的深入开展，推动我校各项工作更好地前进。"此后，向两位烈士学习活动在全校各单位深入、广泛、持久地开展起来，带动校风、教风和学风的整体大幅提升。

青年是学校的未来和希望。经过反复酝酿和充分准备，1992年4月，青岛海洋大学首届青年教师、青年干部大会在逸夫科技馆隆重召开。7人被授予优秀青年教师称号，3人被授予优秀青年干部称号。冉祥熙在报告中谈到学校情况时说："今后十年左右的时间，教师队伍面临一场较大规模的新老交替的考验，……干部队伍也是如此。能否顺利完成教师队伍、干部队伍，特别是学术骨干的新老交替，教师和干部队伍能否以旺盛的生机和强有力的阵容跨入21世纪，这个问题需要我们认真对待。"对此，他说，学校党委和行政早已意识到，并且始终在想方设法解决这个问题，正采取切实措施，把潜在的危机转化为希望的契机。"每一位青年教师、青年干部，都应该清醒地意识到，自己不仅要培养跨世纪的人才，而且本身就是跨世纪的人才，肩负着双重责任。因此，每个人都要严格要求自己，不断提高自身素质，做一名合格的高等教育工作者。"在谈到青年教师和干部的历史责任时，冉祥熙殷殷嘱托道。

1992年7月，冉祥熙从党委书记岗位上退下来，1998年6月退休。

2021年11月22日，冉祥熙在青岛去世，终年89岁。学校党委审定的《冉祥熙同志生平》中写道：

"冉祥熙同志工作勤恳，作风民主，与学校领导班子成员、师生和教学同仁结下了深厚的友谊。在退休后，他仍情系学校和教育，积极为学校发展建言献策，服务社会，报效家国。冉祥熙同志爱国奉献，爱岗敬业，追求进步，开拓进取，廉洁正派，甘为人梯，一生为社会主义培养建设者和接班人。他的精神和贡献将永为中国海大人、永为高等教育同仁所敬仰和铭记！"

（撰稿人 杨静 纪玉洪）

参考文献：

［1］《高教研究》，山东海洋学院《高教研究》编辑部，1985年总第1期。

［2］《青岛海洋大学学报（社科版）》，《青岛海洋大学学报（社科版）》编辑部，1988年第1期。

刘　纶

刘纶（1896—1969），字叔傑，男，直隶天津人，汉族，无党派人士，水产食品学专家。1916年毕业于直隶省立甲种水产学校制造科。1917年赴日本北海道帝国大学附属水产专门部留学。归国后先后任营口乙种水产学校制造科主任兼讲师，直隶省立甲种水产学校编译员、制造教员、制造科主任等。抗日战争期间任天津私立渤海中学生物教员。1946年河北省立水产专科学校复校后，任教授兼制造科主任。1953年8月，奉调至山东大学水产学系任教授直至退休。

1896年7月18日，刘纶出生于直隶省天津府天津县土城村（今天津市河西区东部大沽南路与解放南路交会处东侧一带），是天津"八大家"之一"土城刘氏"后裔，近现代著名画家刘奎龄是他的族中十叔。因家道衰落，自幼由同族人抚养求学，因此养成他奋发图强、坚韧自立的性格和品质。

刘纶13岁入读天河初级师范学堂（后改称直隶第一初级师范学堂）附属小学。18岁时，直隶省立甲种水产学校（河北省立水产专科学校、河北省水产专科学校等前身）创办，即投考该校制造科。求学期间刻苦钻研，孜孜以求，受到校长孙凤藻先生器重。1916年12月，刘纶以优异成绩毕业。

1917年5月，刘纶被公派至日本北海道帝国大学附属水产专门部留学深造，专注水产加工学术研究，学习成绩始终斐然。在日本，由于生活条件艰苦，他患上严重寒腿症，以致后来行动不便，生活不能完全自理。

1920年3月，刘纶于日本北海道帝国大学附属水产专门部毕业。回国后他先是在营口乙种水产学校（后改称辽宁省立水产高级中学）任制造科主任兼讲师，后回到直隶省立甲种水产学校任编译员、制造教员等。1924年6月，刘纶等代电呈报北京政府农商部，当年3月间有日本渔船侵入山东海域捕鱼，并毁损渔民渔具，呼吁政府予以处置救济。农商部予以重视，分别向海军部、山东省长和胶澳商埠督办发出咨文，并下令山东实业厅详查此事。《农商公报》1924年第十卷第十二期对此有记述："……本月二十日，据直隶水产学校教员刘纶等啸代电称：报载本年三月间，山东沿海陡来日本汽船、帆船共百余艘，在渤海内捕鱼并毁损吾国渔民网绳钓线，吁恳据理力争并提倡渔业以固海权而御外侮等情。查此事迭载报端，惟未经山东地方官厅报部，正拟行文考查兹。据该教员等代电，各情事关海权情节较重……"同时，农商部批复刘纶等："批刘纶等：第七五七号　六月二十八日　据电称日船侵入渤海捕鱼等情已抄件分别详查俟复到再行核办由　呈悉。已据情分咨海军部、山东省长、胶澳商埠督办，并令行山东实业厅详查……"

1925年3月10日，直隶省教育厅发出第九四七号指令，委任刘纶为直隶省立甲种水产学校制造科主任。1927年1月，刘纶所著《食品化学》由商务印书馆出版。该书共有20章，详细论述了诸营养素和食品的种类、名称、成分、性质等，尤其对食物的营养、变质及贮藏等理论进行了详细阐述。其第二版和第三版分别于1934年和1935年出版。

1931年7月，由河北省立水产专科学校出版委员会出版发行的年刊《水产学报》创刊，刘纶任主编。该刊有学术类、附录类和补白三个主要栏目，以发展内河外海水产业、振兴海权渔利为主旨，主要宣传、介绍水产知识，注重学术交流。至1936年该刊共出版6期，后因全民族抗日战争爆发停刊。1932年，他在《水产学报》第一卷第二期发表《鱼粮》一文，分总论、鱼粮事业发达之沿革与现状及其将来、鱼粮之解释等，对鱼作为人类食物从定义、种类、品质等多个方面进行科学阐述。

在河北省立水产专科学校，刘纶和校长张元第（崧冠）、渔捞科主任郑恩绶（紫宸）系同入甲种水产学校学习，同赴日本留学，又同返母校执教，为天津水产科教事业共同奋斗并奉献了一生，被誉为"天津水产三杰"。

卢沟桥事变后不久，天津沦陷。河北省立水产专科学校因校舍被日军占据被迫停办。刘纶失去经济来源，一家7口面临断炊窘境，无奈之下从河北宙纬路诗经村迁到河东粮店后街大狮子胡同，租赁两间平房居住。天津日伪维持会成立后，四处搜罗懂日语之人为其效力。因河北省立水产专科学校高级教学人员多为留日学生，引起注意。刘纶断然拒绝高薪"聘请"，宁肯到天津私立渤海中学做生物教员领低薪也决不"高就"。私立渤海中学后来迫于时势须添设日语课，但刘纶不愿接课，只教生物课。

抗日战争胜利后，刘纶与河北省立水产专科学校同学会成员一道积极奔走，推动复校。1946年12月，学校在原址复校后，他回校受聘任制造科教授兼主任。天津解放后，刘纶受到黄火青接见，黄书记勉励他继续办好水产学校，并赞扬了他的治学精神。

1952年开始，国家对全国高校进行大规模院系调整。翌年8月，刘纶奉调至山东大学水产学系，并于9月被聘为教授，从事教学和著述翻译等工作。

学校专门配备助教，协助刘纶从事《水产动物化学》（大岛幸吉著，中译本上下册出版时分别经闵菊初、骆肇荛校审）翻译工作。该书上册于1959年1月在科学出版社出版，介绍了海洋、湖泊、河川、池塘、水库中栖息的鱼类、虾蟹类、贝类、海兽、龟鳖、蛙类、海参、水母等水产动物的有关化学知识，以及这些水产动物的化学成分、营养价值和化学作用等；下册于1960年7月亦在科学出版社出版，介绍了水产动物（以鱼类为主）的食品加工（如干燥、盐藏），以及水产罐头、冷藏、冷冻、鱼油（包括鱼肝油）等制造过程的化学作用，对鱼肥、鱼粉等制作过程的化学作用都有详尽论述。该译著出版后被定为高等学校水产等专业的教材。刘纶长子、民盟天津市委办公室原主任刘肇祺撰写的《怀念天津著名水产科学教育家刘纶先生》一文，曾提到父亲在山东大学工作的经历，文章写道："山东大学领导认真贯彻党的知识分子政策，在工作上、生活上为先生提供了多种条件，更激发先生的从教积极性。先生也深感党的知遇之恩，对待工作认真负责、一丝不苟，除担任教学与科研任务外，还主动要求与中青年教师一起从事水产新科技知识的学习与研究。"

在山东大学，刘纶的健康状况已不容乐观，海边的潮湿空气使他的寒腿症发展成强直性脊柱炎，身体只能站立或躺下，行动更为不便。他日间授课、科研及译著等案头工作，只能站在特制的高桌边完成，为了写教材常常一站就是一整天，累了才在特制的高藤椅上靠靠算作休息，晚间要在家人帮助下才能躺倒。即便如此，他仍克服病痛，坚持教学和科研，从未因此而迟到或缺课。刘纶孙女、天津人民美术出版社编审刘正幼年曾在青岛京山路山东大学教职员宿舍与祖父母短期生活。她回忆，学校考虑到祖父行走困难的实际情况，曾专门安排人力车接送他上下班。她曾吃过祖父给的冰激凌，那是他在学校实验室里指导学生一起制作的。

鉴于健康原因，1958年秋，刘纶提前退休，由青岛回到北京。返京后十余年，他以病残之身终日站在五斗橱旁（高度正好）著书立说，身后留下大量水产学方面的书稿。

三年困难时期过后，刘纶与其他在京科学家、教育家在人民大会堂受到周恩来总理宴请，异常兴奋，回家后即写信给周总理表示"身残志不残，还愿为国家效力"。周总理将此信批给国家水产部，杨扶青副部长持批件告知刘纶，部里拟定在天津筹建水产学院，请他和郑恩绶主持此事。此事后来在"四清"运动中搁浅。

刘纶在"文化大革命"中受到迫害。刘肇祺在上文写道："先生耿直不阿，是非分明，对待恶势力从不低头。'文化大革命'期间，造反派矛头指向水产部某高层领导，企图让先生作伪证，遭到严词拒绝。他们先把先生身边年仅十几岁的孙女夜间抓进'学习班'关押数日，又几天不让先生睡觉，加之呵斥逼迫先生就范，但先生从始至终坚决拒绝。"

1969年4月25日，刘纶因病在北京去世，终年73岁。

从教近40年，刘纶除著有《食品化学》、译有《水产动物化学》外，还著有《食品工业》两卷（1966年交科学出版社，最终因爆发"文化大革命"出版未果），以及撰写各种讲义、论文等若干。

（撰稿人　金松）

参考文献：

［1］《农商公报》，农商部编辑处，1924年第十卷第十二期。

［2］《直隶教育旬报》，直隶省教育厅，1925年第八卷第七期。

［3］《天津河北文史（第4辑）》，中国人民政治协商会议天津市河北区委员会文史书画委员会编，1990年版。

李德尚

李德尚（1928—），男，山东平度人，汉族，中共党员，水产养殖学家，水产养殖国家重点学科带头人，中国海洋大学海水养殖教育部重点实验室学术委员会名誉主任委员，主要从事水产养殖生态学方面教学和研究。1948年起先后就读于国立山东大学、山东大学外国语文学系和水产学系，1952年7月毕业。1952年8月起，任教于河北省水产专科学校；1953年8月起，任教于山东大学水产学系；1958年10月，被借聘到江苏新海连水产专科学校。1962年9月起，任教于山东海洋学院水产学系、青岛海洋大学水产学院，历任讲师、副教授、教授、博士生导师。曾任青岛海洋大学水产增养殖研究所所长、国家教委水产养殖开放研究实验室学术委员会主任委员、国务院学位委员会学科评议组成员、国家教委科技委学科组成员、国家自然科学基金会学科评审组成员、中国水产学会江湖水库渔业委员会副主任委员及全国高等农业院校教学指导委员会学科组成员等。享受国务院政府特殊津贴。

1928年3月18日，李德尚出生于山东省平度县（今山东省平度市）灰埠镇三埠李家村一个农民家庭。父亲李华庆是一名中小学教师，学识渊博，尤长文史，注重子女教育，对他成长与文化素质培养起到重要作用。

李德尚7岁开始先后在本村小学、平度新民乡玉成小学及灰埠镇崔家小学就读初小与高小，14岁起就读于设在平度辛安镇的平度中学初中部，18岁起就读于山东省立青岛临时中学（青岛黄台路12号）。整个中学阶段处于抗日战争与解放战争时期，学习生活条件极为艰苦，所幸就读学校师资水平较高，加以自身勤奋好学，学习成绩一直优秀。他初期喜好语文数学，后期对英语较感兴趣。

1948年8月，李德尚以同等学力考入国立山东大学外国语文学系，翌年秋转入水产学系二年级就读，选学水产养殖。他曾修过本系尹左芬先生的无脊椎动物学、邹源琳先生的鱼类学，植物学系李良庆先生和曾呈奎先生的藻类学等课程，四年大学学习成绩优异。限于当时教学条件，专业课所学不多，但生物学与化学等基础课学时较多，为日后科研教学奠定较好基础。1950年11月，学校师生员工发表《反美侵略宣言》，全校同学上书党中央和毛泽东主席表达抗美援朝斗争的决心，他在宣言上签名。

1952年7月，李德尚于山东大学水产学系毕业。同年8月被分配到河北省水产专科学校担任助教，承担水产动物学实验并为开设浮游生物学和湖沼学收集资料。后因全国高等学校院系调整，1953年8月转回山东大学水产学系任助教，3年后晋升为讲师。他先后承担浮游生物学和天然水域鱼类增殖学教学。1953年秋，他参加朱树屏先生领导的内蒙古岱海的调查，担任水质分析等工作。这期间，他陪朱树屏先生进行了湖泊周边自然环境的踏查。翌年春参加中国科学院海洋生物研究室（今中国科学院海洋研究所）、中央人民政府农业部水产实验所（今中国水产科学研究院黄海水产研究所）和山东大学合作进行的烟台鲐鱼渔场调查，担任浮游动物分析等工作。

1954年至1955年和1956年至1957年，李德尚两度前往中国科学院水生生物研究所进修。第一次在藻类学家饶钦止先生指导下，编写了以分类学为主、加之基础生物学的浮游生物学讲义，填补了国内相关领域的教材空白。第二次，因接受开新课——天然水域鱼类增殖学的任务，前去进修和准备。其间翻译苏联教科书《天然水域鱼类增殖学》（1958年12月，由高等教育出版社出版）作为主要参考书，并收集和整理了大量的国内有关资料，为回校开新课作了充分准备。1957年下半年回校开出了新课，除去以苏联有关教科书为参考外，他主要介绍和讲解了国内的有关资料，效果良好。

1958年10月，李德尚被借聘到江苏新海连水产专科学校（今江苏海洋大学海洋科学与水产学院），为该校养殖专业开创和建设发挥了骨干作用，除对该专业建设的筹措、计划和指导外，还承担了基础课到专业课多门课程的教学任务。1961年9月，主编并出版天然水域鱼类增殖学课程第一本统编教材《内陆水域鱼类增殖学》，综合了当时苏联教材与美国有关专著的精华，并融入大量的国内资料，对我国该学科的教学和科研起到推动作用。稍后，负责起草了我国水产高校该课程的第一部通用教学大纲。在此期间，他还编写了鱼类学讲义，以鱼类生物学内容为特色，涵盖基础生物学和群落生物学，为国内鱼类学领域增添了新的板块，成为当时全国水产养殖专业的主要参考资料。

1962年9月，李德尚调山东海洋学院水产学系任教。11月任学报编辑委员会委员。直到"文化大革命"前，他主要从事内陆水域鱼类增殖学教学工作，同时进行山东省数座水库的渔业利用研究和崂山香鱼资源的调查。

1971年2月，根据《山东省高等学校布局和专业调整方案》，山东海洋学院水产学系并入烟台水产学校。3月，李德尚前往该校工作。在烟台期间，他担任了全国中专通用教材《池塘养鱼学》编写的主要责任人，该教材系统介绍了我国混养、轮养、池塘水质管理技术及其生态学原理，教材整体尤其是生态学部分得到同行高度评价。

1978年3月，水产学系归建山东海洋学院，5月李德尚回到青岛。1979年至1982年，他参加了"东方对虾工厂化育苗技术"联合攻关研究，是山东海洋学院课题组骨干成员。该项目获农牧渔业部科技成果奖一等奖和山东省科技成果奖一等奖。在这期间，他还专门进行了"育苗池中扑食对虾幼体的桡足类的研实"，查明了扑食种类、危害程度，并提出防除的方法。

1980年10月，晋升为副教授。1982年3月，他与王克行、孟庆显等承担的"对虾人工育苗和养殖技术的推广"研究项目获国家科委、国家农委联合颁发的农业科技推广奖。胡耀邦总书记对此给予充分肯定，并在这项研究成果的新闻稿上批示："这才是应该大力表扬的科研方向。"

1985年4月，学校恢复设置淡水渔业专业，李德尚任专业主任，负责大型内陆水域鱼类增殖学教研工作，并以水库的渔业利用为研究中心。同年11月晋升为教授。1986年4月加入中国共产党。8月，经国务院学位委员会批准，学校水产养殖学等3个专业为第三批博士学位授予专业，李德尚成为水产养殖学科博士生导师和学科带头人。1989年11月，水产养殖学科被批准为全国重点学科。

水库养鱼是我国大型水域鱼类增殖的重要部分，20世纪80年代前后，增加了投饵网箱养鱼。李德尚从发挥水库养殖生态系统的综合作用和全面利用水库资源出发，提出将网箱投饵养殖与粗放滤食性鱼类综合在一起的思路。为此，他对水库的生态条件、网箱养鱼及施肥养鱼的技术，在同一水库中进行网箱投饵养殖吞食性鱼与粗放养殖滤食性鱼之间的互利关系及其适当的配比，做了多个课题的研究，从理论上提出一条合理和充分利用水库鱼产力的途径，并研究出其实施的基本技术参数。这一结果引起国内同行广泛兴趣，并在国内一些水库得到应用。

20世纪80年代末，李德尚首次用实验法完成"水库对网箱养鱼的负荷力"的研究。研究中使用了自行设计的飘浮式实验围隔，获得对北方丘陵水库的网箱养鱼有指导意义的结果。大致在同一时间完成"山东省大中型水库鱼产力评价的研究"。该项研究在方法学上有重要创新，提出一种综合使用制约水库鱼产力的主要指标，定量地划分鱼产力等级的评价方法，使评价结果更接近实际、更有应用意义。研究结果将山东省的大中型水库分成五级，并依据经营良好、产量高而稳定的水库的鱼产量，提出各等级鱼产力的估计值，对该等水库渔业的健康发展起到了指导作用。

对虾养殖业在20世纪90年代初期遇到病毒病的毁灭性打击。从1994年起，李德尚开展了对虾与鱼、贝类综合养殖及病毒病预防的研究，系统研究了对虾池塘养殖的生态学问题。其中"对虾池综合养殖生态系统优化结构的研究"是国家自然科学基金重点项目，工作的系统性、深度和广度都较好。研究使用了自行设计的池塘陆基实验围隔。研究结果证实了合理的鱼、虾、贝混养比单养对虾具有更高的生态和经济效果。提出了混养系统的优化结构，并评价了其生态和经济效益。这一结果对改进养虾的技术体制，促进该产业的可持续化具有重要理论指导意义。

在后期完成的"对虾白斑病毒病的围栏封闭预防技术"研究中，李德尚首次提出一种对本类虾病的积极预防方法。该技术以切断该病的传播途径为目标，以建造防蟹围栏封闭池塘为特色，在养虾的各个生产环节都采取了得力的防病措施，构成了一个完整的综合预防体系。实验和应用结果证明本技术效果十分优越，凡按要求操作者均获成功，从而为振兴我国沿海高发病区的养虾业开辟了一条可行之路。本研究成果获国家发明专利（授权号：ZL99112369·7）。

科研中，李德尚很注重方法学研究。由于研究方法构思精巧，所获结果大多既新颖又适用，从而使科研能别开生面。

生氧量生物测验法研究。该法在原理上以往文献中已有记载，但关于实施的具体条件及步骤则鲜有报道，因此在国内学术界和生产上都未见采用。20世纪80年代后期，他对此法进行了实际研究，提出了使用条件和具体方法，使之成为一种简易而实用的技术，从而解决了研究水域的限制性营养盐与大水域施肥养鱼拟订肥料成分合理配比的方法，为日后很多研究者所采用。

适用于内陆大型水域生态学研究的浮式实验围隔。该设施是20世纪80年代后期研究水库对投饵网箱养鱼的负荷力时研制的。所得结果可比性较强，成本低，体积小，易操作，可以用较低的资金和人力对照研究不同性状（处理）大水域的生态问题，而且有可能一次获得大量数据，因此是大水域养殖生态学研究方法的一大发展。

适用于池塘生态学研究的陆基实验围隔。该设施是他在20世纪90年代中期研究对虾池综合养殖时研制的。其优点大致与前述浮式围隔相同。这一设施的采用，除用较小代价完成了繁重的研究任务外，还以其防病毒病的效果推动了该课题组对虾病毒病预防技术的研究。

对虾池补充用水的防病毒快速处理装置。他于20世纪90年代末在研究对虾病毒病的预防中设计了该装置。这一发明节约了大面积的养殖池塘，简化了处理过程，大大提高了水处理的质量，获国家实用新型专利。他还在关于对虾池综合养殖的研究中研制了用于测定养殖池塘底泥耗氧量的底泥呼吸器，保证了研究顺利完成。

1991年10月，经国务院批准，李德尚自同年7月起终身享受政府特殊津贴。1992年12月，青岛海洋大学水产增养殖研究所调整（原微藻研究所并入），李德尚任新水产增养殖研究所所长。1993年12月，青岛海洋大学水产养殖实验室被批准为国家教委开放研究实验室（2000年经教育部认定为水产养殖重点实验室），他任实验室第一届学术委员会主任委员。1996年3月28日，青岛海洋大学校务委员会恢复成立，任校务委员。

2001年10月，李德尚退休。多年来，他发表学术论文100余篇，出版《天然水域鱼类增殖学》《内陆水域鱼类增殖学》《淡水鱼类养殖学（上下册）》《水产养殖手册》、*The International Symposium on Aquaculture*、《海水养殖生态环境的保持与改善》《水产养殖生态学研究》等学术专著7部。他先后主持国家科技攻关、国家自然科学基金、国家攀登计划、国家教委博士点基金、水利部和山东省自然科学基金等研究项目10余项。1982年以来，获省部级科研奖励9项，优秀论文奖10项，国家发明专利1项、实用新型专利2项。"对虾工厂化育苗技术攻关""水库综合养鱼技术""水库对网箱养鱼的负荷力""水库鱼产力的评价""淡水轮虫的工厂化培养技术""对虾池综合养殖生态系统优化结构的研究"及"对虾暴发性病毒病的围栏封闭预防技术"等成果多居国际领先、先进或国内领先水平。

任教以来，李德尚讲授过大型陆水鱼类增殖学、陆水生态学、鱼类学、浮游生物学、鱼类养殖学、对虾养殖学等多门本科生及研究生课程，教学经验丰富，受到学生欢迎和好评，3次被评为学校优秀教师、1次被评为先进工作者，1985年被评为山东省优秀教师。退休前共培养博士生24名、硕士生19名。培养研究生过程中，他注重德育和学生老实做人、忠于科学、团结合作等精神的养成，善于启发学生开拓创新，引导学生钻研分析，并对学术论文的撰写从严把关。培养的研究生大都水平较高，博士生一般都是所在单位学术骨干，大部分是学术带头人。

（撰稿人　金松）

参考文献：

［1］《水产养殖生态学研究　李德尚论文选集》，李德尚著，中国海洋大学出版社，2007年版。

［2］《山东省有重要贡献专家名录》，中共山东省委组织部、山东省人事厅编，山东科学技术出版社，1999年版。

文圣常

文圣常（1921—2022），男，河南光山人，汉族，九三学社社员、中共党员，中国海洋大学教授、博士生导师，中国科学院院士，海洋学家、教育家，中国海浪研究的开拓者和物理海洋学的奠基人之一。1944年毕业于国立武汉大学，1946年赴美国进修。1953年10月，调入山东大学海洋学系任教。1956年3月，加入九三学社；1983年2月，加入中国共产党。1984年4月至1987年4月，任山东海洋学院院长。1993年当选为中国科学院院士。

1921年11月1日，文圣常出生于河南省光山县砖桥镇，家中兄妹4人，他排行第二。

文圣常两三岁时，父亲文古瑜就教他学习《三字经》《百家姓》，为他讲解其中的哲理故事。母亲苗氏贤惠善良，淳朴仁厚，勤俭持家，虽然识字不多，也总是鼓励他好好读书，追求上进。他五六岁时，在文氏祠堂跟随大伯文古范学习《论语》之类的儒家经典，开始接受启蒙教育。

1927年起，文圣常就读于国立光山县第一完全小学。在这里他遇到了许多优秀的老师，在他们的教育和感染下，爱国情怀开始萌发。1933年，考入河南省立潢川初级中学。初二时，英语老师蔡大钧对他的英语学习帮助很大，使他培养起学习英语的兴趣。当时学校设有甲、乙、丙三等奖学金，文圣常因为成绩不错，每次总能拿到乙等奖学金，会有十几块钱的奖金，依靠这些奖金，他解决了自己的吃饭问题。1936年，以优异成绩考取湖北省立宜昌中学。

全民族抗日战争爆发后的第二年年初，文圣常办理了休学手续，赶回砖桥镇。在家乡住了一段时间后，经亲戚引荐，他在光山县的白雀园国民小学谋得一个教书差事，负责除了体育、音乐以外所有课程的教学，当地人习惯称呼他"文小先生"。1938年10月，日军占领光山县，家乡不再安全，他决定返回高中继续求学。他之前就读的湖北省立宜昌中学并入恩施高中。同年底，他辗转抵达恩施进入湖北省立联合中学恩施分校就读，于1940

年1月毕业。

1940年9月，文圣常考入位于四川乐山的国立武汉大学工学院机械工程学系。当时，两任机械工程学系主任郭霖教授、张宝龄教授以及任课教师笪远伦教授等为他打下了坚实的专业基础。大学期间，他潜心学习，广泛涉猎知识，业余时间还阅读了大量新闻、文艺、哲学和逻辑学之类的书籍，开拓了视野，丰富了知识储备。

1944年7月，文圣常通过了学校规定的各科考试，并撰写提交了毕业论文《流体边界及研究的远景》，从国立武汉大学正式毕业。同月，被分配至位于成都的国民政府航空委员会第八飞机修理厂担任试用技术附员，负责统计全厂的修理任务、填写报表等工作。1945年2月，工作满半年后，他通过了试用期考察，成为正式员工，并被调到航委会下属的第十一飞机修理厂担任考工股员。其间，通过了前往美国进修的考试。

1946年初，文圣常从上海乘船前往美国进修。这是他第一次见到大海，十分高兴，尽管有些晕船，但他依然站在甲板上眺望着蔚蓝的海面。面对太平洋上的滔天巨浪，他发现自己乘坐的上万吨重的轮船像一片树叶一样摇摆。他脑海中灵光一闪，这滚滚的波涛何尝不是一种取之不尽用之不竭的能源呢？如果想办法利用起来，那将是一件十分有意义的工作。从那时起，他的研究方向发生了转折，开启了探究海浪的浩海求索之路。同年3月，抵达位于美国得克萨斯州圣安东尼奥市凯利机场的航空机械学校，学习飞机修理知识。

在美国航空机械学校进修期间，文圣常读到了加拿大女王大学物理学系教授John K. Robertson的著作*Atomic Artillery and the Atomic Bomb*（《原子轰击与原子弹》），考虑到将来中国要想发展这一领域的技术，就必须先了解原子弹相关的知识。他利用业余时间翻译了这本书，于1947年把译稿带回国内，并在世界书局出版。在美国期间，他除了完成规定的飞机修理课程外，也比较关心脑海中萌生的开发利用海浪能的问题，他一边收集阅读相关的资料，一边结合自己的机械工程学科特长进行思考，甚至在脑海中谋划设计出了一种简单的对波浪能进行开发利用的装置，只等回国后制作出来。

1947年回国后，文圣常被分配至驻守北平的空运第一大队103中队。同年秋，他毅然离开部队，在国立武汉大学机械学系主任刘颖教授的介绍下前往位于重庆的国立中央工业专科学校任教。他在航空机械科担任讲师，主要讲述飞机学和汽车学方面的课程。在重庆任教期间，他设计制造了一种利用海浪能量的动力装置，在嘉陵江边进行试验。为寻找一个开展海浪研究的理想场所，1950年底，他离开西南工业专科学校前往上海。

1951年1月，文圣常受聘于湖南大学机械学系任副教授，主要讲授发动机动力学、材料力学等课程。同年8月，他利用赴北京开会之便，前往北戴河海边进行了海浪能开发利用的试验。返校后，他辞去教职，又前往位于桂林的广西大学机械学系执教，并被聘为教授。

1952年夏，抵达青岛。山东大学海洋学系主任赫崇本教授邀请他加入刚刚成立的海洋学系，他欣然应允，并返回广西大学等待工作调令。

1953年，中国人民解放军军事工程学院在哈尔滨成立，文圣常被选派到空军工程学系任教。10月，经过多方沟通协调，他调入山东大学海洋学系工作。12月，在前期开展海浪能开发利用试验的基础上，他在《机械工程学报》发表了《利用海洋动力的一个建议》一文，这是我国学者最早探讨海浪能量利用的学术文章。

20世纪50年代，文圣常发现在当时的情况下开展海浪能的开发利用研究困难重重，既没有科考设备，也没有研究团队，于是他转向了理论方面的研究工作。50年代末，国际上存在两种比较盛行的海浪研究方法——"能量平衡法"和"谱法"，但这两种方法在研究中都存在明显的不足，即研究者主观经验推测和假设的成分较多。他认为这些谱理论都是表征海浪充分成长状态的，是特殊状态的；它们没有考虑波浪成长过程中的、更一般的、更普遍的谱型形式。

1960年，文圣常从能量平衡的观点出发，导出了可用以描述风浪随风时或风区成长的更一般、更普遍的普遍风浪谱，并撰写了《普遍风浪谱及其应用》一文，发表在《山东海洋学院学报》上。同时，他还在《山东海洋学院学报》发表了《涌浪谱》一文。这两篇论文经赵九章和赫崇本两位教授联名推荐，在《中国科学》上以英文发表。其中，普遍风浪谱的成果还被译成俄文，在苏联著名海洋学家克累洛夫编著的《风浪》论文集中全文刊出。他的这一创新成果在世界海洋学研究领域产生了重要影响，曾在1960年有关国际海洋科学进展评论中被评为重要研究成果。为铭记他的卓越贡献，业内将其称为"文氏风浪谱"。

1963年，文圣常等29名海洋科学家联名上书国家科学技术委员会并中共中央和国务院，提出：鉴于当前海洋工作中亟需解决的问题较多；海上活动安全没有保证、海洋水产资源没有充分合理利用、海底矿产资源储量和分布状况了解很少、国防建设和海上作战缺乏海洋资料等原因，建议成立国家海洋局，以加强对全国海洋工作的领导。1964年，经第二届全国人民代表大会常务委员会第124次会议批准，国家海洋局成立。

1965年至1966年，文圣常主持和领导了国家科委海洋组海浪预报方法研究组的技术工作，因为开展的研究充分结合了中国海域的特点，适合我国海洋生产的实际，由他提出的海浪计算方法很快在国内得到广泛应用，产生了巨大的社会效益和经济效益。

20世纪70年代末，为适应我国沿海城市改革开放的需要，交通部启动了《港口工程技术规范》编写工作。他带领团队制定的设计波浪标准及其换算推算方法、外海波浪因素计算方法、近岸波浪因素计算方法等工程设计和管理的技术标准，列入交通部《港口工程技术规范》第二篇《水文》的第一册《海港水文》中，并于1978年1月出版，从而打破了我国在建设港口的有关规范中长期依赖苏联和美国的局面。1985年，该成果荣获国家科学技术进步奖二等奖。

1979年9月，文圣常被任命为山东海洋学院副院长，分管国际合作交流等工作。1984年4月至1987年4月，任山东海洋学院院长。1984年10月，他带领学校师生员工集思广益，编制了《山东海洋学院事业发展规划》，确定学校的性质和发展方向为：办一所面向海洋科学技术，以为海洋开发服务为主，涵盖理、工、水产、环境科学、管理科学及文科等多科性的高等学校。任期内，他推动了学校与德国汉堡大学、美国俄勒冈州立大学的合作，在科学研究、人才培养等方面成效显著。

1981年，经国务院批准，山东海洋学院成为全国首批拥有博士和硕士授予权的单位之一，物理海洋学成为学校首个具有博士学位授予权的学科，文圣常成为学校第一位博士生导师。

1983年10月，经教育部批准，山东海洋学院成立物理海洋研究所，文圣常兼任所长。

20世纪80年代，文圣常在前期研究的基础上，又采用解析的方法导出了风浪频谱和方向谱。90年代初，风浪频谱先后获得国家教委科技进步奖一等奖和国家自然科学奖四等奖，风浪频谱被收录进交通部1998年《海港水文规范》中。

1986年，我国启动了"七五"国家科技攻关项目（第76项）"海洋环境数值预报"。文圣常承担了该项目的重中之重——"海浪数值预报方法研究"（课题编号为75-76-01-01）。历经5年科技攻关，他带领团队提出了"新型混合型海浪数值模式"，该模式不仅可靠稳定性高，而且节约机时，在相同条件下所用机时仅约为当时国际流行的WAM模式的1/60。新型混合型海浪数值模式的提出，不仅有效克服了当时我国计算机运行水平较低的困难，而且使我国的海浪预报模式从传统的经验预报迈向了数值预报，在这一领域实现了质的飞跃。

1991年，文圣常又承担了国家"八五"科技攻关项目"灾害性海洋环境数值预报及近海环境关键技术研究"核心课题"灾害性海洋环境数值预报模式研究及业务化"第一专题"灾害性海浪客观分析、四维同化和数值预报产品的研制"（编号为85-903-03-01）

的研究工作。他进一步完善了新型混合型海浪数值模式，使我国的海浪预报工作摆脱了长期使用的经验外推方法，进入到国际先进海浪预报技术行列。在国家海洋环境预报中心、青岛海洋预报台和渤海石油公司工程部试用效果良好，并被国家海洋环境预报中心推广供各区台日常业务预报使用。

1993年，文圣常当选为中国科学院院士，成为山东海洋学院成立以来的第一位院士。同年，青岛海洋大学成立了海洋环境学院，下设海洋学系、海洋气象学系、物理海洋研究所、海洋环境科学研究所、物理海洋实验室，文圣常任名誉院长。

1996年前后，文圣常又承担了新的科研项目——"近岸带灾害性动力环境的数值模拟技术和优化评估技术研究"，并亲自参与该项目子课题"近岸带浪、流、水位联合计算方法研究"工作，以无须扬鞭自奋蹄的精神气概出色地完成了研究任务，并发表了多篇涉及深、浅水风浪方向谱的学术论文，提出了"浅水风浪谱""基于选定风浪方向谱的海浪模拟方法"等系列创新性理论。

鉴于"七五""八五"科技攻关取得的重大科技成果，文圣常和团队先后获得国家"七五"科技攻关集体荣誉证书、国家"'七五'科技攻关重大成果奖"、国家"'八五'科技攻关重大成果奖"、联合国技术信息促进系统中国国家分部"发明创新科技之星奖"、国家教委科技进步奖一等奖和国家科技进步奖三等奖；他本人获得国家"'七五'科技攻关突出贡献者""'八五'科技攻关先进个人"等荣誉称号。

在开展海洋科学研究的同时，文圣常还积极著书立说。1962年，出版了《海浪原理》一书，这是世界上第一本海浪理论专著。1984年，他与同事余宙文合作编著了《海浪理论与计算原理》一书，这是一部近百万字的鸿篇巨著，所引用的500余篇参考文献中，近400篇是20世纪70年代以后国家海洋研究领域的最新成果。该书出版后，赢得了海内外海洋学者的高度评价，先后荣获山东省科技进步奖一等奖、国家教委科技进步奖二等奖，直到今天仍然是海浪研究的经典著作。此外，他还与其他教师一起编写了《普通海洋学》《动力海洋学》《波浪学》和《天气学》等教材。

2000年，文圣常荣获何梁何利基金科学与技术进步奖。他将20万元港币奖金全部捐给了国家的教育事业：10万元港币捐给青岛海洋大学设立了"文苑奖学金"，用以奖励品学兼优、富有创造精神和实践能力的本科生，每年评选3人。10万元港币捐给家乡的砖桥镇初级中学，建造了一栋教学楼，学校希望用他的名字命名，他坚辞不就，后命名为"海洋希望教学楼"。2006年，他从自己的工资收入中取出10万元捐赠学校，用于发放文苑奖学金。2009年，他荣获青岛市历史上首个科学技术最高奖，奖金50万元全部捐赠学校，其中20万元入文苑奖学金基金，30万元依照《中国海洋大学本科生研究发展计划实施办法》的有关规定，供本科生研究发展使用，并希望不要提他的名字。2018年11月1日、2021年11月11日，他又分别向文苑奖学金捐赠20万元。该奖学金已成为中国海洋大学本科学生梦寐以求的最高荣誉之一，截至2023年12月，共有72人获奖。

文圣常诲人不倦，桃李天下，是令人敬仰的教育家，也是名副其实的"大先生"。他一生大部分时间都在教书育人，特别是到青岛后，更是为国家和社会培养了大批优秀的海洋人才。我国自主培养的第一位海洋学博士孙孚，获得卡尔·古斯塔夫·罗斯贝奖的著名气象学家、美国夏威夷大学教授王斌等皆是他的学生。1989年，他被评为全国教育系统劳动模范并被授予人民教师奖章。2014年12月12日，由中国互联网新闻中心（中国网）主办的2014中国教育家年会暨"中国好教育"盛典授予他"烛光奖"，以表彰他为国家海洋人才培养作出的重大贡献。

2001年11月1日，青岛海洋大学举行海洋环境学院建院55周年暨文圣常院士从事海洋教育科研事业50年庆祝活动。学校将物理海洋实验室大楼命名为"文苑楼"，以铭记他为海洋科教事业和学校事业发展所作出的重要贡献。

2002年4月，《青岛海洋大学学报（英文版）》创刊，文圣常任主编，直至2019年卸任，改任名誉主编。17年间，他以"老牛自知夕阳晚，无须扬鞭自奋蹄"为座右铭，鞭策自己认真审核每一篇稿件，终审了800余篇稿件，按每篇论文4000个单词计算，共审读了300多万个单词。

2018年10月31日，学校为他举行荣休仪式，正式退休。

文圣常荣誉等身，1994年6月被授予山东省优秀共产党员，1999年被授予全国五一劳动奖章，2012年被评为2011年度海洋人物，2015年2月获评2014年度"感动青岛"道德模范，2015年9月获评"第五届全省道德模范"，2016年被国家海洋局授予"终身奉献海洋"纪念奖章，2019年被九三学社中央委员会授予"九三楷模"荣誉称号。

2021年，文圣常迎来百岁华诞，学校举行了"耕海踏浪谱华章——中国科学院院士文圣常成就展"，中国科学技术出版社出版了《耕海踏浪谱华章：文圣常传》。

2022年3月20日，文圣常因病在青岛去世，终年101岁。党和国家领导人、中央和国家相关部门领导和老同志、山东省和青岛市领导及相关部门负责人和老同志，高校和科研院所、行业协会和企业，他生前就读学校以及他的家乡光山县委、县政府和砖桥镇党委、镇政府等敬献花篮、花圈或发来唁电唁函，广大师生校友、社会各界人士和他生前好友通过多种方式表达沉痛哀悼和深切缅怀。

3月22日，文圣常告别仪式在青岛殡仪馆追瞻厅举行。因为疫情防控需要，人员不能大规模聚集，师生亲朋好友等以不同的方式，向他深情告别。学校党委审定的《文圣常先生生平》对他的一生给予高度评价：

"文圣常先生的逝世，是我国海洋界、教育界的巨大损失。从此，我们失去了一位耕海踏浪、勇攀高峰的科学巨匠，失去了奖掖后学、桃李天下的一代宗师，失去了一位淡泊名利、崇德守朴的'大先生'。……文圣常先生的一生，是崇尚学术、谋海济国、无私奉献的一生。……我们要学习发扬先生胸怀祖国、服务人民的赤子情怀，学习发扬先生浩海求索、勇攀高峰的创新精神，学习发扬先生淡泊名利、崇德守朴的高尚品格，爱国奉献，勇攀高峰，争创一流，为实现中华民族伟大复兴接续奋斗，作出我们海大人新的更大贡献！"

（撰稿人 冯文波）

参考文献：

［1］《耕海踏浪谱华章：文圣常传》，冯文波、陈鷟、张丽、袁艺著，中国科学技术出版社、湖南科学技术出版社，2021年版。

［2］《民主与科学》，民主与科学杂志社，2020年第5期。

［3］《中国科学报》，中国科学报社，第6900期。

郭谨安

郭谨安（1916—1997），又名郭新诚，男，山东商河人，汉族，九三学社社员。1937年毕业于东亚体育专科学校后，先后在国立武汉大学、国立中央技艺专科学校等任教。1953年后，任山东大学副教授兼体育室副主任。1959年起任山东海洋学院副教授、教授，体育教研组（室）副主任、主任。兼任青岛市政协第五届委员会常委，九三学社青岛市委员会常委，九三学社山东海洋学院、青岛海洋大学支社主任委员，中华全国体育总会山东省分会常委、山东省高等教育学会体育研究会第一届理事会名誉理事长、山东省高校体协副主任兼第二分会主任、山东省高等学校教师职称评审会第一届委员会体育学科组组长、山东省高教体育专家委员会主任、山东省体育科学学会顾问、青岛市田径协会副主任兼科研组长等职。享受国务院政府特殊津贴。

1916年5月4日，郭谨安出生于山东省济南道商河县（今山东省商河县）殷巷镇崔铁匠村一个较为富足的家庭。

郭谨安21岁时本科毕业于东亚体育专科学校（1951年并入华东师范大学体育学系）。毕业后，历任山东省立第十三中学体育教员、国民政府教育部第五服务团（主要由战时山东流亡教师组成）团员兼童子军总教练、重庆市立中学体育教员。1940年起任国立武汉大学体育助教、讲师，后兼体育部主任。1947年任国立中央技艺专科学校体育副教授。两年后任四川省立乐山中学（今四川省乐山第一中学）教导主任。1951年任四川犍为县高中（今四川犍为第一中学）校长。

1953年起，郭谨安任山东大学副教授兼体育室副主任。1954年参加国家体委在清华大学召开的全国首届体育科学研讨会。同年被国家体委首批批准为国家一级田径裁判；加入九三学社；在《光明日报》发表《高等学校体育课时的商讨》一文。1955年到高等教育部在北京体育学院主办的体育理论训练班进修。同年在校刊《新山大》发表《大学生体育锻炼的目的是什么？》《教师应该关心学生的身体健康》等文章；被评为学校先进工作者。

1956年4月，学校成立教职员工体协筹备委员会，郭谨安任副主任委员。同年在《青岛日报》发表《把群体活动推向新阶段》，在《新山大》发表《怎样练双杠》等文章，主持了德国专家D. K. T.手球队的训练工作。翌年在《新山大》发表《如何推铅球》《怎样防止体育运动伤害事故》等文章。

1959年7月，任山东海洋学院体育教研组副主任。10月任首届院务委员会委员，后连续任第二、三、四届院务委员。同年承担山东省大学生运动会的相关裁判工作；被评为学校先进工作者。

1960年3月，山东海洋学院业余体育学校举行开学典礼，郭谨安等任业余体育学校副校长。他在典礼上作成立业余体育学校目的和任务的报告。业余体育学校由10个班、12个队、117名学员组成。4月在校刊《山东海洋学院》发表题为《掀起春季体育锻炼新高潮　迎接我院第二届体育运动大会》的文章，号召全校师生抓住春暖花开的大好时节，迅速掀起群众性春季体育锻炼新高潮，提高运动成绩，迎接学校第二届体育运动大会召开。同年，体育教研组被评为学校先进集体，他被评为学校先进工作者。

1961年12月，学校公布各系负责人及直属教研室主任名单，郭谨安任体育教研室主任。翌年，他作题为《开展小型、分散、多种多样体育活动》的学术讲座；同年被评为学校先进工作者。关于他的教学工作，资料记载："讲解清晰，……教学上经验丰富，办法多，能根据不同学生的特点组织教学，效果反映还好。"1964年被评为学校先进工作者。

1977年3月，任体育教研室主任。同年被评为学校先进工作者。

翌年初，郭谨安与体育教研室部分有教学经验和运动专长的教师组成教材编写小组，在较短时间内完成一、二年级男、女普通体育课及篮球、排球、足球、田径等专项课的教学计划、教学大纲共18份；编写出一部10万余字、300多幅插图的《普通体育课》教材，经过教学试用证明，符合体育课教学要求，并较好地体现了海洋教学的特点。

在郭谨安带领下，体育教研室将培养学生具有海上生活和工作的身体素质和技能作为体育教学的重要任务，通过狠抓暑期群众性海上游泳活动、建立摇橹体育课教学点、开展划船教学活动等措施，使体育课与涉海专业课密切结合。例如，1980年秋季学期在青岛中航码头海域开展的海上荡桨课，全校有20个教学班，上课学生千余人次，上课总时数在80学时以上。该课程讲授了平桨、顺桨、一齐荡、靠离码头等技术要领，使得学生"通过实际操作练习，对海洋产生了浓厚的感情，对自己的专业更加热爱，更增强了勇攀科学高峰的信心"。

在做好体育教学与科研工作同时，他与体育教研室教师积极承担有关单位安排的体育教学训练和竞赛任务。据不完全统计，仅1978年一年就承担全国性体育教学、体育训练和运动竞赛19人次，承担省级竞赛裁判工作22人次，承担市级竞赛裁判工作38人次。

1978年4月，学校体育运动委员会成立，郭谨安任副主任兼体育运动委员会办公室主任。11月，学校学术委员会成立，郭谨安等任委员。

1979年，参与编写《体育与健康》体育理论课教材。同年参与山东省大学生田径运动会裁判工作。

1980年1月，在民盟山东海洋学院支部、九三学社山东海洋学院支社恢复组织活动的大会上，郭谨安被宣布为九三学社山东海洋学院支社主任委员。同年，他带领体育教研室参与了8月在学校大学路操场举行的全国大学生"三好杯"排球赛的筹备工作；参与编写《体育竞赛制度计算方法》体育课教材；参与在青岛举办的全国少年体育夏令营的承办工作。

1981年4月，为加强对全校体育工作的领导，学校公布调整、充实后的校体育运动委员会组成名单，郭谨安等为副主任。11月，经学校学术委员会审议通过，山东省文化教育委员会批准，郭谨安被提升为教授。学校先前呈送山东省文教委关于郭谨安由副教授提升为教授的报告写道：

"几十年坚持在教学第一线，曾为体育课教学编写了大量教材，还在《光明日报》《青岛日报》等报刊发表文章多篇，有较高体育理论水平。在多项次体育运动竞赛的组织工作方面具有丰富的实践经验，经常被聘请担任全国、省、市运动会的大会裁判长和总裁判职务，多次组织对青年裁判和工作人员的培训，既精通体育学科业务，又善于根据当时的实际情况，正确解决和处理体育运动会上出现的问题，在省市体育界享有较高声誉，对省市体育比赛的组织工作作出了一定贡献。自建院以来一直担任体育教研室主任，……工作认真负责，兢兢业业，任劳任怨，对体育教研室的建设和体育活动的开展有一定贡献。"

同年12月上旬，山东省教育厅、体委受教育部委托组织检查验收团来校对体育、卫生工作进行全面检查验收。检查团对体育课、早操、课外活动、"达标"，以及室内外卫生情况进行检查后，认为"学校体育、卫生工作的组织机构、规章制度健全，能列入学校工作的议事日程，各部门协调较好，措施也比较得力"，并特别表扬了体育教研室和保健科。

1982年，郭谨安主持了山东省高校体协第二分会的学术报告会；参与编写了《体育运动对身体的影响》体育理论课教材。翌年，作题为《如何上好高等院校普体课的几点体会》的学术报告。

1986年6月，郭谨安因年龄原因不再担任体育教研室主任职务，同年11月退休。他任体育教研室主任期间，学校在各级各类体育竞赛中也取得较好成绩。田径方面，1979年学校秋季田径运动会上，5人4项6人次打破省、市大学生田径纪录；1980年青岛市大中专院校田径运动大会上，学校代表团获男子团体第一名、女子团体第三名，有3项3人次打破省高校纪录、7项10人次打破市高校纪录；1982年学校春季田径运动会上，3人4项8次打破省、市高校纪录，同年秋季田径运动会上，6项10次打破省、市高校纪录；1985年第二届"校庆杯"田径运动会上，10人14次打破省、市高校和学校田径纪录；1986年学校春季田径运动会上，2人打破3项省高校纪录，2人打破2项、1人平1项市高校纪录。球类方面，1980年山东省大学生排球比赛中，学校女排五战五胜荣获冠军，并取得代表山东省高校参加全国大学生"三好杯"排球比赛的资格，男排取得第三名；1981年青岛市大学生排球赛上，学校男排女排均获冠军；1984年山东省大学生"三好杯"排球赛决赛上，学校男排获冠军，女排列第五名。

1988年6月，在九三学社青岛市第七次社员代表大会上，他被推举为九三学社青岛市第七届委员会顾问。1992年7月20日，国家教委发布《关于表彰全国普通高等学校体育课程评估优秀学校和优秀老体育教师的决定》，郭谨安被评为全国普通高等学校优秀老体育教师。翌年，享受国务院政府特殊津贴。他先后获得"振兴山东体育"荣誉证书和金质奖章，"从事高校科技工作40年成绩显著"荣誉证书等。

1997年7月7日，郭谨安因病在青岛去世，终年81岁。《青岛海洋大学报》9月10日头版所刊《郭谨安教授逝世》一文写道：

"郭谨安教授……忠诚于人民的教育事业，具有较强的业务能力，治学严谨，……为发展高校体育事业作出了重要贡献，……将毕生精力献给了我国的体育教育事业，他对事业的热爱和追求的精神，永远是我们学习的榜样。"

（撰稿人　金松）

参考文献：

［1］《德州市体育志》，《德州市体育志》编辑委员会编，人民体育出版社，2005年版。

［2］《山东省有重要贡献专家名录》，中共山东省委组织部、山东省人事厅编，山东科学技术出版社，1999年版。

施正铿

施正铿（1932—），男，福建龙溪人，汉族，中共党员。1954年山东大学海洋学系毕业后留校任教。1959年起在山东海洋学院任教，历任海洋水文气象学系副主任、系党总支副书记和科研处处长等职。1981年调往中国驻美国大使馆工作。1984年9月任山东海洋学院党委书记，1987年4月任山东海洋学院院长（1988年1月为青岛海洋大学校长）。曾兼任山东省科学技术协会副主席、中国海洋学会副理事长、中国海洋湖沼学会常务理事、山东海洋湖沼学会理事长等职。是党的十三大代表。

1932年4月1日，施正铿出生于福建省龙溪县（今福建省漳州市芗城区新行街）一户书香世家。祖父施荫棠光绪九年恩科贡元，曾任福建省立第八中学校长等。父亲施大鎏毕业于福建道路工程专业学校，曾主持规划与修建了漳州至浮宫、漳州至诏安、漳州至嵩屿、漳州至龙岩四条闽南重要公路，新中国成立后曾任福建省公路工程局第五工务段工程师。

施正铿6岁入读龙溪县文凤中心小学，12岁入龙岩县立初级中学上学，15岁入福建省立龙溪中学高中部学习。1949年11月25日，加入中国新民主主义青年团。1950年1月起在漳州团市委青年工作研究班学习三个月，9月考入厦门大学海洋学系。1952年9月，随厦门大学海洋学系理化组部分师生北上，入读山东大学海洋学系。1953年10月30日，加入中国共产党。

1954年9月，山大海洋学系毕业后留校任教。1957年9月，被派往东北人民大学进修俄语8个月。1959年9月，为来校工作一年的苏联专家列昂诺夫担任翻译和助手。1958年4月，全国海洋普查领导小组成立，山东大学海洋学系主任赫崇本任副组长。施正铿作为赫先生得力帮手参与该项工作，并协助赫先生编著《中国近海的水系》（全国海洋普查研究报告第四册）。

1959年3月，山东海洋学院成立后，施正铿在海洋水文气象学系任教，9月被任命为海洋学教研组主任；1960年3月任系副主任，7月兼任系党总支副书记，并晋升为讲师；1980年5月晋升为副教授；1992年4月晋升为教授。讲授区域海洋学（自编教材）、海洋学、海洋调查等课程。合作编译出版《海洋学常用表》《区域海洋学和海洋动力学的若干问题》《海洋水文物理学》等专著；合编出版《俄汉海洋学辞汇》；两次担任《中国海洋年鉴》副主编。

1966年10月，任山东海洋学院教革部科研组副组长。1979年1月，任科研处副处长。1980年12月，任科研处处长。在科研管理部门工作期间，在组织科研会战、系际协作、成果鉴定、经费使用和健全规章制度等方面做了大量工作。特别是按照领导要求，起草年度科研计划和长远发展规划，为学校确定重点科研方向和科研项目作出显著成绩。

1979年10月，联合国教科文组织政府间海洋学委员会第11届大会在巴黎举行。他和方宗熙副院长随中国代表团出席大会。

1981年5月，调任中国驻美国大使馆一等秘书。11月，任中国驻纽约总领事馆领事、教育处处长，负责分布在美国东北部10个州的所有大学和研究所的万余名留学生和教师的管理与服务工作，以及该区域中美间教育交流工作，成绩斐然。三年驻外经历，让他极具国际视野。1992年夏，江泽民总书记来青视察，邀请科技界人士座谈，施正铿被安排第一个发言。他从全球高度建议中央加大对海洋国土的研究、保护和开发力度。江泽民边记录边让他讲细点，并责成身边人员把发言内容写成材料送中央办公厅。

1984年9月15日，教育部党组发文，施正铿任山东海洋学院党委书记。1987年4月20日，国家教委党组发文，对山东海洋学院领导班子进行调整，施正铿由党委书记改任院长。作为从教学一线成长起来的知识化、专业化高校领导，他懂教育、懂科研、懂人才，对学校的方方面面了如指掌。担任学校主要领导期间，认真贯彻党的教育方针，既高瞻远瞩谋划好学校的长远发展，又纵览全局统筹好工作的协调开展，和班子成员一道带领广大教职员工齐心协力、埋头苦干、抢抓机遇，成功完成改革开放后学校的第一次转型发展。

自1983年教育部印发《关于调整改革和加速发展高等教育若干问题的意见》后，山东海洋学院内部管理体制改革陆续展开，到1984年底面临着全面改革的新形势。施正铿上任之初首先思考的就是这个事关学校发展大局的问题。破题是从1985年1月党委启动的整党工作开始的。在整党的不同阶段，他先后强调指出：

"只有搞好整党，我们的业务指导思想才能得到进一步端正，党的知识分子政策及其他各项政策才能得到进一步落实，教学、科研及其他各项工作才能搞上去，我们的改革步伐才能进一步加快。"

"要把整党同改革结合起来，……密切联系我院实际，做到边学边改，边整边改，雷厉风行地解决问题。"

"彻底清除'左'的影响，进一步解放思想，加快改革步伐。……我们要围绕着培养四化需要的德、智、体、美全面发展的开创型、复合型人才为中心，抓住培养学生能力这个核心，大胆进行教学、科研领域中的各项改革。……要进一步搞好管理体制改革，……继续搞好机构改革和领导班子调整工作。"

"我们这届党委面临着全面改革的新形势，……要坚定不移地搞好改革。"

正是在"一手抓整党，一手抓改革"思想的指导下，不仅圆满完成整党任务，也使学校的内部管理体制改革工作得到整体推进。教学领域推行"十七条改革措施"；科研工作提出"八条改革意见"；本着"简政的原则"进一步进行机构设置调整；按照干部"四化"要求选拔使用中青年知识分子。短时间内，学校就整体呈现出发展新局面。

搞好学科建设，尤其是重点学科建设，对高校的发展是一件重中之重的事情。而学科要发展，项目很关键。做过科研处长的他对此深有感触。履职党委书记伊始，他就和文圣常院长达成共识，要坚决保住海洋和水产两大重点学科在全国的优势地位。为此，在争取承担"七五"国家重点科技攻关项目时，上演了敢打硬仗、勇挑重担的一幕。1985年12月，国家下发《"七五"国家重点科学技术项目（攻关）实施办法的若干规定》，开始项目编制工作。作为起草单位之一的国家海洋局，把海洋领域的起草任务交由巢纪平先生负责。当学校得知消息时，草案已交到国家科委，而且听说编制的项目跟学校基本不沾边。施正铿一听急了，立即和文圣常院长带领一班人赶赴北京。千方百计把草案拿到手，一看，列出的项目果然相当陈旧。一行人立即返校，组织精干力量很快就编制出既能跟上国际海洋科技新趋势又适应国家需要的新草案。然后，速速进京向有关部委呈交这个草案。事实胜于雄辩，就连巢先生本人对此也没有反对。由此，"七五"国家重点科技攻关项目中单独为海洋科技领域建立第76项——海洋环境数值预报研究。学校牵头承担其中1个二级课题、6个专题，参加8个专题。此后，学校又在承担"八五"国家重点科技攻关课题、稳定基础研究和应用基础研究、跟踪高新技术和加强国际合作与交流等方面，均取得可喜成绩。这大大提升了学校的地位和在国际上的影响力，也带动了重点学科的发展，1988年和1989年物理海洋和水产养殖学科先后获批全国重点学科。到1992年12月，取得科技成果181项，其中达到国际先进水平的35项、国内首创或领先的74项。正是这一时期高瞻远瞩的战略构思和驰而不息的努力，使得学校的优势学科更加稳固和突出，为以后高水平特色大学建设奠定坚实基础。

基于"满足我国四化建设和新技术革命的需要"，学校还同时推进学科拓展工作。1984年10月，报送教育部的《山东海洋学院事业发展规划》对专业调整、重点学科发展作全面谋划，提出要发展成一所多科性大学。1986年3月，第五次党代会上，施正铿在报告中对此作进一步阐述，正式确定要"办成一所面向海洋科学技术，以海洋开发服务为主，包括理、工、农（水产）、文、管理等多科性的综合大学"，这是学校发展战略的一次重大调整。到1987年时，马克思主义基础、水文地质与工程地质等新专业相继获批设置，综合性大学的框架已经呈现。于是，学校决定再次向国家教委申请更改校名，于3月1日向国家教委报送《关于改变我院校名为中国海洋大学或海洋大学的补充报告》。9月19日，施正铿向来校考察工作的国家教委副秘书长、计财局局长朱育理当面汇报学校改名的迫切性和必要性。9月24日，他和冉祥熙书记写信给国家教委领导何东昌、朱开轩、杨海波、刘忠德，对更改校名一事作进一步陈述，该信委托国家教委计财局二处处长尹风合捎往北京，面呈朱开轩。11月24日，学校获悉国家教委党组研究决定，将山东海洋学院改名为"青岛海洋大学"。根据要求，11月26日，学校向国家教委传真呈送《关于更改校名的请示》："据悉国家教委已原则同意我山东海洋学院更改校名，至于具体名称，经我院研究，建议改为青岛海洋大学。若无不妥，请予批准。"1988年1月4日，国家教委发文，同意"山东海洋学院改名为青岛海洋大学"。成功更改校名表明，建设综合性大学的战略构想得到了国家教委的肯定和支持。以此为契机，学校大踏步迈上更高层次的转型发展之路，强化优势学科，拓展新兴学科，增加应用学科，提升办学层次，扩大办学规模，大力开展海洋开发应用技术研究。到1993年前后，学校基础学科专业与应用学科专业的比例由10年前的7∶3变成3∶7。

办学规模扩大，对办学保障提出新要求。党委多次研究推进基建工作，从1987年到1992年，物理海洋实验大楼、海洋药物楼、国家教委青岛学术中心、逸夫科技馆等相继建成启用。施正铿特别重视麦岛校区建设，从选址到审批再到设计、施工，靠上抓实每一个重要环节，1992年麦岛校区正式启用，极大缓解了校舍紧张状况。他还下大力气解决教职工住房困难问题。由于"文化大革命"期间教职工住宅建设欠帐严重，造成当时大部分教职工居住条件极差，共用厕所的"小破旧"比比皆是，许多办公楼阁楼都被用作教职工宿舍。他认为"尊重知识、尊重知识分子"绝不能仅仅挂在口头上，所以尽快改善教职工居住条件，是他上任后始终挂在心头的一件大事。早在1985年的一次整党会上，他就强调指出："解决好教职工住房问题是我院的当务之急。……要采取各种措施，决心在二到三年时间内使我院的住房紧张状况逐步得到缓解。"因为心里急，他的做法似乎有些"独断专行"。比如他找到金工厂、木工厂厂长，要他们顾全大局，别讲条件，全部搬到四校门内，让出整个红岛路的土地。两年后，红岛路教职工住宅小区拔地而起，一批教职工领到新房钥匙，可谓"大庇天下寒士俱欢颜"。从1985年到1993年，红岛路和鱼山路共建成新住宅楼16座，计541套住房，再加上麦岛校区、长汀路住宅楼也陆续建成，教职工居住条件大为改善。

1992年春，邓小平发表南方谈话。5月，施正铿主持召开各单位负责人会议，研究学校加快改革开放步伐策略，强调"要进一步解放思想，大胆地试，大胆地闯，把改革引向深入"。9月，学校召开副处级以上干部会议，公布经过反复研讨形成的内部管理体制改革方案，方案以校内人事制度与校办产业管理体制改革为重点，逐步延伸到分配制度、后勤服务等方面。11月，学校召开科技工作大会，绘就科技发展蓝图，共商加强科技工作和校办产业管理体制改革大计。施正铿在报告中指出要"解放思想，转变观念；把握机遇，搞活机制；稳住一头，放活一片；提高水平，提高效益"。

1993年6月21日，中共中央政治局委员、山东省委书记姜春云来校视察，在听取施正铿关于学校自身发展和服务社会情况的汇报后，对学校长期以来对山东省经济社会发展所作出的重要贡献给予高度肯定。他说："在建设'海上山东'和黄河三角洲开发两项跨世纪工程中，青岛海洋大学将承担着重要使命。"7月27日，山东省副省长张瑞凤来校考察时说："'海上山东'建设、黄河三角洲开发为海大的发展提供新机遇，省委、省政府已确定支持海大首批进入'211工程'。"

1993年7月，施正铿从校长职位上退下来。

退下来后，他依然关心着学校事业的发展，关注着海洋科教事业的发展。1996年7月，国家将海洋高技术列为"863计划"的第八个领域。获知这一消息后，他非常高兴，因为他曾和一些海洋界知名专家为此联合上书中央。随后，他被聘为国家"863计划"海洋高技术立项专家组成员。

2018年8月，施正铿撰写《尊师重教——一份值得海大珍惜的传承》一文，回顾校史上的若干感人往事，为编写《中国海洋大学史》提供素材。在校史的编写过程中，他还经常和相关编撰人员微信互动，尽可能地提供史料，助力校史编写工作。

2021年，迎接建党100周年之际，校报《听老党员忆初心》栏目刊发他写的《不忘初心的七十年》一文，文中写道：

"2019年10月25日，在学校九十五周年校庆之际，我登上了'东方红3'船，遥望当年亲身参与建造的'东方红2'船，感慨万千。百年征程波澜壮阔，百年初心历久弥坚。我为党和国家深感自豪，同时也希望学校教职员工，要深感作为教育工作者的无上光荣，不忘初心，矢志不渝，珍惜来之不易的美好生活，培育更多硕学宏材。"

（撰稿人 纪玉洪）

参考文献：

［1］《科学中国人》，《科学中国人》杂志社，1999年第5期。

［2］《教学研究与管理》，青岛海洋大学《教学研究与管理》编辑部，1988年创刊号。

［3］《科技通讯》，山东海洋学院科研处编，1987年第15期。

晁哲甫

晁哲甫（1894—1970），原名登明，又名蛰夫、哲夫，男，直隶清丰人，汉族，中共党员。1920年毕业于直隶省立高等师范学校。1938年起，历任中共清南边东中心县委书记，冀南行政督察专署参议室主任，冀鲁豫边区行政公署主任，中共中央党校五部副主任，晋冀鲁豫边区第一届参议会副议长、边区政府教育厅厅长，华北联合行政委员会教育厅厅长，华北人民政府委员、教育部部长等职。新中国成立后，历任平原省人民政府主席、党组书记，平原省委常委、统战部部长，山东省人民政府副主席、党组副书记，山东省委常委、统战部部长，山东省政协副主席，山东省人民委员会副省长等职。1956年7月至1958年7月，任山东大学校长兼党委书记。是中共七大和八大代表，第一、二、三届全国人大代表。

1894年12月3日，晁哲甫出生于直隶省大名府清丰县六塔集村（今河南省清丰县六塔乡六塔集村）一个书香世家。他9岁进入本村私塾读书，16岁开始先后在县城模范学堂、高等学堂学习，18岁进入大名府官立中学堂读书。

1916年，晁哲甫考取直隶省立高等师范学校（1921年并入天津工商大学，今河北大学前身）。1920年毕业后，先后在怀仁第二师范学校、北京香山慈幼园、清丰县教育局任教、任职。在此期间，苏联十月社会主义革命取得胜利，马克思主义在中国传播，他满怀爱国热情，阅读大量进步书刊，认真思考探索，广泛和中国共产党人接触，寻求救国救民真理。1923年参加创建直隶省立第七师范学校（今邯郸学院大名分院），8月被聘为教务主任。他聘请共产党员和进步人士来校任教，传播马列主义真理，培养具有革命思想的人才。其间领导师生声援上海五卅爱国反帝运动。1927年3月加入中国共产党，从此直接投入党所领导的革命工作中。1930年春因抵制"左"倾盲动主义被开除党籍，仍满怀革命信心，坚定不移为党工作，直至1937年全民族抗日战争爆发后与党取得联系并恢复党籍。他受党的委派回到家乡发起组织"抗日十人团"和救国会，在清丰、南乐、大名一带开展抗日救亡运动。1937年冬季赴山西晋城华北抗日军政干部训练班学习。

1938年2月起，任中共清南边东中心县委书记、县战地动员委员会主任、县抗日自卫团政治委员兼政治部主任。同年春，根据上级指示和形势需要，晁哲甫变卖家产，在六塔集和县城内举办五期抗日军政干部训练班。1940年4月任冀南行政督察专署参议室主任，创建冀鲁豫抗日中学并担任校长；同月至1942年10月任中共冀鲁豫区委委员、统战部部长。同年任冀鲁豫军政委员会成员。1941年1月至1944年5月任冀鲁豫边区行政公署主任。1941年9月起兼任晋冀鲁豫边区政府委员，分管生产、救灾工作。1943年底进入中共中央党校一部学习，参加延安整风运动，后留校任中央党校五部副主任。1945年3月，被选为晋冀鲁豫边区第一届参议会副议长，4月至6月作为晋冀鲁豫代表团成员出席中共七大，7月任中国解放区人民代表会议筹备委员会纲领起草委员会委员。1946年1月至1948年任晋冀鲁豫边区政府教育厅厅长。1948年6月至9月任华北联合行政委员会（后改为华北人民政府）教育厅厅长，后任华北人民政府委员、教育部部长。

1949年8月，晁哲甫任平原省人民政府主席、中共平原省委常委，后兼任中共平原省委统战部部长、平原省人民政府党组书记。1952年11月，平原省建制撤销，任山东省人民政府副主席。翌年1月起兼任中共中央华东行政委员会委员、中共中央山东分局委员、山东分局统战部部长、山东省人民政府党组副书记。1954年8月至1967年2月，任山东省委常委，兼任山东省人民政府党组副书记、山东省委统战部部长，1954年起连任第一、二、三届全国人大代表。1955年1月至"文化大革命"初期，任山东省第一、二、三届政协副主席，3月至1967年1月任山东省人民委员会副省长，分管教育和卫生工作。

1956年7月9日，国务院任命晁哲甫兼任山东大学校长。来到学校后，他本着励精图治的精神，根据形势发展和上级指示，结合学校实际情况，主要做了以下几方面的工作。

健全党的领导，加强政治思想工作。到职后，他经过与各单位党组织酝酿和研究，建立了学校党委。1956年8月23日，经青岛市委批准，学校党委由他和叶锦田、房金堂、高云昌、蒋捷夫、杨希文、贺治明等17人组成，并由前述7人组成常委会。9月14日，山东省委决定，晁哲甫兼任学校党委书记。根据德、智、体全面发展的教育方针，为了不断提高学生的政治觉悟，牢固树立为人民服务的思想，学校党委决定在各系设立党的总支并配备专职书记，负责做好本系师生的政治思想工作。通过以上工作，学校党的组织更加健全，政治思想工作进一步加强。

传达贯彻党的八大精神，开展教育方针的大讨论。1956年9月15日至27日，中国共产党第八次全国代表大会在北京召开。晁哲甫是党的八大代表，他回校后立即传达党的八大精神，并布置学习会议文件的计划。在传达中晁哲甫提道：大会指出国内的主要矛盾，已经不再是工人阶级和资产阶级的矛盾，而是人们对于经济文化迅速发展的需要，同当前经济文化不能满足人民需要的状况之间的矛盾。全国人民的主要任务是集中力量发展社会主义生产力，实现国家工业化，逐步满足人民日益增长的物质文化需要。他在传达刘少奇同志在党的八大作的《政治报告》时说："第二个五年计划（1957—1962）要求特别加强专门人才的培养和科学研究的发展，以便积极掌握世界各国的最新科学成就。……要大力提高高等学校的教学质量，正确贯彻全面发展的方针，培养学生独立思考能力；正确贯彻百家争鸣的方针，鼓励学术上的创新精神。"他还传达了周恩来同志《关于发展国民经济第二个五年计划的建议报告》，说明"为国家培养工业技术人才和科学研究人才，是教育工作的首要任务，目前培养人才在数量、质量和门类上还难以满足需要。因此在第二个五年计划期间，应该进一步发展高等教育和中等专业教育"。广大师生在学习文件的基础上，展开了对"全面发展，因材施教"方针的大讨论。按照这一方针，学校决定停开了某些与专业无关的课程，精简芜杂的教学内容，认真改进了教学方法，切实注意了教学效果，因而在教学改革中又前进了一步。

确定改进学校工作的重点，拟定科研工作计划。在学习党的八大文件的基础上，经过认真的调查研究，晁哲甫和学校领导班子及时提出了《关于改进我校当前工作的意见》，作为指导学校各项工作的依据。《意见》主要的内容是：正确贯彻全面发展的教育方针，加强政治思想工作，调动一切积极因素，树立良好的校风，即实事求是的学风和工作作风。根据《意见》的要求，学校领导深入各系，共同研究，商定改进的具体措施，特别结合1957年的科学研究工作任务，拟订了228项的年度科研计划。这一科研计划，大大发扬了前一阶段重视科研工作和努力提高学术水平的优良传统。但是，由于整风反右和教育革命等政治运动的冲击，计划未能坚持执行。不过《意见》的制定和落实，证明了晁哲甫富有领导经验且善于抓住工作中的根本，全校师生对此反应良好。

开展党的整风运动和反右派斗争。1957年4月27日，中共中央发出《关于整风运动的指示》，决定在全党开展整风运动。学校党委立即在党内外传达动员。5月18日，全校开始大鸣大放，并张贴大字报；同月28日，学生自发组织"民主论坛"，使用广播站自由发表意见。学校党委根据中央指示于6月18日部署开展反右派斗争；同月29日，晁哲甫在全校教职工学生大会上作前一阶段整风情况和今后意见的报告。7月上旬，学校反右派斗争告一段落，共划出右派分子204人。9月24日，晁哲甫向全校师生员工作题为《关于整风反右和今后主要任务》的报告。11月13日，他再次向大家报告整风运动和改进工作情况时指出，整改工作已获初步成效，领导作风开始转变，各项工作皆有改进。他要求大家再接再厉，结合实际，坚持整改，使学校的教学、科研和政治思想工作都有一个新的变化，新的提高。根据当时全国形势，反击右派分子的进攻是必要的。但是，反右派斗争由于受"左"的思想指导，政策界限不清，以致造成扩大化，给学校各方面工作带来不应有的损失。党的十一届三中全会以后，学校根据中央的指示，对被错划为右派分子的同志进行平反，恢复了政治名誉，落实了党的知识分子政策。

贯彻毛泽东主席提出的教育方针，积极开展勤工俭学活动。1956年，毛主席在《关于正确处理人民内部矛盾的问题》中提出："我们的教育方针，应该使受教育者在德育、智育、体育几方面都得到发展，成为有社会主义觉悟的有文化的劳动者。"这一方针为高等教育的改革指明了方向。广大师生放弃假期休息，共同制定了开展勤工俭学的方案和措施。但是由于大办工厂，生产劳动占据了整个教学计划，忽视了教学工作，形成了"学校即是工厂、工厂就是学校"的不正常局面。

1957年12月31日，晁哲甫应邀为校刊《新山大》题词："为实现：'又有集中又有民主，又有纪律又有自由，又有统一意志、又有个人心情舒畅、生动活泼，那样一种政治局面，以利于社会主义革命和社会主义建设'的伟大目标而奋斗。"这个"伟大目标"，是1957年7月中共中央在青岛召开省市委书记会议，毛泽东同志在会议期间写的《一九五七年夏季的形势》一文中提出的社会主义政治建设的目标。

1958年7月，中共中央任命成仿吾为山东大学校长兼党委书记，免去晁哲甫的山东大学校长兼党委书记职务。10月10日，晁哲甫奉调离校回山东省人民委员会工作，同月兼任山东省爱国卫生委员会主任、山东省政治学校校长。

1970年12月23日，晁哲甫因病在济南去世，终年76岁。1982年，他被民政部批准为革命烈士。

（撰稿人　金松）

参考文献：

［1］《晁哲甫纪念文集》，刘荫灏主编，山东大学出版社，1998年版。

［2］《山东大学百年史》，《山东大学百年史》编委会编，山东大学出版社，2001年版。

秦曾灏

秦曾灏（1933—），男，浙江宁波人，汉族，中共党员，教授、博士生导师，海洋气象学家。1956年毕业于南京大学气象学系，先后在南京大学气象学系、山东大学海洋学系、山东海洋学院海洋水文气象学系任教，1985年调至中国气象局上海台风研究所任研究员。曾任山东海洋学院海洋水文气象学系副主任、物理海洋研究所副所长，山东海洋学院学术委员会委员、学位委员会委员，国务院学位委员会第三届地学（地理、大气、海洋）学科评议组成员，上海市气象局副局长，上海区域气象中心副主任，中国气象局华东地区高级技术职称评审委员会主任，国际海洋物理科学协会海洋灾害委员会委员，中国气象学会理事，中国海洋学会理事，中国气象学会海洋气象学委员会主任委员，中国海洋学会和中国海洋湖沼学会下属风暴潮研究会副会长，上海市气象学会理事长，《大气科学研究与应用》主编等职。享受国务院政府特殊津贴。

1933年7月13日，秦曾灏出生于浙江省慈溪县（今浙江省慈溪市）一个职员家庭。父亲学徒出身，念过私塾，秉性耿直，靠劳动谋生，母亲为家庭妇女，半文盲，全家靠父亲的微薄工资维持生计。秦曾灏家中兄弟姐妹共四人，他排行第三。

他幼年曾在家乡和广西百色就读小学。抗日战争胜利后回乡，在慈溪县立初级中学读完初中。上海、浙江解放后，转入上海私立光华大学附属中学就读高一，后转入华东师范大学附属中学就读。

1952年夏，秦曾灏从华东师范大学附属中学高中毕业，同年秋通过高考进入南京大学气象学系气象学专业学习。大学四年接受的基本上都是苏联式教育，学习所用材料几乎全是苏联教材，接触的专业理论也主要以苏联理论为主。1956年夏，南京大学气象学专业毕业。毕业后在南京大学担任见习助教，主要工作是辅助天气学教师带领学生实习。

1957年初，根据组织安排，秦曾灏被分配到山东大学海洋学系任教，从此开始了海洋气象学的教学科研工作。入校后，他任助教，主要协助完成一些教学任务，并参与了海洋气象学部分教材的编写工作。

1959年3月山东海洋学院成立后，秦曾灏任海洋水文气象学系教师。他先后主讲气象观测、气象学基础、动力气象学、数值天气预报、风暴潮等课程，并编写课程讲义，对研究生开设专题讲座。他遵循教学规律，注重教学方法，因材施教。他注重气象教学内容与海洋实践结合，与现代科学技术成就结合。他教书着眼育人，坚持实事求是地对待学生考试成绩，反对弄虚作假。他指导、培养硕士研究生和博士研究生约20人，均获得相应的学位。他们毕业后在各自的工作岗位上成为业务骨干、学术带头人，其中不乏海内外知名科学家、司局级领导干部。

秦曾灏喜欢钻研问题，并敢于质疑。1962年9月出版的《气象学报》刊登了他的《对"李雅普诺夫运动稳定性理论在气象学中的应用"一文的一点意见》，文中指出了巢纪平由于某些计算细节上的失误，因而所得到的关于斜压扰动是否发展的判据是不正确的。对此，巢纪平后来专门刊文更正并向秦曾灏致谢。

秦曾灏的科学研究涉及海洋气象学的诸多领域。20世纪60年代初，以基础理论研究为主，内容涵盖从复杂的海洋—大气边界层动力交换观点研究气流与海流，简单斜压大气数值预报模式的构建及解法，三维海流结构与模式求解等。

70年代初，由于渤海风暴潮引起的渤海沿岸特大洪涝灾害，山东海洋学院接受了国家有关渤海风暴潮的调查研究任务，成立了以秦曾灏为负责人的研究团队。他服务国家需求，从基础理论研究转向应用基础研究和应用研究。他与课题组成员跑遍了渤海沿岸，逐个抄写气象和风暴潮实测记录，以及汉代以来有风暴潮灾害记载的县志。经过理论分析与数据计算，抓住了渤海"超浅海"导致的动力学特征，在国际上首次创建了超浅海风暴潮理论。他依据此理论，以渤海为对象，研究特浅水风暴潮发生和发展的动力过程，初步完成了我国独特的浅海风暴潮理论体系，并对温带气旋导致的渤海沿岸的风暴潮现象进行了有效的数值试验和数值试报，为我国风暴潮预报奠定了理论基础。该成果先后获1978年全国科学大会奖（集体）和1982年国家自然科学奖三等奖（秦曾灏为第一受奖人）。

秦曾灏为人谦和，与同事关系融洽。1978年作为气象学专业的代表任海洋水文气象学系副主任，主抓教材、教学改革和青年教师培养工作。从制定教学大纲、选取教学内容、编写讲义、备课试讲、课堂教学到量身打造近期和长远的培养计划，他任劳任怨为青年教师的成长和发展起到帮带作用。

1978年5月，经山东省委批准，秦曾灏与学校14名教师晋升为副教授。这是"文化大革命"结束后学校的首次职称认定,也是对他60年代至70年代教学和科研工作业绩的极大肯定。

1982年,秦曾灏牵头组织向国务院学位委员会申请海洋气象学博士点。该博士点1984年获批成为我国首个海洋气象学博士点,他是国务院第二批批准的博士生导师。海洋气象学博士点的创建也是除了物理海洋学博士点外,山东海洋学院的第二个博士点,不仅为我国海洋气象学学科的发展奠定了基础,也为我国海洋气象学青年科学家和教师队伍的充实、壮大提供了平台。

1983年9月,根据教育部《高等学校中青年学术骨干考察工作暂行规定》,秦曾灏等4人通过学术骨干考察,并上报教育部。10月,经教育部批准,学校成立物理海洋研究所,文圣常兼任所长,秦曾灏等任副所长,组建海洋科研团队,承担国家急需解决的重大科学问题。同年,获山东省先进教师荣誉称号并晋升为教授。

从20世纪70年代后期到90年代,秦曾灏相继主持了"北太平洋海洋气象导航技术及业务试验和应用"等国家科技攻关项目、国家自然科学基金项目、省部(委)级重大科技项目共10余项,还主持直接为国防和经济建设服务的科技项目近10项,并与他的合作者在"气流和海洋长波对地形的影响""海洋运动的尺度分析""大尺度海洋运动的地转适应过程""江浙沿海二维台风风暴潮机理及数值预报""耦合天文潮和风暴潮非线性相互作用的机理和三维水位数值预报""温带气旋和异常台风路径、强度和风雨变化机理"等方面开展了一系列研究,为大尺度海洋和大气相互作用及风暴潮研究提供了理论基础。作为"八五"科技攻关项目"暴雨、台风灾害性天气监测、预报技术研究"的主要参加者,获得国家科学技术进步奖二等奖。他主持/主要参加的多个项目获得省、部级(国家教委(教育部)、中国气象局、国家海洋局、山东省、上海市)科技进步奖一、二、三等奖。这些研究成果具有一定的原创性,被他人引用或入编相关专著,丰富了海洋气象学的理论宝库。有的成果攻克了技术难关,一定程度上满足国家的重大需求,富有应用价值。尤其在防台减灾的决策应用方面,首次成功地实现跨太平洋远洋实船导航试验,开创了我国自主导航服务之先例。

1982年至1994年,任中国气象学会第20至22届理事会理事。1984年9月,被评为山东省劳动模范,并赴济南参加表彰会。

1985年,因父母年迈和无后嗣的叔父母体衰多病,乏人照料,秦曾灏主动放弃山东海洋学院良好的工作条件,离职去中国气象局上海台风研究所任研究员,后兼任上海市气象局副局长、上海区域气象中心副主任,并一直兼职学校的博士生指导工作。他在中国海洋大学指导的最后一届博士生罗德海获得2003年"国家杰出青年科学基金",其博士论文《天气尺度波强迫包络Rossby孤立子理论与阻塞机理》被评为2004年全国优秀博士论文。

1986年至2002年,任中国气象学会海洋气象学委员会主任委员,致力于举办形式多样、丰富多彩的学术活动,收到良好效果。

1987年,任中国风暴潮和海啸研究会第二届理事会副理事长,协助理事长举行有关风暴潮预报技术和方法研究成果的交流会,推动风暴潮的机理研究和业务预报水平进入国际先进的行列。

1992年起享受国务院政府特殊津贴。1998年7月,秦曾灏退休。在职期间,他曾任青岛海洋大学、南京气象学院、空军气象学院兼职教授,山东省气象局高级技术职称评审委员会成员,国家海洋局极地研究所高级技术职称评审委员会成员,上海市(含闽、浙、苏、沪)海洋科学技术奖励委员会评审组成员,中国气象局华东地区高级技术职称评审委员会主任,国际海洋物理科学协会海洋灾害委员会委员,中国气象学会、中国海洋学会理事,上海市气象学会理事长,上海市地球物理学会常务理事,《气象学报》《海洋学报》(中、英文版)、《地球物理学报》《极地研究》、*Advance in Polar Sciences*、《海洋湖沼通报》编委,《大气科学研究与应用》主编等职。

(撰稿人 盛立芳)

参考文献:

[1]《海阔扬帆——中国海洋大学校友访谈录》,张静主编,中国海洋大学出版社,2014年版。

成仿吾

成仿吾（1897—1984），名昌愻，又名灏，别名石厚生、夏乘，字仿吾，男，湖南新化人，汉族，中共党员，无产阶级革命家、忠诚的共产主义战士、新文化运动的重要代表、无产阶级教育家、社会科学家。1917年起在日本东京帝国大学造兵科学习。回国后历任国立广东大学教授，中国国民党陆军军官学校政治教官兼兵器研究处技正、代处长，长征到陕北后的中共中央党校高级班教员、教务主任，陕北公学校长，华北联合大学校长，华北大学副校长等职。新中国成立后，历任中国人民大学副校长、东北师范大学校长兼党委书记。1958年7月起，任山东大学校长兼党委书记。后任中共中央党校顾问、党委常委，中国人民大学党委书记、校长，中共中央顾问委员会委员等职。是党的七大、八大、十二大代表，第一、二、三、四、五届全国人大代表，第一届全国政协委员和第五届全国政协常务委员。

1897年8月24日，成仿吾出生于湖南省宝庆府新化县知方团（今湖南省新化县琅塘镇）澧溪村。祖父成明郁是清同治九年举人、光绪三年进士，曾任武强、行唐知县，光绪十七年授奉政大夫。父成达陶为成明郁长子，国学生。祖父为他取字仿吾，意思是希望孙子像他一样好学和正直。

成仿吾从4岁起在家请先生教读，后入私塾读书；10岁时入官办西门书屋住校读书；13岁时随长兄成劭吾东渡日本，入读名古屋第五中学一年级；两年后进入东京补习学校学习。1914年进入日本冈山第六高等学校二部（工科）学习，翌年与郭沫若相识，成为终生好友。抱着富国强兵的目的，他学习刻苦努力，成绩优异。在掌握了日语、英语之后开始学习德语，后来又学习法语。

1917年8月，成仿吾进入东京帝国大学造兵科学习。五四运动后，他感到科学救不了国，搞文学更有意义，遂于1921年春放弃学业回国。后与郭沫若、郁达夫等建立了著名革命文学团体——创造社，参加创办了多种文学刊物，撰写与翻译了许多论文、小说、诗歌，并倡导无产阶级革命文学，对推动新文化运动起了重要作用，成为当时有影响的文学家。

1925年夏，成仿吾任国立广东大学（今中山大学）理学院物理学教授兼文学系教授和中国国民党陆军军官学校（即"黄埔军校"）入伍生部政治教官兼兵器研究处技正、代处长。大革命失败后，为深入学习和精研马克思主义理论离国赴欧。1928年8月在巴黎加入中国共产党，主编中共柏林、巴黎支部机关刊物《赤光》。1929年初，应蔡和森同志要求，第一次把《共产党宣言》由德文翻译成中文。

1931年回国后参与中国左翼社会科学家联盟活动，11月任鄂豫皖省委宣传部部长、省苏维埃文化委员会主席、教育委员会主任兼红安中心县委书记。1933年受省委派遣到上海找党中央汇报、请示工作，经鲁迅先生帮助与中央取得联系。1934年1月到达瑞金中央苏区，参加党的六届五中全会和中华苏维埃第二次全国工农兵代表大会，被选为苏维埃中央政府委员，并在中央宣传部和马克思共产主义学校（中共中央党校前身）工作。1934年10月参加两万五千里长征，被称为"长征路上唯一的大学教授"，途中同徐特立一起任干部团政治教员。

1935年10月到陕北后，任中共中央党校高级班教员、教务主任。1937年7月全民族抗日战争爆发后，中共中央决定成立陕北公学，8月，他任校长兼党组书记。1939年7月起任华北联合大学校长兼党组书记、中共北方局文化委员会书记、晋察冀边区参议会议长、中共晋察冀中央局委员。1948年任华北大学副校长、华北人民政府委员等。

新中国成立后，成仿吾历任中国人民大学副校长，东北师范大学校长兼党委书记、校长。

1958年7月8日，中共中央决定：成仿吾任山东大学校长兼党委书记，免去东北师范大学校长职务。8月28日，他和夫人张琳（后任山东大学教务长等职）到校，居住在青岛市市南区福山路15号一座小楼上。9月2日，学校党委召开干部会议，传达中央关于成仿吾同志任山东大学校长兼党委书记职务的决定。9月20日，全校师生员工举行山东大学人民公社成立大会，通过《山东大学人民公社简则》，选举产生社长、副社长和社委，成仿吾当选为社长。会后，他和全体社委检阅了学校的民兵队伍。

成仿吾到校后不久，山东省副省长兼省高等教育局局长、原陕北公学学员余修专程从济南赶到青岛看望他在陕北公学时的老校长。这次会面给余修副省长留下了深刻的记忆。为此，在成仿吾逝世半年多以后，1984年12月20日，在济南千佛山医院病房里的余修深情写下《怀念成仿吾校长》，文中记述了这次会面的情景："我们是久别重逢，我特意到青岛去看望这位老校长。……仿吾校长表示山东是个大省，应该把山大办得更好，他很有信心地说：过去在极艰难困苦的环境里能办学，今天发生了根本性的变化，国家初建，正是急需人才的时机，一定以战争年代的战斗精神，把山大办成第一流的大学。"这次会面，成仿吾还谈了对山东大学在青岛办学的感受："青岛是个办学的好地方，风景秀丽，气候宜人，居城市而无喧嚣之声，校舍背山面海，师资也比较齐备，作为一所综合性大学，面向全国，不论天时、地利、人和，各方条件，都是有一定基础的。"

成仿吾没想到，上任后的头件大事就是迁校。

1958年4月，中共中央发布了《关于高等学校和中等技术学校下放问题的意见》，提出"除少数综合大学、某些专业学校和某些中等技术学校，仍由教育部或者中央有关部门直接领导外，其他的高等学校和中等技术学校都可以下放，归省、市、自治区领导"。教育部根据党中央批示的精神，会同有关部门研究、确定将原归中央领导的299所高校中的187所归地方领导。9月1日开始，学校在体制上即由山东省领导。同年秋，山东省委在"教育大革命"高潮中根据全省高等院校的布局和发展，决定把学校迁往省会济南，以利于更好的扩建和发展。

时任学校教务长，后任山东大学校长的吴富恒回忆，对省委的迁校决定，成仿吾"本意并不赞同"，但他"组织观念甚强，省委的决定坚决执行，在极端困难的条件下，出色地完成了搬迁任务"。

9月21日，学校按照上级指示精神，决定中文、历史、数学、物理、化学、生物6系迁济南，海洋、水产和正在筹建的地质3系留青岛。9月23日，校党委举行扩大会议，研究迁校具体步骤；同日，召开全校师生员工大会，传达上级迁校决定和学校研究意见。成仿吾在大会上号召全校师生拥护上级迁校决定，加强组织纪律性，发扬大干苦干精神，团结互助，在统一指挥、统一安排下，完成艰巨的迁校任务。10月24日，学校最后一批人员和物资到达济南，搬迁任务胜利完成。事后，他对余修说："迁一所老校，比办一所新校还麻烦。"

搬迁同时，学校济南、青岛两部分发展规划的问题也提上日程。10月17日，学校党委在《山东大学留青部分1958—1962年发展规划的意见（草稿）》中明确提出，"山东大学留青部分处于沿海，并且在海洋、水产方面也有较好的基础，根据海洋科学事业发展的需要，可以逐步发展成为一所四千人到六千人规模的海洋大学"。"海洋大学"的系科初步考虑设置为海洋水文、海洋气象、海洋地质地貌、海洋化学、海洋物理、海洋生物、水产等7系。在科学研究方面，根据现有的科学力量和专业发展需要，逐步成立3个研究所：海洋研究所、海水综合利用研究所、水产研究所，同时设置与专业有关的几个研究室。研究的重点是：研究解决海洋科学事业发展所遇到的理论问题；为生产服务的，能确实解决教学脱离政治、脱离实际、脱离生产倾向的问题。

11月初，学校党委建立中共山东大学（青岛）委员会，由学校党委副书记高云昌主持工作；建立山东大学（青岛）校务委员会，由成仿吾和高云昌、赫崇本等33人组成。学校青岛部分党政工作的重点，就是在山东大学原校址、以留在青岛的部分为基础，筹建一所面向海洋的大学。

同月中旬，成仿吾返回鱼山路5号校园，向师生（主要是教师和干部）作了题为《全面贯彻党的教育方针》的报告。他在报告中指出，高校应以培养德、智、体全面发展的人才，提高国家的科学文化水平为己任。从长远观点看，教学工作是学校的中心，必须做到以教学为主，学生也要以学习为主，否则将贻误未来。忆及这次报告，1955年入读山东大学海洋学系的中国海洋大学海洋与大气学院退休教师侍茂崇教授仍印象深刻："当时我正在海洋学系帮忙，处于半工半读状态。我知道成校长是参加过长征的老革命，就慕名参加了那次报告会。记得成校长在报告中阐述了党的教育方针，以及如何在党的领导下，把学校办好，把教育办好。他还在报告中讲述了长征途中以及在延安时期与毛主席等老一辈无产阶级革命家交往的故事。成校长的报告没有讲什么大道理，感觉内容很接地气，很吸引人，听了让人倍感亲切，也很受教育。"

迁校前后一个时期，由于"左"的思想泛滥，师生频频投入炼铁生产，参加生产劳动，开展勤工俭学活动等，使得教学工作受到严重冲击。成仿吾心急如焚，主持校长、书记办公会议研究后，确定了学校当前工作的重点是：在抓好生活、稳定秩序的前提下，在合理安排生产劳动的基础上，积极准备，尽快开学上课，做到以教学为主。在他主导下，学校在贯彻党的"教育为无产阶级政治服务，教育与生产劳动相结合"的方针中，深入开展了教育革命，对教学内容、教学方法、考试制度等进行大胆改革，实行领导、教师、学生三结合的方式修订教学大纲和编写教材。他先后发表《教育必须同生产劳动相结合》《教育必须为无产阶级的政治服务》《老解放区教育与生产劳动结合的若干经验》《高等教育十年的辉煌成就》《毛泽东教育思想简述》《延安作风和延安时代的学校生活》等文章，阐述了自己的认识与体会。

他根据学校工作中存在的问题，提出有秩序、上轨道、抓重点、收实效的要求，作为学校一个时期的工作指导，从而大大地稳定了生活秩序、工作秩序和教学秩序。在此基础上，学校坚持贯彻以教学为主的原则，加强政治思想教育，合理安排生产劳动，把工作纳入正轨。为恢复科学研究在学校工作中的地位，他主持校长、书记办公会议决定恢复中断了四年的校庆科学讨论会，并确定科研计划要定方向，定课题，定人员，定措施，定时间；方向上要结合教学，结合社会主义建设，结合科学发展；选题上要照顾国家需要，照顾个人专长。从方针到方法都作了明确细致规定，使科研工作在稳定中持续发展。

1959年3月30日，中共中央批准山东省委3月2日上报的《关于成立山东海洋学院的请示报告》，同意成立山东海洋学院。以此为开端，两校结束了30年的共同期。同年7月，山东大学在青岛的最后一届学生毕业，他们的毕业文凭上依然印有"山东大学校长 成仿吾"的字样和鲜红的"山东大学"印章。

"文化大革命"开始后成仿吾遭到迫害，他对"四人帮"的倒行逆施深恶痛绝，进行了抵制和斗争，并在十分困难的情况下，撰写了《长征回忆录》。1974年8月，得到毛泽东主席批示，让他专门从事马克思主义经典著作的校译工作。他开始了第5次由德文原著翻译《共产党宣言》的工作，并精益求精地完成了其他4部马恩德文原著的校译工作。同年12月，成仿吾任中共中央党校顾问。1977年3月，任中共中央党校党委常委。

1977年，在山东海洋学院领导管理体制由国家海洋局（海军代管）改为归属教育部工作的推动过程中，他应学校领导请求，于10月15日致函海军第一副司令员刘道生说明情况，寻求支持：

"目前中央教育部正在研究提出一批重点学校名单，报请中央批示，据了解教育部已向山东省征求了意见，将山东海洋学院列为全国重点学校，归属教育部直接领导。我几年来从旁边知道一点情况，觉得这样比较好。……为便于中央统一规划并与各业务部局和沿海省市联系协调密切配合，促进海洋事业的发展，我想请你与海洋局领导同志打个招呼，同意教育部意见，这样对发展教育事业更为有利。"

信函字数不多，字里行间却饱含着年逾八旬的老校长对学校的眷顾，以及一位老教育家对振兴国家海洋科教事业的期许。

1978年7月29日，成仿吾被中共中央、国务院任命为中国人民大学党委书记、校长，在他81岁高龄之时，担负起中国人民大学复校的艰巨工作，恢复和新建15个系、6个研究所，并做到当年复校当年招生。1982年9月，当选为中共中央顾问委员会委员。

1983年夏，他在青岛主持召开《成仿吾教育文选》定稿会议期间，曾来学校参观。翌年1月23日，为山东大学（青岛）校友题词："山大在青岛的同志们，继续为新中国的建设努力奋斗！"

成仿吾老当益壮，豪情满怀。他在《八十自述》中写道："老头贡献虽惭少，敢与中青迈步齐。"他不仅先前完成了《记叛徒张国焘》《战火中的大学》的写作工作，而且计划写一部关于创造社的书，分两个部分：从文学革命到革命文学；从文化人到革命战士。他还计划写一部《中国教育的过去、现在和未来》，助手都已经选好，可惜未能完成。

1984年5月17日，成仿吾因病在北京去世，终年87岁。中共中央书记处审定的《成仿吾同志生平》高度评价他的一生"是为共产主义事业永远进击的一生，是为无产阶级教育事业艰苦开拓和创造的一生，是为马列主义、毛泽东思想的传播鞠躬尽瘁的一生"。

（撰稿人　金松）

参考文献：

［1］《成仿吾传》，《成仿吾传》编写组，中共中央党校出版社，1988年版。

［2］《成仿吾教育实践与教育思想》，宋荐戈、李冠英、张傲卉著，湖南教育出版社，1997年版。

［3］《成仿吾研究资料》，史若平编，湖南文艺出版社，1988年版。

［4］《余修文集》，余修著、《余修文集》编委会编，青岛海洋大学出版社，1990年版。

［5］《成仿吾校长纪念文集》，《成仿吾校长纪念文集》编辑组编，中国人民大学出版社，1992年版。

［6］《山东大学百年史》，《山东大学百年史》编委会编，山东大学出版社，2001年版。

王如才

王如才（1933—2021），男，山东牟平人，汉族，中共党员，贝类学家、贝类养殖学家、中国现代海水贝类养殖学奠基人之一，享有"养贝大王"的美誉。1951年于山东省烟台水产技术学校学习，1954年考入山东大学水产学系，毕业后留校任教。先后任山东海洋学院副教授，青岛海洋大学、中国海洋大学教授、博士生导师，青岛海洋大学水产学院副院长兼水产养殖学系主任，兼任中国贝类学会常务理事、中国海洋湖沼学会理事、山东省原良种审定委员会副主任委员等职。享受国务院政府特殊津贴。

1933年9月22日，王如才出生于山东省牟平县（今山东省烟台市牟平区）北堡村。

王如才9岁起在牟平北堡村立小学学习，13岁开始在牟平羊角埠完小学习。1947年2月至1948年1月，因学校停办，在农村参加劳动。15岁开始在牟平沙子完小学习。1949年2月至1951年8月在烟台一中学习。1951年10月至1954年8月，在山东省烟台水产技术学校制造科学习。

1954年9月至1958年7月，在山东大学水产学系水产养殖专业学习。1958年8月，留校任教，在山东大学水产学系担任助教工作。翌年3月，山东海洋学院成立后，王如才继续在水产养殖专业担任助教。工作伊始，王如才便受命创建贝类学和贝类养殖学课程。这是我国高等学校首次开设贝类学和贝类养殖学课程，一切从零开始，工作难度巨大。在"我是一个年轻的共产党员，应当服从组织上的安排"的思想认识指导下，他扎实开展贝类学和贝类养殖学的教学与研究工作。

当时，我国长江以北地域还没有群众从事贝类养殖，王如才便到长江以南的浙江、福建、广东、广西一带展开调研和参观学习。1960年，学校组织首批大学生赴广东海丰开展贝类养殖实习。实习基地的交通极不方便，师生需步行几十里才能从住处到达基地。由于过分劳累，王如才患上胸壁结核，到医院进行了治疗。

通过调研、考察和走访，王如才掌握了我国牡蛎、缢蛏、泥蚶、蛤仔、珍珠等的养殖情况。1961年由王如才牵头与兄弟院校联合编写，在农业出版社出版《贝类养殖学》教材，从此我国高校有了贝类养殖学教科书。

1964年4月，学校向高等教育部上报第二批重点培养的骨干教师名单，王如才名列其中。同年5月，学校举行表彰先进工作者大会，王如才受到表彰，并被推选为出席青岛市先进生产（工作）者会议的代表。翌年6月，学校召开1964年度先进工作者表彰大会，王如才等35名先进工作者受到表彰。同年，王如才获青岛市劳动模范称号。

在认真做好教学和科研工作的同时，王如才主动针对全国沿海各地的贝类育苗与养殖的需要，先后举办过8期技术培训班，进行养殖技术的推广培训，全国各地派人来校学习。培训内容包括半人工采苗、人工育苗和多倍体育苗与养殖等方面，有力地推动了我国贝类养殖事业的快速发展。

1965年9月至1966年7月，为了提升英语能力，更好地做好教学和科研工作，王如才赴上海外国语学院学习英语。

1970年7月，中共山东省革委会核心领导小组下达文件，批转同意《山东省高等学校布局和专业调整方案》，方案提出："原水产养殖、海洋捕捞和水产加工专业并入山东省烟台水产学校。"同年10月，学校开始组织水产学系搬迁工作。

1971年3月，学校水产学系并入烟台水产学校。此次合并不仅造成了水产学系原有人力、物力的损失和浪费，也严重影响了高级水产人才的培养和科研工作。包括王如才在内的许多教师深感不安，他们认为，水产学系有多年的办学经验，我国水产事业的发展需要大量的高等科技人才，撤销水产学系对培养高等水产科技人才极为不利；而且有不少教师因山东省烟台水产学校是中专而无课可教。4月起，王如才在山东省烟台水产学校任教师。他努力克服最初的不适，坚定信心做好科研和教学工作。当时，开展科学研究的基础实验条件非常差，但是王如才还是尽量挤出时间到生产一线的养殖基地，专心搞扇贝半人工采苗研究，同时也开始了扇贝人工育苗的研究。

其时，我国栉孔扇贝苗种主要依赖采捕野生的，数量有限且极不稳定，具体分布区域和采苗季节完全靠渔民经验，采苗的方法原始、效益不高。经过两年的反复试验，王如才终于找到合适的附着基，并发明了适宜的半人工采苗方法。半人工采苗的技术原理简单易懂又便于操作，易推广应用，社会应用效果显著。为了推广栉孔扇贝的半人工采苗技术，王如才先后举办3期全国和地方培训班。

栉孔扇贝的半人工采苗技术虽然取得成功，但是仅靠采苗还远远满足不了生产和人们生活的需要，而且还对自然资源造成破坏。因此，王如才和王子臣于20世纪70年代中期分别在山东地区和辽宁地区开展了扇贝的人工育苗技术研发，突破了亲贝促熟、精卵诱排、授精孵化、幼虫培育、变态附着以及稚贝培育等系列关键技术，形成一整套扇贝人工苗种的生产工艺，特别是升温育苗技术的应用，更使扇贝苗种的生产摆脱了季节和气候条件的限制，大大推动了扇贝养殖业的发展。

扇贝海水养殖的主要方式是筏式笼养，这一技术是由海带筏式养殖技术演化而来。1976年至1978年，王如才团队与荣成、烟台等地的水产研究单位合作研发了圆形多层扇贝养殖笼，形成后来扇贝养殖网笼的基本架构，许多养殖单位在使用中不断完善扇贝养殖技术。随着苗种大规模生产技术和筏式养殖技术的推广，栉孔扇贝养殖业快速发展，20世纪90年代中期产量达到80余万吨，成为黄渤海地区渔业致富的重要途径之一，掀起了我国海水养殖业发展的第三次浪潮。

扇贝"良种良法"的产业模式效益显著，在鲁辽两个主产省已生产优质商品扇贝苗2万亿粒以上，直接经济效益60亿元；两省累计养殖363万余亩，总产量548.02万吨，创产值351.87亿元，纯收入241.45亿元，提供了上百万个就业岗位，社会经济效益显著。

栉孔扇贝养殖发展过程中建立的苗种技术和养殖技术解决了我国扇贝养殖的关键技术难题，为后来的引进扇贝品种和其他贝类养殖业的发展奠定了技术和产业模式基础。

1976年至1977年，包括王如才在内的原山东海洋学院水产学系许多教师多次向有关部门申诉，呼吁恢复水产学系建制。经多方不懈努力，1977年11月，山东省革委会下发通知，"并入烟台水产学校的山东海洋学院水产系，原建制仍划归山东海洋学院"。

1978年3月，水产学系归建。7月，王如才晋升为讲师。归建后，水产学系的广大教师无比兴奋，焕发出青春和活力，积极投身于教学和科研工作中。王如才的栉孔扇贝人工育苗技术研究也重新起步并顺利开展。

1983年，王如才晋升为副教授。翌年，他的团队编写的《栉孔扇贝人工育苗试验报告》获得中国水产学会优秀论文三等奖。随后完成的"栉孔扇贝人工育苗研究"成果分别于1985年和1986年获山东海洋学院科研成果二等奖和山东省教育厅科技成果进步奖二等奖。

1985年，王如才获山东省海岸带调查先进工作者称号。1986年，他开展了牡蛎、扇贝等贝类多倍体的研究。之后，为了追赶国际海洋水产事业的发展，他组织贝类教研室的教师和其他院系有关教师共同开展研发工作。通过不懈努力，他们在牡蛎性腺同步发育、获卵技术、卵的体外促熟、诱导剂的筛选等方面都先后获得系统性成果和技术资料，提出较完整的三倍体牡蛎育苗与养殖技术操作规程。在集中力量开展牡蛎多倍体研究的同时，王如才团队还承担了山东省科技厅课题"栉孔扇贝三倍体育苗技术的研究"。

1986年5月，王如才等设计的圆立柱形封闭充气式单胞藻培养器获国家实用新型专利权。这是山东海洋学院获得的首项专利权。

1987年，王如才在文登县海水养殖二场带领海水养殖专业1984级学生开展贝类苗种生产实习同时，协助企业开展海湾扇贝人工育苗生产工作。他克服场方在前期育苗出现下沉、濒临全部死亡的关键期，大胆提出技改方案和技术措施，使海湾扇贝育苗大获成功，首次实现海湾扇贝在北方生产性育苗成功，为企业创造了很大经济效益，并为此提出扇贝育苗三要素的理念：水是育苗关键，饵料是基础，管理要科学，从而奠定了我国海湾扇贝育苗发展基础。

1988年3月，任青岛海洋大学水产学院副院长兼水产养殖学系主任。同年，获山东省优秀工作者及"富民兴鲁"劳动奖章。1989年5月，晋升为教授。同年，获青岛市优秀科技工作者称号。

1990年，参与的"海南水产资源开发利用前景分析研究"荣获海南省科技进步奖三等奖。同年，主编的我国第一部彩色贝类图鉴《中国水生贝类原色图鉴》，荣获全国优秀科技图书二等奖。

1991年，"栉孔扇贝人工育苗和自然海区采苗研究"成果获国家教委科技进步奖二等奖。同年，他被批准为博士研究生导师，并获山东省高校先进科技工作者称号。1993年，他领衔完成的"栉孔扇贝及大连湾牡蛎三倍体育苗技术研究"荣获国家教委科技进步奖三等奖。同年起，享受国务院政府特殊津贴。

1996年，王如才团队的"牡蛎三倍体育苗与养殖技术研究"被列入国家海洋生物"863计划"项目，这也是我国首个海洋领域的"863计划"项目；1997年，该研究项目被列为国家重大项目。原国务委员兼国家科委主任宋健曾为王如才题词："三倍体牡蛎，高科技典范"。

2001年2月，王如才被科技部授予"863计划"有突出贡献的先进个人。在国家科学技术奖励大会上，他和其他获奖者受到了江泽民、朱镕基等党和国家领导人的亲切接见。3月，经学院专业技术聘任委员会分会评议推荐、校聘任委员会评审，并经校聘关键岗位资格审定专家组审定，王如才受聘为第二层次（A2）。4月，他被山东省政府授予农业科技先进个人并荣立一等功。他主持完成的"牡蛎三倍体育苗与养殖技术研究"获海洋创新成果奖一等奖和中国高校科技奖一等奖。

2003年，王如才退休。同年，被中国水产学会授予全国优秀水产科技先进工作者称号。

退休后，他的科研成果仍频获褒奖。他以第二完成人参与的"主要海水养殖动物多倍体育种育苗和性控技术"荣获2005年国家技术发明奖二等奖，"栉孔扇贝健康苗种技术体系建设及应用"荣获2008年度国家科技进步奖二等奖。此外，王如才参与的"三倍体牡蛎快速生长机理研究"获2004国家海洋局创新成果奖二等奖、"牡蛎四倍体培育技术及其应用"获2007年度国家海洋局海洋创新成果奖二等奖、"太平洋牡蛎四倍体及全三倍体培育技术"获2008年度山东省科技进步奖三等奖。他主编的《海水贝类养殖学》于2010年获评中国海洋大学优秀教材特等奖，并于2011年被评选为第二届山东省高等学校优秀教材。

2012年9月22日，庆祝王如才先生八十华诞暨贝类养殖学术研讨会在中国海洋大学鱼山校区举行。中国工程院院士、水产学院院长麦康森教授对王如才先生给予高度评价，他说："先生不仅是享誉国内外的贝类学和贝类养殖学专家，也是一名教书育人、诲人不倦的教育家。先生为人淡泊名利，博大宽容；做事敬业勤奋，一丝不苟。先生崇尚科学、追求真理、勇于创新，可谓学高为师，身正为范。"作为学生代表，海洋生命学院院长包振民教授（2017年当选为中国工程院院士）回忆了王老师甘为人梯、关爱学生后辈的高尚情操和为人做事的高贵品德。王如才先生在致辞中回顾了自己的科研、教学历程。他表示，非常高兴地看到身边的年轻同志们在学术上各有所长，在教学、科研等方面成绩显著，希望大家相互学习，发挥特长，做到优势互补，为我国贝类养殖业稳定、健康发展作出更大的贡献。

2021年6月29日，王如才因病在青岛去世，终年88岁。在7月1日举行的追悼会上，学校对他给予高度评价：

"王如才先生卓越的工作和成就有力推动了我国贝类养殖产业的迅速发展，掀起了我国海水养殖的第三次浪潮，为国家创造了巨大的经济效益和社会效益，被誉为中国'养贝大王'。王如才先生不仅仅是科学家，更是著名的水产科学教育家，他爱生若子，言传身教，治学严谨，为我国水产学科培养了一大批优秀人才。"

（撰稿人　李华昌）

参考文献：

［1］《科研成果背后的故事》，赵瑞红、孙厚娟、韩宇亮主编，中国海洋大学出版社，2015年版。

［2］《中国海洋大学高教研究》，《中国海洋大学高教研究》编辑部，2017年第4期。

曲相升

曲相升（1915—2002），男，山东牟平人，汉族，中共党员。1934年考入山东省立第七乡村师范学校。曾任黄县抗日民主政府教育科科员、县政府秘书，胶东行署秘书处秘书、副主任，东海行署督察专员公署秘书处主任兼民政科长，牟平县县长兼县委副书记，东海专署副专员、专员、党组书记。新中国成立后，任山东省人民政府副秘书长兼办公厅主任，山东省公安厅代理厅长兼山东省公安部队和民兵师政委。1959年3月起，主持山东海洋学院工作，7月任山东海洋学院院长兼党委书记；1970年9月奉调离校。1972年2月起，历任淄博市委副书记、市政协主席。

1915年9月30日，曲相升出生于山东省牟平县埠西头镇曲家长治村（今山东省烟台市牟平区观水镇曲家村）一个农民家庭，家中排行第五。自幼聪颖，学习刻苦。

1934年，曲相升考入山东省立第七乡村师范学校（今山东省文登师范学校）。在校期间，因学习成绩优异担任一班班长。第七乡师是中国共产党较有基础的学校。他在与教员、校长（中共党员）等接触中受到进步思想的教育和影响，参与并组织了学生运动，开始走上了革命道路。

1936年，第七乡师校长被国民党当局逮捕，曲相升因组织抗议、募捐和营救活动被学校勒令退学。后在母校埠西头小学担任教员1年。

1938年夏，共产党领导的胶东抗日武装——山东抗日游击队第三联队进驻黄县（今龙口市）。7月，他和进步同学一起加入了这支队伍，在黄县抗日民主政府教育科担任科员。9月，经王甫（同为教育科科员，离休前为最高人民检察院副检察长）介绍，加入中国共产党。

1939年，曲相升任黄县抗日民主政府秘书。他在根据地工作时，组织广大群众进行抗日斗争，扩大根据地，为中国共产党领导的抗日根据地政权建设作出贡献。1941年初，他调胶东行政公署工作，先后任行署秘书处秘书、副主任，兼任行政公署机关党总支书记、行署警卫营教导员。1944年，调任东海行政公署督察专员公署秘书处主任兼民政科长。

1946年6月，抗日战争胜利后不久，曲相升被任命为牟平县县长兼县委副书记，领导农民进行土地改革，发动了"反蒋保田"及大参军运动。在当时对敌斗争严峻残酷的形势下，对上级布置下来的任务，他都千方百计完成。每年超额完成1000人的参军动员任务。他亲自动员参军的乡村青年，有的后来成为人民解放军将军。

1948年8月，曲相升任东海专署副专员。11月，任专员、党组书记。

1950年2月，他调至山东省人民政府参与接收王耀武的旧政府并参与组建新政府的机构和领导班子，被任命为山东省人民政府副秘书长兼办公厅主任，负责山东省人民政府办公厅全面领导工作，处理省政府日常公文，起草省长的重要文件和报告等。1958年，代理山东省公安厅厅长，兼任省公安部队和民兵师政治委员。其间，组织并参加了毛泽东主席视察山东时的接待、警卫工作。

1959年3月30日，中共中央批准成立山东海洋学院。翌日，曲相升奉调从济南到青岛主持学校工作。7月，任山东海洋学院院长兼党委书记。曲相升在主持工作的7年间，和同事们一起肩负起初创时期的建设重任，为山东海洋学院的发展作出了历史性、奠基性贡献。

山东海洋学院成立之初，没有组建完整的领导班子，百端待举。曲相升首先抓组织建设，多次到中央和省委要求支援干部，相继成立了院党委及院务委员会，配齐了各系领导。在他的带领下，各级领导班子励精图治，克服重重困难，凝聚广大师生员工的聪明智慧，建章立制，制定了学校发展规划和教学、科研、管理等系列规章制度；建立健全党群、行政、教学科研等组织机构；建立了较为系统的学校运转机制。他充分发挥院务委员会的决策作用，使得学校在很短时间内步入规范有序的发展轨道，呈现出勃勃生机。1960年，山东海洋学院被中共中央列为64所全国重点高校中13所综合大学之一。

他勤勉办学，度事审慎。重视发挥老中青知识分子的作用，积极贯彻中央"调整、巩固、充实、提高"的八字方针，虽然受到"左"倾的干扰和频繁"运动"的若干影响，但学校在曲折中艰难前进，确立了"以教学为中心，教学、科研、劳动三结合"的原则，和赫崇本等学者确立了"培养具有社会主义觉悟，较系统的专业基础理论和一定的生产技能，能够理论联系实际，身体健康的海洋工作者和师资"的培养目标。经过广大师生的奋发努力，学校规模逐步扩大，师资阵容逐步加强，实验室及仪器设备、图书期刊和资料等逐渐增加，教学科研及其他各项工作都取得了明显成绩。

他重视教学工作。在他领导下，学校认真贯彻了高等教育部"高教60条"，加强基础课教学，严格学制管理。学校明确要求有教学经验的教师上教学第一线，坚持任何运动不准侵占教学时间。他作为学校主要负责人，每学期开始都要主持党委会逐个讨论各系、各专业的教学工作，他强调教师要教好，学生要学好。所有这些工作，都促使学校教学进一步加强，教学质量不断提高。

他重视学校的基础建设。学校初创之时，基础建设十分薄弱，他反复强调要抓好教学仪器及设备的建设，多次亲自到高等教育部争取支持。特别是国内第一艘科学调查船"东方红"的筹建，凝聚了他的心血。他先后12次到高等教育部和海军有关部门协调筹措经费，并亲自到上海沪东造船厂签订合同。1965年12月，我国自行设计并成功建造的第一艘海洋实习调查船"东方红"投入使用，为我国海洋教学、科研历史上第一次真正走向海洋迈出了坚实步伐。

他重视学科建设。这一时期发展起来的学科，经过数十年的发展，今天大多已成为国家或省重点学科。至1965年，学校已有在校本科生、研究生1638人，外国留学生13人。学校为国家输送了一大批急需的海洋、水产、地质等科技人才，提供了一批急需的海洋、水产科技成果。

他重视思想教育工作。他要求学生走又红又专、德才兼备、德智体全面发展的道路。他突出强调德育工作，并以此作为培养合格人才的首要任务。除了抓好正常政治课教学，他结合当时政治形势和师生员工的思想情况，亲自起草授课提纲，及时向师生员工作大型的政治思想形势报告，为统一思想、明确形势、凝聚力量、引领发展起到重要的思想武装作用。

他严格执行党的知识分子政策，非常重视人才队伍建设。积极引进人才，尊重专家学者，团结了赫崇本、方宗熙、文圣常、薛廷耀、丘捷、尹左芬、杨有棣等一大批专家和教学骨干，认真听取他们的意见建议，为他们创造良好的生活、科研和教课条件，充分发挥他们的聪明才智和专业特长。民主办学极大地调动了教学和专家队伍的积极性，使学校工作蒸蒸日上，教学质量明显提高，教研成果不断涌现。其中，文圣常教授发表的《普遍风浪谱及其应用》，提出更具普遍性的海浪谱，受到国内外重视，被誉为"文氏风浪谱"；方宗熙教授成功培育了"海青二号"海带，极具推广价值，受到高度重视。

他心系国家海洋事业，刻苦学习，潜心研究，虚心请教，成为新中国海洋高等学科教育的学者型领导。他支持赫崇本等知名学者参加了国家海洋发展规划的制定，支持倡议促成国家海洋局的成立。在他的领导下，学校承担了许多国家重大海洋、水产科研项目，为国家海洋事业作出了重大贡献。

他严以律己，清正廉洁，发挥一名共产党员的先锋模范作用。1960年生产救灾期间，他发动师生开荒种菜，鼓舞大家努力想办法解决困难，同时也起到了很好的教育作用。在社会主义教育运动中，他要求全体师生员工过好生活关、劳动关和阶级关，并亲自赴农村蹲点，坚持和师生以及农民群众同吃同住同劳动，并把自己带去的棉被送给了他走访的农户。

他政治信仰坚定，对党和人民始终忠贞不渝。"文化大革命"初期他被打倒，靠边站，被造反派定为"山东海洋学院反革命修正主义总根子，死不改悔的走资派"。他虽然身处逆境，经受误解、委屈和侮辱，但始终没有动摇过对党的信念与忠诚。

1969年6月，曲相升被"解放"并被结合为山东海洋学院革委会委员，在没有安排具体领导工作的情况下，他仍然在岗位上发挥力所能及的作用。

1970年9月，因工作需要，曲相升奉调离校。但他依然心系学校发展。1979年3月，他专程参加了庆祝山东海洋学院成立20周年典礼并发表讲话。1984年3月，在山东海洋学院成立25周年之际，他赋诗《祝贺海院成立25周年》："烟波浩瀚，茫苍苍，一色水天。胸腹中，宝藏无尽，能量无边。滋润众生布雨露，涵养万物育变迁。为开发利用育人才，建海院。新时期，宏图展。广辟路，多贡献。今风华正茂，奔腾向前。桃李芬芳满天下，造福人类履宏愿。我中华振兴富强日，笑开颜。"1989年春，在山东海洋学院成立30周年之际，他又挥毫写下了"大学华诞七五年，培育桃李万千千。欣逢盛世重抖擞，乘风破浪敢为先"，表达了对学校的美好祝愿。

1972年2月起，曲相升先后任淄博市委副书记、市政协主席，为淄博市的宣传、文教、卫生、群团事业，尤其是淄博市政协的基础性建设和《淄博市志》的编纂及规划作出了奠基性、开创性的重要贡献。他领导和参与编纂的《淄博市志》不仅填补了淄博市的空白，而且被山东省确定为各地市编纂市志的范本。

1985年12月，曲相升离休。

2002年10月19日，曲相升因病在淄博去世，终年87岁。他生前留下遗嘱："告别本不需，追悼亦免除。骨灰勿保留，大海是归宿。身后无牵挂，善待吾老妻。儿孙当自强，报国各努力。"遵照曲相升的遗愿，2003年5月12日，淄博市政协主席冯梦令，中国海洋大学有关部门负责人以及海军北海舰队、国家海洋局有关人员陪同曲相升夫人曲超及子女亲属，乘国家海洋局"北监21"船，驶向青岛大公岛海域，将他的骨灰撒向大海。

曲相升逝世后，学校发去唁电，对他主政山东海洋学院期间的历史功绩给予高度评价："学院建立伊始，百事待举，曲老为了学校的发展呕心沥血，殚精竭虑，指导并直接参与了许多重大决策，推动了学校各项事业迅速发展，实力不断增强。曲老不愧是我国海洋科教事业的奠基人之一，中国海洋大学将永远铭记他的光辉业绩。"

2015年10月15日，中国海洋大学召开纪念曲相升诞辰100周年座谈会。校长于志刚发表讲话指出：

"中国海洋大学已经走过了90多年的光辉历程。回眸办学历史，我们所取得的每一个进步，都是一代又一代海大人辛勤耕耘、拼搏努力的结果。今天，我们缅怀曲相升同志，就是学习他忠诚于党、忠于人民、忠于事业的精神；学习他严格律己、胸怀坦荡、淡泊名利的高尚情操；学习他恪尽职守、努力工作、不断创新的优良作风。曲相升同志的办学思想和高尚品格，已经深深地融汇到中国海洋大学谋海济国的伟大事业之中。曲老的精神，将永远激励着我们为建设海洋强国、实现中华民族伟大复兴的中国梦而不懈奋斗！"

（撰稿人　曲卫平　曲超）

参考文献：

［1］《青岛日报》，青岛日报编辑部，新1053号。

张炳根

张炳根（1934—），男，上海人，汉族，中共党员，数学家，微分方程振动性理论的国际著名专家。1957年毕业于山东大学数学系后留校任教。1959年起，历任山东海洋学院助教、讲师、副教授、教授、数学系副主任，青岛海洋大学、中国海洋大学教授。他致力于微分方程研究，主要研究方向为泛函微分方程、时滞差分方程和时标上的动力方程、随机微分方程和数学生态模型，在泛函微分方程振动理论的研究上具有国际先进水平。在美国出版专著4部，在国内出版教材2部；发表论文200多篇，其中被SCI收录120余篇。1986年被国际数学联合会编入《世界数学家名录》。1993年开始，简历被刊于美国Marguis传记公司出版的《世界名人录》。享受国务院政府特殊津贴。

1934年1月22日，张炳根出生于上海市一个普通家庭。父亲农民出身，上过三年私塾，9岁做学徒；母亲是家庭妇女。家中兄弟五人，他排行第四。

张炳根高中就读于师资力量雄厚的上海沪新中学（今上海市上海中学），受到了良好的教育，为后来的学习和科研打下了坚实基础。

1953年秋，张炳根考入山东大学数学系。大学期间深受治学严谨的张学铭教授的影响，立志发展数学科学，创造先进的科研成果，扩大中国数学界在世界的影响。1956年10月，加入中国共产党。1957年夏，以名列全班第一的优异成绩于山东大学数学系毕业并留校任教，兼任微分方程教研室秘书。1958年元旦后，下放农村劳动锻炼。

1959年3月初，结束下放回校被分配在青岛参加山东海洋学院的建设，成为山东海洋学院数学教研组最初的成员之一。同年，在《数学学报》发表第一篇科研论文《二阶常微分方程组的解的全局稳定性》。1961年，在《中国科学（俄文版）》发表论文《非线性自动调节系统的稳定性》。

1962年5月，晋升为讲师，并被学校党委定为重点师资之一。1963年，参加全国高校微分方程会议并作报告。1964年和1965年在《数学学报》和《高等学校自然科学家学报》（《数学年刊》前身）发表论文《二阶常微分方程解的有界性》等。

1972年至1976年，学校招收工农兵学员，数学教研室成员被分配到各系联系实际，张炳根被分配到海洋水文气象学系海浪教研室。1975年参加海洋动力学实验室侯国本讲师主持的研究风浪的科研课题。至1977年从事海浪研究近两年，发表海浪方面的研究论文3篇，其中关于海浪波面最大值的结果由国家海洋局第一海洋研究所用实测海浪资料得到验证，他的公式比英国著名海浪专家Longuet-Higgins的公式更符合实际，而他关于非正态分布的海浪波高的公式比国际杂志《浅海海浪》上发表的类似结果早一年。

"文化大革命"结束后，全国学术活动恢复正常。张炳根回到常微分方程研究领域，因为1964年至1976年长达12年的时间里没有接触该方向的研究造成空白，他花费大量时间和精力查阅了从1966年至1975年的美国《数学评论》杂志上关于常微分方程方面的资料，了解国际上在这一领域的进展，并选择了3个方向：泛函微分方程、随机微分方程、生态数学模型。在之后30年间，他在这3个研究方向上都有所建树。

1978年5月，张炳根晋升为副教授。

同年，张炳根协助中国科学院数学研究所在青岛成功举办了第一届全国常微分方程为主题的数学会议，并在会议上作随机微分方程方面的报告。此后他多次参加学术会议，例如，1979年在成都召开的第一次全国数学界学术会议、1980年在长沙召开的第一届全国泛函微分方程会议，其间与全国数学界特别是常微分方程学术界取得广泛的联系。

党的十一届三中全会开启了改革开放的历史征程。1979年11月，学校在数学教研室基础上成立了数学系，翌年初，张炳根被任命为数学系副主任，并负责给数学系四年级的学生开设选修课以及指导学位论文。

1981年，张炳根被数学刊物《数学研究与评论》聘为首届编委，并为《中国科学》《数学学报》《数学年刊》《科学通报》等国内著名刊物审稿。此时他在国内数学界已具影响。

1983年，张炳根获得公派留学机会，到美国做访问学者。同年4月至9月前往南卡罗莱纳大学访问，与Padgett教授合作了2篇随机微分方程解的存在性方面的论文；之后去美国得州大学（阿灵顿）访问，与V. Lakshmikantham和G. S. Ladde教授合作有关随机积分方程和泛函微分方程方面的研究，并应系主任Lak邀请，为其研究生授课1个月。1984年，他与美国教授合作，撰写专著《具有偏差变元微分方程的振动理论》（中译名），该书1987年在美国Marcel Dekker出版公司正式出版发行。美国《数学评论》发表的书评称该书为"这一领域的学者和学生的圣经",德国发表的书评称该书为"这一领域的第一本英文专著"。1988年,国内图书进出口公司应国内数学界的要求,影印该书在内部发行。这本专著对学校起到了宣传作用,扩大了学校的国际影响力和知名度。

访美期间,张炳根十分珍惜学校给予的国家公派留学的机会,他虚心请教,殚精竭虑,孜孜不倦学习和研究,在美国大学图书馆查阅大量文献资料,经常工作至深夜。1983年他和Ladde及Lak教授合作发表了3篇论文;同年11月参加美国西北大学举行的美国数学学会会议并作报告。1984年暑假,应邀访问纽约理工大学电机系,与Kozin教授合作发表了1篇有关随机微分方程稳定性的论文;同年6月在Arlington参加了第一届非线性分析国际会议并作报告。由于过去主要用中文在国内发表论文,在国外缺乏影响,在美国访问期间张炳根与美国教授合作的6篇论文全部发表在英文国际刊物上,合作的一本英文专著也在国际著名出版社出版发行,这使得张炳根的国际影响大增。1983年起,他的学术活动足迹遍布世界各地,先后访问过美国、加拿大、意大利、德国、荷兰、奥地利、匈牙利、保加利亚、澳大利亚、新西兰、韩国,以及中国台湾和香港等国家和地区。与他合作过论文和专著的学者来自美国、加拿大、澳大利亚、印度、韩国、保加利亚、埃及、新加坡和中国台湾等国家和地区,有学术联系的学者则遍布5大洲30多个国家。1984年底,张炳根结束在美国的访问回国,并为数学系培养了第一个硕士研究生管征源。

1985年11月,张炳根晋升为教授。同年他被美国《数学评论》聘为评论员,翌年被国际数学联合会收入《世界数学家名录》。他的学术水平上了一个全新的台阶,成为世界知名的数学家。

在美国访问期间的学术活动和成就,使张炳根与国际同行之间有了广泛的联系,一些外国同行纷纷邀请他去访问合作。1986年7月开始,他在意大利访学7个月,其间访问了国际理论物理研究中心、第三世界科学院、Trento大学并在西西里大学作了报告。接着访问了澳大利亚Flinders大学、New South Wales大学和新西兰应用数学研究所,在Flinders大学与Gopalsamy教授合作了4篇论文,其中"On delay differential equations with impulses"(《具有脉冲的时滞系统》)一文开创了这一领域的先河,被Lakshimikanthan和Bainov出版的专著(1989)收录其中,Bainov教授来中国讲学时在报告中对此文给予极高的评价。在澳大利亚4个月后,他又前往加拿大Alberta大学访问8个月,在那里为研究生讲授了两门课泛函微分方程的振动性、泛函微分方程的稳定性。其间还与Erbe教授合作发表了6篇论文,其中有1篇关于时滞差分方程的振动性的论文,在1985年OHIO国际微分方程会议报告时引起与会学者广泛兴趣,后被Gyori和Ladas的专著(1991)以及Agarwal专著

（1992）收入其中。

1988年5月，张炳根回国后去湖南大学讲学时就专门讲了时滞差分方程的振动性这篇文章，湖南大学师生王志成、钱祥征、庚建设、唐先华、周展等都继续了这方面的工作，张炳根为迅速发展的差分方程振动性的研究开拓了方向。

1990年起，张炳根开始承担国家自然科学基金、数学天元基金、山东省自然科学基金项目多项，获得国家、省市和学校奖励20余项。1992年起享受国务院政府特殊津贴。1993年11月，他被山东省委、省政府授予山东省专业技术拔尖人才称号。同年开始，他的简历被刊于美国Marguis传记公司出版的《世界名人录》。

1995年8月，江苏、山东、安徽、江西4省数学硕士点评估中，青岛海洋大学应用数学硕士点在14个数学硕士点中位列第一，成绩为93.73分，张炳根的硕士生培养的成果发挥了关键作用；1997年，他的著作、论文及奖励还为数学系应用数学专业成为山东省重点专业起到了重要作用。

1996年，荣获香港柏宁顿（中国）教育基金会的"孺子牛金球奖"。

随着研究的深入进展和国际交流的扩大，张炳根的国际影响力不断增加。1998年在波兰召开的国际差分方程会议邀请他作大会报告；1999年在韩国釜山召开的国际微分方程会议邀请他作大会报告（共邀请了来自5个国家的7位数学家作大会报告）并提供全部费用。

1998年，张炳根在《数学通报》发表题为《泛函微分方程振动理论》的综述报告；2000年，在国家自然科学基金委员会主办的刊物《自然科学进展》发表有关时滞偏差分方程进展的综述报告；2003年，在美国刊物CAM发表长达47页的综述文章，以上这些科研综述文章影响和带动了国内外一大批学者。

1999年，获山东省人民政府通报表彰。2000年，获山东省科学技术进步奖二等奖；翌年获中国高校科学技术进步奖二等奖。

张炳根在教材建设上作出了贡献。1980年，他与赵玉芝编著的《科学与工程中的随机微分方程》出版。北京航空航天大学、北京钢铁学院（今北京科技大学）、马鞍山钢铁学院（今安徽工业大学）、武汉大学水利水电学院、西北电讯工程学院（今西安电子科技大学）等诸多高校把该书作为研究生教材。他编写的教材《生态数学模型》1990年出版，并获得学校优秀教材一等奖。

张炳根从教近50年，讲授过高等数学、常微分方程、常微分方程稳定性和振动性理论等本科和硕士研究生课程，培养了近20名硕士研究生，其中就有管征源、孔庆凯、邓兴华、杨博、王辉、孔令举等优秀数学科学工作者。他本人多次获得学校优秀教师和优秀共产党员等荣誉称号。

2004年3月，张炳根退休。令人钦佩的是，张炳根年逾古稀仍保持旺盛的创造力，退休后还发表10余篇论文，出版英文专著 *Qualitative Analysis of Delay Partial Difference Equations*（Hindawi Publisher, New York, 2007），同时为美国、英国、德国、澳大利亚以及国内几十种数学刊物审稿。2010年，他申报的"时滞偏差分方程和时标上的时滞方程的定性分析"项目获青岛市自然科学一等奖。

他热心公益事业。从1996年开始，与夫人赵玉芝资助数学系一名家庭经济困难本科学生。此后，他们向青岛市慈善总会、青岛市希望工程等多次捐款达数万元；在四川汶川地震、青海玉树地震、抗击新冠肺炎疫情中也多次捐款。

2014年11月，张炳根夫妇将一批珍藏的专业文献资料和工具书捐赠中国海洋大学图书馆，并应邀在"海大文库"留言簿上留言。张炳根在为海大学子赠言时郑重写下："愿海大人一代胜过一代，为实现中国梦贡献毕生的精力。"

2016年7月，张炳根向中国海洋大学数学科学学院的"爱华奖教（学）金"基金捐款8000元。翌年起至今每年捐款10000元，为学院和学校的发展提供了支持。

（撰稿人　连福云　张若军）

参考文献：

［1］《青岛早报》，《青岛早报》编辑部，总第7215期。

［2］《中国海洋大学高教研究》，《中国海洋大学高教研究》编辑部，2017年第3期。

［3］《青岛广播电视报·牵挂周报》，青岛广播电视报社，2017年第51期。

陈大刚

陈大刚（1937—2023），男，福建福州人，汉族，无党派人士，鱼类学专家。1959年毕业于山东大学水产学系后，历任山东海洋学院助教、讲师、副教授，青岛海洋大学、中国海洋大学教授、博士生导师。参与建立国家教委第一个海洋渔业资源专业，并主持我国第一个渔业资源硕士点、博士点和山东省海洋渔业（渔业资源学方面）重点学科建设。曾任青岛海洋大学渔业资源教研室主任，兼任教育部科技委、农业部科指委成员，中国水产学会资源专业委员会委员、名词标准化委员，中国海洋湖沼学会生态学会理事，联合国政府间海洋学委员会西太平洋分会"对虾资源研究"中国专家组成员等职务。享受国务院政府特殊津贴。

1937年1月26日，陈大刚出生于福建省福州市鼓楼区三坊七巷一个工厂小职员家庭，家中排行老大。

抗日战争期间，陈大刚断续于童宫小学、大根区第二小学完成小学教育。1949年8月，考入福建省福州第一中学，完成初高中学习。在读期间，苏联文学在中国盛行，他喜欢读奥斯特洛夫斯基的《钢铁是怎样炼成的》、高尔基的《海燕》和恰克夫斯基的《我们这里已是早晨》等书，然而对他影响最大的是方志敏的《可爱的中国》（黄皮本）。

1955年8月，陈大刚考入山东大学水产学系养殖专业。大学期间，他勤奋学习，刻苦钻研，师从我国著名鱼类学家邹源琳先生和海洋无脊椎动物学家尹左芬先生。邹源琳先生涉猎书籍面很广，除经典鱼类学原著外，尚研读脊椎动物比较解剖、鱼类生理学、神经解剖学等领域专业书籍，并于1966年翻译了诺门所著《鱼类史》一书，堪称鱼类学基础名著。尹左芬先生是中国纽虫研究专家。为了采集纽虫，她亲自带领几位年轻教师赴广西北海、广东湛江、海南岛周边、福建沿海，踏遍几乎所有港湾、滩涂，白天头顶烈日采样，夜里挑灯处理标本，那种认真求实的精神，一丝不苟、坚持不懈的科学态度影响了陈大刚。

在读期间，陈大刚的专业实习就在风景优美的青岛太平角临海实验室（场）进行。

他和同学们在那里学习了海带采孢子、海带苗下海等生产管理全过程。他的毕业实习被安排在武汉中国科学院水生生物研究所工作站进行。在那里，他向鱼工师傅学习"做鱼"（家鱼与野生鱼苗分离）、"练鱼"（拉网锻炼）和养育技术，并聆听中国科学院知名专家开设的专业讲座。实习虽苦，但能学到很多书本上学不到的知识和技能，得到理论生产双丰收，这为他日后的专业教学和科研工作打下坚实基础。

1959年6月，陈大刚毕业于山东大学，留在刚成立不久的山东海洋学院，任水产学系助教。不久他参加"长江家鱼产卵场调查"与"全国海岸带与海涂资源调查和综合利用"两个项目，以及带实验课。

20世纪60年代，因工作需要，陈大刚开始奔走于各大江海流域之间，在国家渔业资源最丰富的年代，见证了许多鱼虾类的最高网获（评价资源丰富度的最重要指标）。1963年他参加"海礁带鱼产卵场调查"，那时在带鱼产卵盛期，一般网获都在40～50箱，高产者100～200箱也很常见。后来，他被借调到山东省渤海对虾秋汛捕捞渔业指挥部承担渔情预报工作，每天从装有电报的100多对渔船上搜集当场网产量和渔船位置信息，绘制成中心渔场分布图，经分析渔场变化，每日由龙口总部发播渔情预报。

70年代中期，我国钓鱼岛海域马面鲀旺发，陈大刚从宁波上船，跟随青岛、上海、福建、宁波四大渔业公司的渔船船队开赴钓鱼岛海域作业。当时，在鱼群密集海区白天渔船如梭，夜晚渔船灯光像一座海上城市，一片兴旺景象。

中国渔业有几千年历史，但从资源丰盛到衰退仅浓缩于百十年间。所以在这个时期，陈大刚经历了我国从古老原始渔业向现代化渔业转变的进程，也见证了我国从渔业资源丰盛、资源波动到渔业资源衰退的全过程。同时他也亲历了许多我国前无先例后无重现的鱼虾高产纪录，丰富了中国渔业资源资料。

1977年，陈大刚在《动物学报》第23卷第1期发表《斑鳠人工繁殖与鱼苗培育的初步试验》论文，在国际上引起一定反响，美国迈阿密大学后来邀他去参加国际会议，比利时卤虫中心也请他去作学术交流。1978年7月，他晋升为讲师。

进入80年代，陈大刚主持两项重要科研项目，一项是"黄河三角洲银鱼渔业生物学与渔业资源调查"，研究淄脉沟入莱州湾海域里宝贵的珍稀鱼类资源——银鱼的种类、分布、数量、繁殖和生长等情况，这在过去的黄河三角洲系统研究中是空白。他承担任务后，带领研究生在东营市水产局协作下，搞了两年的野外调查和半年的室内整理总结，首次查明和揭示我国四种银鱼在淄脉沟近临海域及其在河川中的数量分布规律，特别是对安氏新银鱼的生物学作了较系统报道，为该鱼的资源保护和合理利用奠定了基础。在艰苦的条件下，他带着科研组成员圆满完成各项指标，最终，"黄河三角洲银鱼渔业生物学与渔业资源调查"项目获得山东省科技进步奖二等奖。另一项研究是他作为技术指导委员会成员，参加山东省南部海岸带（胶州湾口—绣针河口）调查，主持渔业资源的调查研究工作。这是全国海岸带调查的一部分，共设置40余个调查站，首次全面调查山东南部近海渔业资源。项目设置每月1个航次的调查，一年12个航次，每次出海10至12天，要完成对调查区40余个测站的拖网渔业调查及水文、生物取样。由于调查研究成果质量较高，该研究项目获得山东省科委科技进步奖二等奖，并以丰富的海岸带调查资料为基础，编著了《黄渤海渔业生态学》（海洋出版社，1991年出版），这是我国第一部区域渔业生态学专著。

1982年起，陈大刚参与海水鱼类人工育苗与养成工作。他研究的第一种鱼是斑鲦，又名扁鲦。他将扁鲦鱼卵人工授精后，放在水族箱里流水培育，育成鱼苗。研究的第二种鱼是真鲷，又名红加吉。他带领团队研究完成"真鲷鱼苗培育与苗种工厂化生产"的科研任务，鱼种生产达十几万尾，初步实现产业化生产水平，项目获山东省科技进步奖二等奖。研究的第三种鱼是"黑老婆"，学名许氏平鲉。许氏平鲉在养殖过程中主要解决鱼苗培育以及生产的问题。这种鱼是卵胎生的，只要采到母鱼，当它性成熟体内授精后放到池里，能自行产仔，产仔以后，给其投喂不同阶段的饲料，最终生产规模达到三十几万尾。鱼苗培育成功后出口日本。他的研究团队所做的工作对整个许氏平鲉产业起到了促进作用。研究的第四种鱼是花鲈，属于重要的经济鱼类，生长快，但是长期人工鱼种培育问题没有解决，都是依靠海洋捕捞，大鱼捕没了，天然小鱼也衰退了，必然走向人工繁殖。

1983年12月，陈大刚晋升为副教授。1986年，海洋渔业资源专业改名为渔业资源与管理专业并开始首次招生，陈大刚任渔业资源教研室主任。师资培养是新专业建设的关键，教材的编写是新专业建设的重要环节。为此，他组织青年教师共同编写《增殖资源学》《远洋渔业资源》《渔业电子计算技术》《渔业管理》等一批国内首次印行的专业教材，并通过共同研究、随堂听课，实现教学相长。同时他本人为渔业资源专业开设了渔业资源生物学课程，并承担该课程的教材编写工作，后来这本《渔业资源生物学》被农业部指定为全国统编教材，推广应用。

海洋渔业资源专业重视渔业实践，陈大刚组织带领该专业的青年教师如刘群等参与国家重点基金项目——莱州湾渔业生物与遗传多样性的研究，协助任一平开展胶州湾渔业资源和生物多样性保护研究，协助叶振江开展吕四洋蓝点马鲛产卵洄游鱼群渔情预报及海州湾经济鱼类资源补充调查研究，还曾和王成海博士一起赴南海开展鲹科鱼类资源调查,为该鱼类资源的开发利用奠定基础。

1993年起,陈大刚享受国务院政府特殊津贴。1994年12月晋升为教授。1996年被批准为博士生导师。

90年代末,威海羊亭渔业公司请陈大刚去研究花鲈人工繁殖。在山东省科委连续两次资助下,陈大刚主持的"花鲈人工繁育及产业化的研究"科研项目,前后历经4年花鲈秋繁成功。他首次总结出"春肥、夏育、秋繁、冬保"的繁育规律。经过反复实践,他们摸索出适用于花鲈产卵的催产剂种类、剂量、效应。花鲈人工繁殖课题过关后,山东省科委鼓励他再申请搞产业化,以一百万尾为目标。这个目标在国内尚属首次,经过两年再攻关,他从工厂化实验中总结催产剂量和药物的匹配时效,把花鲈产量从50万尾提升至100万尾,使苗种生产达到产业化规模水平,对我国花鲈人工繁育有一定的指导意义,为此,"花鲈人工繁育及产业化研究"项目先后两次获山东省科技进步奖二等奖。

陈大刚从事水产教育工作40余年,培养研究生10余名,其中就有中国科学院"百人计划"获得者窦硕增博士,以及渔业分子生物学领域知名学者高天翔教授。学校渔业资源与管理专业的很多教师都受过陈大刚指导,比如献身祖国水产事业的两位烈士王成海、叶立勋曾是学校渔业资源教研团队骨干。1991年10月,两人在威海镆铘岛海域潜水进行海洋资源调查时不幸以身殉职,噩耗传来,陈大刚悲痛不已。

2004年5月,陈大刚退休。他退休后坚持写作,用10年时间编著《中国海洋鱼类》,全书分上、中、下三卷,共计180余万字、3000余幅图片,是一部重要的海洋鱼类基础性著作和工具书。2013年,该书被列入"十二五"国家重点图书出版规划项目并获得2015年度国家出版基金资助。2016年该书获第六届中华优秀出版物奖,2017年该书获海洋优秀科技图书奖。

从教以来,陈大刚曾获青岛市优秀科技工作者称号、青岛海洋大学优秀教学成果奖二等奖和教书育人优秀奖等荣誉和奖励;曾主持或参加近10项国家及省部级科研项目,并获多项省部级二等奖和三等奖;在《渔业生物学报》《动物学报》《海洋学报》等SCI核心期刊以及国内外学术会议发表论文30余篇;主编《黄渤海渔业生态学》《渔业资源生物学》《中国海洋鱼类》3部著作,参加《世界百科名著大辞典》等多部专著编写工作。

2023年10月21日,陈大刚因病在青岛去世,终年86岁。

（撰稿人　万山红）

参考文献:

[1]《中国海洋大学高教研究》,《中国海洋大学高教研究》编辑部,2020年第1期。

王克行

王克行（1932—2018），男，山东黄县人，汉族，中共党员，水产科学教育者，对虾养殖专家。1957年考入山东大学水产学系，1961年毕业后留山东海洋学院水产学系任教，历任山东海洋学院助教、讲师、副教授，青岛海洋大学副教授、教授。他长期从事虾类生物学与养殖技术的研究与教学工作，研究成功对虾工厂化全人工育苗技术及大面积对虾养殖技术，编著了《对虾养殖》《实用对虾养殖技术》和《虾类健康养殖原理与技术》及全国高校统编教材《虾蟹类增养殖学》，被誉为中国的"养虾大王"。曾兼任山东省东营市垦利县科技副县长、农业部对虾养殖专家顾问组顾问、中国动物学会甲壳动物分会理事、中国水产学会海水养殖专业委员会委员等。曾获山东省劳动模范和山东省专业技术拔尖人才等称号。享受国务院政府特殊津贴。

1932年12月29日，王克行出生于辽宁省大连市沙河口区民权北六街。他1944年返回祖籍山东省黄县（今山东省烟台市龙口市），1948年参加中国人民解放军，在胶东军区北海军分区从事卫生工作，1949年至1954年，荣立三等功2次、四等功2次。

20世纪50年代初，他积极响应国家向文化进军的号召，边工作边自学，于1957年9月由部队考入山东大学水产学系。1959年山东海洋学院成立后，留在水产学系继续学习。经过大学阶段的学习，他强烈地感受到我国对虾养殖业与国外存在巨大差距，饱含着对我国对虾养殖事业的满腔热情，带着报效国家的坚定信念，王克行开始了他的养虾人生。

1961年秋，大学毕业后，王克行留在山东海洋学院水产学系任教，主要从事海洋无脊椎动物养殖教学工作。与此同时，他向学校表达了自己发展对虾养殖事业的心愿与设想，得到领导批准。

1964年起，在导师尹左芬先生的带领下，王克行与几名同事来到山东威海的试验基地，长期扎根在条件简陋艰苦的生产一线。他与同事在乳山县（今山东威海乳山市）和文登县（今山东威海文登区）建立简易实验室，和村民共同修建养虾试验池，开展对虾育苗与养殖技术研究。经过多次的出海调查采样和大量的浅海滩涂样品分析，成功掌握了天然虾苗的分布和活动规律，自行设计捕捞网具并成功完成虾苗捕运。通过开展池塘生态学和食物链研究，获取了大量翔实的一手数据，经过实验分析，确定了对虾的敌害种类和饵料生物，最终选取了当地资源丰富、价格便宜的蓝蛤和寻氏肌蛤作为对虾的优良活饵料，很大程度提高了对虾成活率与成长率，对虾规模化养殖试验取得成功。

1968年，对虾规模化养殖在文登县后岛村和乳山县金港湾两地取得大面积丰收。在此基础上，王克行又与黄海水产研究所、文登县水产局等合作单位的同事一起，紧锣密鼓地建立起4个示范试验点，随身背着显微镜和自编的讲义，不畏严寒酷暑和路途艰辛，奔走在沿海渔村一线，为渔民推广普及科学养虾知识，带动了全县养虾业的发展，真正让对虾养殖由试验阶段发展到企业化生产，建立起对虾养殖业。

20世纪60年代，我国虾蟹类养殖尚属空白。为更好地巩固和推广研究成果，促进学科各方向均衡发展，培养虾蟹类养殖专业技术人才，急需开设相关专业课程、编写专用教材，王克行主动承担起这项艰巨的任务。他结合国内外虾蟹类养殖相关研究成果、自身多年科研教学和生产实践的丰富经历，形成了系统的养殖理论和技术，编写出《对虾养殖》，成为全国水产院校的教材，建立起虾蟹类养殖课程。

1978年，国家水产总局在山东威海文登县召开全国鱼虾养殖现场会，对虾规模化养殖经验得到了充分肯定和认可。为了更好地带动全国各地对虾养殖业的发展，王克行带领同事立即承担起面向全国推广养虾技术的艰巨任务。他们每年面向国家水产总局、农垦部、盐业总局、解放军后勤部等系统举办对虾养殖培训班4至5期，亲赴河北、辽宁、福建、广东等省举办地方对虾养殖技术培训班，为全国培训了数以千计的养虾技术骨干力量，为全国对虾养殖的迅速发展奠定了坚实的技术基础，促使我国对虾养殖产量在20世纪80年代以每年翻番的速度快速发展。

20世纪80年代初，对虾规模化养殖初步成功，此时，虾苗生产却面临着巨大的技术瓶颈。仅靠采捕天然虾苗，一方面无法满足实际生产需求，另一方面过度采捕也不利于海洋生态环境的可持续发展。因此，如何因地制宜地探索研究科学有效的虾苗大批量生产技术，更好地推动我国对虾养殖业发展进步，是一个亟待解决的重大课题。

带着推动我国对虾养殖业发展进步的责任使命，王克行带领团队投身到国家攻关课题——对虾工厂化全人工育苗技术的研究。他组织相关教师立即前往威海文登的生产一线，在当时土法育苗模式的基础上，结合对日本、美国等国家育苗技术的研究分析，设计并开展了多种生产模式的对照试验，探讨出适合于中国对虾亲虾产卵及各期幼体变态发育的最佳环境条件，逐一解决了设施配套设计、饵料系列搭配、水质调控技术及病害防治等关键问题，率先取得了中国对虾苗种规模化培育的重大技术创新突破。1980年5月，王克行团队与文登县渔业公司联合进行的"对虾养殖技术及饵料研究"初步获得成功，孵化出虾苗7000余万尾，参加此项工作的王克行等7名教师受到文登县人民政府的表彰和奖励。与一同进行该项研究的其他合作单位相比，王克行团队不仅最早孵化出虾苗，而且规模最大数量最多。1981年，"对东方对虾进行工厂化育苗的研究"在育苗设施、工艺、饵料和防病害等方面取得突破性收获，并已应用于生产，保证了幼苗的安全生长，降低了成本，增加了产量。仅用两年时间，中国对虾苗种规模化培育技术便达到当时世界先进水平，创造了巨大的经济效益和社会效益。王克行是我国以对虾养殖为代表的第二次海水养殖浪潮名副其实的引领者。

1982年3月，王克行与课题组承担的"对虾人工育苗和养殖技术的推广"研究项目获国家科委、国家农委联合颁发的农业科技推广奖。胡耀邦总书记对此给予充分肯定，并在这项研究成果的新闻稿上批示："这才是应该大力表扬的科研方向。"该成果同时获得山东省科技成果奖一等奖。"对虾工厂化育苗技术"项目于1983年荣获农牧渔业部技术改进一等奖，1985年荣获国家科技进步奖一等奖（王克行是第三完成人），1988年荣获北京国际发明博览会金奖和世界知识产权组织的金奖。1986年王克行被授予山东省劳动模范，1988年被评为山东省专业技术拔尖人才。

1985年，王克行晋升为副教授。

80年代中期，自然条件最适宜斑节对虾生长的海南岛，面临着苗种大批量生产的技术难题，制约了海南（当时尚属广东省）养虾业的发展。

为了帮助我国南方养虾业尽早解决技术瓶颈，推进快速发展，1987年，王克行应广东省水产厅邀请，带领研究生第一时间奔赴文昌县，冒着酷暑开展斑节对虾苗种生产试验。在总结国内外相关研究成果的基础上，他们连续45天在当地生产一线夜以继日、不辞辛苦地开展试验工作，共培育出斑节对虾虾苗360万尾，相当于海南岛全部试验点9年产量的总和，帮助海南突破了斑节对虾育苗难关和技术瓶颈。与此同时，他还主动承担起对当地对虾养殖骨干培训工作，将知识技术倾囊相授、不求回报，翌年该成果在海南迅速推开，有效推进了我国南方对虾养殖业的快速发展。面对当地政府发放的酬金，王克行毅然拒绝。临行前，省县领导为他送行，并向他赠送了写有"克己奉公 行为楷模"的字幅和椰子壳作为纪念，称赞他"真不愧为中国的'养虾大王'"。

1986年起，在山东东部养虾业快速发展的同时，他将工作重点向山东西部地区转移，投身黄河三角洲地区的对虾养殖事业，帮助胜利油田、垦利县等县区筹划养虾业的发展及培训技术力量。1988年至1990年，王克行在东营市垦利县挂职，担任科技副县长。在垦利县，他带领团队不畏艰辛，埋头苦干，常年坚守在育苗和养殖车间一线，现场指挥生产实践，第一时间开展实验分析、解决问题困难。他们结合实际需求和地方环境特点，利用当地特有的地下咸水热量进行亲虾越冬培育，节省燃料的同时，大大降低了亲虾越冬成本；选取当地野生的田菁籽作为饲料原料，将田菁籽进行去毒处理后，其中富含的丰富蛋白质可以取代部分大豆蛋白，有效解决了养殖过程中面临的重要技术难题。相关成果获得了东营市科技进步奖三等奖，推动促进了黄河三角洲地区对虾养殖业的整体发展。

1991年1月，王克行晋升为教授。

20世纪90年代初，在我国养殖对虾产量突破20万吨之际，在福建省暴发了一场死亡率极高的对虾白斑病毒病，该病在两年内传遍了全国沿海，使我国新生的养虾业遭受巨大损失。看到国家和虾农遭受损失，王克行深感痛心，他怀着沉重的心情与全国广大水产工作者一起又投入到抗病救灾的工作中，带领科研团队赶赴一线开展防病技术研究。经过两年坚持不懈的努力，在无数次争分夺秒的试验中，逐步探讨明确了对虾白斑病暴发与环境的关系及该病的传播途径，在此研究基础上，先后提出封闭内净养虾技术、在重盐碱地区利用地下渗水养虾技术，且均在后续的试验中获得成功。在此技术帮助下，滨州、东营地区地下渗水养虾规模达到数万亩，成为山东省对虾养殖的主要产区，不仅较好地解决了对虾白斑病防病问题，也为重盐碱地的开发利用找到了一条有效的新途径，有力促进了当地社会经济发展。

1992年前后，面对我国黄、渤海海域中国对虾资源日渐减少，并且原本并没有自然分布的日本对虾的现状，他和团队在开展日本对虾养殖的过程中，逐渐发现其耐低温的特性，他们结合黄海水文特点，提出在黄海放流增殖日本对虾的可行性分析，首创了黄海海域的日本对虾放流。同年起，享受国务院政府特殊津贴。王克行在与山东省海洋捕捞增殖站等多个单位合作培育亲虾、繁育虾苗的工作基础上，从1995年开始，在黄海海域威海乳山沿海进行了为期两年的日本对虾放流增殖试验。第一年共放流虾苗1000余万尾，放流后经过跟踪回捕调查，确定了其移动范围和越冬场所，放流次年在文登、乳山、海阳沿海可捕到成熟交配的母虾，证明了日本对虾可在黄海越冬繁殖的推断，此后每年均可在黄海中、南部捕到少批量的日本对虾，试验取得圆满成功，并于1997年获山东省科技进步奖三等奖。这一成果受到辽宁、河北及山东省水产部门的重视，并大力推广应用到当地日本对虾放流中，实现了辽西海域日本对虾生产性放流投入产出比达到1∶5.4，取得了很好的经济效益。

王克行在水产学科人才培养的道路上播撒师爱、无私奉献，以德立学、以德施教。他在吸取国内外虾蟹类研究成果的基础上，潜心科研和生产实践，形成了系统的养殖理论和技术，发表科研论文50余篇，编写《对虾养殖》《实用对虾养殖技术》《虾蟹类增养殖学》（全国高校统编教材）等教材，填补了我国虾蟹类养殖的空白。他努力进行教学方法的改革，使教学与生产相结合、生产实习与技术服务相结合，培养学生对水产养殖业的热爱，增强学生的责任感和学习的积极性，使他们真正地接触了生产，锻炼了能力，为学校和地方培养了一大批优秀的专业技术人才，不少学生毕业后都成为生产技术能手，深受社会欢迎。他结合技术服务指导学生进行生产实习，于1993年获山东省优秀教学成果奖二等奖，主编的教材《虾蟹类增养殖学》于2000年获教育部科技进步奖三等奖。

1998年，他在水产学院养殖学系举办的王克行教授参加革命五十周年座谈会上表示："坚决服从工作需要，不管是离休还是继续在岗工作，都要为我国的水产事业和学校的学科发展继续奋斗，再立新功！"

2001年，王克行离休。他本可安享晚年，但仍然奔波在生产第一线，在青岛进行南美白对虾的工厂化养殖试验，并取得了可喜成果，亩产达2.5吨，打破了北方养虾纪录，在青岛地区推广应用后，取得了良好效果。他"老骥伏枥，志在千里"，常年身体力行地坚持为养殖户服务，每年多次深入辽宁、河北、山东、江苏、浙江等省份沿海乡镇为虾农讲课，在养殖一线帮助他们解决实际困难，总结毕生养虾经验和研究成果，出版专著《虾类健康养殖原理与技术》，参与《中国水产养殖学》的编写工作。

他凭着坚韧不拔的毅力和一颗献身于养虾事业的热心，勤奋工作一生，崇尚科学、追求真理、勇于创新。2016年，在中国海洋大学水产学科建制70周年庆祝大会上，王克行作为老教师代表在发言中说道："对虾养殖课题组经过二十年的艰苦努力，使对虾养殖形成产业化生产，并攻克了对虾工厂化育苗技术的难题，促进了对虾养殖的飞速发展。"正如王克行所愿，我国对虾养殖业经过一代代水产人多年的拼搏努力和艰苦奋斗，对虾养殖产量达到120余万吨，已超过全世界养殖对虾产量的一半，对虾也已走上寻常百姓的餐桌。

2018年12月29日，王克行因病在青岛去世，终年86岁。学校的悼词说：

"王克行先生卓越的工作和成就有力推动了我国对虾养殖产业的迅速发展，创造了巨大的经济和社会效益，获得了国家科技进步奖一等奖；为我国甲壳动物养殖事业的建立和发展作出了巨大贡献，被誉为中国的'养虾大王'。"

（撰稿人　耿雪晨）

参考文献：

［1］《科研成果背后的故事》，赵瑞红、孙厚娟、韩宇亮主编，中国海洋大学出版社，2015年版。

丘 捷

丘捷（1904—1973），男，广东嘉应人，汉族，无党派人士，地质学家。1927年毕业于国立北京大学地质学系，获理学学士学位，先后任教、任职于国立暨南大学、国立中央研究院地质研究所、湖北省建设厅、浙江省建设厅、福建省地质土壤调查所、华东地质局、东北地质学院、山东大学、山东地质学院等。1962年8月起，任山东海洋学院海洋地质地貌学系教授、主任兼海洋地质教研室主任。曾任青岛市第四、五、六届人民代表大会代表。

1904年9月6日，丘捷出生于广东省嘉应州丙村雷公乡（今广东省梅州市梅县区丙村镇雷锋村）一个农民家庭。童年丧父，全家靠母亲辛劳耕作维持生计。家庭变故使他从小养成吃苦耐劳、正直善良和勤奋好学的品格。

丘捷7岁入读乡立合德两等小学，6年后毕业；14岁考入广东省立第五中学（今梅州中学），与黄药眠是同学；17岁考入国立北京大学地质学系预科，一年后转入本科学习，师从李四光等教授。1927年夏大学毕业，获理学学士学位。同年9月至1928年6月在国立暨南大学任教，讲授地质学课程。

1928年7月起，丘捷任国立中央研究院地质研究所副研究员。翌年，他与叶良辅、张更、陈恺4人第一次对浙江平阳矾矿进行详细考察，于1931年在《国立中央研究院地质研究所集刊》第十号发表《浙江平阳之明矾石》一文，介绍了明矾石矿经济价值及欧美各国明矾石矿床的情况，并在显微镜下对矿区岩矿标本进行了详细研究，略估储量20亿吨。1932年10月，在李四光带领下，他与李捷、李毓尧、孟宪民、朱森、张更一行7人从南京出发，历时8个月之久，深入湖南、广西，对南岭山脉的地层、构造、矿产进行实地调查。翌年春，李四光由桂林返回南京，他留在桂林与李捷、朱森等会合，对桂北一带地质展开调查时，首先建立了震旦系的层序，发现震旦纪地层与"龙山系"（朱庭祜，1929）不甚相似，因而另命名为南岭系，按岩性分为三层，下部称长安砂岩，中部称富禄砂岩层，上部称车田矽质层，长安砂岩以下称丹洲片岩，片岩时代可能属前震旦纪。他们将这次调查发现以《广西马平附近之地质》为题，于1933年发表在《中国地质学会志》第十三卷。1934年4月，他与叶良辅、张更和陈恺对浙江平阳矾矿进行第二次实地考察，测量矿坑、矿层，编写了《研究浙江平阳矾矿之经过》一文，估算矾山明矾石储量2.6亿吨，富矿占50%，同时采集明矾标本五千多斤，并进行化学分析，至1935年完成矾石完全分析七十种，关于矾石提炼纯粹氧化铜和混合肥料的研究，著有论文9篇。

1934年7月，任湖北省科学实验馆指导员。1937年3月至同年底，任湖北省建设厅视察，兼黄石港象鼻山铁矿管理处运输科长。据《汉冶萍公司志》记载，为解决湖北官矿公署所属象矿的尖山矿区与汉冶萍公司所属冶矿的尖山野鸡坪矿区的矿界纠纷，丘捷受湖北省建设厅指派，会同双方代表到现场根据实业部印行之订正矿区图，勘定界线及法定距离，订立标志，绘制两矿关系图。据何功俊《对李四光教授的一些回忆》一文记述，1937年11月下旬，日军进逼南京，情势危急。获悉李四光先生家人仍滞留南京后，丘捷从铁矿管理处争取到船只并随同至南京，亲自护送李四光家人平安转移至武汉。

1938年1月，任浙江省建设厅视察。其间兼任该省平阳明矾管理处副主任。1941年5月，任浙江省遂昌硫磺矿厂厂长，之后任浙江省建设厅技正。1946年5月，任福建省研究院研究员兼该省建设厅地质土壤调查所技正、矿藏课课长等职。

1947年9月起，丘捷任福建省地质土壤调查所所长。1950年10月下旬至11月上旬，他赴京参加中国地质工作计划指导委员会（李四光为主任委员）扩大会议，并在会上介绍了福建省地质土壤调查所的组织、人员、设备、工作等情况。在他与前任所长及全体员工努力下，福建省地质土壤调查所在地质矿产方面共完成福建省18个县及几个矿区的地质调查，编著地质报告和地质图等13份，出版《地质矿产报告》9期，约18万字。

1952年10月，福建省地质土壤调查所撤销归并至上海华东地质局后，丘捷任该局工程师。1953年3月，调至东北地质学院（后更名为长春地质勘探学院、长春地质学院等）任教授，讲授普通地质学等课程。

1958年7月，教育部同意山东大学筹办海洋地质地貌学系，由长春地质勘探学院予以协助。同年秋，丘捷调至山东大学任教授兼校务委员会委员，参与恢复再建地质学系。1959年3月，山东省委决定，在山东大学地质学系和烟台大学地质教研室基础上，筹建山东地质学院（设在山东海洋学院校园内），丘捷转入该校任教。同年10月，任山东海洋学院首届院务委员会委员，后任第二届、第四届院务委员。1961年至1966年连续当选为青岛市第四、五、六届人民代表大会代表。

1962年6月，教育部通知撤销山东地质学院。8月，山东地质学院部分教师和设备并入山东海洋学院海洋地质地貌学系（1963年5月改为海洋地质学系）。丘捷也随之转入山东海洋学院任教授、系主任兼海洋地质教研室主任。

此时的海洋地质地貌学系面临两单位合并后的学科专业增加、教学机构设置和课程调整等一系列问题，系主任的担子特别重。丘捷花了大量时间和精力来处理好这些事务，特别是抓了教学大纲和课程建设，制定了具体的规章制度，使教学实现了规范化。在他的不懈努力下，海洋地质学系教学秩序变得井井有条，走上正轨。如果因为政治运动占用了教学时间，他会安排在星期日补课，甚至推迟几天放假，也要坚持完成教学大纲规定的内容。由于他有担任行政领导和多年教学的丰富经验，并坚持对教学负责的原则，担任系主任期间很好地履行了职责。

丘捷承担大量行政工作同时，仍坚持在教学第一线。他讲授的普通地质学课程注重理论联系实践，融入多年积累的深厚地质勘探理论和丰富实务经验，深受学生喜爱。针对地质学专业学生刚入学时不同程度存在不喜欢专业的实际情况，他在传授知识过程中力戒一味说教，自然而然地疏导、化解学生的专业思想问题。他通过教授普通地质学课程，使很多同学喜欢上了地质学，巩固了他们从事地质工作的思想。

丘捷重视实践教学，注重野外调查，认为这是研究地质之张本，并加强地质实习基地建设。在山东海洋学院，他不顾年龄较大、身体较弱，经常带领学生进行野外地质考察，在山东省内跑遍淄博、莱芜、泰安一线以及胶东半岛。在他积极倡导和推动下，海洋地质学系在省内外建立多个实习基地。其中，20世纪60年代早期率先在南京汤山建立的实习基地成为重要的实践教学平台。山东海洋学院海洋地质学系1964级学生、原青岛海洋大学海洋地球科学学院常务副院长、中国海洋大学出版社原社长李学伦教授入学后的第一门专业课普通地质学（共120学时）的前1/4就是丘捷主讲的。李学伦在《我印象中的丘捷教授》一文中写道："丘捷教授是我学生时代的系主任，他给我最深的印象是重视教学特别是实践教学、治学严谨、倾听学生意见、关心学生成长。他主讲普通地质学期间，还亲自带领我们利用星期天去浮山、崂山进行地质考察。当时没有通公交车，丘教授与我们一样自带饭盒（内盛馒头和咸菜）、水壶，背着装有地质锤、罗盘、放大镜等工具的地质包，早晨四五点钟从鱼山路5号校园出发，步行至浮山、崂山，与我们一起翻山越岭，以考察地质现象为主、游览风景为辅，在一些地质景观前，既介绍其人文趣事，也讲解其地质成因，从而培养学生学习地质专业的兴趣。丘教授重视实践教学还表现在每逢野外实习，他都要亲自作动员（因为那时实习地的环境和生活条件都非常艰苦），实习结束后还要抽查我们的野外实习记录簿和实习报告。"原青岛海洋大学海洋地球科学学院院长杨作升教授也回忆："丘捷教授在地质实习中与学生共甘苦，看不出大教授的任何架子。平常生活中总是一身普通的布制中山装，但皮鞋却锃亮，显示出地质大家的风范。"

丘捷对青年教师严格要求，重视培养工作；关心爱护学生，注意倾听学生意见建议。在海洋地质学系，他鼓励青年教师孙叶和雷启修积极走上讲台，为学生讲课，并要求他们每年都带学生进行野外地质实习。在他支持下，孙叶于1963年至1964年赴北京地质力学研究所参加了第一届地质力学进修班研修。孙、雷二人后来都成为业内专家。1964年，地质部部长李四光邀请英国伍斯特教授到北京举办晶体X射线衍射讲习班，并发给学校通知。这恰好与海洋地质学系青年教师杨作升的专业对口，但他因故未按通知及时报名错过时机。丘捷知道此事后立即写信给李四光部长，使杨作升得以顺利参加，这也体现了他对青年教师的培养和关怀。李学伦在上文写道："丘教授很重视学生的意见，关心学生的学习。记得同学们对一位教师讲课有些意见，有位同学就给丘教授写信反映。丘教授第二天晚上就召集写信同学及其他学生代表进行座谈，认真听取大家的意见，还征求对系里整个教学工作的意见，希望大家今后可以直接找他反映对系里工作和教学的意见及建议。"海洋地质学系1963级学生、中国科学院南海海洋研究所袁恒涌研究员在《谁言寸草心 报得三春晖》一文中回忆自己大学时期老师时写道："丘捷主任对我的帮助非常大。老教授工作上认真卓越，生活上艰苦朴素，对教学尽心尽力，把每个学生都看作自己的孩子，给予最多的帮助，作为研究界的专家，却丝毫没有架子。"

1963年5月，丘捷与28名海洋科学家联名提出《关于加强海洋工作的几点建议》，建议成立国家海洋局。翌年2月，中共中央同意在国务院下成立直属的国家海洋局，由海军代管。1965年12月，应邀参加在兰州召开的高等院校教材会议。翌年春，赴京参加《地质学简明教程》和《地质学实习指导》两书的审稿会议。

"文化大革命"期间受到迫害，被打成"资产阶级反动学术权威"，关进"牛棚"改造。

原青岛海洋大学海洋地质学系主任且钟禹教授1958年秋与丘捷一起从长春地质学院调至山东大学，后在山东海洋学院长期共事。他回忆："'文化大革命'期间，丘捷先生曾被安排到系里图书室'改造'，打扫卫生，整理图书。就是这么一项简单的工作，他也干得非常认真。后来因为师资紧缺，学校重新调他返回教学岗位。离开图书室交接工作时，他还对图书管理员说，有些书还没整理完，以后有空他会继续整理，因为图书资料对教学科研作用太大了，得充分利用起来。"

重返教学岗位后，丘捷身体更为虚弱，由于肺部患病导致声音嘶哑，讲课比较困难，但他仍坚守讲台。学校为此特意安排且钟禹担任丘捷的助教。讲课时常常是丘捷先讲一遍，且钟禹再复述一遍。就是这样，他还是坚持不下讲台，仍然认真备课，一丝不苟。

1973年1月10日，丘捷因病在青岛去世，终年69岁。

1978年11月9日，在全院落实政策大会上，中共山东海洋学院革委会核心领导小组组长、革委会主任张国中代表院革委会党的核心领导小组宣布几项决定，其中指出"院核心小组研究决定，为在'文化大革命'中被错误地打成'资产阶级反动学术权威'等罪名的赫崇本、方宗熙、丘捷……等同志，给予平反，恢复名誉。对强加给他们的一切污蔑不实之词，一律推倒"。

（撰稿人　金松）

参考文献：

［1］《国立中央研究院二十一年度总报告》，国立中央研究院文书处编，1932年版。

［2］《中国地学大事典》，陈国达等主编，山东科学技术出版社，1992年版。

［3］《中国矿产地质志·化工矿产卷（普及本）》，熊先孝、曹烨主编，地质出版社，2018年版。

［4］《汉冶萍公司志》，湖北省冶金志编撰委员会编，华中科技大学出版社，2017年版。

白季眉

　　白季眉（1895—1966），又名白祚恒，男，直隶永平府人，满族，无党派人士，测量学家。1923年毕业于国立河海工科大学后，先后任教于国立河海工科大学、国立复旦大学、中国乡村建设学院、东北工学院、东北地质学院等。1958年8月，任山东大学教授兼测量教研室主任。山东大学大部迁济南后任山东地质学院教授兼工程技术教研室主任。1962年8月起，任山东海洋学院教授兼海洋地貌教研室主任。曾任全国人大代表、中国测量学会理事、山东省测绘学会副理事长等。

　　1895年12月19日，白季眉出生于直隶省永平府城内钟楼上坡（今河北省卢龙县卢龙镇二街村）一个满族镶白旗家庭，家中排行第五。父亲联桂行伍出身，后任书吏，粗通文墨；长兄白眉初为民国时期地理学家。父早逝，依母长成。

　　白季眉13岁毕业于卢龙高等小学，17岁毕业于直隶省立第四中学（今河北省唐山第一中学），毕业后任本邑高等小学教员。他19岁考入天津北洋法政专门学校（1949年后并入南开大学），入学两年后因家庭经济困难，再返任原邑小学教员。

　　1919年秋，白季眉考入全国水利局河海工程专门学校（后更名为国立河海工科大学，今河海大学），由直隶省支付学杂生活费用。在学期间，总成绩每列全校之冠，深获老师李协（仪祉）、茅以升等赏识。1923年6月毕业后留校任助教。任教期间，别无嗜好，潜心钻研，锲而不舍，每日睡眠不足五小时。其间，撰写《治水程序》一文，相继发表在《河海周报》1926年第十三卷第十八期和第十九期。1929年以前，著有《普通测量学》《地图制图学》两书，皆分上下册，交上海商务印书馆出版，后不幸在一·二八淞沪抗战中毁于炮火。1932年所撰《治河概论》一文发表于《水利》第二卷第二期。1933年完成《普通测量学教本》上下两册，翌年8月由南京钟山书局出版。该书叙述一般测量的基本知识、仪器和作业方法。蔡元培、李仪祉、黄慕松等人为该书作序。其中，蔡元培序说："……测量一科庶几为吾国永久之学术。行之各地传之无穷焉。吾愿各种学术上均有此种书籍印行。而喜白君之肯为先驱也。故为序其缘起。"1936年完成《大地测量学教本》两册,由南京仁记印刷所印制出版,仅印出上册,下册已完成三分之二,因全民族抗日战争爆发,未全部印妥出版。

1938年6月,白季眉受聘任私立复旦大学土木工程学系教授,后兼任系主任。在抗日战争艰苦的生活中,完成《应用天文学》《铁路测量学》《水文测量学》《航空测量学》及《地图学》等著作。他希望这些著作能以铅字排版问世,但终未能如愿。

新华社高级记者魏文华20世纪40年代就读于国立复旦大学新闻学系。他曾撰文回忆当时与白季眉的交往:"白季眉教授解放后任过山东海洋学院教授和全国人大代表,但在夏坝时期却异常清苦。当时他已著有12种约1000万字的科学著作,但多数出版不了,而出版了的《普通测量学》上下两厚册1300多页,《大地测量学》两厚册1542页,也没有给他带来幸福。……我和白季眉教授相处的日子里,白教授是这么样的一个人:'他痛心,他气愤,不过他的痛心是吞在肚子里,气愤也是装在微笑中。'"重庆《新蜀报》和《人物杂志》等曾刊发一篇题为《白季眉教授》的人物通讯,真实反映了白季眉其时的无奈与困顿:"他高瘦的身躯,一头苍白的灰发,看样子像七十多岁,其实只有五十一岁!……按照他的辛苦研究,与多种的科学著作,白季眉教授已该是一位高楼大厦中的阔老了。但不,他还是一位茅草房中的自己担水、自己扫地的普通中国人。……全家十一口,老的七十多岁,教授两夫妇,八个孩子。政府有什么公教人员优待办法等等,条文漂亮的很,实行起来七折八扣,好处哪里轮到好人?全家大小都要指望他,指望着由他一个人的劳动来糊这十多张大张着的口。"

1942年12月,加入中国科学社,成为永久社员。抗日战争胜利后,应晏阳初之邀,前往重庆附近歇马场中国乡村建设学院担任讲座,兼农田水利学系主任。1946年至1950年间,在该校又著有《水坝工程学》及《隧道工程学》两书,仅留有原稿,一直未能出版。

1950年7月,白季眉调至沈阳任东北工学院教授兼土木学系测量教研组组长。1952年开始,全国高校进行院系调整。同年8月,东北人民政府颁布关于东北区高等学校院系调整的决定,以东北地质专科学校为基础,与山东大学地质矿物学系及东北工学院长春分院地质学系和物理学系的一部分,合并成立东北地质学院(后更名为长春地质勘探学院、长春地质学院)。12月,东北地质学院在长春成立,白季眉调至该校任教,讲授测量学等课程。1956年4月,在长春市政协第一届第二次全体委员会会议上,增补为常务委员。

1958年7月,教育部同意山东大学筹办海洋地质地貌学系,由长春地质勘探学院予以协助。8月,白季眉调任山东大学教授兼测量教研室主任。在东北8年,所著《大地测量学》《最小自乘法》和《大地测量学教本附篇及附录》等,均在东北工学院出版;所著《普通测量学》《测量学及地形制图》《测量学及地形制图精简本》和《测量学及地形制图学教学法指导》等,均在东北地质学院和长春地质勘探学院出版。

1959年3月,山东省委决定,在山东大学地质学系和烟台大学地质教研室基础上,筹建山东地质学院(设在山东海洋学院校园内)。8月,白季眉转入山东地质学院任教授兼工程技术教研室主任。10月任山东海洋学院首届院务委员会委员,并于翌年3月任第二届院务委员。同年11月到崂山惜福镇人民公社傅家埠大队参观时内心有感,回来后在校刊《山东海洋学院》发表题为《人民公社化　穷村变富村》的文章,抒发了感慨之情:"一切都听党的话是社会主义建设成功的根本保障,一切都听党的话是我们每个社会主义建设者必须遵行的时刻不忘的最高原则。……全中国在不长的时间内一定能成为一个有现代工业、现代农业和现代科学文化的社会主义强国。"

1962年6月,教育部通知撤销山东地质学院。8月,白季眉和该校部分教师与设备并入山东海洋学院海洋地质地貌学系(1963年5月改为海洋地质学系),任教授兼海洋地貌教研室主任,此后兼任该系工会主席。他1964年9月当选为第三届全国人大代表。同年当选为山东省测绘学会首届理事会副理事长。

任教山东海洋学院海洋地质学系期间,由于年事已高,白季眉所专长的测量学课程改由青年助教张发先授课,他进行指导。但他每日仍到系里工作,主要是伏案著述。由于他的外语很好,得以充分利用图书室外文文献,努力使他原来的陆地地学知识与海洋地学结合,以便将来为海洋科学服务。原青岛海洋大学海洋地球科学学院院长杨作升教授曾与白季眉在山东海洋学院海洋地质学系共事,他回忆:"在系图书室里常常可以见到白先生的身影,高高的个子,头发大部花白,穿着随意,风度儒雅,和蔼可亲,毫无大教授架子,但举手投足之间仍依稀投射出高度的自尊和自信。他的办公室桌子上堆着厚厚的书稿,有时还会给青年教师介绍他的成果,希望其著作能早日出版。"据其子白汝鹏所述:"父亲精通英语、德语,晚年又学会了俄语。在山东海洋学院时期,著有《海港工程学》及《海洋地貌之研究》两书,但尚未出版即遭遇'文化大革命'爆发。他将多年研究星球运转的心得加以总结升华,著有《北天·南天·赤道天·星球之运转》,其中自绘星图多幅。"

"文化大革命"初期受到冲击。1966年8月25日,白季眉在青岛去世,终年71岁。

1978年9月26日,学校为他举行了骨灰安放仪式。悼词说:

"他为人耿直，艰苦朴素，平易近人。……在教学科研工作中，态度认真，勤勤恳恳。他的《普通测量学教本》《大地测量学》《水文测量学》《铁路测量学》《航空测量学》《地图学》《应用天文学》《最小自乘法》等著作以及他发明的'观星定时刻简便法'对培养测量学方面的专门人才和测量学工作的开展，都起了积极作用。"

（撰稿人 金松）

参考文献：

［1］《青岛市志·人物志》，青岛市史志办公室编，五洲传播出版社，2002年版。

［2］《人物杂志》，人物杂志社编印，1946年第二期。

［3］《民国人物小传（第16册）》，刘绍唐主编，生活·读书·新知三联书店，2017年版。

郝颐寿

郝颐寿（1907—1996），字期仲，男，江苏淮安人，汉族，无党派人士，矿床学家。1934年毕业于国立中央大学地质学系后留校任教，后在国立浙江大学、国立交通大学贵州分校、国立唐山工学院、东北工学院、东北地质学院、山东地质学院等任教。曾在湖南省江华锡矿局、四川省彭县铜矿局、西康省地质调查所、贵州省地质调查所等任职。1962年8月，任山东海洋学院教授兼海洋沉积教研室主任。1980年12月，任山东海洋学院海洋地质学系主任。曾任中国地质学会会员，国家科委海洋专业组地质分组组员，中国海洋地质学会常务理事，中国海洋地质学会、中国地质学会海洋地质专业委员会名誉理事，山东省地质学会顾问等职。著有《生物在地史上分布之概况》等，翻译《太平洋海洋地质》等。

1907年12月24日，郝颐寿出生于江苏省淮安府山阳县（今江苏省淮安市淮安区淮城街道）小鱼市口西街二十一号。家中兄弟三人，他排行第二，自幼聪颖好学，有读书过目不忘的本领。

郝颐寿8岁起在县城内父亲任教的私塾接受启蒙教育，13岁时就读于淮安县立第二高等小学校，后入读江苏省立第九中学（后更名为江苏省立淮安中学，今江苏省淮安中学）初中部。就读期间，省立九中因驱长风潮一度停办。他17岁时居家自学并兼任家庭教师，后短期就读于南京私立正谊中学后，再度居家自学兼任家庭教师。

1927年8月，郝颐寿就读于江苏省立淮安中学高中部。1930年8月，高中毕业后被保送至国立中央大学理学院数学系，翌年8月转至该校地质学系，师从李四光诸教授。在校期间学习刻苦，成绩优异，主要靠助学金和课余打工维持吃穿用度。

1934年7月，郝颐寿国立中央大学毕业获理学学士学位。同年8月留校任地质学系助教。1936年9月，任国立浙江大学文理学院史地学系助教。同年在《科学》杂志第二十卷第二期发表《生物在地史上分布之概况》一文。翌年与本系副教授朱庭祜在《国立浙江大学季刊》创刊号合作发表《浙江之矿产》一文，列述了浙江省萤石、煤、印章石、明矾石、钼、铁等矿种的分布、地质概况、开采情况，记载了对重要矿区进行调查的人员姓名及其工作成果等；翻译的由格列高里和巴勒特合著的《普通地层学摘要》发表在《史地杂志》1937年第一卷第二期。

1938年8月起，郝颐寿先后在国民政府资源委员会附属的湖南江华锡矿局、四川彭县铜矿局、汞业管理处四川分处西秀矿厂等任工务员、助理工程师和副工程师等，在中国大西南10多处与地质矿山相关的一线从事地质矿物勘探调查工作。1940年8月，郝颐寿任西康省地质调查所技师，其间与人合作对该省天全县（今四川省天全县）西部地质矿产作了调查，撰写的《天全县西部地质矿产简报》于1941年发表在《西康地质调查所地质汇刊》第一号。这期间，他当选为中国地质学会会员。之后任重庆中园公司矿业部工程师。1942年8月起，历任国立交通大学贵州分校（贵州省平越县）副教授、国立贵州大学工学院副教授和国立东北大学（四川省三台县）地理学系教授。1946年8月起，他任国立贵州大学地质学系教授，兼任贵州省地质调查所技正、国立贵阳师范学院（今贵州师范大学）地质学教授等。

郝颐寿在贵州、四川和西康任教任职期间，对这些省份的矿产资源调查，特别是铜矿资源的调查作出了贡献。

1947年8月起，郝颐寿任国立唐山工学院（今西南交通大学）教授，讲授矿物学、岩石学等课程。翌年11月，他作为教授代表参加学院院务会议，通过"即行南迁"的议案，随学校大部师生员工由唐山迁至上海。1949年8月，经李四光推荐，他前往沈阳工学院（后更名为东北工学院，今东北大学）采矿学系（后改称东北工学院地质学系）任教授。1950年10月下旬至11月上旬，他赴京参加中国地质工作计划指导委员会（李四光任主任委员）扩大会议，并在会上作报告，介绍了东北工学院地质学系师资和教学等情况；同年12月翻译的E. H. Davison著的《野外岩石鉴定法》由龙门联合书局出版，该书可供从事地质调查及勘测矿床者，于野外鉴定岩石时作为普通手册，亦可作为专科以上学校地质、采矿以及土木等学系野外实习参考之用。

1952年开始，全国高校进行院系调整。8月，东北人民政府颁布关于东北区高等学校院系调整的决定，以东北地质专科学校为基础，与山东大学地质矿物学系及东北工学院长春分院地质学系和物理学系的一部分，合并成立东北地质学院。9月，郝颐寿调至该校地勘学系（后改为长春地质勘探学院勘探学系）任教授，讲授矿床学等课程。

1958年7月，教育部同意山东大学筹办海洋地质地貌学系，由长春地质勘探学院予以协助。翌年3月，山东省委决定，在山东大学地质学系和烟台大学地质教研室基础上，筹建山东地质学院（设在山东海洋学院校园内）。4月，郝颐寿调至该校任教授兼矿床教研室主任，他翻译的《C. C. 斯米尔诺夫院士选集》同月在科学出版社出版，该书讨论有关成矿理论方面的许多重要问题，主要是内生金属矿床形成理论的复杂问题，其中如硫化物-锡石矿床的成因特征，金属矿床的分带性，太平洋矿带的划分以及内生金属矿床的分类等问题。

1962年3月，郝颐寿任山东海洋学院第四届院务委员会委员。8月，在山东地质学院撤销后调入山东海洋学院海洋地质地貌学系（1963年5月改为海洋地质学系）任教授，兼任海洋沉积教研室主任、矿床组组长。同年11月任学报编辑委员会委员。

郝颐寿大学毕业后十多年从事野外地质矿山勘察的实践经历，为他在高校讲授地质专业课打下坚实基础。在山东海洋学院，他主要讲授矿床学课程。原青岛海洋大学海洋地球科学学院院长杨作升教授回忆："郝颐寿教授专长金属矿床学，有良好的理论基础。他上课时不带讲义，全凭记忆讲完全程。讲课逻辑清楚，层次分明，从不拖泥带水，基本上没有多余的话。板书清晰有序，重点突出。讲课时间拿捏准确，没有拖堂情况。受到学生高度称誉和肯定。"原青岛海洋大学总务基建处党总支书记邓桂荫曾任山东海洋学院海洋地质学系教务员，听过郝颐寿讲授矿床学课程，他回忆："整整一堂课，郝老师所讲内容与教材一字不差，绘图也很精确。这一方面说明他记忆力超强，另一方面说明他对教材内容把握到位。"

郝颐寿注重课下与学生交流沟通，建立了融洽的师生关系。1950年入读东北工学院地质学系师从郝颐寿，后执教山东海洋学院海洋地质学系的王琦教授回忆："郝先生有丰富的野外勘探经验和深厚的理论功底。他自编讲义授课，能做到理论联系实践，讲课很生动，板书也很漂亮。他家离学校较近，课余和周末经常有学生前去请教问题，他都不厌其烦，悉心指导。除了专业知识，他还与学生谈心拉家常，听听学生的想法，师生关系非常融洽，堪称学生的良师益友。"

"文化大革命"中，郝颐寿被打成"资产阶级反动学术权威"，下放劳动改造。1978年11月9日，在全院落实政策大会上，中共山东海洋学院革委会核心领导小组组长、革委会主任张国中代表院革委会党的核心领导小组宣布几项决定，其中指出"院核心小组研究决定，为在'文化大革命'中被错误地打成'资产阶级反动学术权威'等罪名的赫崇本、方宗熙……郝颐寿……等同志，给予平反，恢复名誉。对强加给他们的一切污蔑不实之词，一律推倒"。

1976年11月，郝颐寿受聘任国家海洋局第一海洋研究所临时顾问，继续进行矿床地质研究工作。这一时期，他对与本校英文教师谷磊昭合作翻译的H. W. Menard著的《太平洋海洋地质》一书译稿进行修改定稿，于1978年出版。该书对1962年以前太平洋盆地海洋地质的已知情况作了首次综合性分析；阐明了该盆地的海洋地质构造、海底地貌以及海洋沉积物的特征；阐述了太平洋盆地的发育和历史以及海洋地质作用的过程；讨论了海底隆起的发育以及海洋地壳巨块的水平和垂直运动。

1978年8月，郝颐寿任山东海洋学院海洋研究所副所长。翌年2月，兼任国家科委海洋专业组地质分组组员。7月，由国家海洋局第一海洋研究所地质室编辑的《海洋地质论文集》出版，他和相关专家对该论文集收录的论文进行了前期指导和审阅。11月兼任中国海洋地质学会常务理事。

1980年12月，郝颐寿任山东海洋学院海洋地质学系主任，至1982年11月。

郝颐寿重视学生野外实习和综合素质的提高。1981年10月，年逾七旬的他亲自到山东掖县（今山东省莱州市）三山岛检查毕业班学生实习和海洋地质学系承担的三山岛建港生产任务。在三山岛，他天天去野外，检查实习同时还抽出时间带领毕业班学生一起到该地金矿讲述海底基岩金矿和海滨砂金的形成过程。

1982年2月，郝颐寿任学校学位委员会委员，3月任学校学位委员会海洋地质学系分会主席。翌年1月增补为学校学术委员会委员。

1984年3月，适逢山东海洋学院成立二十五周年，郝颐寿在同月底出版的校刊《山东海洋学院》发表《校庆颂》，抒发了喜悦之情："（一）五五韶光若逝波，浪潮推进未曾休。满院春色呈佳丽，今朝更得展鸿图。（二）为得资源建四化，繁荣经济拓海洋。春风时雨禾苗壮，桃李争妍斗志昂。"7月，他从事地质工作满50周年有感，又赋诗二首："其一　当年万里寻宝藏，徒步跋涉历川康。萑苻竟夺愚公志，育英常为舌耕忙。其二　人老珠黄属自然，历经风霜质益坚。欣得夕阳无限好，甘为愚叟终余年。"

1985年3月，在中国海洋地质学会、中国地质学会海洋地质专业委员会第二届学术年会上，郝颐寿受聘任中国海洋地质学会、中国地质学会海洋地质专业委员会名誉理事。同年6月举行的青岛市地质学会第三届会员大会上，受中国地质学会委托，大会向他颁发了荣誉证书和纪念品。

1986年1月，郝颐寿离休。

1996年4月3日，郝颐寿因病在青岛去世，终年89岁。《青岛海洋大学报》头版刊发了《郝颐寿教授逝世》一文，其中写道：

　　"郝颐寿教授知识渊博，学术精湛，在矿床地质学尤其是铜矿地质学方面有很深的造诣，在50多年的科研和教学生涯中，为祖国矿产资源的发现和人才的培养，作出了重要贡献。"

（撰稿人　金松）

参考文献：

［1］《科学通报》，科学出版社，1951年第1期。

［2］《太平洋海洋地质》，（美）米纳德（H. W. Menard）著，郝颐寿、谷磊昭译，科学出版社，1978年版。

冯士筰

冯士筰（1937—），男，天津市人，汉族，民主建国会会员，中国海洋大学教授、博士生导师，中国科学院院士，物理海洋学和环境海洋学家，中国风暴潮研究的开拓者之一，中国环境海洋学学科点的倡导者、主要创建人和学术带头人。1962年清华大学毕业后，到山东海洋学院任教。1986年任山东海洋学院物理海洋研究所所长，1993年任青岛海洋大学海洋环境学院院长，1994年任青岛海洋大学副校长，1997年当选为中国科学院院士，2001年至2005年兼任浙江海洋学院校长。曾任全国政协委员、青岛市政协副主席，民建中央常委、山东省委副主委、青岛市委主委等职。曾兼任国家教委科学技术委员会委员、国务院学位委员会海洋科学评议组组长、教育部海洋科学与工程教学指导委员会主任、全国博士后管委会学科专家组成员、中国博士后科学基金会学科专家组成员、国际海洋物理科学协会和海洋研究科学委员会中国委员会委员、世界大洋环流实验中国委员会委员、"国际地圈生物圈计划（IGBP）"中国委员会常委、中国力学学会常务理事、中国海洋湖沼学会常务理事、中国风暴潮及海啸分会理事长、中国海洋学会理事等。

1937年3月8日，冯士筰出生于天津的一个书香名门、教育世家。家里从祖父起四代都在教书，家庭的熏陶使他自幼养成了勤奋好学的精神。

1953年，在闻名京津、英才辈出的天津耀华中学读书。1956年假期，学校组织春游时，冯士筰在颐和园长廊东段邂逅周恩来总理，周总理和蔼地问同学们大学都想学什么专业，冯士筰的回答是国防物理。年轻上进的冯士筰把国家利益和国家需求摆在第一位，在良好的家庭教育和学校教育的熏陶下，立下了为科学奋斗一生的雄心壮志。

1956年，冯士筰考入清华大学工程物理学系，1962年毕业于工程力学数学系流体力学专业。清华大学毕业后，分配到山东海洋学院工作。

1964年，冯士筰在深入研究当时享有盛名的物理海洋学家Munk大洋风生环流模式的基础上，找出该模型未考虑热盐因素的不足，建立了大洋风生-热盐环流模式。

1966年，冯士筰基本形成了具有自己独到见解的海洋动力学学术思想基础，正当他准备发表这一模型的论文时，"文化大革命"开始了。他被关进"牛棚"，幸运的是和我国物理海洋教育的先驱和开拓者之一、著名海洋学家赫崇本先生关在了一起。白天他们一起劳动，晚上赫崇本悄悄给他讲海洋科学的历史和前景，鼓励他不要因暂时的困难而气馁。

1970年，在周恩来总理的过问下，我国风暴潮研究起步了，冯士筰机缘巧合参与了这一极有挑战性的课题。1974年，他首次开出风暴潮专业课。

1982年，冯士筰参与的研究成果"浅海风暴潮动力机制和预报方法的研究"获国家自然科学奖三等奖。同年，出版《风暴潮导论》一书，这是世界上第一部系统论述风暴潮机制和预报的专著，1983年荣获全国优秀科技图书一等奖。

1983年，作为高级访问学者，冯士筰赴美同相关单位进行为期一年的合作。"拉格朗日余流及长期物质输运"开始成为他科研中的又一个主要方向，回国后，他在对该问题深入研究的基础上，开始了从根本上改造近海和河口环流传统理论的研究工作。1984年6月，他结束在美国的高级访问学者工作后，回到学校物理海洋研究所工作，建立了浅海动力学研究室，为学校开辟了物理海洋学的一个新分支——浅海动力学，开设了本科生、硕士生和博士生有关课程，建立了系统学科体系。

1985年起，他先后主持了国家"七五"攻关项目"风暴潮数值预报研究"专题和国家"八五"攻关项目"风暴潮客观分析、四维同化和数值预报产品的研究"专题。这两次攻关，使我国风暴潮研究进入世界先进行列，其中主持的"七五"攻关专题作为一部分，1991年获得"国家七五科技攻关重大成果奖"。"九五"科技攻关启动后，他担任"海洋环境数值预报产品研制"课题组组长。通过三个国家科技攻关五年计划的实施，我国"海洋环境数值预报"研究水平可以和国际接轨了。

1981年，山东海洋学院获批设立物理海洋学博士点。1986年，冯士筰成为学校继文圣常先生之后的第二位物理海洋学博士生导师。由于学科自身的特点，物理海洋学专业的研究生必须具备坚实的数理基础，因此他早期招收的物理海洋学专业的学生中有不少来自于数学、物理专业，但海洋方面的知识相对缺乏，冯士筰鼓励他们先学后研、边学边研，从数学、物理专业的视角来审视海洋科学的问题，开展学科交叉研究，学生受益良多。

冯士筰重视新的交叉学科发展，对海洋环境科学学科发展作出了巨大贡献。20世纪80年代后期，我国近海富营养化、溢油等海洋环境问题逐渐显现，迫切需要培养一批海洋环境研究和管理领域的高层次人才。1990年，受学校委托，他牵头组织专家向国务院学位办申请在海洋科学学科内设立环境海洋学博士点并获批准，从而建立了我国第一个环境海洋学博士点，使传统的海洋学科突破物理海洋学、化学海洋学、生物海洋学和地质海洋学各自的领域，进入到跨学科、学科融合的新领域。他由原来的物理海洋学博士生导师通过遴选成为当时全国唯一的环境海洋学博士生导师。随着国家层面的学科调整，环境海洋学博士点于1998年调整为环境科学博士点。2000年，学校环境科学与工程学科点成为全国首批环境科学与工程一级学科博士学位授权点，并设立了博士后流动站，从而使我国海洋环境科学的高层次人才培养体系更加完善，学校环境科学与工程学科也在冯士筰的关心与指导下，由小变大，由弱变强。

风暴潮是发生在海洋沿岸的一种严重自然灾害，我国是风暴潮高发国家之一。世界主要海洋国家早在20世纪二三十年代，就已经开始了风暴潮的预报研究工作。而我国直到20世纪70年代初还对风暴潮理论和我国风暴潮的实际状况几乎一无所知。为了获得风暴潮的第一手资料，1970年，冯士筰等人环绕渤海进行了两次实地考察，走村串户向盐工、农民、渔民了解风暴潮的一般知识，走访当地政府、查阅当地县志，寻找有关记载，到水利部门和验潮站搜集有关数据，足迹遍及渤海周围数省的40多个县市，行程4000多公里，其中的数百公里完全是徒步跋涉，终于获得了国内第一批关于风暴潮灾害的珍贵资料，并在此基础上提出了风暴潮经验预报方法。20世纪70年代中期以来，他与合作者创建了超浅海风暴潮动力学理论及其动力–数值预报模型，主持完成了中国第一代、第二代风暴潮数值预报研究。1982年出版的《风暴潮导论》，不仅为物理海洋、海洋气象、海洋工程以及相关学科的研究生提供了第一部风暴潮系统教材，而且也成为我国第一部从事海洋、气象、河口海岸和环境工程的科技工作者的重要参考书，标志着我国对于风暴潮的研究已经进入世界风暴潮研究之林。

冯士筰在浅海环流和长期物质输运方面的研究成果尤为突出。1983年，他赴美开展合作研究后，科学研究进入了一个新的领域：拉格朗日余流及长期物质输运。这是当时居于国际前沿的浅海动力学新课题。这一年的访问中，冯士筰及其合作者在前人研究成果的基础上，解析了欧拉余流理论的缺陷，分析了拉格朗日余流和欧拉余流的本质差异，提出了一种拉格朗日余流和长期物质输运的理论模型，导出了一个全新的长期物质输运方程。该方程独具特色，物理意义异常明确，且对长期物质输运的计算提供了非常节省的计算模型，受到国内外同行的重视。此后10年，他建立了以拉氏时均速度的最低阶近似——物质输运速度来体现浅海环流速度基本场的新理论框架，导出了浅海潮生–风生–

热盐环流基本方程组，建立了一种新型的长期输运方程。他研究成果中的"拉格朗日余流和长期输运过程的研究———一种三维空间弱非线性理论"荣获第四届国家自然科学奖三等奖和1988年国家教委科技进步奖一等奖。近些年来，他与合作者又将浅海环流的弱非线性理论发展为一般非线性理论，从而进一步完善了近海拉格朗日时均环流及其长期输运理论体系。

他的研究成果，为近海污染物理自净、悬浮质输运、海洋环境预测和近海生态系统动力学等诸多方面，提供了海洋环境流体力学基础，促进了浅海动力学、环境海洋学和海洋生态动力学的进步，得到了国内外同行和专家的重视和好评。他的研究成果在中国陆架海环流研究中起到了指导作用，国家环保局的重大课题"渤海及十个海湾水质预测和物理自净能力研究"就应用了其早期成果。M. Dortch等也将其系统成功地用于美国Chesapeake湾时均盐度场的模拟和长期预测；Carl Cerco等又将其进一步用于Chesapeake湾的富营养化模拟和湾内生态系统对营养盐负载的响应机制研究，取得了满意效果。20世纪90年代中期，在中德政府间科技合作框架下，作为中方首席科学家，冯士筰与德国汉堡大学运用拉格朗日余流和长期输运理论进行"渤海生态系统综合分析和模拟"合作研究，使用学校"东方红2"海洋综合调查船组织了两次渤海海上综合调查，在物理海洋、浮游生物、生物地球化学等各学科及其交叉研究方面均取得实质性成果，这对于促进我国刚刚起步的生态系统动力学研究，使其尽快与国际接轨，起到极大推动作用。

冯士筰出生于教育世家，始终强调教育是国家和民族的基石，人才培养是高等学校之本质功能，长期致力于推动我国海洋科学本科教育的改革。曾担任第一、二届教育部高等学校海洋科学类专业教学指导委员会主任，组织制定了我国海洋科学人才培养规范，组建海洋学国家级教学团队，建设了多门国家级精品课程，出版了海洋科学专业主干课程教材，为我国海洋科学本科教育快速健康发展作出重要贡献。与合作者主编的面向21世纪课程国家级重点教材《海洋科学导论》（1999），已成为我国大陆与台湾地区众多高校开展海洋科学本科教育的首选教材，获全国普通高等学校优秀教材一等奖（2002），主持完成的教学改革项目"面向二十一世纪海洋科学专业的教学改革与实践"及"海洋科学类专业人才培养模式的改革与实践"，分别于2000年和2005年获全国教学优秀成果奖二等奖。

他倡导大学教育应"体育为本，德育为魂，智育为器，美育点睛"。只有具备体育、德育、智育和美育方面的素质和能力，才可以"为祖国健康工作五十年"。他主张将教学与科研相结合，将自己的科研融入到教学中，在教学中着重培养学生的科研能力。由于海洋环境科学研究的复杂性和多学科交叉特点，在研究生培养过程中，他既与物理海洋学领域的学者密切合作，也与海洋生物学、海洋地质学和海洋化学等领域的学者开展广泛合作。这些具有历史意义的合作，不仅为我国培养了一批具有不同学科背景的海洋环境科学专家学者，也推动了学校乃至我国环境科学学科的发展。

他勉励搞科研的师生，只有能够静下心做学问的人才能在科研这条路上越走越远。他说，当科研工作越做越深时，就会出现知音太少的情境，也就是所谓的"高山流水知音难寻"，所以要耐住寂寞。做学问或者说是搞科研，只要能深入进去，就能激发起兴趣将工作做到底。他经常教导学生，对于别人的东西不准照搬照套，生吞活剥。在科学研究中不能人云亦云，要独树一帜，自辟新路，有所建树。他要求研究生或博士后的研究要具有前沿性，并能够结合国家需求，还特别注重所拟定的研究课题能够为他们提供一个可以实现自己科学梦想的平台。作为我国最早的物理海洋学博士生导师之一、我国环境海洋学学位点主要创建人，冯士筰培养了一大批在相关领域从事教育教学、科学研究和管理工作的专家学者，桃李满天下。

（撰稿人　吕小霞）

参考文献：

［1］《学海兰舟——冯士筰院士从教五十五周年》，本书编委会编，科学出版社，2017年版。

［2］《走近海大园·大师足迹篇》，魏世江主编，中国海洋大学出版社，2007年版。

［3］《青岛院士》，青岛市政协文史资料委员会编，青岛出版社，2017年版。

张正斌

张正斌（1935—2007），男，上海人，汉族，民盟盟员，海洋化学家，中国海洋化学学科开拓者和主要创始人之一，海洋物理化学学科奠基人。1958年毕业于北京大学化学系，同年至1963年在内蒙古师范学院任教。1963年3月起，在山东海洋学院任教，历任海洋化学系主任，中国海洋大学海洋化学研究所所长、化学化工学院名誉院长。1983年任美国俄勒冈州立大学客座教授。曾任全国人大代表，青岛市人大常委会副主任，民盟青岛市委主任委员，中国科学院南海海洋研究所和国家海洋局第三海洋研究所兼职研究员，国家自然科学基金委员会第一、二届海洋科学学科组评委，国家教委教学指导委员会委员（两届），国家教委科学技术委员会地理、大气、海洋、环境四学科组委员，《海洋与湖沼》《中国海洋大学学报》《中国科学（B辑）》等编委、编委会副主任。首届全国高校教学名师，中国民盟杰出盟员。享受国务院政府特殊津贴。

1935年5月9日，张正斌出生于上海市一个知识分子家庭。他自幼天资聪颖，喜欢钻研且学习刻苦努力。中学就读于上海中学。闲暇时，书法、篆刻、诗词等均有所涉猎，并成为一生的爱好。

1954年9月，张正斌以优异成绩考入北京大学化学系。在北大读书时，受到傅鹰教授的人格影响，在化学研究上的潜能得到充分展现，成为当时北大化学系在国内一级刊物《科学通报》和《化学学报》发表毕业论文的第一人。

1958年夏，大学毕业后他被分配到内蒙古师范学院（今内蒙古师范大学）任教，同时参加大青山提铀研究工作。在内蒙古师范学院，张正斌发现学校实验设备不完善，就亲手搭建大型仪器平台，创建了开展研究所需的实验室。除了教授无机化学、物理化学、结构化学等课程之外，还牵头开设物理化学实验课程，并进行"内蒙古贫铀矿提铀"系列研究，发表"溶液络合物稳定性"相关的文章30多篇。

1963年3月，张正斌调入山东海洋学院任教。翌年在《中国科学》发表的论文中提出平均物理化学函数概念，应用极谱法测定了络合物逐级稳定常数和络离子的扩散系数，得到化学界老一辈专家的肯定。1965年后，相继参加了海水提重水、海水提铀和海水提钾等工作。1967年，作为国内海水提铀的主要参加者，经10年工作，从实验室研究到室外中试，最后提取出"铀饼"，受到教育部嘉奖，成果被列入1978年教育部科技局的《科技成果选篇》。

1970年到1976年，张正斌作为"教改"小分队的主要负责人之一，到淄博齐鲁石化、新华制药厂等开展"开门办学"，积累了不少生产实践经验，充实了以后的教学内容，为如何与生产实践相结合的教学经验、教学方式方法等打下了基础。同时从上述实践中，把传统的盐化工发展成海水化学资源综合利用，把传统的"蒸发（去水分）法"发展为一种新的"交换-吸附法"，并成功地应用于海水提铀、海水提钾、海水提碘等工作，在"键参数在海洋化学中的应用"方面发表8篇论文。

为响应国家"海水提铀"号召，他承受"文化大革命"高潮中写科研论文就是"走白专道路"的压力和年复一年的酷暑严寒，在青岛小麦岛不舍昼夜地按时通水取样，分析测定，积累大量可靠的数据，在《化学通报》发表《电负性应用的新进展》等文章。

1974年至1976年间，提出"海水中无机离子分级交换平衡理论"，获得1978年全国科学大会奖及省、市级的相应奖励。

1978年5月，张正斌越级晋升为副教授。

1978年后，张正斌一直从事海洋化学的教学与科研工作，主要研究海洋物理化学和海洋界面化学，在我国开拓和建立了海洋物理化学和海洋界面化学这一新兴边缘学科，推动了海洋化学的发展，被国内外誉为中国海洋物理化学的奠基人。他提出的海水中液-固界面分级离子/配位子交换理论及其普遍等温式，通用于海洋液-固界面领域。他提出的"海水中液-固界面交换吸附理论"，是国际上流行的三大液-固界面交换吸附理论之一，并是唯一可解释"台阶型"实验曲线的理论。

在艰苦的生活条件和科研环境下，体现出的还有他和妻子刘莲生教授的相濡以沫。在1982年中国化学会成立5周年的学术报告会上，他系统汇报了张-刘理论及近10年长的实验验证工作，得到出席专家的一致肯定。此成果获1986年国家教委科技进步奖一等奖和1987年国家自然科学奖三等奖。

他在海洋界面化学动力学研究上，提出液膜扩散理论、界面多层模式、提铀五步反应机理等，发表《海水中液-固界面液膜递进-分级交换的化学动力学理论》《海水中化学过程介质效应》（荣获1997年国家教委科技进步奖三等奖）和《海洋界面化学》（荣获2001年中国高校科技进步奖二等奖）等成果。此外，在海水介质效应、海水中液－固界面三元络合物研究、海水微表层物理化学的系列研究等方面都取得了重大成果。他提出的微表层研究中的原位法和异位法、海水微表层的多层理论模型、海水微表层中Gibbs吸附公式的"异常"、计算物质海－气通量的新方法、一氧化氮的海洋生物地球化学等理论，是具有原创性的重要成果。

20世纪80年代初，张正斌参加或主持了黄河口（中美、中法等）合作调查研究工作，主编出版了《黄河口的河口/海洋化学》（英文版）。在国家"七五""八五""九五"科技攻关的15年间，参加了关于南海、黄海、东海的海洋调查和研究，出版了《南沙群岛及其邻近海域化学过程研究》《海洋化学原理和应用——中国近海的海洋化学》等专著，开创了我国的海洋微表层化学研究，在国际刊物上发表了一系列论文如《海－气界面海水微表层化学的多层模型》《海水微表层的原位法研究》，处于国际先进水平。他与其他学者共同主持国家自然科学"八五"重点基金"东海陆架边缘海洋通量研究"，在我国首次建立DOC、DMS等的测定方法和装置，首次用分形方法研究沉积物的交换吸附规律，指出东海是大气CO_2的"汇"。完成国家自然科学基金项目9项，教育部博士点基金6项，国家"六五"至"十五"攻关项目3项。发表论文近300篇，出版专著15部。其中，《海洋化学》一书是以我国海洋化学工作者和著者自己的研究成果为主要内容，融入中国近海的海洋化学、具有我国特色的第一部海洋化学专门著述，介绍内容涉及海洋中液－固界面理论、痕量元素和胶体等先进理论。《海洋物理化学》一书对于海洋界面化学、海洋络合作用和海水活度系数等作了清晰和深入的论述。

1983年，张正斌晋升为教授。同年9月至12月，他在美国俄勒冈州立大学海洋学系和放射中心进行科研合作的三个月期间，写出了《界面分级离子/配位子交换及其应用理论》（英文版）专著，以及《海水中液－固界面分级离子/配位子交换理论》，这是他于1987年获得第三届国家自然科学奖的主要内容之一。

张正斌先后承担了国家级和省部级大量科研工作，获得国家级和省部级奖16项。1986年，他被授予国家级有突出贡献的中青年专家称号；1989年，被授予国家科委和国家教委先进科技工作者称号；1987年和1995年两次被授予山东省专业技术拔尖人才荣誉称号；1993年起享受国务院政府特殊津贴。

1986年6月，张正斌任海洋化学系主任。8月，国务院学位委员会批准学校海洋化学专业为第三批博士学位授予专业之一，张正斌被批准为该专业博士生导师。多年来，他共培养博士研究生30余名，硕士研究生60余名；开设了十几门本科生和研究生课程，包括海洋物理化学、海洋化学等，讲授的化学海洋学（海洋化学）被评为教育部名牌课程和国家级精品课程。

1993年，获全国优秀教师荣誉称号。翌年获青岛市教育名家称号。

1994年，张正斌突发心肌梗塞，卧床三个半月，病情稍有好转，即更加全力地投入到工作中，指导研究生，且一直为本科生讲授教育部名牌课程海洋化学。1993年至1994年，他组织学生进行两次南沙群岛的科考，获得南沙海底沉积物和海水的珍贵样品，后续研究的成果荣获1996年南沙国家"八五"科技攻关重大科技成果奖，发表的《南沙群岛海区化学过程研究》荣获1997年中国科学院科技成果奖一等奖，填补了国家的研究空白。

王修林、于志刚、杨桂朋、俞志明在《深切缅怀我们的恩师张正斌先生》一文中写道：

"几年来，医生一再警告张先生，如果不注意身体，随时都可能有危险。这倒让张先生更加争分夺秒地工作起来。研究生要手把手地带，论文他要逐字推敲。工作再忙，每周也都要和每个研究生谈上好几次话，否则心里就不会踏实。对研究生的论文实验，要求至少3～6个月的反复操练，苦练基本功，熟练后才让正式出数据。做实验要求测定数据多次重复的才算可用，一条实验曲线国外文献用6～8个点绘成，张先生则要求至少比国外多2～3倍的数据才行。凡是属重要的实验发现，他都要求两人以上重复实验，以反复论证之。1994年出院后的十几年间，张先生完成了上百篇论文，新出版了6部专著（其中包括两部教材），一直在不断进取、不断拼搏。张先生既是一位真正为我国教育事业拼搏终生的普通人民教师，又是一位名副其实的海洋化学领域的一代名师。"

2002年和2004年，张正斌先后赴美国乔治亚大学海洋科学系学术访问两个月，赴广东大亚湾现场实验，取得了大量创新性成果。他也于2004年至2006年连续3年获得国家海洋局海洋创新成果奖二等奖。

世纪之交，即便已届古稀之年，张正斌仍坚持走上讲台，亲自给本科生授课。由于他在教学上的卓越成绩，于2003年获得教育部评选的首届全国高校教学名师奖，该奖项要求评选者要在学术研究中取得突出成就的同时，积极主动承担本专科基础课教学任务。

张正斌身体力行地为学生树立了楷模，为中国海洋化学界培养了一批又一批人才。他对学生的实验数据重现性、可靠性和真实性要求极为严格，对学生的学习工作和生活也相当关心，努力为学生创造更多科研实践活动的机会，对学生的个人发展进行指导。他培养的学生许多已经成为我国海洋科学界的学术带头人和省市领导以及有关科研院所领导，例如：中国工程院院士高从堦，山东省政协副主席王修林，中国海洋大学原校长于志刚，国家杰出青年基金获得者、中国科学院海洋研究所研究员俞志明，中国海洋大学化学化工学院原院长杨桂朋和海洋化学理论与工程技术教育部重点实验室原主任赵美训等。另外，孙铭一、蔡卫君、孟晓光等都已经成为美国大学的终身教授。

传道授业解惑的同时，张正斌长期担任中国科学院南海海洋研究所和国家海洋局第三海洋研究所（今自然资源部第三海洋研究所）兼职研究员，中国海洋湖沼学会常务理事，中国海洋化学学会副理事长，山东省化学化工学会副理事长，曾任国家自然科学基金委第一、二届海洋科学学科组评委，国家教委教学指导委员会委员（两届），国家教委地理、大气、海洋、环境四学科组委员，《海洋与湖沼》编委、《海洋学报》副主编、《中国科学（B辑）》编委等。他还曾担任第八届全国人大代表，山东省人大常委会委员，青岛市人大常委会副主任，民盟中央委员、山东省委副主任委员、青岛市委主任委员等职。

2007年4月10日，张正斌因病在青岛去世，终年72岁。学校的悼词说：

"近50年来，张正斌教授潜心学术，教书育人，是我国海洋化学学科的开拓者和主要创始人之一，是国际知名的海洋物理化学家，是我国海洋物理化学学科的奠基人。他把毕生的精力都贡献给了党和国家的教育事业，他对海洋科教事业作出了卓越的贡献。"

（撰稿人　迟瑞娟）

参考文献：

[1]《中国海洋年鉴》，孙志辉主编，海洋出版社，2004年版。

[2]《海洋与湖沼》，科学出版社，1990年第3期。

[3]《海洋通报》，海洋出版社，1984年第3期。

[4]《现代教育》，现代教育编辑部，2004年第9期。

[5]《海洋工程》，《海洋工程》编辑部，2000年第1期。

[6]《化学通报》，科学出版社，1984年第5期。

管华诗

管华诗（1939—），男，山东夏津人，汉族，中共党员，中国工程院院士，海洋药物与生物工程制品专家，中国海洋药物学科的开拓者和奠基人之一，首创中国第一个现代海洋药物藻酸双酯钠（PSS），构建了国内外第一个海洋糖库，主持编著了中国首部大型海洋药物典籍《中华海洋本草》。1964年毕业于山东海洋学院水产加工专业后留校任教，历任山东海洋学院、青岛海洋大学、中国海洋大学助教、讲师、副教授、教授，博士生导师，青岛海洋大学副校长、校长、党委书记，中国海洋大学校长等。现任国家海洋药物工程技术研究中心主任，青岛海洋生物医药研究院名誉院长。曾任第八、九、十届全国人大代表，第八届山东省政协副主席，第五、六届山东省科协主席。

1939年8月28日，管华诗出生于山东省夏津县渡口驿乡管辛庄村的一户渔民人家，属"诗"字辈。

1947年9月起，管华诗在本村念初小；1951年9月，到离家6里外的太平庄念高小。1953年7月，考入武城县十二里庄中学（又称运河中学）念初中。1956年8月，考入省重点中学德州第二中学高中部。

1959年9月，管华诗考入山东海洋学院水产学系水产加工专业。1964年9月，以优异成绩毕业留校，担任李爱杰先生的助教，教授本科生化实验课。任教期间，先后参与了"海带提碘""海水提铀"等科学研究工作。参加工作第二年，光荣加入中国共产党。

1970年7月，山东省革委会制定出台《山东省高等学校布局和专业调整方案》。山东海洋学院水产学系并入烟台水产学校，并于1971年4月完成搬迁。管华诗作为水产学系教师离开青岛，前往烟台。1978年1月，由烟台水产学校归建的水产学系教职工及家属陆续回迁。管华诗也回到青岛。

其间，管华诗主持国家化工部课题"海带提碘联产品褐藻酸、甘露醇再利用研究"，带领团队成员对褐藻胶、甘露醇利用开展了系统研究，先后研制出农业乳化剂、石油破乳剂、藻酸丙二酯、褐藻酸钠代血浆等多项成果。1978年，藻酸丙二酯和农业乳化剂均获全国科学大会奖。

1979年至1980年，管华诗开始聚焦海洋药物，研究从海洋生物中获取用于治疗心脑血管疾病新药的原理与技术。1982年5月，水产学系海洋药物研究室（1988年改为海洋药物研究所，管华诗任所长）成立，这是全国高校中首个海洋药物研究室，管华诗任副主任。同年，用于治疗心脑血管疾病的新药PSS（藻酸双酯钠）获准立项，管华诗跨单位、跨行业组建了一个由海洋药物研究室和青岛第三制药厂、青岛医学院附属医院相关研究人员组成的6人课题组。1983年，PSS课题组在青岛、济南、泰安、济宁、西宁等地的十几家医疗单位进行了新药PSS的临床试验。1985年8月，PSS通过山东省科委和卫生厅组织的专家鉴定，并作为省重点科技推广项目迅速投产。PSS是我国第一个现代海洋药物，它的成功研制使海洋生物高值化利用受到极大重视。管华诗团队还从事贻贝系列保健食品的开发研究，并获得山东省科技进步奖二等奖。管华诗也被山东省委、省政府授予山东省专业技术拔尖人才称号。

在此基础上，管华诗和同行向国家有关部门建议，将海洋药物研究列入国家科技计划，并被国家主管部委接受。最终，海洋药物的研究被列入"八五"国家科技攻关计划，"九五"期间又被列入国家高新技术发展计划。1994年，管华诗设计筹建青岛华海制药厂并担任董事长。这是当时国内首个集科研、开发、生产于一体的现代化医药企业。

1984年5月，管华诗任水产学系副主任。1986年9月，水产学系更名为水产学部，任学部副主任。1988年3月，水产学部更名为水产学院，任副院长。同年被评为全国高校先进科技工作者。1990年，被授予国家级有突出贡献的中青年专家称号。1991年4月，荣获全国五一劳动奖章；7月，国家教委发文，任命他为青岛海洋大学副校长；10月，经国务院批准，终身享受政府特殊津贴。

1993年7月，国家教委发文，任命管华诗为青岛海洋大学校长。至2005年7月，他连任校长3届（2002年10月，学校更名为中国海洋大学）。其间，1994年6月至1999年9月同时担任青岛海洋大学党委书记职务。

1993年，国家教委公布《关于重点建设一批高等学校和重点学科点的若干意见》，决定设置"211工程"重点建设项目，即面向21世纪，重点建设100所左右的高等学校和一批重点学科。管华诗在同年9月召开的布置新学期工作的会上向全校发出号召：要抓住机遇，争取学校首批进入"211工程"。同月学校成立"211工程"领导小组，他兼任组长。

　　1994年7月,国家教委和山东省人民政府联合下文,决定共建山东大学和青岛海洋大学,对两校实行双重领导、联合办学,争取尽早进入"211工程"。9月,山东省委副书记、省长赵志浩,省委常委、青岛市委书记、市长俞正声来校检查指导工作,在听取管华诗等工作汇报后表示,省市两级政府积极支持海大争取首批进入"211工程"计划。

　　1996年1月,管华诗在青岛海洋大学"211工程"部门预审会上作题为《海大"211工程"整体建设规划》的报告,青岛海洋大学通过"211工程"部门预审。

　　重点学科建设是"211工程"建设的核心。自1994年开始,学校成立了以管华诗为组长的领导小组,专门负责校内学科规划的论证及管理工作。在1999年暑假"崂山会议"上,管华诗已有洞见:"在处理特色与综合的关系上,要坚持'以特色带动综合,以综合强化特色'的思路"。在管华诗的带领下,学校逐步确立"强化发展特色,协调发展综合,以综合强化特色,以特色带动综合"的学科发展思路。

　　20世纪八九十年代,山东省提出建设"海上山东"。管华诗提出,学校要在服务"海上山东"建设中快速反应。1993年8月,他与校党委书记曾繁仁教授一起,带领相关学科专家教授,到黄河三角洲实地考察,并与东营市、胜利油田等单位现场签订"黄河河口整治与入海流路稳定性"等19项合作项目。紧接着又组织校内专家为山东省建设"海上山东"和黄河三角洲开发的"两跨工程"的加速实施设计20余项研发课题,为领导决策起到重要作用,受到山东省委省政府高度重视。

　　1995年5月,管华诗当选为中国工程院院士。同年,他在每年一度的国家教委直属高校工作咨询会上作题为《以贡献求支持、以特色促发展》的典型发言。1997年10月,在山东省省直机关厅级以上干部会议上,管华诗作题为《海洋开发与"海上山东"建设》的报告。

　　1998年,教育部开始实施高水平大学建设计划,简称"985工程"。山东省制定了两个建设一流大学的方案,其中之一是山东大学和青岛海洋大学合并组建新的山东大学。对此学校有着积极意愿。管华诗在作校第七次党代会报告时表示:努力争取进入山东省建设一所全国一流大学的计划。1999年12月,中共中央政治局常委、国务院副总理李岚清在听取山东省副省长邵桂芳关于山东省一流大学建设方案汇报时指示,青岛海洋大学要保留发展它的特色,青岛海洋大学是特色学校,可以由教育部与山东省、青岛市共建,有些事还要和国家海洋局沟通。得知这一消息后,管华诗深入思考李岚清的指示,初步明确学校发展应该落在"特色"二字上。

　　2000年1月23日至27日,学校在寒假期间召开党政联席扩大会,又称第二次崂山会议，集中酝酿讨论学校的发展定位及建设方案。管华诗带领与会者围绕学校要"办什么样的大学，以及怎样办这样的大学"这一涉及发展定位和发展方式的根本性问题，展开坦率、深入讨论。经过激烈碰撞、辨析，认识趋于一致。校党委常委会特别是管华诗充分听取了各种看法，经过集中、提炼，正式提出了"走独立发展之路，建设高水平特色大学"的思想。这在中国高等教育大调整、大发展的浪潮中，独树一帜。后经学校艰苦努力，促成"四家共建"，在发展的关键时期使海大走上了正确的发展道路。

2001年1月，教育部71所直属高校党委书记、校长参加的教育部直属高校工作咨询委员会第11次全体会议在北京人民大会堂举行。管华诗作大会发言，介绍了青岛海洋大学高水平特色大学建设的情况，同时就学校高水平特色大学的学科发展思路和目标作阐述。他的发言引起高教界的重视，使高水平特色大学的概念、思路和做法得到教育行政部门的肯定。

2月，教育部、山东省人民政府、国家海洋局、青岛市人民政府在青岛市市级机关会议中心签署《关于共建青岛海洋大学的协议》。管华诗在会上表示，海大人一定会十分珍惜这难得的发展机遇，扎实推进高水平特色大学建设，为我国的海洋科教事业，为山东省、青岛市的经济和社会发展作出新的更大贡献。

10月至翌年10月，管华诗与学校党委书记冯瑞龙多次向教育部领导汇报将"青岛海洋大学"更名为"中国海洋大学"一事。2002年10月10日，教育部发文同意青岛海洋大学更名为中国海洋大学。

2003年12月，教育部公布创建世界一流大学和高水平大学（即"985工程"）名单，中国海洋大学名列其中。

从20世纪90年代中期开始，在教育部的领导和促动之下，我国高等教育积极倡导人文素质教育与科学素质教育相融合，使高等教育的人才培养理念发生深刻变革。作为校长，管华诗敏锐地捕捉到这一动向，并积极落实在学校改革发展的实践中。自2000年开始，管华诗积极推动学校设立"学科特区"，加快人文学科发展，通过引进大师级人物，高起点、跨越式发展。经过一番努力，学校于2002年4月成功聘任王蒙先生为青岛海洋大学顾问、教授、文学院院长。管华诗向王蒙先生颁发聘书，并共同为文学院和王蒙文学研究所揭牌。王蒙先生加盟之后，管华诗与他共同发起"科学·人文·未来"论坛，并建立驻校作家制度和名家课程体系。2003年6月6日，管华诗主持召开专题座谈会，研究讨论新校训事宜；9月8日，学校下发通知，正式公布王蒙先生提出的"海纳百川　取则行远"为新校训。管华诗与王蒙建立了深厚的友谊。王蒙在文章中写道：

"中国海洋大学的管校长，管华诗院士，在我的心里种下了对中国海洋大学的美好温暖感受的种子。对于我，他就是中国海洋大学，就是励精图治，就是敢做敢当，就是殚精竭虑，就是山东式的质朴与好客，而且是一种不那么多见的诚挚与天真。"

随着办学规模扩大，学校决定建设崂山校区。2002年6月，青岛海洋大学、崂山区人民政府建设海大新校协议签字仪式在崂山区行政大厦举行，管华诗代表学校在协议书上签字。2006年9月17日，崂山校区正式启用。

2005年7月6日，学校召开教师干部大会，公布教育部关于中国海洋大学行政领导班子的任免决定和教育部党组的免职决定：管华诗同志不再担任中国海洋大学校长职务及党委常委、委员职务。教育部党组副书记、副部长张保庆代表教育部党组对学校上届行政领导班子的工作给予充分肯定。他说，中国海洋大学目前状况是办学历史上最好的时期，管华诗校长在学校发展大局的把握上，坚持了教育家和政治家的标准；在敬业奉献上，更是有口皆碑；敏锐的洞察力和善抓机遇的能力，超前的办学思想，坚定的改革勇气，以及爱惜人才、平易近人、求真务实和崇高的学术风范，不仅在中国海洋大学，在中国高教界都有很高的声誉。管校长为中国海洋大学的改革发展作出了贡献，也为中国高等教育发展作出了贡献，为学校留下了宝贵的精神财富。管华诗深情地说："我自大学时代开始就融入了海大。多年来，我和每一位海大人一样，对学校既充满了感情，也充满了信心。尽管今天就要从校长的岗位上退下来了，但我永远是海大的一员。我将始终以海大的发展为己任。只要学校需要，随时随地，我一定会为海大的发展竭尽绵薄之力。"大会上，教师代表向管华诗敬献了众多教授自发签名的名为"耕耘"的纪念匾；学生代表敬献了写有"情倾海大，惠泽后学"献辞的鲜花；王蒙先生偕夫人赠送了题有"任重道远，新的开始"的花篮。2017年11月，《共和国老一辈教育家传略》第三辑正式出版发行，管华诗入选。

2005年8月27日，在山东省科技自主创新大会上，管华诗获山东省科学技术最高奖。同年，管华诗获准建设"山东省海洋中药现代化工程技术研究中心"，并在国家海洋局"908专项"支持下，展开《中华海洋本草》编撰工作。9月，管华诗团队构建了我国第一个海洋糖库，在国内外首次建立海洋多糖降解、分离、纯化、修饰、分析、鉴定为一体的技术体系。该课题早在1989年9月启动，2000年被列入国家重大基础研究前期研究专项"海洋生物多糖的化学与生物学研究——生物细胞膜'天线分子'的模拟"研究计划，并成为其重要组成部分。

同年，中国海洋大学医药学院成立，管华诗任院长。早在1994年，管华诗创办了我国首个以海洋药物为特色的药学本科专业，1995年开始招生。经过11年发展，形成以海洋药物研究为特色的相对完善的药学创新人才培养体系。

2000年7月，管华诗与中国水产科学研究院黄海水产研究所所长唐启升和国家海洋局第一海洋研究所所长袁业立在座谈时认为，青岛的海洋科技水平及能力在国内优势明显，但力量分散、重复建设、高端装备少，总体贡献度不高，解决国家重大战略需求的能力尤其不足，因此决定争取国家支持，在青岛建设国家海洋科学研究中心（海洋国家实验室）。2004年，管华诗作为全国人大代表参加了第十届全国人民代表大会。在代表团讨论会上，管华诗就加强海洋科教力量整合力度，尽快建设国家海洋科技中心，促进海洋科技赶超世界一流水平问题作了专题发言，引起代表们的关注。最后修订的《政府工作报告》采纳了管华诗等代表的建议，增加了关于加快海洋科技发展步伐的内容。2006年，经国务委员陈至立建议，集中力量筹建青岛海洋科学与技术试点国家实验室。2007年9月，由科技部、财政部组织的青岛海洋科学与技术试点国家实验室建设方案论证会议在青岛召开，管华诗作为国家实验室（筹）理事长就国家实验室建设方案作汇报。经过研讨和论证，专家组同意国家实验室的建设方案，并建议尽快批准实施。同年11月14日，科技部印发《关于批准筹建青岛海洋科学与技术等9个国家实验室的通知》，正式批准筹建"青岛海洋科学与技术国家实验室"。2013年12月，科技部正式批复青岛海洋科学与技术试点国家实验室建设。2015年6月，科技部批准青岛海洋科学与技术国家实验室为试点国家实验室。7月，科技部任命吴立新院士为第一届青岛海洋科学与技术试点国家实验室主任，管华诗院士为第一届学术委员会主任。这标志着青岛海洋科学与技术试点国家实验室正式全面启动。2022年8月，试点国家实验室正式入列为国家实验室，定名为崂山实验室。

2009年9月27日，海洋药物领域首部大型志书《中华海洋本草》首发仪式在北京京西宾馆隆重举行。该书由管华诗、王曙光主编，以国家首次"近海海洋综合调查与评价"工作为基础，结合大量历史典籍和现代科学文献，出版后成为国内第一部海洋药物研究与开发、海洋生物资源的高值化利用、海洋环境保护和优化的权威工具图书。

2010年1月11日，由管华诗领衔完成的"海洋特征寡糖的制备技术（糖库构建）与应用开发"项目，荣获2009年度国家技术发明奖一等奖。

2014年7月，管华诗注册成立并任院长的青岛海洋生物医药研究院正式启动运行。该研究院属海洋药物协同创新基地，从事海洋生物医药领域的科学研究及科技开发主导下的各种技术转让、咨询与服务，致力于加速海洋科技成果熟化开发和技术转移转化，支撑、引领海洋生物医药行业的科技创新，推进海洋生物医药产业快速发展。

2018年7月，管华诗代表团队在2018年全球海洋院所领导人会议上发布含有精确三维结构的海洋天然产物数据库。该数据库依托青岛海洋科学与技术试点国家实验室的超算系统，创立"智能超算耦合生物实测的海洋创新药物筛选"关键技术体系，可用于海洋天然产物的虚拟筛选与智能药物设计，显著加速了海洋先导化合物的发现速度。2020年新冠肺炎疫情暴发初期，"智能超算耦合生物实测的海洋创新药物筛选"关键技术体系向全球免费共享的7个抗新冠病毒药物筛选模型，先后被罗氏制药、北京大学、美国宾夕法尼亚大学等180余家机构下载使用千余次。

2016年，管华诗倡议并发起实施中国"蓝色药库"开发计划，除了海洋糖类，还将海洋小分子化合物、海洋微生物、海洋中药等纳入研发领域。2018年6月，习近平总书记视察青岛海洋科学与技术试点国家实验室。在向总书记现场汇报海洋药物研发情况时，管华诗动情地说："打造中国的蓝色药库，这是我的梦想。"总书记说："这是我们共同的梦想！"

2021年、2022年和2023年的6月12日，"蓝色药库共同梦想"主题活动连续三次举办，管华诗均出席。活动介绍重点新药项目进展，举办论坛、研讨会或报告会。管华诗在2022年的活动开幕式上致辞：

"蓝色药库"开发是一个典型的多学科交叉、多种技术嫁接的复杂系统工程，是推动海洋科技实现高水平自立自强的重要路径，它需要的是社会各界一齐动员和共同参与，只有协同作战才可协力打通"蓝色药库"开发创新链上的各个环节，有效推动科技成果的转移转化，一步步接近"蓝色药库"开发梦想的总体目标。作为海药人，我们一定不忘初心，砥砺前行，坚持强化原创性、引领性的科技攻关，把关键核心技术牢牢抓在自己手中，加快实施"蓝色药库"科技创新工程，助力海洋强国建设。

（撰稿人　曾洁　梁纯生）

参考文献：

[1]《诗意华章：管华诗院士八十寿诞纪念文集》，"诗意华章"编委会编，中国海洋大学出版社，2018年版。

[2]《管华诗教育文集》，李建平、魏世江、陈鷟主编，中国海洋大学出版社，2007年版。

[3]《共和国老一辈教育家传略（第三辑）》，中国高等教育学会组编，高等教育出版社，2017年版。

[4]《走在特色之路上：中国海洋大学校外媒体新闻作品选（2000—2004）》，魏世江主编，中国海洋大学出版社，2005年版。

张国中

张国中（1919—1980），曾用名张经荣、张心，男，山东桓台人，汉族，中共党员。历任山东人民抗日联军第二师宣传队长，中共桓台县委第三区区委书记，中共清河地委宣传部科长，渤海区党委城工部科长等。新中国成立后，历任德州市委书记、市长，德州地委副书记兼工业部部长，501厂党委书记，淄博市委第二书记等职。1961年调任山东工学院党委书记。1970年7月，任山东大学革委会主任、党的核心领导小组第一副组长。1974年11月至1979年9月，任山东海洋学院党的核心领导小组组长、革委会主任；1979年9月至1980年10月，任山东海洋学院党委书记、院长。曾任山东省委第一、二届候补委员，山东省第五届人大常委会委员。

1919年7月，张国中出生于山东省岱北道桓台县西索镇（今山东省桓台县索镇街道）北辛村一个教员家庭。

1927年1月至1933年7月，在本村小学读书。1933年7月至1935年7月，在博兴县立师范讲习所读书。1935年8月至1937年11月，在桓台县立短期小学做教员。后短期居家。1938年3月参加革命工作，1939年7月加入中国共产党。张国中曾先后担任山东人民抗日联军第二师宣传队长，中共桓台县委第三区区委书记，中共清河地委宣传部科长，渤海区党委城工部科长等职。在抗日战争和解放战争中，他坚持敌后游击战和白区敌工工作，同敌人进行了勇敢顽强的斗争。

新中国成立后，张国中历任德州市委书记、市长，德州地委副书记兼工业部部长，501厂党委书记，淄博市委第二书记。社会主义革命和建设中，他不知疲倦地忘我工作，在社会主义改造、城市恢复、工业建设和发展等方面作出了应有的贡献。

20世纪60年代初开始，张国中先后担任山东工学院、山东大学和山东海洋学院主要领导职务近20年，始终如一地忠诚党的教育事业，努力熟悉学校工作规律，坚定贯彻党的教育方针，认真执行知识分子政策，同党内外知识分子密切合作共事，为社会主义革命和建设培养了大批人才。

1961年6月，任山东工学院党委书记。时值全国遭受巨大自然灾害、国家经济生产发生严重困难之际，他肩负重担，积极贯彻执行党的方针政策，深入基层，和全体党员一起，围绕生产救灾这一中心任务，坚持贯彻劳逸结合，克服重重困难，采取切实措施，安排好师生员工的生活，保证了教学工作的正常进行。

党中央提出"调整、巩固、充实、提高"八字方针后，张国中又根据党的有关方针政策，在党委的集体领导下，组织全校师生整顿教学秩序，努力提高教学质量。同时，根据中共中央关于甄别工作的指示精神，对山东工学院自1958年至1960年年底这一时期在整风补课、反右倾等运动中被错误批判的同志进行甄别。他和分管这项工作的党委其他成员一起，细致工作，使学校的甄别工作取得良好效果。

1961年至1962年，山东工学院在贯彻党的知识分子政策和"高教60条"过程中，张国中经常深入群众，特别是和老教师经常接触谈心。在改善知识分子生活、发挥老教师作用、调整专业设置、建立正常教学秩序、总结教学改革经验教训等方面，付出了很多心血。在主持党委工作期间，他重视抓好师生员工的政治思想工作，组织开展学雷锋、学王杰活动，并在抓增产节约、支援农业生产等方面都有不少建树。"文化大革命"爆发后，他被停止工作，遭到极"左"路线的严重迫害。但他坚信马列主义真理，坚信党的事业必胜，始终忠于党的事业。

1970年6月，山东大学文科与曲阜师范学院合并，组建山东大学，校址设在曲阜；留在济南的原山东大学理科改建为山东科学技术大学。7月，张国中担任山东大学（曲阜）革委会主任、党的核心领导小组第一副组长。在山东大学（曲阜）的四年时间里，他领导师生员工完成了原山东大学文科向曲阜搬迁的任务和安置工作；组织完成学校的招生工作；努力处理好"文化大革命"中形成的派性问题，维护好学校正常的办学秩序。

1974年1月，山东省委决定在济南恢复原山东大学，在曲阜恢复原曲阜师范学院，同时撤销山东科学技术大学。随后，张国中根据山东省委的部署，组织师生员工，将1970年迁至曲阜的原山东大学文科（政治、中文、历史、外文4个系）全部迁回济南。山东大学在山东大学（曲阜）和山东科学技术大学基础上恢复办学。

同年11月，张国中调任山东海洋学院党的核心领导小组组长、革委会主任。1979年9月，任山东海洋学院党委书记兼院长。在主持山东海洋学院工作的6年时间里，他为学校发展作出了重要贡献。

从1974年至1976年，他积极贯彻党的路线方针政策，组织开展"学朝农"先进经验的运动，提出以"朝农"为样板，实行开门办学；主持为在五一六运动中受到错误审查的干部、教师平反的工作；组织海洋水文气象、海洋物理、海洋化学、海洋地质四系师生250人，参加红岛水库筹建，承担相关科研调查工作，历时8个月；对原"五七工厂"进行调整，理顺关系；主持制定《关于加强党的基层组织建设意见》，对各级领导班子进行整顿，加强党的建设。

"文化大革命"结束后，国家进入新的历史发展时期，我国高等教育事业开始新的转机，山东海洋学院进入了一个新的发展阶段。

从1976年10月至1978年的两年时间中，张国中根据党中央的要求和上级党委的部署，与学校党政领导班子成员一起，带领全校广大师生员工，在教学、科研、政治思想工作、教学行政等方面，开始拨乱反正，制定学校的发展纲要；积极开展平反冤假错案、落实知识分子政策工作。他组织专门力量，对"文化大革命"期间造成的124件冤假错案和受到迫害的被立案审查的95名干部、教师的问题进行了复查，一大批受到"左"倾路线迫害、被错划右派分子的教师和干部得以平反，恢复名誉和工作，广大师生工作、学习积极性显著提高，学校重新焕发出久违的勃勃生机。

理顺管理体制是事关学校发展全局的工作。张国中代表学校积极呼吁山东海洋学院重归教育部直属和水产学系归建，并组织力量呈文上级有关部门。经过多方努力，山东海洋学院于1979年1月重归教育部直属；水产学系于1978年初归建到山东海洋学院；"东方红"海洋实习调查船于1979年9月开始由山东海洋学院建制领导。他为山东海洋学院的长远发展奠定了坚实基础，作出了卓越贡献。

在理顺管理体制的同时，他主抓了办学秩序的正常化。倡导恢复了院刊《山东海洋学院》和《山东海洋学院学报》；恢复了学报编委会和院学术委员会；组织了"文化大革命"结束后的首次技术职务评定工作；举办了山东海洋学院成立20周年庆祝活动；主持制定了《山东海洋学院学生学籍管理暂行规定》及院党委和行政各部门工作职责等十几个规章。

为了保障学校的持续发展，张国中对制定山东海洋学院的事业发展规划工作非常重视。在他大力支持或亲自主持下，遵循有关文件要求，学校制定出一系列事关学校中长期发展的重要规划：1977年12月，相继制定《1978—1985年山东海洋学院科学技术发展规划纲要（草稿）》和《山东海洋学院发展规划纲要（草案）》，后者提出的奋斗目标是："三年调整，打好基础，五年大变，赶中有超，在本世纪末，使我院主要学科大部分接近当时世界先进水平，有相当部分赶上当时世界先进水平，个别居于领先地位。"1978年上半年，学校进一步修订专业教育计划，并进一步修订教学计划，重点加强了基础课和学生科研技能的培养，将四年制专业原来规定的二年半基础课教学改为三年，增加了学生学年和毕业论文的安排。

张国中认为，一所大学只抓教学，不抓科研，教学质量很难提高。他在恢复教学、科研机构的同时，大力支持赫崇本教授筹建海洋研究所。1978年11月，山东海洋学院海洋研究所正式成立，下设海洋动力学、海洋工程动力学、海洋与大气相互作用、海洋化学、海岸与大陆架、海洋生物、海洋水产、海洋遥感、海洋仪器、数据信息10个研究室，分别由文圣常、侯国本、陈成琳、孙玉善、崔成琦、李嘉泳、尹左芬、陈肯、温保华、徐斯等著名学者担任负责人，整合了各学科的科研人员，集中进行研究。海洋研究所的成立，标志着学校由教学为主向教学、科研并重的转变。

党的十一届三中全会以后，张国中致力于海洋科教事业，带领广大师生员工，对教学、科研、管理等方面工作，进行了全面整顿，制定发展规划，建立健全机构和规章制度，制定政策，采取措施，加强党建和政治思想工作，全面推进各项工作，使学校进入一个蓬勃发展的新阶段。

如何适应改革开放的需要，更好地为国家和社会服务是张国中重点思考的问题。他与领导班子成员反复研究，凝聚广大干部、教师的智慧，于1980年10月制定了《山东海洋学院1981—1990年教育事业发展规划》。规划就学校10年的发展目标、专业设置、师资队伍建设、教材与实验室建设、科学研究等作出全面设计，为新时期学校的发展指明了方向，既有前瞻性，又有可操作性；提出了力争经过10年建设，在海洋科技领域内，使学校的一些学科达到或接近世界先进水平，为国家四化建设解决一批重大科技问题；培养出一批学术造诣较高的学科带头人；新设社会急需的专业，现有专业进行宽口径培养，扩大规模。《规划》基本上奠定了以海洋为特色的综合性大学的框架。

为了落实学校先后制定的《规划》的要求，张国中在教学、科研、师资队伍建设等各个方面采取多种举措，以保障《规划》内容的如期完成。

在教学方面，他主导完成了教学计划的修订。新的教学计划进一步明确了专业方向和培养目标，强化了基础理论教学，突出了外语、计算机和实验课等应用环节；开设选修课和任选课，注重拓展各专业知识面；在物理海洋和海洋气象专业开始实行学分制。新的教学计划于1979年开始实行。

在科研方面，他鼓励教师进行科学研究，创造条件让教师承担更多的国家、省市等科研项目，积极参加全国性学术交流。

教学、科研的主体力量是教师。"文化大革命"10年导致很多教师业务荒废,张国中采取多种措施加强师资队伍培养,特别是外语水平的提高。为了提高师资水平,学校先后分批派出教师或出国进修,或到兄弟院校进修,还举办了多期英、日、俄语言学习班,提高教师的外语水平,并在全院进行外语考试,促进教师的外语学习。

张国中富有战略眼光。当获悉联合国召开会议研究制定《海洋法公约》时,他意识到山东海洋学院作为国内唯一的海洋高等学府,不仅要给学生传授海洋自然科学知识,还应该让学生了解海洋法和海洋经济。为此,他让张克同志负责筹建海洋法研究室,让孙凤山同志负责筹建海洋经济研究室。

1980年上半年,他在中央党校带病坚持学习,回校后又带病坚持工作,依然牵挂着全院师生员工的工作、学习和生活。回到学校第三天,他就找到张克同志,了解海洋法研究室筹建情况,希望抓紧筹建,有什么困难,他帮助解决。

不久,张国中病情恶化,在上海住院治疗。其间,他依然心系学校发展,尤其关心正在筹建中的海洋法研究室。他给学校党委办公室打电话,让张克同志带着空白介绍信赴上海,希望趁他在上海期间,与上海的相关单位和专家多进行联系,寻求多方帮助。

1980年10月28日,张国中因病治疗无效在上海去世,终年61岁。

听闻噩耗,张国中昔日的战友,曾任山东省副省长、时任山东省政协副主席的余修于11月11日在济南千佛山医院的病房里饱含深情地写下了《悼张国中同志》,其中写道:"十年浩劫洗练后,再主海洋新学府。落实政策争先后,成绩初著斐然谋。"

11月13日,张国中同志追悼会在学校六二礼堂隆重举行,党委副书记、副院长高云昌致悼词。悼词说:

"在粉碎'四人帮'后,他的革命精神更加振奋,特别是党的十一届三中全会以后,他以极大的革命热情和高度的革命责任感,致力于海洋科学教育事业。……他对海洋学院的工作,呕心沥血,全力以赴,在拨乱反正,医治海院遭到十年浩劫的创伤中,作出了积极的贡献,受到全院师生员工的爱戴和尊敬。"

(撰稿人　杨洪勋)

参考文献:

[1]《山东大学百年史》,《山东大学百年史》编委会编,山东大学出版社,2001年版。

杨自俭

杨自俭（1937—2009），男，山东金乡人，汉族，中共党员，英汉语比较研究学者、翻译理论家。1967年毕业于山东师范学院中文系，1975年结业于北京语言学院外语系。1977年起，在山东海洋学院外语教研室任教，从事英汉语言文化对比、翻译教学和研究。曾任外国语学院院长兼国际语言文化交流学院院长、文学院常务副院长兼新闻传播学院院长，为学校恢复文科学院建制、外国语言文学、汉语语言文学、新闻传播学的学科建设和发展以及优秀人才引进作出重要贡献。社会兼职有：中国译协理事兼翻译理论与教学委员会委员，山东省外国文学学会副会长，中国翻译协会会刊《中国翻译》编委会委员等。享受国务院政府特殊津贴。

1937年12月25日，杨自俭出生于山东省第二行政督察区金乡县（今山东省金乡县）偏远农村的一个贫穷家庭。因家境贫寒，13岁才上小学，读完小学后考入县一中，高中毕业后留校任教。

1967年，毕业于山东师范学院（今山东师范大学）中文系。1972年至1975年，在山东大学和北京语言学院（今北京语言大学）外语系进修英语。之后受国家派遣赴斯里兰卡和巴基斯坦任教，这段经历让杨自俭有机会深刻了解了英国小说家福斯特（E. M. Forster）的长篇小说《印度之行》（A Passage to India）所依托的类似社会背景与人文风情，为他翻译《印度之行》奠定了背景知识。

1977年，杨自俭进入山东海洋学院外语教研室任教，历任高年级教研室主任、对外汉学教学中心主任，在国内较早开创了英汉语对比、翻译教学。此外，他从教40余年，对中西哲学、文化与逻辑比较研究、中外语文教育、成才之路、治学之道等方面涉猎广泛，善于思考，勤于写作，眼光独到，心得独具。

1983年，他搬入位于青岛市红岛路上的教工宿舍，名之为"冷热斋"，遂有他写的多篇序言末"于冷热斋"的落款。在此居住期间，他写出50多篇论文，选编知名学者论文集

《翻译新论》、我国第一部《英汉对比研究论文集》，独立或与人合作翻译出版《语义学》《印度之行》《看得见风景的房间》等小说、专著。这些成就足以体现他一生恪守的座右铭："博学只靠勤修得，绝技乃由苦练成"。

他敢于开拓，勇于创新，主张教学相长、教研结合。1991年，为了探索英语专业课程体系建设，帮助青年教师提高教学水平，同时在科研上把握方向，杨自俭与老师们一起研究、商定教学计划和教材，指导青年教师开设英语文体学、英语词汇学、现代文学批评、外刊选读等具有挑战性的新课程，这些课程在当时均比较超前，对提升青年教师教学水平、提高外语人才培养质量，起到开创性作用。

1992年，杨自俭晋升为教授。翌年12月，外语系改为外国语学院后，他担任首任院长。时值学校恢复文科学院建制，他又相继担任国际语言文化交流学院院长、文学院常务副院长兼新闻传播学院院长等职务。

他提倡文理学科的相互渗透，认为渗透的关键在于从学科理论与方法论上做到相互渗透。他建议对文科学生开展自然科学发展史、数学方法和自然科学总论方面的教育和熏陶，对理工科学生开设中外哲学史、美学史、文学史和社会科学方法论等通识课程。他还提出应继续贯彻理论研究与应用研究并重、重视方法论的建议。他把这些认识和主张写进1992年致全国外语类权威期刊《外国语》的一封信中。

他在1993年发表的《谈谈翻译科学的学科建设问题》一文中，阐述了方法论在科学研究中的重要性，提出了以唯物辩证法为指导，继承汲取中外翻译理论研究精华，在遵循现代科学的整体性原则、动态性原则、层次性原则、相关性原则和目的性原则之外，要加强中外语言文化对比研究等重要观点，得到学界良好反响，对当时处在学科建设关键期的全国翻译学理论探索和人才培养起到指导作用。

他爱惜人才、珍视人才、信任人才。学校70周年校庆之际，他邀请聊城师范学院（今聊城大学）外语系张德禄教授来校为师生作系列讲座。1998年8月，由于他的真诚举荐，学校引进张德禄教授接任外国语学院院长，由此开启学校外国语言文学学科建设新阶段。2003年，他举荐引进时任教于临沂师范学院（今临沂大学）的杨连瑞教授，2005年举荐引进从南开大学获得博士学位的任东升。即便后来退休在家，他仍倾情关心、全力指导外国语学院的学科发展，在他亲自指导和大力支持下，2006年学校获批外国语言文学一级学科硕士点，2008年学校成功获批全国第二批翻译专业硕士学位点，为2017年获批外国语言文学一级学科博士点奠定了基础。

1996年5月13日，学校外国语学院受中国英汉语比较研究会委托，在青岛举办第二次学术研讨会。杨自俭在大会自由发言时即席讲了对比语言学和翻译学两个学科的定位问题，并在闭幕式上作总结发言，对两个学科的建设提出自己的构想。他以自己的理论见解、学术成就、谦逊为人，成长为在全国外语界享有崇高声誉的知名学者和领军人物。

1998年至2006年，杨自俭担任国家一级学会中国英汉语比较研究会第二、三届会长，又被推举为第四届名誉会长，为中国翻译学理论建设、学科开创和人才培养作出贡献。他充分发挥自己的领导能力，关注学科发展前沿大事，不断进行自身翻译理论和翻译思想的完善，把握翻译学科建设与发展的大方向。他极其重视学会、学风和译德建设，并且以身作则，身体力行。他在其作的《自知之明难才贵（六十抒怀）》中，鲜明表达了自己为人治学信念："深感为人为学，必须为人在先"，"道德之光能燃起智慧之火，一切道德高尚的学人必将在探索真理的道路上取得成就，从而使学术生命放出灿烂光辉"。中国英汉语比较研究会第五、六届会长潘文国教授发出赞誉："做人重于做学问的可能没人超越杨自俭。"

2000年，杨自俭63岁时从红岛路的"冷热斋"搬入浮山校区教师公寓95平方米的新居，他此后为中青年学者的专著所写的序言落款便改为"中国海洋大学六三居室"。他的新居客厅一面完整的墙，立起直达屋顶的书架，摆满了他几乎用一半工资购买的文史哲理工各种书籍。同事任东升教授曾这样刻画杨自俭嗜书如命、人格感召、交游同道的形象："浮山一隅无闲休，窗帘半开书与侪；同志三学聚才俊，君子五德俭为首。海内知己肝胆照，域外高朋乐同游。"

2001年，学校启动通识课教学体系建设，他是论证专家之一。在近一年的六大板块首批约70门通识课建设论证过程中，他主张文理贯通、中外贯通、古今贯通、文史哲不分家等，起到重要指导作用，并在学校2003年确定的首批通识教育限选课程中得到体现。时任主管教学工作的副校长于志刚教授（2009年至2023年，先后任党委书记、校长）后来追忆这段工作时指出，杨自俭先生的思想坚定了他在一所人文学科并不发达的大学里发展通识教育的决心和信心。

2001年4月，在全国译学学科建设专题研讨会上，身为会长的杨自俭指出了译学界重实践轻理论的现状，提出加强译学本体的研究、传统译论的继承性研究、国外译论的借鉴性研究等译学宏观建构的建议，推动了全国译学学科的理论研究。翌年，他发表《我国译学建设的形势》一文，认为译界要培养三种类型的人才，第一种是应用型人才，第二种是中外语言文化基础很好而且是各学科各行业的专家，第三种是研究型人才。

2006年，针对翻译教学的评价指标问题，他根据自己从教40多年的经验，提出生动性、系统性、思想性三个评价指标，从激发学生的求知欲望、构建课程系统性，学科或专业教学计划的系统性，以思想性教育开发智力和创造力三个方面作出更深入探讨。同年，他从文学院、新闻与传播学院院长的行政岗位上退下来。

2007年，杨自俭卸下所有职务。同年底，他在《高处风景会更好（七十抒怀）》中写到，"人生易老天难老，易老难老都得老。老年尚需再登高，高处风景会更好"，鲜明表达了他作为一位70岁的老人，不满足于现状、虚心学习、继续勇攀学术高峰的追求。

2008年7月至11月，他在眼疾加重、患糖尿病的情况下，依然拖着病体参加了分别在曲阜师范大学、中北大学、江西财经大学举办的三次学术会议。

2009年1月5日，杨自俭因罹患癌症入院，此时白内障已经十分严重，不能再动笔写字。尽管病魔缠身，他也没有丝毫懈怠，在口述两篇序言，由陪床的儿子抄录完成后，叮嘱要抓紧发给请他撰写序言的两位青年学者，以免耽误他们新著的出版。住院期间，他最关心的还是学术、学科建设问题，仍在潜心考虑中国海洋大学文科发展面临的问题和解决思路，曾多次嘱咐前来探望的学校领导对外国语学院的发展给予更多政策性支持。

4月11日，在杨自俭倡导下，翻译学科理论构建高层论坛在中国海洋大学召开，他亲自拟定了会议主题和与会专家名单。同日，杨自俭因病在青岛去世，终年72岁。

从教以来，杨自俭翻译出版了世界名著、学术译著《印度之行》《语义学》等5部，编著《英汉对比研究论文集》《翻译新论》《译学新探》等10余部学术著作。在外语界权威期刊《中国翻译》《外国语》等发表学术论文130余篇，其中有为中青年学者的论著所作序言39篇。有中国海洋大学出版社出版的三卷本《杨自俭文存》（《学步集》上下卷和《知行集》）留存。

时任学校党委书记于志刚教授在《为人为学，为人在先——深切怀念杨自俭先生》一文中写道：

"他留给我们最宝贵的遗产是讲真话、抒真情、办真事、求真知的真的精神，是为人为学为人在先的谆谆教诲。先生虽然走了，但他的身影永远印记在我的心中，他的精神永远留在了他深深热爱的海大园里。"

（撰稿人　任东升）

参考文献：

［1］《翻译新论》，杨自俭编，湖北教育出版社，1994年版。

［2］《学步集——杨自俭文存》，任东升编，中国海洋大学出版社，2010年版。

［3］《知行集——杨自俭文存》，杨连瑞编，中国海洋大学出版社，2010年版。

华 山

华山（1912—2002），原名郑化善，男，山东惠民人，汉族，中共党员。1934年秋考入国立北平大学农学院。1938年在陕北加入中国共产党，后辗转山东各地开展革命工作。1946年起先后任曲阜师范学校校长、鲁中南建国学校校长。新中国成立后，历任山东农学院副院长、党委书记，山东省临沂地区革委会副主任，山东大学党委副书记、革委会副主任，北京农业大学党委副书记、副校长等职。1981年8月任山东海洋学院党委书记。1983年7月当选为中共山东省顾问委员会委员。

1912年11月，华山出生于山东省岱北道惠民县（今山东省惠民县）麻店镇郑家庙村的一户普通农民家庭。16岁从山东省立第四中学附属小学毕业，后在山东省立第四中学读初中，1931年秋入惠民中学读高中。1934年秋，考入国立北平大学农学院。半年后返回家乡，先后在惠民县歇马亭职业学校和县立师范学校教书半年和一年。1936年秋又回到国立北平大学，不久加入中华民族解放先锋队。全民族抗日战争爆发后，随国立北平大学西迁到达陕西。1938年，入安武堡青训班和陕北公学学习，5月加入中国共产党。

1938年8月，跟随张经武、黎玉、江华等回到山东从事革命工作，任八路军山东纵队政治部宣传科副科长。此后风风雨雨十余年，足迹踏遍半个齐鲁大地，为抗日战争和解放战争做了大量工作。1939年11月任中共鲁南区党委干部训练班副主任，1940年5月任鲁南专署秘书主任，1942年5月任山东省临郯费峄四县边联县（1944年2月改为赵镈县）抗日民主政府县长，1944年11月任鲁南第二专署专员，1945年4月任中共鲁南区党委调研室副主任，1946年6月任曲阜师范学校校长，1947年7月任渤海土改工作团副团长，1948年1月任鲁中南建国学校校长。这期间于1941年9月至1942年4月，还在中共山东分局党校学习半年。

1949年6月，调任山东省立农学院副院长，10月改任党总支书记。1952年10月，山东省立农学院与山东大学农学院合并，同时还调入私立齐鲁大学农业专科、私立金陵大学园艺学系、南京大学园艺学系果树组，组成山东农学院。旋即，他被任命为山东农学院副院长，1953年1月又同时担任党分组书记，1953年11月改为党委书记。

1959年，在"反右倾"运动中，被错误地"结论为严重右倾错误"，而受到撤销党委书记职务的错误处分。第二年7月，调任肥城县委书记处书记。1961年4月，又调任山东省委科学工作委员会副主任。1962年4月23日，中央监委对《中共山东省委监委关于华山同志所受处分甄别处理意见的请示报告》作出批示："中央同意你们对华山同志的甄别处理意见：取消原结论和处分，恢复原任职务。"5月即返回山东农学院担任党委书记兼副院长。"文化大革命"发动起来后，党的各级组织很快被冲击。1966年8月，华山受到撤销党委书记兼副院长职务的错误处分而靠边站。1969年，根据省里部署，山东农学院对两级革委会进行"补台"，在"补台"中，对干部作出安排。1970年3月，华山被任命为山东农学院党的核心领导小组副组长。8个月后，他再次离开山东农学院，调任山东省临沂地区革委会副主任。

从山东省立农学院党总支书记算起，华山长期在山东农学院担任党委主要领导，是迄今为止该校历史上担任这一职务最长的人。他在任期间，正确执行党的知识分子政策，关心爱护教师，为学校的发展作出了突出贡献，在师生中享有很高的威望。师生这样评价华山的工作："华山治校，名师满堂。"

1972年10月，华山重回高校担任领导职务，任山东科学技术大学（1970年6月，山东大学被一分为三，理科专业被改建为山东科学技术大学，生物学系并入山东农学院，文科专业与曲阜师范学院合并组建新山东大学）革委会主任。1974年，恢复原山东大学后，省委组织部明确：山东科学技术大学和山东大学（原山大部分）的党委常委合并办公，以华山为主。1976年8月，任山东大学党委副书记、革委会副主任。

"文化大革命"结束后，山东省委根据中央精神，两次对华山在"文化大革命"期间受到的错误处分作出结论，予以彻底平反。先是1979年11月27日，山东省委发函："现经复议，一九六六年八月对山东农学院发生的问题所作结论和给华山同志撤销职务的处分都是错误的。因此，决定撤销原来省委的决定和向中央、华东局的报告，给华山同志平反，恢复名誉。"1981年4月10日，山东省委又下发《关于撤销原给华山同志保留的错误结论的批复》："经研究，同意你们《关于对华山同志甄别结论中留有问题的复审报告》，撤销1962年给华山同志甄别时保留的错误结论，予以彻底平反，恢复名誉。"这期间他离开山东，赴京工作，1980年1月调任北京农业大学党委副书记、副校长。

1981年8月5日，中央组织部下发通知：中央同意华山任山东海洋学院党委书记。华山于8月13日到职视事。

华山长期在高等学校担任主要领导职务，熟悉高等学校的情况，了解高等教育办学规律。依据"新高教60条"，他一再申明要坚定地实行"党委领导下的院长分工负责制"，支持学校行政系统积极开展工作。1981年10月，在党委召开的全校政治工作会议上，他强调："在领导体制上要坚决贯彻党委领导下的院长分工负责制，实行党政分开，把党委的主要精力放在抓党的工作上来。"会上研究通过的《院党委关于贯彻思想战线问题座谈会精神的措施》中明确指出，"要进一步搞好党委领导下的院长分工负责制。在党委统一领导下实行党政科学分工，院长要自上而下地建立起强有力的行政指挥系统，明确职责范围，独立地抓好教学和行政管理工作"。与此同时，他非常重视学校各级领导班子建设，1981年11月党委制定了《关于院系领导班子建设的几点意见》。

华山高度重视思想政治工作和党的建设。履职山东海洋学院不满半月主持召开的第一个全校干部会议，就是传达贯彻全国学校思想政治教育工作会议精神。会议提出：当前学校思想政治工作的中心任务是学习《关于建国以来党的若干历史问题的决议》，并以《决议》为武器对师生进行坚持四项基本原则教育。其后不久召开的党委扩大会议则提出："要加强和改善党的领导，克服涣散软弱状态，……对各种错误倾向，特别是脱离社会主义轨道，脱离党的领导，搞资产阶级自由化的思潮，要进行严肃的正确的批评和必要的恰当的斗争。"1981年10月，党委召开全校政治工作会议，研究提出贯彻全国和全省思想战线问题座谈会精神的七项措施。华山在会上强调："要坚决贯彻三中全会提出的'解放思想，开动脑筋，实事求是，团结一致向前看'的方针，坚持开展两条战线的斗争，当前的重点是批评资产阶级自由化倾向，……要自觉地维护安定团结，加强党性，清除派性。"1982年，学校党委通过组织学习《关于党内政治生活的若干准则》，狠抓党性教育和党风建设。1983年又出台《关于加强党员教育的意见》。

华山特别重视抓教学工作。对部分教师中存在的"重科研、轻教学""重校外、轻校内"现象予以批评，并在不同场合强调："学校的主要任务是为四化建设培养人才，在学校应该是一个队伍（教师）两项任务（教学与科研），以教学为主。"1981年11月起，学校进行两个月的全面教学大检查。为此，华山多次主持召开党委常委专题会议，明确检查目的、要求和重点，并在结束后听取各系和有关部门的汇报，研究改进意见和措施。1982年1月，学校出台《关于加强教学工作的几点意见》。这一时期，学校实行了教师工作量制度，制定了《关于教师外出兼课问题的有关规定》，并在全面分析1977级本科毕业生教育质量的基础上进一步修订教学计划。由此，校风、教风、学风惠风拂面，优秀教师和优秀学生不断涌现。对科研工作，他强调，"要面向海洋、面向应用、面向综合"，反对脱离生产实际、各自为政、分散独立、互不通气的倾向。

华山还积极谋划学校的发展规划和蓝图。1981年12月，根据教育部的要求，他主持研究制定了《山东海洋学院"五定"方案》。方案明确提出"发展海洋科学的目的，在于开发和利用丰富的海洋资源，这涉及一系列工程技术问题，如无工科配合，海洋科学就不能更好地为经济和国防建设服务"，意在加快发展工科专业。这一学科布局和发展思想，不仅颇具远见卓识，且在实干中不久便结出硕果，1983年海洋机械工程本科专业开始招生，1984年海岸工程本科专业成功获批。方案还提出"一方面要培养高质量的本科生，另一方面要逐步增加研究生比重"。其后3年时间，学校的博士点和硕士点数量均实现翻番，到1984年分别达到2个和8个。研究生招生数量1984年则比1981年增加了292%。

1982年6月19日，华山主持会议讨论学校易名事宜，会议认为随着学校事业的发展，易名是必要的、适宜的，提出恢复"青岛大学"或改为"中国海洋大学""海洋大学"的方案。着眼于扩大专业设置和建立综合大学的考虑，学校于6月23日上报山东省人民政府《关于将山东海洋学院扩建为青岛大学的请示报告》，并得到山东省的支持。1983年4月，学校在接受教育部"不改变办学方向"意见的基础上，又提出将校名改为"青岛海洋大学"。虽然，7月教育部下文："你院名称已为国内外所了解，不宜再更名"，致使学校改名一事被暂停了。但这为学校先后于1988年和2002年成功更名为"青岛海洋大学"和"中国海洋大学"产生了积极影响。

党的十二大召开后，学校党委深入开展对大会精神的学习、宣传和贯彻工作。1983年寒假前，学校召开各单位负责人会议，华山代表党委提出"开创学校新局面的七条措施"，措施包括进一步明确办学方向、进行教学和机构改革等。新学期伊始，党委批准数学系试行以"系主任负责制"为中心的10项改革和食堂实行"经济承包制"改革。1983年5月，全国高等教育工作会议在武汉召开，会后教育部印发《关于调整改革和加速发展高等教育若干问题的意见》。7月9日，学校召开教职工大会，华山在会上就如何贯彻落实武汉高教会精神讲了办学方向、发展速度和规模、加强重点学科建设、加强师资队伍建设、改善办学条件等10个方面的问题。最后重点谈了改革问题，他说："要从四化建设的成败、党与国家兴旺的高度来看待，作为一项刻不容缓的战略任务，要下决心把改革搞好。山东海洋学院部门多，人员构成不合理，领导班子年龄老化，缺少文化专业知识等，这些问题不解决，要开创新局面，实现为四化培养高质量的又红又专的建设人才的目标是困难的。因此，每个同志都要充分认识机构改革的重大意义，提高自觉性，增强紧迫感，以对党对人民高度负责的精神，满腔热情地投入这项改革，做机构改革的促进派。"1984年5月，学校机构改革方案公布，同时全面实行干部聘任制和任期制，并且总结推广了数学系的10项改革经验。对此，1985年文圣常院长在首次教代会作报告时进行了切实的总结："我院教育改革工作，从1983年春开始，……从1983年春至1984年4月，是我院改革的试点阶段，根据中央关于改革的精神，在数学系围绕以端正办学方向和实行系主任负责制为中心进行了十方面的改革试点，还在如何办好食堂方面进行了经济承包制的试点，……在经历一年多的试点取得一定经验的基础上，在全院展开了全面的改革。"

1984年4月6日，教育部党组转发中央组织部关于山东海洋学院干部职务任免的通知，对学校领导班子进行调整，华山改任顾问。4月27日，受教育部和省委委托，华山在全校中层以上干部会上宣布了这个通知。他谆谆叮嘱新领导班子成员："要以党的事业为重，坚持党的原则，光明正大，秉公处事，不谋私利，不徇私情。"这也是这位从延安走来的老党员、老革命、老干部高洁品质的生动写照。

1985年12月，华山离职休养。

2002年1月1日，华山因病在济南去世，终年90岁。学校党委书记冯瑞龙、副校长于宜法代表学校参加了于1月5日在济南粟山殡仪馆举行的告别仪式，并送了花圈。学校党委审定的《华山同志生平》对他评价道：

"他立场坚定，对党和人民的革命事业忠心耿耿，奋斗终身。他坚定地贯彻落实党的教育方针，认真执行党的知识分子政策，尊重知识，尊重人才，在为国家培养又红又专的社会主义建设人才方面，为我国的高等教育事业的发展作出了积极的贡献。……半个多世纪以来，他始终如一，对工作认真负责，兢兢业业。……在离职休养期间，仍关心学校和国家的建设与发展，他的高度责任心和献身精神，受到人们的爱戴。"

（撰稿人　纪玉洪）

参考文献：

[1]《山东农业大学史》，《山东农业大学史》编委会编，山东农业大学电子音像出版社，2006年版。

[2]《山东大学百年史》，《山东大学百年史》编委会编，山东大学出版社，2001年版。

梁中超

梁中超（1934—1990），男，江苏丰县人，汉族，无党派人士，数学家，中国常微分方程研究领域知名学者。1956年毕业于山东大学数学系后留校任教。1983年7月调至山东海洋学院数学系，1984年6月起任系主任，1985年11月晋升为教授。曾任政协青岛市第七届委员会委员、山东省高等学校教师职务高级评审委员会第一届学科评议组成员、《青岛海洋大学学报》编委、《微分方程年刊》编委、山东省数学会理事、山东省应用数学研究所副所长，美国数学会会员、美国《数学评论》评论员等职。主要从事常微分方程稳定性和边值问题研究，在常微分方程无穷区间上边值问题解存在性的充要条件和二阶线性、非线性常微分方程解的稳定性、有界性、渐近周期性的充要条件等方向的论文，解决了国内外长期研究而未解决的课题。

1934年1月12日，梁中超出生于江苏省丰县，自幼聪颖过人，想象力丰富。3岁那年，全民族抗日战争爆发，家乡沦陷，因其父时任国民政府国防部文职少将，他随父辗转至安徽、河南、江苏多地生活。虽然漂泊不定，但没有间断学习，至新中国成立前，先后就读于安徽太和县清真小学、阜阳紫集镇小学、连云港中学（徐州）、南京私立伯纯中学、南京私立育群中学等学校。在校期间，勤奋刻苦，为后来从事教学、科研工作打下坚实基础。1950年7月至1952年8月，就读于青岛私立礼贤中学（青岛九中前身），品学兼优，曾担任班长。

1952年8月，加入中国新民主主义青年团。同年10月，考入山东大学数学系。大学期间成绩优良，曾担任支部学习委员、班主席。1956年本科毕业论文获得优秀论文一等奖，并以优异的成绩留校任教。初期担任助教，负责给学生答疑解惑、讲授习题课，严谨认真。工作同时，坚持学习和研究微分方程理论，并发表数篇关于线性与非线性微分方程组解的文章，得到线性微分方程组解的有界性和渐近性以及几类非线性微分方程组解的有界性和稳定性的若干结果。

1958年秋，山东大学大部迁至济南，他也随数学系迁至济南。同年寒假，参加北京邮电学院（今北京邮电大学）举办的常微分方程学习班，进一步深入开展常微分方程理论的研究。

1961年，晋升为讲师。梁中超1959年发表于《山东大学学报》的《关于A. M. ЛЯПУНОВ第二方法的某些问题》一文，首次把微分不等式理论引入李雅普诺夫第二方法，并给出运动稳定、渐近稳定性和不稳定性的一般判据，从而建立了微分方程稳定性理论中的比较原理，这是对李亚普诺夫第二方法的发展，也是20世纪60年代微分方程稳定性理论方面的一个重要成果。在发表时间上，这一成果比目前国际上承认的罗马尼亚数学家C. Cordoruneanu在1960年所得到的同样成果要早。因为发表于国内期刊，加之当时的国际形势，所以没有被西方学者第一时间注意及认可。1964年他用两个李雅普诺夫函数建立微分方程全局稳定性的一般理论，这一研究独立于苏联数学家B. M. 马特洛索夫1962年的同类研究，目前这一方法仍在不断发展中。

60年代初，梁中超对常微分方程解的有界性研究也处于国内外领先水平，其部分成果被收录于苏联著名数学家吉米多维奇关于稳定性理论的专著中。1966年，他研究了一类非线性二阶微分方程解的渐近性质，所得结果一直是后来在该问题研究方面的一个重要工具。

1966年以前，梁中超的10多篇论文相继发表在《山东大学学报》和其他国家级期刊上。"文化大革命"期间，学校停课，教学中断，但是他没有停下学习和思考，始终坚持科研，并努力把科研成果应用于实际工作。他多次带领学生深入工厂企业，白天在车间潜心设计，指导学生实践，夜晚还要给学生补习基础课。他参加30多项"射流自动化控制"的研究设计，成果陆续在《铸造机械》《山东大学学报》发表。1974年在《山东大学学报》发表的《砂处理系统射流控制系统》一文，被作为典型设计收录在《工厂电气控制设计手册》中。

"文化大革命"结束后，他回到教学科研岗位，在完成常微分方程、高等数学等课程的教学任务之余，发表数篇关于二阶非线性微分方程解的高水平科研论文。1978年，青岛红卫橡胶厂（今青岛同泰橡胶厂）与山东大学协作的项目"射流程序控制转盘式力车轮胎硫化机组"荣获同年山东省自然科技成果奖二等奖，梁中超是该项目山东大学方面的主要参与人，承担其中控制系统的设计与调试工作。

1979年11月，梁中超晋升为山东大学数学系副教授。1983年7月，梁中超调至山东海洋学院数学系（1986年1月，数学系更名为应用数学系），并于1984年6月至1986年6月担任系主任。担任系主任期间，他特别重视专业的拓广和基础课的教学质量，亲自承担本科生专业基础课和研究生课程的教学，为鼓励和培养学生的独立工作能力，提议设立五四青年论文奖；同时关心青年教师成长和师资队伍建设，为提高教师素质，提升教学质量，又提议设立教学和科研奖，为数学系的整体快速发展倾注了大量心血。为开拓办学新路径，适应社会需要，经学校等多方支持，在他领导下，1985年数学系增设计算机应用、经济管理学两专业并招生，为学校学科体系的健全打下一定的基础。

1980年以后，梁中超潜心研究二阶线性或者非线性微分方程解的一系列渐近性，如稳定性、有界性、振动性和周期性等常微分方程理论中的基本问题，其中有历史遗留下来未被解决的重要问题，这些问题难度大，需要精细复杂的技巧，他运用自己独创的方法寻找具有各种渐近性质的充分且必要条件判据，取得了成功。

梁中超先后主持两项国家自然科学基金项目"常微分方程非线性边值问题"与"运动稳定性理论"，发表高水平科研论文数篇，其中"Limit Boundary Value Problem for Nonlinear Differential Equation of the Second Order"、《二阶线性振动稳定性的充要条件》、"Proper Solutions and Limit Boundary Value Problems of Nonlinear Second-order Systems of Differential Equations"先后发表在《数学学报（英文版）》《科学通报》《应用数学和力学（英文版）》，其中给出的二阶线性振动方程解的稳定性及渐近稳定的充要条件，解决了微分方程长期遗留的问题。同时系统地研究了二阶非线性微分方程边值问题的解，为国内微分方程在该方向上的研究作出贡献。在1986年召开的全国常微分方程学科发展讨论会上，他作题为《非线性边值问题》专题报告（研究内容发表于《南京大学学报（数学半年刊）》），引起全国相关领域学者的关注，改变了我国在常微分方程边值问题研究方面相对滞后的现状，对后来的学者产生一定影响，他也因此成为当时国内著名的常微分方程专家。

1985年11月，梁中超晋升为教授。因为教学科研上的突出表现，他多次获奖：1983年，发表于《数学学报》的论文《一类二阶非线性微分方程的渐近状态》被评为山东省自然科学优秀论文二等奖；1986年，发表于《数学学报》的论文《二阶非线性微分方程的极限边值问题》获得山东省教育厅优秀论文二等奖；1987年，《常微分方程若干问题》荣获国家教委科技进步奖二等奖，是当时山东省常微分方程学科中获奖最高的项目；1988年，论文《广义EMDEN-FOWLER方程解的渐近性》荣获青岛海洋大学科学技术研究成果奖，论文《一类二阶非线性微分方程的渐近周期解》获得山东省教育厅优秀论文三等奖；1989年，论文《二阶线性振动稳定性的充要条件》与《一类二阶非线性振动稳定性的充要条件》同时荣获山东省自然科学优秀学术成果奖一等奖。

1987年6月，梁中超受国家教委资助赴联邦德国慕尼黑参加国际自动化联合会第十届大会，并有论文收入该会文集。同年，论文《一类二阶非线性微分方程的渐近周期解》在美国的*Proceedings of A.M.S.*（《美国数学会进展》杂志）发表，由此受到美国数学会的邀请，成为美国数学会会员和美国《数学评论》评论员。

1988年，梁中超被评为山东省专业技术拔尖人才，同年8月他的传记被《英国剑桥国际名人传记中心》收录，并获颁荣誉证书。翌年1月，被美国传记研究所列入《国际著名带头人名人录》和《世界五千人物》。1989年，应邀访问加拿大阿尔伯塔大学，同年参加美国科罗拉多微分方程国际会议并作报告，受到与会专家的好评。

梁中超先后讲授过高等数学、常微分方程、数学物理方法、常微分方程定性理论、射流程序控制线路设计等本科生和硕士研究生课程；编写了《常微分方程定性理论》《射流技术》等讲义；在国内外发表高水平科研论文30余篇，大部分论文被苏联的《数学文摘》和美国的《数学评论》摘录。共培养毕业研究生7人。

1990年10月17日，梁中超因病在青岛去世，终年56岁。

（撰稿人　赵永昌　张若军）

参考文献：

［1］《中国大百科全书·数学》，中国大百科全书总编辑委员会《数学》编辑委员会、中国大百科全书出版社编辑部编，中国大百科全书出版社，1988年版。

［2］《山东省自然科学学术成果获奖纪念册（1982—1987）》，山东省科学技术协会编，1989年版。

［3］《青岛日报》，青岛日报社，第15773期。

［4］*The International Directory of Distinguished Leadership*（*Second Edition*），American Biographical Institute，1989.

［5］《世界数学家名录（第九版）中国（大陆）部分》，中国数学会办公室，1990年版。

［6］《山东拔尖人才》，《山东拔尖人才》编委会编，山东科学技术出版社，1990年版。

孙 孚

孙孚（1939—2004），男，山东青岛人，汉族，九三学社社员，物理海洋学家，中国自己培养的第一位海洋科学博士。1961年毕业于山东师范学院，后任教于曲阜师范学院等。1979年至1983年在山东海洋学院攻读研究生，1985年获得理学博士学位。1983年9月起，在山东海洋学院任教。1985年12月起，任山东海洋学院讲师、副教授，青岛海洋大学、中国海洋大学教授、博士生导师，青岛海洋大学海洋环境学院院长，中国海洋大学物理海洋教育部重点实验室主任等职。曾任国家自然科学基金委员会学科评议组成员、教育部高等学校海洋科学类专业教学指导委员会委员、中国地球物理学会理事，《海洋学报》《海洋与湖沼》编委，山东省政协委员、九三学社青岛市委副主任委员、青岛市政协常委等。曾获全国模范教师、山东省专业技术拔尖人才、国家级有突出贡献的中青年专家等称号。享受国务院政府特殊津贴。

1939年7月21日，孙孚出生于山东省青岛市四沧区盐滩村（今属青岛市市北区）。

孙孚6岁进入青岛盐滩小学（后更名为东盐滩村国民中心小学、青岛东盐滩村小学等，今青岛洛阳路第一小学）读书。初中和高中分别就读于青岛市立沧口初级中学（今青岛第三中学）和青岛第三中学。

1957年9月，高中毕业考入山东师范学院（今山东师范大学）物理学系。1961年9月大学毕业后至1979年9月，先后任教于曲阜师范学院（今曲阜师范大学）、青岛第十六中学、青岛第二十一中学，讲授物理课。在二十一中，他1978年和1979年连续两次被评为先进教师并参加青岛市教育系统先进工作者代表大会。

1979年9月，孙孚考入山东海洋学院，师从文圣常教授攻读物理海洋学专业海浪理论方向研究生。入学后刻苦攻读取得优良成绩，"在硕士学位研读过程中，由于成绩优异，延期一年取得博士学位"。

根据导师建议，孙孚用两年时间完成博士学位论文《均匀倾斜水底上非线性波浪的传播与变形》。论文以倾斜水底为边界条件,用摄动法求解二维非线性流体力学方程组,得到一种非线性波动解,其一阶近似与Biesel提出的势函数相同,文中对二阶近似进行了数值计算并就此讨论了波浪破碎前的波动特性,特别包括了平均水位的下降,将所得结果与实验资料以及其他理论在其各自适用的有效范围内作了比较,结果表明,就波浪自深水至浅水传播的整个过程来说,论文提出的理论有更广泛的有效应用范围。论文受到国内十几位同行专家的好评,并于1985年和1986年分别以《均匀倾斜水底上非线性波浪的传播与变形Ⅰ——非线性波动》《均匀倾斜水底上非线性波浪的传播与变形Ⅱ——波浪的破碎》为题相继发表在《海洋学报》。

1983年7月,孙孚博士研究生毕业。同年9月起在山东海洋学院物理海洋学与海洋气象学系任教。

翌年3月起至1985年11月,在不到两年的时间里,他承担了大学高年级及研究生、进修生的液体波动原理、液体波动原理及应用、数学物理方法、海洋表面波动和海浪原理等5门课程的教学任务,教学效果良好,受到学生的好评。他被聘为物理海洋学专业硕士研究生毕业论文的评阅人及答辩委员;承担博士研究生液体波动理论入学考试试题的命题及阅卷工作;参加本教研室非线性海浪研究课题组和博士研究生课程考试委员会工作,并为《海洋湖沼通报》审稿。

1985年4月6日,孙孚被授予山东海洋学院物理海洋学专业理学博士学位,成为学校发展史上授予博士学位的第一人,同时也是我国自己培养的第一位海洋科学博士。12月,他被授予讲师学衔。

1986年起,在教学方面,孙孚先后独立承担了自基础课至专业课、本科生课到博士研究生课液体波动原理、海浪原理、数学物理方法、液体波动理论与应用、海洋表面波动、海洋长波、流体力学等7门课程的教学工作,能自觉通过课堂教学对学生进行辩证唯物论教育,受到学生欢迎。协助余宙文教授指导过博士研究生和优秀学生。承担了博士研究生入学考试课程液体波动理论的命题及阅卷工作,参与了博士研究生学位课程非线性波动与海洋长波的考试工作,也指导过本科生的毕业专题。

在科研方面,他以双参数摄动方法获得了均匀倾斜水底上的非线性波动解,并以此解讨论了较为困难的波浪破碎问题,获得若干具有一定实用价值的结果。此项成果曾在德国汉堡国际物理海洋会议上报道,许多国家和地区,其中包括中国台湾海洋研究所索要过原文。克服了海浪周期与波高的理论联合分布在某些概念上的困难,导出了与之具有同等效益的新的理论分布。将波动的射线理论引入三维海浪波动要素统计分布的研究，提出了完整的线性统计分布理论，此成果曾以英语在ISPSBECS国际会议上宣读，其主要内容在《中国科学》以中英文两种版本发表。承担了国家海洋局基金项目"非线性波动"研究课题的主要任务。这一时期，他还应聘为《海洋学报》《海洋与湖沼》《热带海洋》等学术期刊审稿，为有关科研单位提供了专业咨询意见等。

1987年12月，孙孚晋升为副教授。

1988年起，在教学方面，孙孚先后独立承担了自基础课至专业课、本科生课到博士研究生课流体力学、海浪原理、非线性波动和本科生毕业专题等课程的教学工作，认真钻研教材、教法，教课中力求深入浅出、生动形象，受到学生的普遍欢迎和好评。

在科学研究方面，他提出了三维线性海浪要素统计分布的完整理论；获得了一种理论上更为合理的海浪波高与周期的联合分布以及海浪波高空间极值的分布；明确提出了海浪能量的外观分布概念，大大简化了Bretschneider谱的推导过程，并证明了它与PM谱的等价性，首次从理论上获得一种三参量Canchy型外观海浪谱。在1989年12月至1990年12月赴加拿大英属哥伦比亚大学访问期间，他对谱传输方程和波作用量方程的拓扑性质与海洋锋面进行了研究，并取得了一些初步成果，受到国外有关专家好评。

在基金资助项目研究方面，他作为第三成员完成国家海洋局科研资助项目1项，作为第二成员完成国家自然科学基金项目1项，1992年又以第一成员身份申请到国家自然科学基金项目1项、资助经费10万元人民币，与冯士笮教授一起申请到1项重大基金课题的10万元人民币实验补助费。这期间，他以中英文两种版本分别在《中国科学（A辑）》《海洋学报》独立发表论文《三维海浪要素的统计分布》《海浪周期与波高的联合分布》，被收入《剑桥科学文摘》。另外，在《中国科学》《海洋学报》《海洋与湖沼》等知名期刊发表论文20余篇，获山东省科学技术协会优秀学术论文一等奖、青岛海洋大学优秀论文一等奖等；与其他学者联合向国家自然科学基金委员会提出一项重大基金课题建议，被该委员会地球科学部正式接收，列入基金指南。

1990年12月，孙孚任学校物理海洋国家教委开放研究实验室主任。他着力加强实验室内部管理，建立健全规章制度，积极组织实施对外开放，开展基础性实验研究，推动实验室基本建设，并于1992年暑期组建学术委员会、召开学术委员会第一次全体会议，报告了实验室的工作及学术成果，制定了近期发展规划。同时争取到国家教委25万元的资金支持，为实验室发展奠定良好基础。

1992年4月，孙孚受聘为《海洋与湖沼》编辑部顾问；12月，晋升为教授。1993年12月，被国务院学位委员会审核批准为博士生导师。同年起享受国务院政府特殊津贴。

1994年，被授予国家级有突出贡献的中青年专家称号。1995年5月，任海洋环境学院院长；11月，被山东省委、山东省人民政府授予第四批省级专业技术拔尖人才称号。翌年3月，学校恢复成立校务委员会，任校务委员。2001年3月，获得首批校聘关键岗位上岗资格，并进入第一层次（A1）；9月，被人事部、教育部授予全国模范教师称号。

孙孚长期从事海浪理论与应用研究，在海浪统计理论、海浪非线性与海浪谱方面取得系统的、创造性的成就。他的主要科学成就和贡献有：提出了三维线性海浪要素的完整统计理论，国内外同类研究至今仍未超越这一框架。以新观点导出非线性海浪波面高度统计分布，解释了国外原有理论与观测不符的物理原因，开辟了非线性海浪统计理论研究的有效途径。提出了海浪外观能量分布的新观念，冲破海浪谱仅以双参数指数型函数表达的局限，首次给出三参量柯西型理论外频谱，证明PM谱与B谱的等价性，解决了长期存在的困惑，代表了海浪谱研究的新方向。上述成果获得教育部中国高校自然科学奖一等奖。

孙孚在国内率先开展海浪非线性与高阶谱关系的理论与实验研究，首次给出以海浪波面高度表示的海浪理论二阶谱，发现并纠正了Tuah等人波面高度分布偏度的表述错误和Tick等人对二阶谱核函数区域划分中的错误。关于二阶谱的研究获国家海洋局科技进步奖二等奖。

孙孚将Shannon熵引入海浪研究，以表述海浪过程的无序或混乱性，揭示了海浪统计特征的物理属性。利用卫星资料分析计算了西北太平洋与南海的海浪场熵，发现海浪场熵是综合描述所在海域大气海洋特征的优秀定量指标，建立了海面风应力与海浪场熵的定量关系，为在海流数值模式中考虑海浪的作用提供了一种可行的新途径。作为海洋上混合层动力机制研究的重要内容，获教育部科技进步奖二等奖。他还建立了能自深水至浅水协调阐明近岸海浪变浅作用的统一理论，是继Biesel之后最具标志性的重大理论进展。

孙孚在《中国科学》《科学通报》《海洋学报》《海洋与湖沼》等著名学术刊物发表论文70余篇，获得较高学术评价和广泛引用。

孙孚在我国物理海洋学术队伍建设中发挥了承前启后的关键性作用。培养或参与培养的许多博士、博士后和青年教师已成为我国物理海洋学研究的杰出人才和中坚力量。例如，他指导张书文完成的《海浪的列率谱分析研究》、王伟完成的《风浪成长及演变规律研究》分别获2000年山东省优秀博士学位论文；指导高山完成的《二维数值波浪水槽模式的建立和应用及浪流相互作用研究》获2004年山东省优秀博士学位论文。

中国海洋大学山东省海洋工程重点实验室主任史宏达教授曾师从孙孚攻读物理海洋学博士学位。2017年毕业季，他以《学高德厚，为师之范》为题寄语毕业生，文中写道："'梯子！'我对面的一位老人很严肃地问我：'什么是梯子？'他身材不高，形容消瘦，两眼有神。在我茫然不知如何回答的时候，老人接着说：'两个特征：一、自己能够到高处；二、能让人踩着自己够到更高处！'简洁而精辟的解释。说话的这位老人是我的博士导师，海洋环境学院（今海洋与大气学院）的孙孚教授，他已于2004年6月永远地离开了我们。这次对话发生在20年以前，但给我的印象却终生难忘。"

孙孚为我国海洋科学的发展和人才的培养作出重要贡献，尤其在物理海洋学国家重点学科和国家理科（海洋学）基础科学研究和教学人才培养基地建设中作出突出贡献。他曾撰文对海洋科学的发展与人才培养的关系进行阐释，就高等海洋教育的改革提出办好综合性海洋高等院校、积极探索新的办学体制、建立适应科学发展的教学内容和课程体系、大力发展研究生教育等措施；通过对海洋基本特性及海洋研究工作主要特征的分析，阐述了海洋科学未来发展趋势，并提出为适应海洋科学发展趋势，海洋科学人才培养应注意的问题。1997年12月，他作为主要完成人之一的《海洋人才基地建设和改革》，获普通高校国家级教学成果奖二等奖。

孙孚重视教学工作，对专业课教学问题进行研究探讨，并提出见解。他在《青岛海洋大学高教研究》1999年第3期发表的《关于专业课教学的几点思考》一文写道："专业课的教学观念、教学内容、教学方法和教学质量理应是大学教育极为关注的永恒主题。……专业课教师既应是本专业的专家，更应是一位教学工作的艺术家。在适当扩充专业知识领域的前提下，加强与其他学科的交叉和综合，利用良好的教学方法向学生展示知识与科学的魅力，点燃他们好奇的火花，激发他们对自然和社会的探索精神，让他们的素质提高而得以和谐、自由的发展。只有这样，我们的专业课教学才不会把学生变成一架有用的'机器'，而是造就有创新精神的人才。"

孙孚注重对学院青年教师的培养和扶持，告诫青年教师力戒浮躁情绪和急功近利的思想，树立求真务实的科学态度。为充分发挥老教授作用，培养中青年教师，把青年教师扶上讲台挑重担，海洋环境学院通过实施双向选择及组织协调的办法，按课程或按科研方向组成若干"课程（方向）组"，确定老教授为导师，按计划培养中、青年接班人。孙孚与青年教师兰健结对，一起备课授课，共同承担专业骨干课物理海洋学的讲授。对兰健在讲授中存在的不足，他会及时指出并加以指导；对兰健的优点长处，他也会加以肯定和鼓励。结对组合授课受到学生好评，也加快了兰健的成长，使他很快胜任物理海洋学的授课任务，无论是在学校"基地班"教学中，还是应邀到其他相关高校开展的专业课教学中，都表现出较高水准。

2004年6月26日，孙孚因病在青岛去世，终年65岁。

（撰稿人　金松）

参考文献：

［1］《海洋学报》，海洋出版社，2004年第5期。

［2］《海洋与湖沼》，科学出版社，1997年第28卷第5期。

徐世浙

　　徐世浙（1936—2012），男，浙江临海人，汉族，无党派人士，中国科学院院士，地球物理学家。1956年毕业于东北地质学院后留校任助教，后任中国科学技术大学讲师、副教授。1983年11月至1998年12月，任山东海洋学院副教授、教授、学术委员会副主任委员、海洋地质学系主任、研究生部主任；青岛海洋大学教授、博士生导师，海洋地球科学学院名誉院长、地质地球物理研究所所长。曾任国务院学位委员会地球物理、地质学科评议组成员，全国博士后管理委员会专家组成员，山东省第七、八届人大常委会委员，山东省地球物理学会名誉理事长。1999年起任浙江大学教授、博士生导师。2001年当选为中国科学院院士。他长期从事地球物理教学和科研工作，长期致力于地球物理数值计算方法的研究，是国内外最早将有限元法和边界元法应用于地球物理勘探中的研究者之一。著有《地球物理中的复变函数》《地球物理中的有限单元法》《地球物理中的边界单元法》和 *The Boundary Element Method in Geophysics* 等。享受国务院政府特殊津贴。

　　1936年10月2日，徐世浙出生于浙江省第七行政督察区临海县海门镇（今浙江省台州市椒江区）中山路的"美卫生"裁缝之家，在八个兄弟姊妹中排行第七。据记载，他的父亲徐吉甫于1916年在海门镇创办"美卫生"成衣店，有缝纫机十余台。

　　5岁起，徐世浙在七区中心小学（后更名为临海县立海门镇中心国民学校）学习6年。11岁开始先后就读于浙江省立台州中学初中部和高中部。

　　1952年夏，徐世浙从台州中学高中部毕业，同年10月考入东北地质学院（后相继更名为长春地质勘探学院、长春地质学院等）应用地球物理学系，1956年4月毕业。因在校期间学习成绩优良，他毕业后留校任地球物理勘探学系何泽庆教授（1926—1974）的助教。何先生学识渊博，奖掖后学，甘为人梯，对徐世浙后来的教书育人和学术研究影响很大，令他终生难忘。1974年8月，他从长春地质学院调入中国科学技术大学地球与空间科学系，并于1978年5月晋升为讲师。晋升讲师6个月后，也就是1978年11月，即晋升为副教授。

20世纪六七十年代，徐世浙创造性地提出用构制保角变换坐标网的方法，将数学上无法用许克变换的任意地形曲线变换为水平线，在国内外首次解决了任意地形磁场、重力场的曲线延拓和电阻率法二维地形改正问题，使地球物理场的计算更加准确和科学。该成果后来获1978年中国科学院重大科技成果奖。地球物理勘探的解释是在观测面为水平的假设下进行的，但实际观测是在起伏的地形上进行的。起伏的地形对地球物理勘探观测结果形成严重的干扰，怎样消除地形的影响是十分重要的问题。20世纪50年代，苏联学者提出用保角变换的方法进行电法地形改正与磁场、重力场的曲线延拓。但实际地形是复杂的，没有解析函数可以表达，所以这种方法不能用于实际资料解释。徐世浙基于保角变换理论，利用水槽中的电模型试验完成了数学上无法进行的保角变换，解决了二维任意地形的改正问题。1965年和1966年，他先后在《地球物理学报》第14卷第2期发表论文《二度磁场、重力场解析延拓的实际方法》，第15卷第1期发表论文《二度地形对电阻率法的影响》。这项成果在物探界产生重要影响。1979年《地球物理学报》所载《金属矿地球物理勘探三十年》一文写道："徐世浙同志提出了消除二度地形影响的保角变换法。"1989年《物探与化探》所载《电法勘探的某些进展》一文写道："我国还发展了校正地形影响的转换法，这一方法的理论基础是由徐世浙在60年代中期奠定的。"他总结了复变函数在地球物理中的应用成果，分别出版了《保角变换在电法勘探中的应用》（地质出版社，1977年）和《地球物理中的复变函数》（科学出版社，1993年）。后者介绍了复变函数的基本原理，其中包括复变函数的导数、积分、幂级数展开、留数定理及保角变换，并介绍复变函数在地球物理中的各种应用，如在位场延拓、变换、化极、重磁资料的傅里叶变换中的应用，特别介绍了保角变换在地球物理中的应用。其间，他还编著出版了我国第一部古地磁学专著《古地磁学概论》，有力推动了我国古地磁研究工作。

1983年11月，徐世浙从中国科学技术大学调到山东海洋学院。

到校不久，徐世浙即任海洋地质学系应用地球物理教研室副主任一职。1984年12月任学校学术委员会副主任委员，同年被评为学校先进工作者。翌年8月任海洋地质学系主任，11月晋升为教授，同年被评为山东省优秀教师。根据《山东海洋学院科学技术管理工作暂行条例》规定，学校1986年评出优秀专著奖4项，徐世浙的《古地磁学概论》获三等奖；翌年评出优秀论文奖6项，他的《电导率分段线性变化的水平层的点电源电场的数值解》位列其中。1987年12月，学校撤销教务处研究生科，成立研究生部，徐世浙兼任研究生部主任。他1988年和1993年分别当选为山东省第七、八届人民代表大会常务委员会委员。1988年9月至1989年10月，赴美国夏威夷大学地球物理研究所进行访问研究。

1990年11月，国务院学位委员会公布第四批博士和硕士学位授权点，学校海洋地质学专业被批准为博士学位授权点，徐世浙等被批准为博士生导师。1992年10月，他的"大地电磁场的三维地形改正"项目获国家自然科学基金资助，同年被聘为国务院学位委员会第三届地球物理地质学科评议组成员，并于同年起享受国务院政府特殊津贴。1993年11月被评为第三批山东省专业技术拔尖人才并享受津贴，同年被聘为全国博士后管理委员会专家组成员。1995年5月，任青岛海洋大学海洋地球科学学院名誉院长和地质地球物理研究所所长。1996年3月，任校务委员会委员。同年，他的"复变函数、有限单元法和边界单元法在地球物理中的应用"项目获国家教委科技进步奖二等奖和山东省科技进步奖一等奖。

20世纪80年代以后，徐世浙致力于地球物理数值计算方法的研究，是国内最早将有限元法用于地球物理勘探中的学者之一。他首次解决了计算地球物理中的一些难题，如2.5维电场纵剖面电位的计算、二维大地电磁场地形影响等，并于1994年12月在科学出版社出版国内计算地球物理领域经典论著《地球物理中的有限单元法》。该专著介绍了有限单元法的基本原理及其在地球物理中求解各类边值问题中的应用，共9章。专著出版后，徐世浙饱含深情地在扉页上写道：

"何泽庆先生是我的老师。他的渊博的学识为地球物理学界同仁所称颂，他为真理而奋斗的高尚品质为他的朋友所钦佩。在我担任他的助教期间，学术上和思想上深受他的教诲。每当我回忆他坎坷的一生，为他英年早逝而无比痛惜。他离开人世已20年整，我谨以此书表达对他无比敬仰之心。"

徐世浙是国际上最早将力学中的边界单元法应用于地球物理勘探的学者之一。80年代初，他将边界单元法应用于地球物理数值计算，解决了地球物理数值模拟中的许多难题。例如：国外用有限元法计算电阻率三维地形改正问题，需解一个含有50000个以上未知数的线性方程组，他用边界元法只需解含有不到100个未知数的方程组，效率提高几千倍。论文 "An Integral Formulation for Three-dimensional Terrain Modeling for Resistivity Surveys"（《电阻率勘探三维地形模拟边界积分方法》）在美国勘探地球物理学家协会杂志 Geophysics 1988年第4期发表，编辑部对文章评价道："此文涉及一个重要而困难的问题，文中所用的方法是最恰当的。"过去没有面激发极化异常的数值计算方法，徐世浙利用边界单元法解决了这个难题。在三维电阻率法正演计算方面，有限单元法与有限差分法都因计算量太大，而未能达到实际使用水平，徐世浙导出了适合于复杂物性分布的三维电场积分方程的简单表达式，为边界单元法解决复杂物性分布的三维电场数值计算提供了方法基础。大地电磁法的三维地形影响，是国内外尚未解决的计算难题，他用边界单元法解决了这一难题，论文《大地电磁场三维地形影响的数值模拟》发表在1997年第1期《中国科学（D辑）》。他还将边界元法应用到位场延拓与变换、电阻率法、磁异常和重力异常、大地电磁场和地温场模拟等领域的地球物理数值计算中。他总结边界单元法的应用成果，于1995年4月在科学出版社出版《地球物理中的边界单元法》，这是该领域国际上的首部著作，详细介绍了边界单元法的基本原理及其在地球物理中求解各类边值问题中的应用，共分10章。专著在国内出版后，向美国勘探地球物理学家协会转让了版权。这部专著的英文版书名为 *The Boundary Element Method in Geophysics*，英文序言称该书"是对地球物理学的一个重要贡献"。这是我国地球物理学家在国外出版的第二部专著。

20世纪90年代中后期，徐世浙又开辟了新的研究方向，提出位场曲面向下延拓的新方法——插值迭代法。实际工作中，重力场和磁场常常在起伏面上测量，而重磁资料的定量解释方法一般要求测量数据分布在一个平面上，因此需要将实测资料换算到一个平面上。重力场和磁场是位场，这项工作称为位场延拓。位场延拓的主要方法是快速傅里叶变换法，但它只能用于向上延拓，向下延拓的稳定性很差。位场向下延拓可以了解深部的地质情况，有十分重要的用途。

1998年12月，徐世浙调离青岛海洋大学。在青岛鱼山路5号校园里工作的15年里，他"长期从事地球物理科学研究，开展了系统的、创造性的工作；治学严谨，多次教学评估均为优秀，为我国地球物理科学和教育事业作出了重要贡献"。《山东省学科发展报告（2008—2009）》与《山东地球物理六十年》两书均有"老一辈的地球物理学家金翔龙院士、徐世浙院士在山东工作数十年，对山东地球物理发展作出了巨大贡献，培养了许多年轻的著名科学家"之记述。

1999年1月起，徐世浙任浙江大学理学院地球科学系（今浙江大学地球科学学院）教授、博士生导师，并于2001年当选为中国科学院院士。2003年至2010年，任山东省地球物理学会第一届理事会名誉理事长。

2012年7月21日，徐世浙因病在杭州去世，终年76岁。

从教以来，徐世浙发表第一作者论文90余篇，先后培养硕士、博士、博士后30余名，曾获中国科学院重大科技成果奖1项、省部级奖6项。2012年11月，《徐世浙院士文集》出版，这是他一生学术研究成果的集中展现。由徐世浙院士亲属和学生编撰的《岁月的记忆——纪念徐世浙院士从事地球物理事业六十年剪影》也同时出版。

（撰稿人　金松）

参考文献：

［1］《徐世浙院士文集》，徐世浙著，科学出版社，2012年版。

［2］《台州星座》，朱汝略等著，吉林文史出版社，2005年版。

［3］《中国含地质类专业高等院校（系）简介》，毕孔彰、胡轩魁主编，地质出版社，2004年版。

［4］《山东地球物理六十年》，刘元生主编，中国海洋大学出版社，2010年版。

［5］《山东省学科发展报告（2008—2009）》，山东省科学技术协会编，中国科学技术出版社，2009年版。

曾繁仁

曾繁仁（1941—），男，安徽泾县人，汉族，中共党员，美学家，当代中国生态美学的奠基人，山东大学终身教授、博士生导师。1964年毕业于山东大学后留校任教，历任中文系助教、讲师、副教授、教授，教务长、副校长。1992年7月至1994年6月任青岛海洋大学党委书记。后任山东省委高校工委副书记、省教委副主任，山东大学党委书记、校长等职。曾兼任国务院学位委员会中文学科评议组召集人，国家社科基金中文评审组成员，教育部社会科学委员会人文学部成员，教育部艺教委常委、高校组组长，教育部直属高校巡视专员，山东省委委员、省人大常委会委员、省政协委员、省社科联副主席、省学位委员会副主任等职。是党的十五大代表。

1941年1月14日，曾繁仁出生于安徽省泾县。他5岁起在安徽南陵读小学，12岁考入芜湖一初中，13岁开始就读于上海位育中学。

1959年秋，曾繁仁考入山东大学中文系汉语言文学专业。1964年7月毕业后留校任中文系文艺理论教研室助教，后任讲师、副教授、教授。1978年起，任山东大学中文系副主任、教务处副处长、教务长。1988年起，任山东大学副校长。

1992年7月21日，国家教委党组通知，经研究并与山东省委商得一致，决定曾繁仁任青岛海洋大学党委书记。8月21日，曾繁仁就职视事。

这一年年初，邓小平发表南方谈话，为中国的社会主义现代化建设和改革开放揭开了新的一页。为加快改革和发展高等教育事业，国家教委在同年召开了几次会议，出台了有关文件，研究和部署高等教育各方面的改革问题。其中，6月在北京召开了全国高等学校党的建设工作会议，第一次提出要加强党对高等学校改革的领导；7月在天津召开了直属高校工作咨询委员会第三次全体（扩大）会议，提出了下一步深化改革的思路，并于8月下发《关于国家教委直属高校内部管理体制改革的若干意见》和《关于国家教委直属高校深化改革，进一步扩大办学自主权的若干意见》。委属高校内部管理体制改革逐渐从试点发展到全面铺开。

8月30日，曾繁仁在学校各级人大代表、政协委员、民主党派负责人座谈会上通报了国家教委有关党建及深化高校改革的精神，介绍了学校深化改革的初步设想，并就如何做好学校工作谈了五点意见：要认真学习贯彻落实邓小平、江泽民同志重要谈话和讲话精神；要尽快修改确定学校的改革方案；要抓好教师、干部和后勤队伍建设；要努力做好思想政治工作，进一步调动积极性；要加强团结，顾全大局，向前看。

9月2日，在全校各党总支书记和直属党支部书记会上，曾繁仁谈了新学期工作的基本思路：迅速制定和开始实施学校内部管理体制改革方案；修订完善学校的发展规划；召开科技工作会议，推动学校科学研究与科技产业的发展；节支开源，尽快使学校财政状况进入良性循环。

为贯彻邓小平南方谈话精神和国家教委对高校内部管理体制进行改革的决定，经过反复研讨，学校内部管理体制改革初步方案确定。9月9日，学校召开副处级以上干部会议，曾繁仁和施正铿校长对全面实施学校内部管理体制改革作出部署。

10月1日，曾繁仁在《青岛海洋大学报》发表题为《深化高校改革，充分调动广大教职工的社会主义积极性》的署名文章指出：

"目前，我校已进入改革工作的进一步动员与实施阶段，改革必将为我校事业的发展提供巨大的动力，也将为解决长期困扰我们的人事、经济与校产的发展等深层次的问题，提供良好的契机。……广大教职工要充分发挥社会主义的积极性，集中精力，排除干扰，抓改革，促发展，使我们海大尽快步入全国，乃至世界高校的前列！"

10月12日至18日，党的十四大在北京召开。同月20日，曾繁仁在主持校党委学习党的十四大精神座谈会时指出，党委理论学习中心组成员及与会同志首先要认真学好党的十四大报告，为师生员工起表率作用，并要紧密联系实际，在学中干、干中学，努力加快学校改革开放的步伐。11月3日，他在全校副处级以上党政干部会上提出学校贯彻党的十四大精神总的思路：在坚持教育发展规律与密切结合学校实际的前提下，在使高等教育适应经济与社会发展上做文章，进一步坚持改革开放，继续搞好内部管理体制改革，同时搞好教育教学改革，抓住机遇，迎接挑战，努力做好各项工作。

为贯彻落实党的十四大精神和同年11月召开的全国高等教育工作会议精神，12月11日至12日，学校召开科技工作会，总结"七五"以来学校科研和科技产业工作的成绩和经验，指出存在的问题和困难，提出《青岛海洋大学关于加强科技工作的意见》，讨论并原则通过《青岛海洋大学1993—2000年科技发展规划》和《青岛海洋大学"八五"科技产业发展规划》。曾繁仁在闭幕式上作了题为《团结奋进，为实现我校科技发展目标而奋斗》的讲话指出，发展学校科技工作的关键是改革，要进一步充分认识高校科技工作的重要地位，明确学校科技工作的任务，建设一支结构合理、素质良好的科技工作队伍。12月30日，学校党委对学校科研机构进行调整。其中，新成立了海洋遥感研究所、海洋化学研究所、地质地球物理研究所和海洋生物工程研究所。

1993年2月24日，曾繁仁在各党总支书记及党群部门负责人会议上指出，要继续抓好党的十四大和全国高等教育工作会议、全国高校党建工作会议精神的贯彻落实，抓好开学后的形势教育、党的十四大报告专题学习、改革马列主义理论课教学、加强教职工的思想政治教育、加强党支部建设、搞好校园文化建设。

曾繁仁重视并把做好教职工队伍思想工作作为全校思想政治工作的重点，把加强党支部建设作为重中之重。在3月10日召开的全校各党支部书记会上，他强调：党支部书记要增强高度的政治责任感和使命感，主动自觉做好工作；要努力抓好建设有中国特色社会主义理论和党章的学习，不断提高思想政治水平；要全面贯彻党的教育方针，努力做好教书育人、管理育人和服务育人工作；要从严治党，过好组织生活，认真开展批评与自我批评；要加强思想教育，团结一致，做好工作；要积极配合行政，努力完成学校的改革和发展任务。

5月5日，学校召开副处级以上干部、副高级职称以上业务人员和各民主党派负责人大会，传达省、市支持学校首批进入"211工程"计划的决定。曾繁仁发表题为《团结起来，为我校尽早进入"211工程"计划而努力奋斗》的讲话，号召全校师生员工发扬"爱我海大，发展海大"的奋斗精神，与学校荣辱与共，树立"学校兴旺我兴旺，学校落后我失落"的思想，为学校发展作出自己的贡献。

6月21日，中共中央政治局委员、山东省委书记姜春云来校视察工作时指出，建设"海上山东"和黄河三角洲开发是山东省两项跨世纪的工程，青岛海洋大学承担着重要使命，要充分发挥海洋科技和多学科交叉的综合优势，当好排头兵；要拓宽思路，根据经济与社会发展需要，不断调整办学方向和专业设置，为国家、省市多培养人才，多出高新技术成果。为落实姜春云的指示精神，8月10日至16日，以曾繁仁为团长、管华诗校长为副团长，学校18名涉海学科专家组成的考察团，带着事先论证、初选的"两跨工程"项目，赴黄河三角洲实地考察。专家们经过初步考察，分别与东营市、胜利油田管理局的领导、专家就开发黄河三角洲的一些重大技术问题、双方合作研究的领域、开发的项目等达成广泛共识，与东营市签订《合作开发黄河三角洲协议书》，与胜利油田管理局签订《科学技术合作意向书》。9月4日，学校党委常委会研究决定，成立学校"两跨工程"领导小组，曾繁仁为副组长。

10月29日，学校召开经济工作会议。曾繁仁在总结讲话中谈到如何搞好学校经济工作时强调，各级领导要把经济工作放在重要位置；要充分发挥科技优势，大力发展校办产业；多争取科研课题；加强财务管理，建立健全有关规章，堵塞漏洞、节省开支等，促使学校经济状况尽快步入良性循环。

1994年4月18日至25日，曾繁仁与管华诗校长及科研处、教务处、产业管理委员会负责人一行5人，应邀前往海南省进行为期一周的考察访问，受到海南省委书记兼省长阮崇武的热情接待。省校双方在人才培养、科技开发、技术服务和科技成果转让等方面达成多项协议，收到较好效果。

5月，曾繁仁任山东省委高校工委副书记、省教委副主任。6月3日，国家教委党组下文，经研究并与山东省委商得一致，曾繁仁因工作变动不再担任青岛海洋大学党委书记职务，管华诗任青岛海洋大学党委副书记、代理书记。6月10日，学校召开全校各单位党政主要负责人会，宣布国家教委党组关于学校领导班子调整的决定。国家教委人事司司长陈文博在会上表示，曾繁仁同志虽来海大时间不长，但事业心强，工作很投入，积极带领党委一班人团结奋进，成绩是明显的。代理党委书记、校长管华诗表示，民主、踏实、务实、平易近人，是曾繁仁同志的一贯作风。他在校工作期间，积极抓了党的建设和思想政治工作，重视抓领导班子和队伍建设，抓规范化管理，使党政关系克服了"两张皮"现象，团结合作，在学校发展规划、学科建设、深化改革等工作中，作出了显著成绩。

曾繁仁虽然只在海大园工作生活了两年，但历史悠久、古朴典雅的海大园和勇担使命、开拓进取的海大人却"永远铭刻在他的心中"。他在一篇回忆文章中写道：

"海洋大学是一所美丽的高校，以其山光海色的秀丽及历史文化的悠久而在中国名校中独树一帜。……海大还以其全校整体性的科研积极性而使我惊叹不已，也以其与地方经济社会发展计划的紧密结合而使我感动。我在短短的时间内曾跟着有关领导和科研人员，到过北京、海南、东营和省水利电力设计院。常常是刚过正月初五，大家就已出发，而在炎热的夏天却离开凉爽的青岛跑到闷热的内地搞合作科研。海大正因其同青岛密切相关，所以海大人具有青岛人一样的热情豪爽的风度，而又因其海洋学科自身的艰难，所以有着一种团结一致、患难与共的性格。"

1995年6月，曾繁仁任山东大学党委书记。1998年1月至2000年7月，任山东大学校长。

2000年起，历任教育部人文社科重点基地——山东大学文艺美学研究中心主任、名誉主任与学术委员会主任等职。曾繁仁长期从事美学与文艺学专业的教学、科研工作，在生态美学、审美教育、文艺美学研究方面处于国内领先水平，在西方美学研究方面处于国内前列。他曾兼任中华美学学会副会长、中国高教学会美育研究会会长、中国中外文论学会副会长、山东省比较文学学会会长等学术职务；曾为加拿大维多利亚大学亚太中心高级访问学者、香港基督教文化研究所高级研究员。2020年，被山东大学授予"教学终身成就奖"，同年获教育部第八届高等学校科学研究优秀成果奖（人文社会科学）一等奖。

离开鱼山路5号13年后，2007年8月，曾繁仁在《中国海洋大学报》撰文表达了对学校的思念和赞美之情。他在这篇题为《我与海大》的文章中写道：

"我曾在炎热的济南梦见过青岛凉爽的夏夜，也曾在香港浅水湾与加拿大维多利亚岛对那里的人说，青岛海大比这里更加美丽。我离开山大到海大，山大就是我的母校，而我离开海大到山大则海大又成为我的母校。我以曾作为海大人而自豪，我也衷心地祝福我的母校海大更加兴旺发达，更加美丽迷人。"

（撰稿人　金松）

参考文献：

［1］山东大学文学院网站：https://www.lit.sdu.edu.cn/info/1088/9865.htm，2023年1月15日访问。

［2］山东大学文艺美学研究中心网站：http://www.krilta.sdu.edu.cn/，2023年1月15日访问。

李庆忠

李庆忠（1930—2022），男，江苏昆山人，汉族，中共党员，中国海洋大学教授、博士生导师，中国工程院院士，石油勘探专家，中国现代石油物探学科带头人之一。1952年毕业于清华大学，曾任中国石油天然气集团东方地球物理公司副总工程师。2001年，受聘为青岛海洋大学教授，任海洋地球科学学院名誉院长。

1930年10月10日，李庆忠出生于江苏省昆山县（今江苏省昆山市）玉山镇一个医学世家，祖父李培卿、父亲李君梅均是当地小有名气的医生。四伯李瘦鹤是江苏省嘉定县地下党组织负责人，曾领导嘉定农民暴动起义，1927年四一二反革命政变后被国民党反动派杀害，他对这位未曾谋面的四伯一直心怀敬仰。李庆忠在兄弟姐妹9人中排行第三。

1935年，随父母迁居上海，进入江苏省立实验小学（今上海市徐汇区上海小学）就读。"八一三"事变后，江苏省立实验小学部分校舍被日军占领。为躲避战火，他与家人进入法租界，后转入私立崇真小学就读。后又分别转入正中附小、尚才小学就读。小学毕业后进入私立震旦大学附属中学就读。初三下学期，他以插班生的身份进入昆山县立中学农科班就读。1945年，初中毕业。为了学得一技之长，在乡邻的介绍下，进入日本人在昆山创办的"乡村建设训练班"学习了两个月。后来，进入私立震旦大学附中高中部学习。1947年，又转入上海市立格致中学就读。1949年8月，考入国立清华大学电机系。第二学年开始，转入物理学系就读。叶企孙、王竹溪、周培源、孟昭英等名师对他影响很大。大学期间，他还参与了清华大学校刊——《人民清华》的编辑与发行工作，并加入了中苏友好协会、清华大学歌咏队等社团组织。

1951年5月4日，加入中国共产主义青年团。翌年8月17日，在同学唐孝威、齐卉荃介绍下，加入中国共产党。

1951年底，中央鉴于经济建设各条战线技术人员匮乏，决定全国1949级大学生一律提前一年毕业。1952年9月，刚刚读完大三的李庆忠毕业了。在填写毕业分配的志愿时，他坚定地写下：到祖国最需要的地方去，到最艰苦的工作岗位上去，坚决服从组织分配。根据国家需要，他被分配到了燃料工业部石油管理总局，经过地球物理勘探技能、俄文的集中培训以后，1953年，他被分配至新疆中苏石油公司地质调查处。同年3月抵达新疆后，他和重力队的队友们通过重力勘探查明了准噶尔盆地的地质构造。他们绘制的重力异常图清晰地反映出在盆地的西北缘克拉玛依地区有一个明显的向东南倾斜的区域性单斜形态，中间重力密集线带明显地指出了克拉玛依–乌尔禾大断裂带的存在位置以及几个断裂带的分叉，这些后来都被探井所证实。

1956年至1957年，李庆忠主要从事重磁力综合研究队的工作。他利用自己建立的重力航空基点网重新整理了准噶尔盆地的重力数据资料，完成全盆地重力异常图的绘制，编写《准噶尔盆地重磁力勘探综合研究报告》。

1961年5月被调往松辽石油勘探指挥部，参加松辽石油会战。李庆忠被分配至松辽石油勘探局地调处（即松辽地调处）担任综合研究队副队长，主要从事重磁力资料的研究工作。同年12月，获评松辽石油会战"一级红旗手"。1962年9月，在大庆地震会战大型技术座谈会上，他代表地调处作题为《松辽盆地构造特征及构造发育史》的报告，总结了1960年至1962年在松辽盆地取得的石油物探成果以及与钻井资料相结合后形成的研究成果。同年12月，获评松辽石油会战"二级红旗手"。1963年11月，跟随松辽石油勘探指挥部地调处的同事抵达设在河北省徐水县的机关驻地。12月，获评松辽石油会战"二级红旗手"。

1964年3月，从石油工业部641厂地质调查处被调往东营参加华北石油勘探会战，先在地质指挥所任构造室副主任，后又改任该所副指挥。在此期间，他和同事们合力攻关，绘制了胜利村地质构造图，经过勘探队员打井发现了胜坨油田。他还参与了牛庄攻关队的工作，与队员一起试验成功了我国第一台模拟磁带地震仪、超声波测井仪，以及感应测井仪、伽马射线测井仪和侧向测井仪等多项组合测井技术，推动了我国地面及井下地球物理勘探设备的首次更新换代。

20世纪60年代中期，针对东营地区地质条件复杂、断层多、断块小、破碎严重的特点，李庆忠提出了"去噪、定向、辨伪、归位"这一改进地震勘探的8字方针。还从地震波的性质进行思考、探究，提出了波动地震学理论，创设了一种用绕射波成像的偏移技术——"绕射波扫描叠加偏移"技术。他开展了世界上已知最早的三维地震勘探，1967年在东辛油田获得了第一张三维偏移校正的沙一段构造图，这也是我国第一张三维归位地震构造图。

20世纪70年代中期，在三维地震资料的处理方面，李庆忠提出"两步法偏移"技术。时至今日，该技术依然拥有十分广阔的市场和旺盛的技术生命力，因为它比"一步法"快许多，并可以获得常规的二维偏移剖面以用作质量控制，深受好评。1979年5月，从胜利油田调往石油工业部石油地球物理勘探局（今中国石油集团东方地球物理勘探有限责任公司）担任副主任工程师。9月被派往美国埃克森石油公司工作，从事地球物理资料的数字处理及解释。

20世纪80年代中期，李庆忠指出以往陆相地层解释中存在的一些问题，相关文章在学术刊物发表以后，在国内外石油地球物理勘探界产生广泛影响，被公认为是现代地震地层学的一个重要补充。80年代，他结合生产实践进行深入思考探究，并亲自编写程序反复测试、计算，最终提出了一种阻尼拉伸正弦子波，该子波与爆炸脉冲经大地吸收滤波后的物理可实现过程基本吻合。鉴于该子波在指导地震勘探资料处理和丰富学科体系中的重要作用和意义，人们将其用李庆忠的姓命名为"李子波"。1982年5月，与钱绍新等编写的《石油地球物理勘探技术报告集》出版。1985年，参与的"渤海湾盆地复式油气聚集（区）带勘探理论及实践"荣获国家科学技术进步奖特等奖。被石油部评为"先进科技工作者"。

他严谨求实、刚正不阿，敢于向伪科学宣战。20世纪八九十年代，他对Petro-Sonde岩性探测技术和"艾菲"微重力直接找油技术两大伪科学进行了揭露和批判，还对石油地质领域的"圈闭"概念进行完善，编写了TRAP-3D三维圈闭分析程序，不仅丰富了油气勘探的技术手段，还对以往石油地质理论中圈闭概念进行了完善和升华。他还参与了分形、分维技术的争论，呼吁大家客观理性看待这一技术，希望大家俯下身子、脚踏实地，聚焦物探领域的难题开展研究。1993年3月，出版《走向精确勘探的道路——高分辨地震勘探系统工程剖析》一书，是石油地球物理勘探界的经典之作，被誉为"打开高分辨率勘探之门的一把钥匙"。同年，此著作荣获物探局科技进步奖一等奖。后来，在美国休斯顿大学地球与大气科学系"谢里夫"冠名教授周华伟的促动下，美国勘探地球物理协会（SEG）于2017年出版了该书，使其与SEG遍布全球的数万名会员见面。

1991年，被授予"国家有突出贡献专家"称号，享受国务院政府特殊津贴。1995年，当选为中国工程院能源与矿业工程学部院士。同年9月被中国石油天然气总公司授予"石油工业杰出工作者"称号。1997年1月17日，在北京人民大会堂参加中国石油天然气总公司工作会议，受到江泽民总书记、李鹏总理亲切接见。

2001年，李庆忠受聘为青岛海洋大学教授、海洋地球科学学院名誉院长。同时，由他牵头，物探局和学校共建的复杂油气田物探方法实验室启动运营。

21世纪初，针对石油生成研究领域长期存在的"有机生油"和"无机生油"两种学说，李庆忠结合多年的思考，对其掌握的有关无机生油资料进行了梳理和研究，提出许多支撑无机生油理论的意见，并希望在没有彻底搞明白之前，维持两种学说，用"二元论"指导油气勘探工作。

2006年，李庆忠与他的博士研究生张进共同编著《岩性油气田勘探——河道砂储集层的研究方法》一书。为系统全面展示和论述多波地震勘探的难点与不足，2007年，和他的博士研究生王建花一起编著《多波地震勘探的难点与展望》一书。

2010年10月9日，庆祝李庆忠院士从事科教事业五十八周年活动在中国海洋大学海洋地球科学学院举行。校长吴德星、副校长李巍然，学院党政负责人和教师代表以及来自全国各地的李庆忠院士的同仁、朋友、学生代表等参加活动。他为海洋地球科学学院题词，上联是"五十亿年沧海桑田，演绎构造运动，板块造山，造就地质学深奥莫测"；下联是"八十余载寒暑春秋，历经岁月流逝，时代变迁，锤炼地学院青春永驻"。他并祝愿海洋地球科学学院为国家的海洋事业培育出一代又一代的有用人才。

2015年，历时5年编著的李庆忠文集——《寻找油气的物探理论与方法》（基础篇、方法篇和争鸣篇）出版。2016年5月12日和7月3日，分别在涿州和青岛举行了新书发布仪式。

2020年，中国科协组织的老科学家学术成长资料采集工程、中国工程院院士传记丛书——《寄情水际砂石间：李庆忠传》出版。2021年，李庆忠文集——《寻找油气的物探理论与方法》（第四分册 奋进篇）出版。在同年10月10日举行的第七届青岛地球物理研讨会上，李庆忠向参会的专家赠书，并介绍了该书的主要内容以及我国油气地球物理未来的发展方向。

受聘学校以来，李庆忠积极投入到教学和科研工作中，培养了11名博士和硕士研究生。海洋地球科学学院副院长童思友教授作为他的博士研究生、助手和秘书，谈及跟随导师工作的20余年时表示："收获的不只是老师传授的科学知识、锻炼的科研能力，更多收获的是老师润物无声的高尚师德的熏陶、对国家能源事业的热爱、对教书育人的严谨认真、对生活的乐观向上……"童思友表示将永远铭记导师的教导："科学研究要解决生产急需、服务生产，科研成果要及时转化为生产力；不要迷信国外'先进'，事实证明中国人能行；科研需要厚基础重创新；要严以律己、宽以待人……"

受聘中国海洋大学期间，李庆忠还参与发明了GPS授时地震仪器发明专利3项（GPS

卫星授时遥测地震仪、GPS授时智能同步爆炸控制系统、非实时传输地震采集系统的数据采集方法），为广大师生作了"岩性油气藏勘探技术""给同学们谈谈我从事地球科学研究的体会""石油物探在国民经济中的作用""学习与成才""走在教书育人的前沿——给同学谈谈我从事地球科学研究的体会""物探领域的创新意识与求实精神""努力学习　争取成才——谈我从事地球科学研究的体会"等10余场讲座和报告。此外，他还积极为学校崂山校区规划设计、研究生创新教育、本科教育教学改革、重点学科建设规划论证、实验室建设等尽心竭力。

2022年12月26日，李庆忠因病在北京去世，终年92岁。党和国家领导人、中央和国家相关部门领导和老同志，河北省、山东省和保定市、涿州市领导及相关部门负责人和老同志，高校和科研院所、行业协会和企业等敬献花篮、花圈或发来唁电唁函，学生、社会各界人士和他生前好友通过多种方式表达沉痛哀悼和深切缅怀。

12月28日，李庆忠告别仪式举行。治丧委员会在《中国工程院院士李庆忠生平》中对他的一生给予高度评价：

"李庆忠院士的一生，是对党、对国家、对石油物探事业无限热爱的一生，是为推动我国石油物探技术发展进步而不懈奋斗的一生。……我们要学习他献身科学、追求真理、百折不回的执着精神；学习他忠于祖国、倾心事业、情系石油的真挚情感；学习他率先垂范、严谨治学、淡泊名利的崇高品格，继承和发扬他朴实节俭、科学求实、勇于探索的优良作风，将老一辈石油物探工作者开创的事业不断向前推进，创造新的辉煌。"

（撰稿人　冯文波）

参考文献：

［1］《寄情水际砂石间：李庆忠传》，冯文波、张永胜、袁艺、施玥著，中国科学技术出版社、上海交通大学出版社，2020年版。

［2］《石油物探报》，石油物探报社，第757期。

［3］《中国科学报》，中国科学报社，第6870期。

王　蒙

　　王蒙（1934—），男，河北南皮人，汉族，中共党员，当代著名作家、学者，现任中央文史研究馆馆员、中国作家协会名誉副主席等。曾任文化部部长，《人民文学》主编，第十二、十三届中央委员，第八、九、十届全国政协常委，第十届全国政协文史和学习委员会主任。20世纪50年代初开始文学创作，60多年来，创作小说、散文、诗歌、报告文学、翻译、传记、文艺评论、学术研究等共计近2000万字，作品被翻译成英、法、德、日、俄、韩、泰、意、西班牙等20余种语言文字。1978年至1980年连续三届获全国优秀短篇小说奖，1979年至1982年连续获全国第一、二届中篇小说奖，2015年获第九届茅盾文学奖。1987年获日本创价学会和平与文化奖、意大利蒙德罗国际文学特别奖。2002年4月，任青岛海洋大学教授、顾问、文学院院长；2006年8月，任中国海洋大学文学院名誉院长、中国海洋大学首席驻校作家。2019年9月，获"人民艺术家"国家荣誉称号。

　　1934年10月15日，王蒙出生于北平沙滩（今属北京市东城区）一个知识分子家庭，祖籍河北省南皮县潞灌乡龙堂村。父亲王锦第毕业于日本东京帝国大学教育学系，母亲董敏国立北京大学肄业。

　　1940年，入北京师范学校附属小学（北师附小）读书，自幼聪敏好学，10岁开始阅读《小五义》《大宋八义》等。1945年，跳级考入北京平民中学，开始阅读华岗《社会发展史纲》、杜民《论社会主义革命》、黄炎培《延安归来》等宣传革命的书籍，以及鲁迅、巴金、丁玲、赵树理等左翼作家作品。

　　1946年，在中学同学、革命引路人何平、秦学儒等引领下，与北平地下党取得联系，并秘密参加地下革命活动。1948年10月10日，不满14岁，秘密加入中国共产党。1949年3月，根据上级指示，终止学业，调到新民主主义青年团北京市委工作。

　　1953年秋，开始创作长篇小说《青春万岁》。1956年，在《人民文学》发表短篇小说

《组织部来了个年轻人》（发表时为《组织部新来的青年人》），引起毛泽东主席的关注，并给予好的评价："王蒙很有希望，新生力量，有文才的人难得。"

1958年5月，被错划为右派分子，开除党籍，下放北京郊区劳动。1963年12月，他"自我放逐"新疆；1965年4月至1971年4月，在伊犁哈萨克自治州伊宁县巴彦岱红旗人民公社二大队劳动锻炼，并一度担任该大队副大队长。其间，与伊犁各族劳动人民同吃、同住、同劳动，自学、精通了维吾尔语。

1979年，右派分子问题获得彻底改正，并恢复党籍，回到北京，尘封25年的长篇小说《青春万岁》得以出版。1981年，《青春万岁》被评为"全国中学生最喜爱的十本书"之一。

新时期后，历任中国作家协会书记处书记、《人民文学》主编、中国作家协会常务副主席等职。

1986年6月，出任文化部部长。

自20世纪70年代末，王蒙在文坛率先进行小说艺术探索和实验，推出了《夜的眼》《春之声》《蝴蝶》《布礼》《杂色》等一大批独具艺术特色和魅力的东方"意识流"小说，引领了新时期中国文学变革的风潮。70年代根据伊犁农村生活创作的长篇小说《这边风景》因"如此贴心、如此满怀热情、如此饱满生动地展现多民族共同生活的图景"，荣获第九届茅盾文学奖。

90年代创作的"季节"系列小说是他积经年之力完成的泣血之作，完整地表现了新中国一代革命知识分子的情感和心路历程，堪称中国当代知识分子的"心灵史"。此外，他关于《红楼梦》、李商隐，以及孔、孟、老、庄等中国传统文化的研究，都体现了鲜明的学术个性和时代特色。王蒙少年时代即参加地下革命，亲历了新中国的成立，独特的人生和政治阅历，铸就了他的"阳光底色"和明朗高亢的创作风格，同时，也本质性地将文学与政治黏连在了一起。革命、青春、爱情，构成了王蒙文学创作的"关键词"。

2002年4月，应青岛海洋大学（同年10月更名为中国海洋大学）校长管华诗院士邀请，王蒙加盟学校，担任教授、顾问、文学院院长，标志着中国海洋大学第三次人文复兴拉开了序幕。王蒙父亲王锦第曾于20世纪40年代初任青岛市市立师范学校校长，这也是王蒙与青岛的一份特别的"因缘"。

加盟中国海洋大学后，王蒙为学校人文学科的发展尽心竭力，创设了"驻校作家"制度、"名家课程"体系、"科学·人文·未来"论坛等著名学术品牌，为人文学科的发展作出了历史性贡献。

　　自2002年以来，在王蒙大力举荐下，当代著名作家、诗人毕淑敏、余华、迟子建、张炜、尤凤伟、莫言、王海、郑愁予、严力、贾平凹、邓刚、刘西鸿、陈彦、霞子、何向阳、刘醒龙、王干、赵德发等先后加盟中国海洋大学，成为"驻校作家"，他为"首席驻校作家"。在"驻校作家"中，王蒙、莫言、贾平凹、迟子建、张炜、陈彦等分别获得了茅盾文学奖；莫言荣获2012年诺贝尔文学奖，成为中国作家获此奖项第一人。驻校作家在学校举办各种学术活动达50余场次。作为学校首席驻校作家，他身体力行，先后在学校举办各类学术演讲30余场，出席学校举办的各类学术会议20余次。"驻校作家"制度是王蒙对中国高等教育的一个独特贡献，是中国高校一全新的育人模式。"驻校作家"制度开启了中国高校驻校作家、驻校诗人的先河，为国内其他高校此类制度的建立提供了重要借鉴。

　　"名家课程"是王蒙在中国海洋大学的另一创举。他担任文学院院长后，从学校人文学科实际情况出发，本着"不求所有，但求所用"的原则，定期延聘海内外著名专家、学者来校开设"名家课程"，为学生传道授业、答疑解惑，成为中国海洋大学人文学科的一大特色和亮点。自2002年以来，当代著名学者童庆炳、何西来、黄维樑、严家炎、徐通锵、舒乙、朱虹、顾彬、陶东风、吴福辉、曹文轩、林文宝、金元浦、高旭东、吴义勤、周啸天、孙之梅、张福贵、卜键、胡泳等先后来校开设"名家课程"，课程涉及中国现当代文学、比较文学、儿童文学、文艺学、语言学、文化产业等诸多领域。名家课程的实施，极大地带动了学校人文社会学科的快速发展。

　　2003年6月，王蒙根据中国海洋大学的文化传统和办学特色，拟题了校训"海纳百川 取则行远"。如今，镌刻着他亲笔题写的校训的校训石已成为中国海洋大学的校园景观标志。9月，为纪念王蒙先生文学创作50周年，由中国海洋大学主办，全国政协教科文卫体委员会、教育部、文化部、青岛市人民政府指导，人民文学出版社等协办的王蒙文学创作国际学术研讨会在青岛举行，来自世界十几个国家和地区的著名作家、诗人、学者120余人参加会议，产生了广泛影响。

　　2004年10月，王蒙与校长管华诗院士共同发起创建"科学·人文·未来"论坛，迄今已分别于2004、2011、2014、2019年举办过四次，先后有著名科学家欧阳自远、刘光鼎、文圣常、冯士筰、管华诗、秦伯益、张国伟、马俊如、蒋民华、梁昌洪、周永家、梅新林、刘守全、金翔龙、张泓、林建华等，著名作家、学者王蒙、韩少功、张炜、张平、唐浩明、熊召政、赵长天、陈祖芬、赵玫、解思忠、南帆、陶东风、蒋子龙、朱向前、童庆炳、周国平、赵一凡、朱永新、鲍鹏山、姑丽娜尔·吾甫力、钱文忠、李少君、钱致榕、朱自强、刘洪一、葛剑雄、邱华栋、何建明、阎晶明、何向阳等参加论坛，产生广泛影响，"科学·人文·未来"论坛已成为中国高校一个著名学术品牌。

同时，在他邀请下，著名学者童庆炳、何西来、柳鸣九、严家炎、朱虹、黄维樑（香港）、顾彬（德国）、袁行霈、吕必松、徐通锵、叶嘉莹（加拿大）、华克生（俄罗斯）、舒乙、谢冕、谢有顺、吴义勤、李肇星、於可训、郜元宝、韩春燕、宋炳辉等，成为学校"客座教授"（兼职教授）。来自中国大陆、台湾、香港，美国、加拿大、俄罗斯、新加坡、日本、韩国、印度、墨西哥等10多个国家和地区的著名作家、诗人、艺术家130余人，来学校进行学术交流，对提升学校影响力和知名度，起到积极的促进作用。

2007年，为了铭记诸位作家、诗人、学者对学校人文发展所作出的卓越贡献，中国海洋大学将浮山校区54号楼命名为"作家楼"，并在楼前立碑铭文，以彰馨德。9月，我国高校第一座"作家楼"在中国海洋大学诞生，王蒙亲自为"作家楼"题写牌匾并揭牌。著名作家冯骥才认为，"作家楼"的建立是"当代文学界的奇迹"。

2019年9月17日，国家主席习近平签署第34号主席令，授予王蒙"人民艺术家"国家荣誉称号。

10月，中国海洋大学王蒙文学馆建成开馆。该馆是集文化展览、学术交流、革命教育于一体的综合性文学馆，通过王蒙300余种不同语种、版本著作，以及几百幅图片和大量王蒙珍贵手稿、书信、实物等，生动、立体地展示了他丰富的人生历程、杰出的文学成就和永不停歇的探索精神。

（撰稿人　温奉桥）

参考文献：

［1］《王蒙自传》第一部《半生多事》，王蒙著，花城出版社，2006年版。

［2］《多维视野中的王蒙——第一届王蒙文学创作国际学术研讨会》，温奉桥编，中国海洋大学出版社，2004年版。

［3］《王蒙·革命·文学——王蒙文艺思想研究》，温奉桥编，人民文学出版社，2007年版。

［4］《王蒙文艺思想论稿》，温奉桥著，齐鲁书社，2012年版。

［5］《文学的记忆——王蒙〈这边风景〉评论专辑》，温奉桥主编，花城出版社，2014年版。

［6］《王蒙十五讲》，温奉桥著，中国社会科学出版社，2019年版。

高从楷

高从楷（1942—），男，山东即墨人，汉族，中共党员，中国工程院院士，化工分离专家。1965年7月，毕业于山东海洋学院海洋化学系后，先后在国家海洋局第一和第二海洋研究所、国家海洋局杭州水处理技术研究开发中心工作。长期从事海水淡化和综合利用的研究与开发工作，是中国反渗透膜工程技术领域的开拓者之一。1998年受聘为青岛海洋大学兼职教授、博士生导师，2002年受聘为青岛海洋大学双聘院士，2005年受聘为中国海洋大学教授、化学化工学院名誉院长、海水综合利用技术工程中心主任。曾兼任中国膜工业协会理事长、中国海水淡化与水再利用学会理事长、国际脱盐协会理事、期刊《水处理技术》主编、国际期刊*Desalination*编委、国际期刊*Journal of Membrane Science*顾问等职。

1942年11月12日，高从楷出生于山东省即墨县楼子疃区西元庄（今山东省青岛市即墨区通济街道西元庄村）的一户富裕农民家庭。他的父亲原以种田为生，抗战胜利后，在青岛市区开小五金店，新中国成立后，小五金店参加公私合营，成为青岛市商业局下属单位的一名职工。

高从楷于1948年9月入读西元庄小学，四年级时当上少先队大队长。1954年9月，作为村里仅有的两名上线学生考入即墨一中（今青岛市城阳第一高级中学）读初中，当年加入中国新民主主义青年团，并被推荐参加青岛市少年海滨夏令营活动，学会了在大海中游泳，从此与海洋结缘。1957年9月考入青岛九中，青岛九中前身为私立礼贤中学，是全国百所百年名校之一，素有"院士摇篮"之美誉。化学老师刘总锷给他们讲了许多大学的化学课程，带着他们开展一些化学实践活动，他开始被化学的神奇魅力所吸引。

1960年夏，出类拔萃的高考成绩本可圆他去北京读书的美好愿望，只因家庭出身问题而与清华大学失之交臂。9月，他以年级第一的成绩走进山东海洋学院，成为海洋化学系海水化学专业的一名新生。当时正值三年自然灾害时期，生活艰苦，但师生们都能以饱满的热情和昂扬的斗志投身抗灾活动中，努力完成学习任务。跟随集体到青岛郊区棘洪滩村抗灾的高从堦写了一首小诗"师生抗灾棘洪滩，犁地播种挥热汗。饥渴劳累全等闲，金秋丰登尽笑颜"，受到领队杨靖先老师的表扬。他当时是系学生会学习股长，在发动各班学习委员抓好同学们听课、自学、作业、实验和备考等方面，也得到老师的肯定。在课堂上除学俄语外，还学了一年英语，这门外语为他以后的科研与学术产生很大的帮助。最让他感到庆幸的是，在这里遇到中国膜技术研究的发起人之一、海洋化学系主任闵学颐副教授，让他找到了人生的奋斗目标。高从堦对恩师一直念念不忘："我对闵老师最深的印象就是他治学严谨，对什么事情都要求到苛刻的程度。最让我感念他的是，他能把握海洋化学发展的新方向，并着力培养海洋化学的前沿性人才。中国的海水淡化研究，最早正是闵学颐老师带领包括我在内的一批海洋化工研究者从实验室开始做起来的。"

经过五年学习，他于1965年以优异成绩从山东海洋学院毕业，被分配到国家海洋局第一海洋研究所海洋化学研究室工作。1967年，由国家海洋局牵头，一场全国海水淡化大会战在北京、青岛、天津和上海同时展开，年轻的高从堦有幸参与其中。经过两年奋战，成功研制出"醋酸纤维素反渗透膜"。

会战主力于1970年从青岛移师杭州，他是首批赴杭的3名科研骨干之一。1974年，在国家海洋局第二海洋研究所担任"CTA中空纤维反渗透膜和组器研制"课题负责人，苦干8年，攻克一系列关键难题，为自主实现我国"透过一张膜，海水变淡水"的梦想奠定基础。1982年在选拔出国的考试中，他的专业和英语均拔得头筹。当年以访问学者的身份到达加拿大滑铁卢大学，他十分珍惜这难得的向世界尖端技术看齐的机会，俾夜作昼，孜孜矻矻，两年时间发表两篇有份量的学术论文，并首次在国际上成功实现"离子交联复合法及功能团等当量反应复合法"成膜。

1984年学成回国后，高从堦参与组建国家海洋局杭州水处理技术研究开发中心，先后担任中心总工程师、副主任、科技委主任等职。在高从堦的带领下，中国的膜技术进入快速发展期。1985年，主持国家"七五"科技攻关课题"中盐度苦咸水淡化用反渗透膜及组器研究"，历经5年攻关，新开发的膜品种已接近国外同期商品膜的性能，从根本上扭转了膜产品长期依赖进口的局面。成果获1991年度国家海洋局科技进步奖一等奖。1992年，与其他3个课题合并为"国家反渗透膜装置及工程技术开发"项目，获国家科技进步奖一等奖。作为项目第一完成人，受到江泽民等党和国家领导人的亲切接见。

此后的岁月里，他从未须臾停止过研制更好的"中国膜"的脚步，向一座又一座更高的山峰攀登。1991年，作为"反渗透复合膜研制"课题负责人，带领团队设计和建造自动化程度高的大型制膜机，为工业化放大奠定基础，从而荣获国家"八五"科技攻关突出贡献奖。1994年，历时3年进行"纳滤膜"研发，取得的效果在国内属首次，在国际上也属少见。2000年，与学生合作在《科技通报》发表论文《渗透现象实验研究》，这是国内外最早开展正渗透应用研究的成果。2004年，主持"973计划"项目中的"高分子复合膜微尺度加工理论与方法研究"和"节能型高分子复合膜的微结构调控与制备方法"两个课题，制备的一元件平均脱盐率达到99.2%以上。2015年，主持"973计划"项目中的"海水淡化膜高性能化的混合基质方法"课题，引领了我国膜分离技术的发展方向。

1986年，高从堦晋升为副研究员。1991年，晋升为研究员。1993年，被人事部授予国家级有突出贡献的中青年专家称号。1995年，当选为中国工程院院士，为当时我国最年轻的院士之一。1998年9月，获何梁何利基金科学与技术进步奖。

对于母校，高从堦一直情有独钟。从1998年受聘为青岛海洋大学兼职教授那天起，与母校的心贴得更近了。化学化工学院陈国华教授是高从堦当年的老师，两人一直往来不断。2000年，高从堦把国家"973计划"项目中的一个子课题"高分子复合膜微尺度加工理论与方法研究"放到母校，与陈国华教授合作研究一种新的"纳滤膜"，历经5年时间，取得成功。2004年，两人历时3年合编的《海水淡化技术与工程手册》由化学工业出版社出版。2005年，《手册》获中国石油和化学工业协会科技成果奖二等奖。陈国华教授在谈到这位高足时难掩溢美之词："他既聪明好学，又朴实肯干，眼界高远，关键是只要他看准了的事，就一定要干出个名堂来，不达目的决不罢休。"

在中国海洋大学建校八十周年庆典上，高从堦作为校友代表发言，言语中饱含着对母校深深的感激之情："就我从事的海水淡化等工作来说，也是由母校的老师们在海大开创并带领我们发展的。是母校给了我们知识，让我们掌握了改造世界、报效祖国的本领；是母校教会我们做人，让我们始终保持海纳百川的胸怀和脚踏实地的作风；是母校指导我们行远，让我们始终追求卓越，奋发有为。"

所以2005年11月，已年逾六旬的他，继2002年3月受聘双聘院士后又欣然受聘为中国海洋大学教授、化学化工学院名誉院长、海水综合利用技术工程中心主任，以更深入地为母校的发展作贡献。2006年，他把家安在学校里——浮山校区作家楼公寓，每年都是青岛、杭州来回住。住在青岛的时间，他都是坐着班车去崂山校区上班。他穿着朴素无华，与人交谈时亲切平和，并且乡音未消，仍保留着清晰的即墨口音。

2006年，他和中国海洋大学苏保卫教授等组成团队，成功申请国家"十一五""863计划"海洋技术领域课题"基于海上油田采油注水的海水膜软化技术的研究开发"。经过团队两年研发,在海上油田注水与注聚的低压膜法海水软化集成技术和集成膜软化海水配制驱油聚合物溶液等方面取得创新性成果,填补国内空白。2009年,该课题又申请到科技部的滚动计划支持。仅用3年时间研制了100 m³/d集成膜软化海水中试装备,开发了纳滤膜软化新工艺,完成了膜软化海水的配聚中试,为形成适合海上采油配聚的自清洗—超滤—纳滤海水软化集成技术奠定基础。苏保卫教授说起与高从堦合作的时光来,语气是那么的轻松和自然:"与高院士合作真是太愉快了,科研气氛非常融洽。"

2008年7月,山东省首家海水综合利用技术工程中心在中国海洋大学成立,高从堦担任中心主任。十多年来,在他带领下,中心形成了一支由教授、副教授和博士生组成的科研梯队,建立起海水利用和膜分离实验室,主持或推进许多科研项目在海大的开展。他还邀请国际知名专家学者来学校访问和讲学,既为青年教师拓宽了视野,也提高了学校在海水淡化和膜分离领域的国际知名度。2022年8月,院士专家山东行活动在青岛举行,高从堦是与会者中最年长的一位,也是与青岛渊源最深的一位。他在接受青岛电视台《青岛之子》栏目专访时说:"我在这里(海大)开展工作,总的说都是海洋化学方面的。膜技术这块,有许多项目是在海大最先做的,譬如一种膜技术叫纳滤膜,比反渗透分离膜的分子量要大一点,它的用处更多。学校里有好几位老师是搞膜的,大家团结起来做了一些工作,挺好的,也取得一些成绩。"

2017年青岛市政协文史资料委员会编辑、青岛出版社出版的《青岛院士》收录了他撰写的《为了祖国的膜科技事业——半生研究神奇膜 致力海水变甘甜》一文。他在文章开头写道:"有人说我们居住的地球其实是一个充满各种水的'水球',但淡水资源却少之又少,几个世纪以来,因为淡水而发生的战争、冲突越演越烈。'向大海要水'成为人类解决淡水危机、实现可持续发展必须解决的技术樊篱,而要做到这一点,借助于分离膜是行之有效、科技含量最高的方法。我有幸与膜技术结缘,并倾尽毕生努力与之一起成长。"是的,星光不问赶路者,韶华不负追梦人。半个多世纪以来,他始终怀抱科技报国的初心,勇挑重担,奋力进取,先后主持或参与完成国家"七五"和"八五"科技攻关项目、国家"863计划"项目、国家"973计划"项目、国家自然科学基金项目、国家科技支撑计划项目、国家重点研发计划项目、海洋公益性行业科研专项以及来自省市和企业的科研课题等50余项。产生的成果在工业、医疗、生活等方面得到广泛的应用,达到世界先进水平。获国家、省部级奖励10多项,获国家专利50余项。另外,完成咨询类软课题10余项,其中科技部软课题"加快我国海水利用技术产业发展及政策研究"获2000年度国家海洋局科技进步奖二等奖。他在*J.Membr.Sci.*、《膜科学与技术》等国内外知名学术期刊发表《CTA中空纤维反渗透膜的研制》《加快我国海水利用技术产业发展及政策研究》等论文320余篇,合译出版专著《反渗透和合成膜》,合编出版《膜科学技术》《膜分离技术手册》《给水排水设计手册》《海水淡化技术与工程手册》《液体分离膜技术及应用》《海水淡化技术》《海水资源综合利用装备与材料》等专著7部。

自受聘母校以来,他还积极投身学科建设和教学工作,为本科生开设海洋化学进展等课程。2003年起,在中国海洋大学招收第一届硕士和博士研究生,讲授膜技术基础、海水淡化技术等课程,共培养博士40余名、硕士近100名。2017年10月,高从堦捐赠100万元人民币在海大设立奖励基金,意在奖励取得突出成绩的研究生和青年教师。化学化工学院化工系主任伍联营教授是高从堦在海大培养的博士之一,他说:"高老师治学非常严谨,他求实求真求新的科学精神深深影响着身边每一个人。"

(撰稿人 纪玉洪)

参考文献:

[1]《青岛院士》,青岛市政协文史资料委员会编,青岛出版社,2017年版。

[2]《青岛名师风采录》,王锦章主编,青岛出版社,2014年版。

[3]《青岛之子》,青岛电视台,2022年12月31日。

张国伟

张国伟（1939—），男，河南南阳人，汉族，中共党员，中国科学院院士，构造地质学家、前寒武纪地质学家，西北大学教授、博士生导师。1961年毕业于西北大学地质学系后留校工作。2003年9月，受聘为中国海洋大学兼职教授、双聘院士。2012年12月，受聘为中国海洋大学洋底动力学研究所所长、海洋地球科学学院名誉院长。2015年9月，受聘为中国海洋大学特聘教授。曾先后获得国家级有突出贡献的中青年专家、全国优秀教师、陕西省科技战线劳动模范、全国先进工作者、全国师德先进个人、陕西省师德标兵、全国教书育人楷模等荣誉称号。享受国务院政府特殊津贴。

1939年2月19日，张国伟出生于河南省第六行政督察区南阳县（今大部属河南省南阳市宛城区）一个职工家庭。少年时代，借父亲在新华书店工作的便利，他阅读了大量国内外文学作品和哲学著作，崇拜中外浪漫主义诗人李白、苏轼、海涅、雪莱、拜伦等，梦想有一天成为列宾那样的画家。

1957年9月，张国伟考入西北大学地质学系地质学专业，1961年8月毕业留校任教。1986年7月晋升为教授；1990年11月被批准为博士生导师。1999年10月当选为中国科学院院士。他先后担任西北大学造山带地质研究所所长，西北大学第六、七、八届学术委员会主任委员，大陆动力学国家重点实验室学术委员会主任，国务院学位委员会学科评议组成员，教育部高等学校地球科学教学指导委员会主任委员和地质与地球物理专业教学指导分委员会主任委员，国家自然科学基金委员会地学部多届评委和咨询委员，中国国际岩石圈委员会委员，中国地质学会名誉理事、陕西省地质学会名誉理事长，陕西省政府决策咨询委员会特邀咨询委员等职。兼任《西北大学学报（自然科学版）》编委会主任、《高校地质学报》副主编，《中国科学》《地质论评》《地学前缘》《地球科学进展》、*Acta Geologica Sinica*等10多种学术刊物编委。

2003年9月，张国伟受聘为中国海洋大学兼职教授、双聘院士。受聘后，他注重海陆统筹联动，强调海洋地质和陆地地质研究的结合，地质、地球物理和地球化学多学科的融合，积极倡导开发新的探测和处理技术，综合当前海量卫星遥感、数字高程数据、卫星重力、层析成像、多波束反射、地震等最新地球物理信息和高精度年代学地球化学测试结果等多学科最新成就，揭示多层次、多圈层地质现象的本质，从而建立地球系统科学的最新理论。他还提倡和推动开拓了我国洋底动力学研究，侧重我国相关的西太平洋大陆边缘研究特色，同时走向深海大洋，开展洋中脊构造研究，参与国际大洋研究竞争。

2004年10月、2011年10月、2014年10月和2019年10月，张国伟连续参加中国海洋大学第一、二、三、四届"科学·人文·未来"论坛，分别发表题为《人与自然的关系——社会与自然科学共同面临的挑战和机遇》《海洋的赞歌与期望——关于海洋的三点基本认识与思考》《感受、感悟和理想——关于教育的一些思考与知觉》《人、社会与自然》的演讲，与王蒙、余光中、毕淑敏、张炜等著名文学家，管华诗、文圣常、欧阳自远、钱致榕、秦伯益等著名科学家，开展科学与人文的碰撞、感性与理性的交流。

2012年12月，张国伟首倡并在中国海洋大学成立洋底动力学研究所，成功组建洋底动力学团队，并任洋底动力学研究所首任所长。目前团队发展成为以4位国内外院士、2位国家杰青、3位泰山学者特聘教授、3位国家优秀青年基金获得者为核心的百人团队。

2013年，在中国海洋大学发展的关键阶段，张国伟大力推荐，推动了学校关键人才队伍的建设，为后来的快速发展奠定了关键人才基础。2015年10月，他从中国海洋大学校长于志刚手中接过聘书，受聘为学校特聘教授。

张国伟是我国首个推动地球大数据产业化的地质学领域的院士。早在2015年，他就积极推动并大力支持中国海洋大学李广雪教授开创海洋大数据产业。2018年海洋大数据产业落户青岛西海岸新区。2018年也是中国海洋大学海底科学与探测技术教育部重点实验室试点改革，谋划高质量发展的第一年，他引领团队逐渐从陆地走向海洋，多学科动力学层面最终合而为一，以达到追求目标——探索和认知整体地球系统。

2017年3月，张国伟受聘任中国海洋大学海底科学与探测技术教育部重点实验室第三届学术委员会主任委员。任职以来，他认为实验室应该在国家"一带一路"建设、"深地、深海、深时、地球系统"的"三深一系统"研究等重大方向中发挥重要作用，突出自身优势，多学科交叉、融合，结合国家战略和学校发展规划，长期目标和短期目标相结合，推进实验室的深入改革和长远发展。他在2019至2020年度协助推荐、引进兼职教授2人，这2名专家分别是国际知名大地构造学家和岩石学家，同时也分别是国际地学顶级刊物

Earth-Science Reviews、*Gondwana Research*主编。目前，这2名专家已与中国海洋大学李三忠教授团队合作发表了多篇高水平国际SCI文章，后续国际会议、联合培养研究生等在有序进行中。另外，这些专家也参与到学校未来海洋学院课程建设中。

2019年7月，张国伟出席中国海洋大学深海圈层与地球系统前沿中心的评审和论证，助推前沿中心的设立。

受聘以来，张国伟每年都为中国海洋大学博士研究生和硕士研究生讲授学科前沿发展，引导他们以世界眼光对中国大地构造进行新思考。迄今尚指导海大在读硕士、博士研究生6人。他年逾八旬仍坚持站立讲课。课堂上，他将大半辈子的地质研究体验与野外实践感悟，以"十二讲"形式在中国海洋大学首次讲授给学生，不仅教他们如何做人，更教他们学会地质思维，鼓励他们开拓创新海底构造研究。例如，2018年4月至6月，他在中国海洋大学海洋地球科学学院面向全院师生作了30学时的系列学术讲座"板块构造与大陆构造"。同期，还应学院团委邀请为大学生作题为《面向新时代立志成才》的讲座，引用诗句"板凳要坐十年冷，文章不写半句空"，勉励同学们做学问时，摒弃浮躁，要有持之以恒的毅力，求实求理不求宠。

张国伟"识才、析才、育才、荐才、成才"的人才培养方式让学生们，包括毕业多年、在研究领域已颇有建树的学生感佩不已。中国海洋大学海底科学与探测技术教育部重点实验室主任、国家杰出青年基金获得者李三忠教授，1996年至1998年曾在西北大学地质学博士后流动站师从张国伟做博士后研究，两人结下深厚师生情谊。2013年，李三忠参加国家杰出青年科学基金答辩，张国伟耐心细致地指导他制作答辩幻灯片，并从学术思想、内容凝练、素材选取、展示方式等方面提出意见建议，李三忠最终成功入选"国家杰青"。他后来在《海的胸怀　天的高远》一文中写道：

"20年来，虽远隔千里之外，我的博士后导师张国伟院士的目光却始终没有远离我，我始终在他心里、始终是他关照的对象，近如咫尺。……一次，我在美国旧金山AGU开会，张院士连打了15个电话我未听到，等到我发现后回电，张院士长舒一口气说：'你让我担心害怕的，我以为你出什么事呢。'如今，我们每隔一周就必须通一次电话，经常是异地同时在拨对方电话。我在2012年至2014年间做了3次手术，张院士不时提醒我：'要注意身体，只有身体好了，一切才可长久，才可为国家作更多贡献。'他就是这样一个爱才如命的尊长。"

张国伟长期从事地质科学的教学和研究工作。20世纪70年代以来，他先后主持完成"富铁矿研究（河南中部富铁矿研究）""秦岭造山带岩石圈结构、演化及其成矿背景""秦岭勉略构造带组成、演化及其动力学特征""西秦岭—松潘构造结形成演化与大陆动力学研究"等国家及部委的重大、重点项目8项,国家自然科学基金和地矿、中石油、中石化、冶金等部门研究项目20余项,国际合作项目9项。他多次应邀到美国、英国、德国、加拿大、瑞士、奥地利、南非、伊朗、埃及等国进行合作研究与学术交流,并对世界上阿尔卑斯、中欧海西带、波西米亚地块、英国西海岸、美国和加拿大的科迪勒拉和阿帕拉契亚、南非开普敦和伊朗扎格罗斯等造山带及北欧斯堪的纳维亚,南非卡普瓦尔、巴伯顿,伊朗与北美地块等进行考察,还广泛进行国内天山、青藏高原、喜马拉雅、昆仑、祁连、阴山、燕山、三江、龙门等造山带和华北、华南、塔里木、伊犁、准噶尔、柴达木等相关盆地或地块的综合考察研究。在造山带与盆地、前寒武纪地质、大陆构造研究领域,尤其在秦岭与中央造山系和相关盆地、中国华北地块南部及冀东迁安等早前寒武纪地质、中国南方大陆构造以及国内外主要造山带对比与大陆动力学等研究方面,取得富有创造性的系统科学成就。总体可概括为:① 长期从事秦岭造山带多学科综合研究,提出了秦岭造山带不同发展阶段不同构造体制的形成演化、三板块二缝合带及其从点碰撞、线接触到全面造山的细节过程等系统新观点,在造山带前沿研究领域中取得突出成果。② 长期从事华北地块南部早期地壳形成与演化研究,概括总结出复杂深变质变形小型绿岩系和早期两类构造单元复合演化的独特特征,提出系统的地球早期非板块构造体制的研究思路与方法,深化了早前寒武纪地质研究。③ 对中国中央造山系两侧主要含油气盆地进行了以地质结合地球物理为主的多学科综合基础研究,提出了秦岭等中央造山系与其两侧盆地的长期盆山转换与耦合关系以及中国南方海相油气基础地质研究的新思路。④ 对国内外主要造山带的综合对比研究,提出中国大陆与造山带的多块体、中小洋陆板块构造体制与大陆构造动力学特征,探索大陆动力学,提高深化了大陆造山带理论与方法的研究。

张国伟的研究成果获国家自然科学奖二等奖,全国科学大会科学奖,陕西省首届基础研究重大贡献奖,陕西省政府科技成果奖二等奖,陕西省高教科技成果奖一等奖,教育部科技进步奖一等奖、二等奖,地矿部科技成果奖二等奖等9项奖励。

(撰稿人　金松)

参考文献:

[1]《西北大学学报(自然科学版)》,西北大学学报编辑部,2009年第39卷第3期。

[2]《西北大学报》,西北大学校报编辑部,第737期(总第2848期)。

[3]《张国伟院士论文选集》,张国伟等著,西北大学出版社,2020年版。

后 记

在学校领导和各单位的大力支持下，校史各卷编写团队历经六个寒暑，数易其稿，反复审修，精心打磨，《中国海洋大学史》在百年校庆到来之际面世了。这是中国海洋大学第一次官方修史，是编写人员竭尽所能，敬呈于国家、社会、校友和师生的一份答卷。期望它能对中国海大继往开来有所裨益。

《中国海洋大学史·人物卷》真实记录了学校历史上代表性人物自强不息、锲而不舍的奋斗历程，也客观折射出学校变迁的时代印记。它以传略体修史，把真实性作为文稿的生命线，恪守人真、事真、言真、情真。每篇人物传略由人物简介、正文和参考文献三部分组成。简介部分包括人物的姓名（有字、号、笔名或别名的，经考证无误后记入）、出生年份（故去者注明生卒年份）、性别、籍贯（以出生时行政区划名称为准）、民族、政治面貌、评价性称谓、求学简历、工作简历（重点写清在本校工作的起止时间）和主要研究领域、研究成果、社会兼职等。正文部分以编年体式展示人物学习、工作、生活轨迹。参考文献依著述惯例罗列，以凸显文稿的学术性、科学性和严谨性。

《人物卷》编写组在撰稿过程中，坚持唯物史观，通过深入挖掘，坚持把人物放到历史和时代大背景中去写，放到学校办学和发展历程中去写。针对人物身份的不同，撰稿角度有所差异，学校主要领导以彰显办学思想和治校理念为重，知名专家学者以突出治学态度和学术研究为要。对于只在学校工作过一段时间的人物，着重反映他们在校期间的工作经历和事迹，也就是在学科建设、教育教学、科学研究、党的建设等方面所起的作用、所作的贡献，其他经历则从简从略。文稿撰写以记述为主，评论则少而精，做到述评相宜。力求按照历史唯物主义观点评价人物，实事求是，立论公正，恰如其分，对某些人物工作中的失误，均放到特定的历史条件下进行客观分析和考量，重在总结历史经验。整体上追求简洁、质朴的文风，与此同时重视对人物言行和内心世界的细节刻画，以达到让人物立起来、活起来的传记效果，让他们成为值得后人尊敬的形象丰满、学术精湛的

"这一个"。撰稿时，除各篇后所列参考文献外，还参阅了学校不同时期的校报和《中国海洋大学大事记》，并查阅了学校档案馆和人事处的有关档案。

编撰过程中，校史编委会主任、时任校长于志刚，校史编委会副主任、党委常务副书记张静，校史编委会副主任、党委副书记卢光志等学校领导，校史编委会副主任魏世江与编写团队对入卷人物的遴选原则、名单和文稿撰写体例进行多次研讨，对文稿进行多轮审修。时任校长助理于利对文稿进行审阅后提出许多宝贵修改意见。党委宣传部、党委统战部、人事处、离退休工作处、新闻中心、图书馆、档案馆等有关部门，海洋与大气学院、信息科学与工程学部、海洋生命学院、水产学院和数学科学学院等有关学院为文稿编撰提供了文献资料和工作便利。施正铿、王滋然、侍茂崇、李德尚、葛源、且钟禹、高清廉、杨作升、李永祺、李学伦、杨德渐、张学成、钱树本、田学琳、路德明、汪人俊、路季平、王启等退休的学校老领导、老教师，包振民、管长龙、傅刚、李广雪、张全启、张晓华、李琪、宫庆礼、林洪、高会旺、江文胜、刘惠荣等专家、学者，也提出不少宝贵意见和建议，本书因此增色颇多。王淑芳、杨洪勋两位老师对文稿进行了审阅并提出修改建议。翟广顺、张墨英、李彦英、张俊杰、黄伟、郑锐等校外专家也提供了帮助。中国海洋大学出版社对本书出版给予大力支持。在此，一并致以谢忱。

由于历史的原因，民国时期的史料散藏于南京、济南、北京、上海等地，收集难度较大；新中国成立尤其是改革开放后，资料卷帙浩繁，甄别取舍亦非易事。2020年初暴发的新冠肺炎疫情致使时间愈加紧张，加之编著者水平所限，书中疏漏、失当乃至错误之处在所难免。恳请读者批评指正，方家不吝赐教，殊为欣幸。

本卷编写组
2024年6月